Rafael Seligmann

Die Kohle-Saga

Der Tatsachenroman
aus dem Revier

| Hoffmann und Campe |

1. Auflage 2006
Copyright © 2006 by HOFFMANN UND CAMPE VERLAG

HOFFMANN UND CAMPE VERLAG GmbH
Harvestehuder Weg 42
20149 Hamburg
www.hoca.de
Gestaltung und Satz: Teresa Nunes/Redaktion 4
Umschlagfoto: E. O. Hoppe/CORBIS,
Idris Kolodziej (Hintergrundbild);
Foto Seligmann: Sören Stache – GHOST
Koordination: Sven Scharnhorst
Druck und Bindung: GGP Media GmbH, Pößneck

Printed in Germany

ISBN (10) 3-455-50030-7
ISBN (13) 978-3-455-50030-1

Ein Unternehmen der
GANSKE VERLAGSGRUPPE

Für Otto Neu,
den Arzt und Helfer

Inhalt

Schwarzes Gold 11

Knappe auf Shamrock
ab 1884 14

Großer Streik und Besuch beim Kaiser
1889 28

Bergmannsfamilie Bialo
ab 1889 38

Hilfsexpedition nach Frankreich
1906 51

Renatas Geburt
1906 59

Kindheit im Revier
1906–1913 63

Kohle für den Weltkrieg
1914–1918 92

Revolution
1918–1919 124

Bürgerkrieg und Neubeginn
1920–1922 133

Inflation, Ruhrbesetzung und Hitler-Putsch
1922–1923 147

Aufschwung im Revier
1924–1929 165

Arbeitslosigkeit und Ende der Republik
1930–1933 185

Nazi-Griff nach der Kohle
1933–1938 200

Pogromnacht
1938 231

Maloche für Hitlers Krieg
1939–1945 236

Energie für den Wiederaufbau
1945–1949 273

Wirtschaftswunder-Kumpels
1949–1955 293

Kohlekrisen
1955–1966 310

Neue Wege im Revier
1966–1969 333

Ruhrkohle AG
1969 350

Glück auf! 357

Schwarzes Gold

Das Geschehen in den Zechen bewegt die Menschen des Reviers heute wie einst. So berichtete exakt vor einem Jahrhundert, am 17. Oktober 1906, der „Dortmunder Generalanzeiger" über die Ernennung Heinrich Lindners zum Generaldirektor der Hibernia-Zechen:

HERNE. *Zum Generaldirektor der Bergwerksgesellschaft Hibernia ist Herr Bergrat und Bergwerksdirektor Lindner in Dortmund gewählt worden. Herr Lindner war bisher Mitglied des Direktoriums der Gelsenkirchener Bergwerksgesellschaft, speziell waren ihm die Zechen Minister Stein und Hardenberg unterstellt.*

Den Grundstock für die Hibernia-Bergwerksgesellschaft legte der Ingenieur und Geschäftsmann William Thomas Mulvany. Ab Mitte der 1850er Jahre erwarb der Ire mehrere Grubenfelder in der Gegend von Gelsenkirchen und Herne und schloss sie zu zwei großen Feldern zusammen, denen er die Namen Hibernia und Shamrock gab. Mit den neuesten technischen Methoden ließ Mulvany Schächte abteufen, um an die Kohle tief in der Erde zu gelangen. Später kaufte Mulvany weitere Zechen und baute seine Bergwerksgesellschaft Zug um Zug aus, die er auf den römischen Namen seiner irischen Heimat „Hibernia" getauft hatte.

Die Kohle ermöglichte den Aufbau Deutschlands zur Industriemacht, noch ehe das Deutsche Reich im Jahr 1871 als politische Einheit gegründet wurde. Kohle bedeutete Reichtum. Damals war dieser Zusammenhang für jeden offensichtlich. Rasch nahm auch die Alltagssprache diesen Bezug auf. „Kohle" wurde zum Symbolwort für Geld – dabei ist es bis zum heutigen Tag geblieben. Zwischen Kohle und „Kohle" aber gab es einen entscheidenden Unterschied, die Differenz der Ebenen. Unter Tage wurde das schwarze Gold mit den vereinten Kräften der Kumpels abgebaut. Hier wurde jeder staubschwarz. Vom Loren ziehenden Lehrburschen bis zum Hauer und gestandenen Reviersteiger. Die Bergleute mussten eng zusammenarbeiten, um die Kohle der Erde abzuringen und zu Tage zu fördern.

Dort aber, bei Licht besehen, wurde das Gestein zur gewöhnlichen Ware, die Kohle wurde zum Geld. Über Tage waren manche gleicher als die anderen. Der Hibernia-Firmensitz war bereits 1873 im Finanzzentrum Düsseldorf aufgeschlagen und zwei Jahre später nach Herne verlegt worden – um bessere Geschäfte machen zu können. Aus dem gleichen Grund schlossen sich die Zechengesellschaften 1904 zum Rheinischen Kohlenkontor zusammen. Dessen Zentrale richtete man in Mülheim, im Herzen des Reviers, ein.

Die Hibernia wuchs zum viertgrößten deutschen Kohleproduzenten und drittgrößten Bergbauunternehmen an der Ruhr heran. Dies weckte die Begehrlichkeit der preußischen Regierung. Wiederum im Jahr 1904 ließ Berlin durch Banken über 50 Prozent der Aktien der Zechengesellschaft Hibernia erwerben. Auf diese Weise wollte der preußische Handelsminister Theodor Möller Einfluss auf die deutsche Volkswirtschaft nehmen. Vorstand und Aufsichtsrat der Hibernia setzten sich zur Wehr: Sie hatten „das Angebot pflichtgemäß überprüft und einmütig beschlossen, den Aktionären die Ablehnung zu empfehlen". Die Aktionäre folgten diesem Rat. Die Generalversammlung beschloss eine Kapitalerhöhung auf 60 Millionen Mark, allerdings wurde das Bezugsrecht für bisherige Aktionäre ausgeschlossen. Somit hatte Preußen die Mehrheit an der Hibernia verloren. Ohne Zweifel hielten sich die Aktionäre für gute Patrioten, doch noch wichtiger war ihnen ihre Freiheit als Kaufleute und Investoren. Sie wollten im Besitz der Zechen bleiben, um das dort geförderte schwarze Gold möglichst gewinnbringend zu verwerten. So begann ein langwieriger Streit zwischen der preußischen Regierung und den Zechenaktionären, der sogenannte Hibernia-Kampf. Dabei wurde um die „Kohle" gerungen, die man mit der schwarzen Kohle verdienen konnte.

Die Menschen im Revier kümmerten sich nicht um solche Überlegungen. Sie arbeiteten direkt vor der echten Kohle, die sie und ihre Angehörigen jahrein, jahraus unter Tage dem Berg abtrotzten. Von ihrem Schicksal will dieses Buch erzählen. Seine Handlung setzt an ebenjenem 17. Oktober 1906 ein. Dem Tag, an dem Heinrich Lindner seine Stelle als Generaldirektor der Hibernia antrat. Diese Amtsübernahme wurde von allen Zeitungen des Reviers auf Seite eins als wichtigste Nachricht vermeldet. Auch in Herne, wo auf der Zeche Shamrock seit 1857 malocht wurde. Auf der letzten Seite der „Herner Zeitung" war das „Verzeichnis der Geburten und Taufen" abgedruckt.

In der Rubrik wurde auch Renata Anna Bialo aufgeführt. Als deren Eltern wurden genannt: Leopold Bialo, 40, Hauer, und Anna Bialo, 39, geb. Hauser, verst.

Knappe auf Shamrock
ab 1884

Eigentlich sollte Renata August heißen. Ihr Vater hatte seinem Sohn aus Verehrung für August Bebel, den Vorsitzenden der SPD, den gleichen Vornamen geben wollen. Mit einem Mädchen hatte Bialo nach seinen drei Jungen nicht mehr gerechnet. Ihm war's recht. Otto und Heinrich waren gut geratene Burschen. Otto fuhr mit seinem Vater ein. Heinrich durfte mit seinen 14 Jahren noch nicht vor Kohle und war derzeit in der Lampenstube über Tage beschäftigt. Der Jüngste, Kurt, war von zarter Konstitution. Bald würde er die Volksschule beenden. Anna hatte für ihn eine Lehrstelle als Verkäufer im Textilgeschäft Levy & Comp. in der Bahnhofstraße gefunden. Kurt war darüber nicht glücklich. Er war ein guter Schüler und hätte gerne die Handelsschule oder gar ein Gymnasium besucht. Fast wäre es ihm gelungen, seine Mutter zu überzeugen. Die ehrgeizige Anna, die überdies eine fromme Kirchgängerin war, hätte es gerne gesehen, wenn ihr Junge den Beruf des Buchhalters ergriffen oder gar Theologie studiert hätte und Pfarrer geworden wäre. Aber da kam sie Leo Bialo gerade recht! Mit dem Glauben hatte er es nie gehabt. Schon als Bauernjunge in Oberschlesien hatte Leszek Bialowons die Kirche und den Pfarrer gehasst. Selbst die harten Schläge des Vaters und das Gezeter der Mutter hatten nicht vermocht, aus Leszek einen frommen Burschen zu machen, der das Gotteshaus besuchte. Im Gegenteil. Mit 17 Jahren war der kräftige junge Mann von zu Hause weggelaufen. Er wollte Bergmann werden. In den Gruben verdiente man ordentliches Geld. Da Leszek jedoch befürchtete, in Oberschlesien von seinem Vater oder gar von dessen Pachtherren aufgestöbert zu werden, hatte er sich zu Fuß auf den Weg ins Ruhrgebiet gemacht – ohne recht zu wissen, wo dieses verheißene Land lag. Nach wochenlanger Wanderschaft war er schließlich im Revier angekommen. Leszek machte sich drei Jahre älter. So wollte er sich den Militärdienst sparen. Und weil er meinte, dass die Deutschen keine polnischen Namensendungen mochten, nannte er sich fortan Leopold Bialo.

Leopold besaß eine natürliche Sprachbegabung und lernte rasch Deutsch. Radebrechen und das polnisch-deutsche Kauderwelsch vieler Knappen kamen für ihn nicht in Frage! Der Zugewanderte fand zunächst Arbeit in der Kohlenwäsche der Herner Zeche Shamrock. Dank seiner Körperkraft und seiner Geschicklichkeit durfte er bald vor Ort arbeiten. Schnell stieg Leopold zum Hauer auf. Erstmals in seinem Leben hatte er ein geregeltes Auskommen. Sein Lohn reichte sogar für private Bedürfnisse. Ein Bier, oder wenn es sein sollte, mehrere nach Feierabend. Sogar einen Anzug konnte er sich leisten. Die feine Kleidung wollte er nutzen, um seine Lebensumstände zu ändern. Denn Leopold war mit seinem Dasein keineswegs zufrieden. Die Arbeit unter Tage war hart, ihm fehlten das Licht und der weite Himmel Schlesiens. Nun, da er seine Arbeitszeit unter der Erde verbrachte, vermisste er gar Gerüche, die ihm bis dahin bestenfalls gleichgültig waren. Etwa den Duft des Wiesengrases oder das zarte Aroma von Heu. Nach wenigen Wochen unter Tage suchte Leopold unwillkürlich die Nähe der blinden Grubenpferde, tätschelte sie und sog ihren Dunst aus Schweiß, Urin, Kot und Leder, angereichert mit Kohlestaub, in die Nase.

Nach Feierabend wollte Leopold sein Leben genießen. Trinken und sich die Witze der Kumpels anhören war ihm zu wenig. Das Hausen im Ledigenheim in der Nähe der Zeche gestaltete sich öde. Zwar waren die Betten sauber, doch es passte ihm nicht, sein Zimmer mit drei Männern teilen zu müssen. Die Kerle soffen, stritten, rauchten und schwatzten in einem fort oder zockten. Alleine die gelegentlichen Schlägereien, bei denen Leopold wegen seiner Stärke und Behändigkeit fast immer die Oberhand behielt, bereiteten ihm momentane Genugtuung – mit nachhaltiger Wirkung. Kein Deutscher, kein Rheinländer, Preuße, Sachse oder anderer Teutone wagte es bald, Leopold noch als „hergelaufenen Polacken" zu beschimpfen. Seinen letzten Raufkumpan, einen Bayernseppl, hatte Leszek so fest und lange in den Schwitzkasten genommen, bis dieser ihn röchelnd „Herr Leopold" nannte. Aus Übermut zog Leszek seinen Griff noch fester und befahl dem Josef, ihn mit „Kenig Leopold" anzureden. Der Bajuware versuchte, sich dieser Demütigung des Polacken zu widersetzen, doch als Leszek rief: „Ich mach dich tot!", und ihm tatsächlich die Luft abpresste, so dass dem Sepp die Augen aus den Höhlen traten, während sein Kopf rot anlief, keuchte er: „Kini Leopold." Der Rest blieb unverständlich. Zumal in diesem Moment, durch den Lärm herbeigelockt, der Vorsteher des Ledigenheims, Friedrich Watzal, ins Zimmer trat und die Raufenden mittels kräftiger Fußtritte mit seinen Nagelschuhen schmerzhaft aus ihrer Umarmung löste. Nein, dieses Dasein passte Leopold nicht. Er wusste genau, was ihm fehlte: eine anständige Frau, mit der er eine eigene Familie gründen wollte.

Zu diesem Zweck machte sich Leopold Bialo jeden Samstagabend ausgehfein. Nach Schicht ging Leopold zum Barbier. Anschließend besuchte er das Wannenbad. Im Ledigenheim zog er unter seinen Sonntagsstaat ein weißes Hemd an, patschte sich unter dem Gejohle seiner Mitbewohner Eau de Cologne ins Gesicht und marschierte in die „Linde", wo an diesem Abend zum Tanz aufgespielt wurde.

Leopold war kein ausgesprochener Freund der Musik, selbst Märsche rissen ihn nicht mit. Aber wie und wo sollte er sonst eine Frau kennenlernen? Also entschloss er sich, am „Tanzvergnügen zum Wochenausklang" teilzunehmen. So schwierig sah es nicht aus, das Tanzbein zum Takt der Walzer- und Polkamelodien und des sonstigen Zeugs zu schwingen. Doch Leopold wurde rasch aus seiner alleskönnerischen Illusion gerissen. Nachdem er sich mit einem Schnaps Mut gemacht hatte, schritt er schnurstracks auf den „Jungfrauentisch" zu und forderte mit kratzender Stimme die ausgeguckte Maid „bitte, zum Tanz" auf. Die junge Dame begutachtete Leopold mit raschem Blick. Der großgewachsene Galan mit den breiten Schultern, den hohen slawischen Backenknochen und der kecken Stupsnase gefiel ihr. Doch auf dem Tanzboden war Leopold eine einzige Enttäuschung. Mühsam stolperte der Bergmann vorwärts, seine Beine verhedderten sich andauernd. Als er endlich den Befehl seiner Partnerin befolgte: „Lass dich wenigstens führen, du sturer Bock!", trat Leopold dem „Fräulein Barbara" mehrmals auf die Füße, was diese mit, wie er meinte, übertriebenen Wehlauten quittierte. Ihre zunächst befremdete Miene gerann derweil zur kalten Maske. Darob geriet wiederum Leopold vollends aus dem ohnehin nur mühselig gehaltenen Takt und trat, selbstverständlich aus Versehen, seinem Tanzopfer heftig gegen den Knöchel.

„Jetzt ist es genug, du polackischer Tollpatsch!", schrie Barbara auf und löste sich abrupt von Leopold. Der hob spontan seine Hand, ließ sie aber sogleich wieder fallen und steckte sie in die Tasche. Benommen stand der Hauer auf dem Tanzboden, die Paare wirbelten um ihn herum. Leo konnte nicht wie ein abgehalfterter Ackergaul hier verharren. Am liebsten wäre er dieser frechen Pupka hinterhergerannt und hätte ihr ein paar kräftige

Maulschellen verpasst. Doch damit hätte er sein großes Vorhaben endgültig kaputt gemacht. Denn mit der hochnäsigen Barbara hatte unser Knappe ebenso wenig am Hut wie mit dem gesamten Tanzmissvergnügen. Der Muss-Tänzer hatte sich, als er in der „Linde" die Frauen beobachtete, augenblicklich in die dunkelbraunen Augen einer sanften Schönheit am Damentisch verliebt. Mehr als das. Ihre wissenden Augen nahmen Leo gefangen. Er wusste sogleich, dass er dieser Frau gehörte.

Leszek Bialowons war bislang eine unabhängige Persönlichkeit gewesen. Seine Familie, ja sogar seine Mutter hatte ihn mit Gefühlsbekundungen weitgehend verschont. Er hatte dieses „Getue" nicht vermisst. Wie jeder gesunde Bursche suchte Leopold sein Vergnügen mit den Mädchen – doch hatte er dabei keine persönliche Zuneigung oder andere Empfindungen gespürt. Bei der Schönäugigen aber war es geradezu umgekehrt. Bei ihr dachte er nicht an Spaß oder diese „schmutzigen Dinge". Sein Gemüt ertrank vielmehr in ihren Augen. Er wollte ihr gehören – doch ihm fehlte der Mut, die begehrte Frau anzusprechen oder gar mit ihr zu tanzen. Denn das konnte er nicht, wie er sich nunmehr eingestand. Um zumindest in die Nähe seiner Angehimmelten zu gelangen, hatte Leo ihre Nachbarin zur Polka gebeten. Dabei nutzte er den raschen Moment des Verweilens vor der Aufgeforderten, seine Schönheit genauer anzusehen. Dabei waren sich ihre Augen begegnet. Sie lächelte ihn freundlich an. Er wollte sie auffordern, ach was, er wollte sie an der Hand nehmen und mit ihr davonlaufen in ein Leben, in eine Welt, die er ihr zu Füßen legen würde.

Doch im letzten Augenblick verließ ihn der Mut. Eine ihm bis dahin nicht bekannte Angst, von der begehrten Frau zurückgewiesen zu werden, packte Leo. „Ich bin ein Feigling!", schalt er sich, nachdem ihn Barbara bloßgestellt hatte. „Recht geschieht mir." Endlich zwang er sich, den Boden zwischen den wirbelnden Tanzenden zu verlassen. Leopold trottete zu seinem Platz, warf zwei Groschen für sein Bier auf den Tisch. Die höhnischen Anwürfe seiner Nachbarn: „Polkakönig!", „Tanzbär!", klangen ihm in den Ohren. Doch die Sticheleien vermochten seinen Zorn nicht anzufachen. Leopolds Gefühle, auch sein leicht reizbares Wesen, waren gedämpft. Er zwang sich an die Theke, orderte einen Schnaps. Stürzte ihn hinunter. Noch einen! Leo spürte, wie sich sein Körper von innen heraus erwärmte. Nach dem nächsten Wässerchen wagte er es, zu seiner Verehrten hinüberzulinsen. Sie saß ruhig da, verfolgte mit ihren Augen die Tanzenden, während Barbara mit gehässiger Miene auf sie einredete. „Cholerra!", fluchte Leszek. Da hob die Schönäugige ihre Augen, schaute in seine Richtung, lächelte. Sah sie ihn an? Ja! Daran bestand kein Zweifel. Freundlich schaute sie drein. Als ob sie ihn kennenlernen wollte. Wozu, du Narr? Damit du ihr auf die Füße trampelst? Leszek senkte den Blick. Er zahlte und lief davon.

Keine zehn Pferde bringen mich noch mal in diesen Scheißladen. Nie wieder! Ich bin doch kein Jahrmarkttänzer, schwor sich Leo. Doch eine Woche später war er wieder in der „Linde". Er hatte mit sich gehadert, gezetert und geflucht. Er hatte unter und über Tage mit seinen Kumpels und den Mitbewohnern im Ledigenheim ständig Händel gesucht. Doch um seiner Liebe wegen nahm Leopold erneut den Besuch der Tanztortur auf sich. Wahrscheinlich ist sie gar nicht da. Das wäre das Beste. Wenn sie doch da ist, was tue ich dann? Zum Tanzen kann ich sie doch nicht bitten. Ich darf ihr nicht weh tun. Aber lächerlich will ich mich erst recht nicht machen. Und wenn ich irgendwo Tanzen lerne? Unmöglich! So lange durfte er nicht warten. Leopold musste seine Schönäugige wiedersehen – sofort!

Den ganzen Abend hatte Leopold nur Augen für seine Liebe. Sie trug ein hübsches blaues Kleid und hatte ein besticktes Tuch um die Schultern gelegt. Ihre Lippen glänzten feuerrot. Galt all das ihm? Bild dir bloß nichts ein, du eitler Trottel!, schalt sich Leopold. Er versuchte ein Lächeln, das sogleich von seiner Angeschwärmten erwidert wurde. Doch dieser Gunstbeweis förderte Leopolds Schüchternheit, statt sie zu überwinden.

Anna hatte genug von ihrem zurückhaltenden Verehrer. Sie schlug nicht länger die Aufforderungen der anderen Galane zum Tanz aus. Traurig, aber auch wütend, dass seine Verehrte sich mit wildfremden Kerlen abgab, während sie ihn, den einzigen Mann, der es verdiente, sie in den Arm zu nehmen, verschmähte, saß Leopold allein an einem Tisch nahe der Theke und beschickerte sich immer mehr. Warum tanzt sie nicht mit mir?! Weil du es nicht kannst! Und sogar zu feige bist, sie anzugucken! Leopold goss sich erneut ein Glas hinter die Binde. Der Alkohol, der Leos Zorn zunächst steigerte, hatte längst seinen Mut erstickt. Er verlor die Kraft, „seine" wirbelnde Schönheit zu beobachten.

Anna besaß diese Energie. Der stattliche blonde Mann mit den strahlend blauen Augen, gewiss ein Hauer, und so sauber und ordentlich gekleidet, war ihr sogleich aufgefallen. Zunächst war sie enttäuscht, dass er Barbara zum Tanz gebeten hatte. Doch dann hatte sie sogleich bemerkt, dass er kein Tänzer, sondern ein Stolperer war. Barbaras Zorn amüsierte sie. Die meisten Bergleute waren täppische Tänzer. Na und? So waren Männer nun mal. Und dass er aus Polen kam, war auch nicht ungewöhnlich. Annas Schwager war ebenfalls Pole. Anna sah an Leopolds Augen, dass er sich in sie verguckt hatte. Schon vor einer Woche. Sie war sich sicher, dass der Blonde wiederkommen würde, um sie zu sehen – trotz seiner Schüchternheit. Deshalb hatte sie sich das Verlobungskleid ihrer Schwägerin Martha ausgeliehen und sich so lange auf die Lippen gebissen, bis sie rot glänzten. Und nun musste sie mit ansehen, wie der Verehrer seine, ihre Liebe versoff. Ihr Versuch, durch das Tanzen mit anderen Männern bei ihm Eifersucht zu wecken, war gründlich ins Schnapsglas gegangen. Doch Anna war nicht der Typ, sich durch Schüchternheit oder anderen Kleinmut von ihrem Vorhaben abbringen zu lassen. Das konnte sie sich als älteste Tochter von sieben Geschwistern nicht erlauben. Also handelte sie rasch. Ehe ihr Angebeteter sich vollends betrank.

Anna schüttelte ihren Tanzpartner ab. Bewegte sich langsam und unauffällig um die Tanzfläche und baute sich vor ihrem Bergmann auf. Sie sah, wie dieser zusammenzuckte. Sein schnapsgerötetes Gesicht wurde augenblicklich blass. Er riss seine herrlichen, dunkelblauen Augen auf. Er hörte ihre volle, wohlklingende Stimme: „Ich seh wohl, dass du mich die ganze Zeit anstarrst …"

Leopolds Herz raste wie noch nie. Er wusste nicht, was er ihr antworten sollte. Er wollte, er musste etwas sagen. Nur was? „… aber so kommen wir nicht weiter." Sie lächelte mit feingeschwungenen Lippen, vor allem mit ihren tiefen, warmen Augen. „Mit dem Tanzen wird's auch nichts. Das ist ja wohl nicht deine Stärke." Was konnte er ihr nur antworten, zum Teufel? „Also sollten wir uns unterhalten." Sie lächelte Leopold geradezu kokett an, der Schleier einer leichten Melancholie, der bis dahin ihren Blick umwölkt hatte, zerriss. „Möchtest du mich nicht auf eine Limonade einladen?" – „Ja", presste Leopold heraus. Er brauchte eine Weile, ehe es ihm gelang, sich aus seiner Starre zu lösen. Dann sprang er auf, sein Stuhl kippte nach hinten. Leopold war seine Ungeschicklichkeit peinlich. Da ergriff Anna sanft seine Hand. Um sie, um ihn nie wieder loszulassen.

Zwei Monate später verlobten sich Anna und Leopold. Familie Hauser war zunächst nicht begeistert von der Wahl ihrer Tochter. Musste es unbedingt ein Pole sein? Noch dazu ein dahergelaufener, der fern seiner Familie im Ledigenheim hauste? Wie es in den Menagen zuging, war allenthalben bekannt. Darüber hinaus verdiente Anna, wenn auch nicht viel, als Heimnäherin für die Firma Heinze-Textilien und gab ihren Lohn als Haushaltsgeld in die Familienkasse. Doch Annas Entscheidung stand unverrückbar fest, und ihre Willensstärke war trotz ihrer sanften Stimme in der Familie bekannt. Und wenn man's bedachte, war Leopold nicht unrecht. Er arbeitete als Knappe auf Shamrock, wo auch Annas Vater Siegfried und dessen Söhne Georg und Franz unter Tage malochten. Das bedeutete ein sicheres Einkommen, und selbst wenn es den Bergmann mal erwischte, dann konnte seine Witwe wahrscheinlich mit einer Rente rechnen. Zudem gehörte Leopold dem rechten Glauben an. Er war katholisch, was Anna Ärger ersparte. Blieb sein Polackentum. Je nun! Wenn man einen Ruhrkumpel in den Bottich steckte und seinen Kohlestaub abwusch, kam meist ein sauberer Polacke aus dem Wasser. Auch Annas Schwester Helga war mit einem Wasserpolacken verheiratet. Franek war ein ordentlicher Kumpel und anständiger Ehemann, der nur gelegentlich einen über den Durst trank. Doch für einen ausgedörrten Bergmann musste man Verständnis haben. Alles in allem konnten Siegfried und Clara Hauser mit ihrem neuen Schwiegersohn einverstanden sein. Am wichtigsten aber war, dass die Anna mit ihrem Verlobten zufrieden war.

Anna war mit Leo keineswegs nur zufrieden. Sie war glücklich! Zwar war Leopold Bialo nicht in der Lage, wie er zunächst sich geschworen und bald darauf gegenüber Anna beteuert hatte, ihr „die Welt zu Füßen zu legen". Dazu war die Welt für einen Bergmann viel zu teuer. Doch so viel er sich davon leisten konnte, gab er seiner Anna. Als kluge Frau verstand Anna schon in jungen Jahren, dass käufliche Dinge schneller verderben, vergehen oder verlorengingen, als man sich dies vorstellen konnte. Allein die Liebe mochte bleiben – wenn der Mann etwas taugte. Davon war sie bei ihrem Leopold überzeugt. Er war kein Engel. Leopold hatte eine große Klappe und, wie er ihr gestand, auch harte Fäuste, wenn er sich gereizt fühlte. Bei Anna aber blieben seine Hände stets sanft. Gelegentlich maulte er über ihre Entscheidungen.

„Du meinst wohl, du hast die Hosen an! Kommt nicht in Frage, ich bin hier der Mann! Ich bestimme, was getan wird!"

„Natürlich, mein Leo", rief Anna jedes Mal. Das Glimmen in ihren Augen besagte indessen das Gegenteil. Beide wussten, dass dies so war. Doch Leopold brauchte zumindest eine verbale Bestätigung seiner Frau, dass er der Herr im Haus sei. Das ermöglichte ihm, großmütig den Weiberlaunen Annas nachzugeben.

Vor ihrer Hochzeit hatte Anna Leopolds ungestümem Drängen widerstanden, sich sogleich eine gemeinsame Bleibe zu mieten. Selbstverständlich wollte sie ebenso wie ihr zukünftiger Mann endlich ein Heim für sich. Und wenn es nur ein kleiner Raum mit eigenem Eingang war. Doch Anna hatte „so eine Ahnung", dass schwere Zeiten auf sie zukämen. Leopold verlachte ihre Schwarzseherei. Er sah die Welt rosarot, seit er sich Annas Liebe sicher war.

Bald musste Leopold eingestehen, dass Annas Ahnung sie nicht getrogen hatte. Denn die Zechenleitung hatte die Arbeitsnormen heraufgesetzt und die Hauer dazu gezwungen, auch Verschalungsarbeiten zu leisten, sowie den Bergbeamten die Möglichkeit gegeben, die Kohleloren nach eigenem Gutdünken zu nullen. So hieß es ständig, die Förderwagen seien zu stark mit Bergen, also mit Gesteinsbrocken, und nicht ausreichend mit Kohle beladen. Dadurch konnten die Beamten den Lohn der Kumpels nach Belieben senken. Die Bergleute hatten gegen diese Schikanen und die Lohndrückerei protestiert und waren, als das nichts half, endlich in den Streik getreten. Dabei setzte die Führung der Bergleute auch auf die neue politische Entwicklung.

Im Vorjahr 1888 war der alte Kaiser Wilhelm gestorben. Im Volk hieß er der „Kartätschenprinz", weil er 40 Jahre zuvor die Märzrevolutionäre von 1848 hatte niederschießen lassen. Die waren für demokratische Freiheiten auf die Barrikaden gegangen. Die Monarchie als konstitutionelle Herrschaftsform wollten sie unangetastet lassen. Nicht nur in Preußen, wo Wilhelm Prinz war, sondern an vielen Ecken des Reiches bis zur Pfalz und nach Baden hatte der rachsüchtige Kartätschenprinz die Revolutionäre verfolgt und ihre Erhebungen blutig unterdrückt. Zehn Jahre später entmachtete Wilhelm seinen gemütsgestörten Bruder Friedrich Wilhelm und nahm die Zügel Preußens in seine eigenen, harten Hände. Der Regent ernannte den Junker Otto von Bismarck zu seinem Ministerpräsidenten. Dieser baute Preußens Armee zu einer gewaltigen Militärmaschine aus. In blutigen Kriegen ließ Bismarck Österreich-Ungarn und Frankreich niederwerfen. Noch während in Paris die Kommune von preußischen Grenadieren und ihren französischen Lakaien zusammengeschossen wurde, nötigte Bismarck die deutschen Fürsten ins prächtige französische Königsschloss Versailles bei Paris, um dort 1871 das deutsche Kaiserreich auszurufen. Zum Dank ernannte Kaiser Wilhelm Bismarck zum Fürsten und machte ihn zu seinem Reichskanzler. Der mächtige Schnauzbart bestimmte fortan, was in Preußen, zu dem auch das Revier gehörte, ja, was in ganz Deutschland zu geschehen hatte.

Bismarck wollte, dass allein die preußischen Junker den Staat wie ein Infanterieregiment kommandieren sollten. Der Kanzler hasste die Sozialdemokraten. Die 1869 gegründete Partei wollte die großen Fabriken und die Banken vergesellschaften, vor allem in die Hände der Arbeiter geben. Das missfiel dem Kanzler. Noch viel stärker ärgerte Bismarck, dass immer mehr Arbeiter und auch gebildete Menschen in den Städten diese Ziele teilten und die Sozialdemokraten unterstützten. Zwei Attentate auf den Kaiser im Jahr 1878 nahm Bismarck zum Anlass, die SPD wegen „gemeingefährlicher Umtriebe" zu verbieten. Ihre Parteiquartiere wurden geschlossen. Doch die Verbote nützten dem Kanzler nichts. Je stärker die Polizei die Arbeiter unterdrückte, desto mehr von ihnen verstanden, dass der Staat, seine Polizei und die Armee Instrumente der Herrschenden gegen die ausgebeuteten Untertanen waren. Die Sozialdemokraten und ihr Programm erhielten immer mehr Zulauf. Der Kölner August Bebel führte als SPD-Chef seine Partei trotz Verbot, Verfemung und Verfolgung unaufhaltsam zum Erfolg.

Leopold war zunächst kein politischer Mann. Zu Hause in Schlesien war Politik kein Thema für Bauern. Der Gutsherr und der Pastor sagten den Pächtern, was sie denken sollten. Leszek hasste beide und glaubte ihnen kein Wort. Hier aber kam Bialo mit politisierten Bergleuten zusammen. Beim Warten auf den Fahrkorb, der sie in die Tiefe und nach Schicht wieder ans Tageslicht brachte, beim Umkleiden und in der Waschkaue, beim Buttern, dem Verspeisen der mitgebrachten Brote während der Arbeitspausen, blieb immer Zeit für ein Gespräch unter den Kumpels. Anders als die Bauern in seiner Heimat waren die Knappen selbstbewusste Arbeiter. Sie begriffen, dass sie gegen den Druck des Staates und der Zechenbesitzer nur bestehen konnten, wenn sie eine klare Vorstellung von ihrer Situation besaßen und sich organisierten. Einerlei, ob in der SPD, ihren Gewerkschaften oder in christlichen Arbeitervereinen. Hier im Revier standen die Pfarrer auf Seiten der Arbeiter. Zumindest jene, die sich um die Bergleute kümmerten. So verinnerlichte Bialo, ohne sich dessen bewusst zu sein, im Laufe der Zeit die Prinzipien des Kampfes für mehr Rechte der Arbeiter, vor allem der Bergleute. Am wichtigsten waren ihm und seinen Kollegen Sicherheit unter Tage, ein Achtstundentag und stabiler Lohn. Die Aussichten dafür waren wegen der labilen Wirtschaftslage und der eisernen Politik Bismarcks nicht günstig.

1888 schien sich die Situation der Arbeiter zu verbessern. Kaiser Wilhelm I., der sich auf seine alten Tage um das Bild eines milden Monarchen bemüht hatte, rang mit dem Tode. Neugierig ließen die Bergleute beim Buttern eine Zeitung kursieren. In mehreren Artikeln und Bulletins wurde über das Befinden des Monarchen berichtet. „Die Gesundheit Seiner Majestät Kaiser Wilhelms ist stabil", hieß es dort. Doch daran glaubte keiner. „Wenn der Kaiser so munter ist, warum schreiben dann die Zeitungen so viel über ihn?", meinte Leos Kumpel Fritz Fuhrmann. „Außerdem ist der Olle schon uralt! Über neunzig. Das schafft unsereins nie! Vorher verrecken wir an Staublunge." Fritz spie seinen ausgekauten Priem ins Dunkle.

Wenige Tage später wurde bekannt, dass Kaiser Wilhelm friedlich entschlafen war. Die Bergleute weinten dem Monarchen, den Kanzler Bismarck im Sack hatte, keine Träne nach. Zumal Kronprinz Friedrich Wilhelm als liberal galt. Leopold hatte keine genaue Vorstellung, was das Wort bedeutete. Jene, die etwas mit Politik am Hut hatten, meinten, das hieße mehr Freiheit. „Damit uns die Zechenbarone noch mehr auspressen können!", behauptete Konrad Nelles. Er war SPD-Vertrauensmann auf Shamrock. Seine Genossen hatten ihm das wohl bei einem Parteitreffen so erklärt. Die meisten Kumpels aber waren zuversichtlich. Der neue Kaiser würde den alten Reichskanzler zum Deibel jagen – und alles würde besser werden. Darauf hoffte besonders Leopold, der endlich mit Anna eine Familie gründen wollte. Die Zeitumstände hatten sich gefälligst seinem privaten Glück unterzuordnen. Der Thronwechsel sollte ein besseres Leben möglich machen. Leo könnte seine Braut sofort heiraten, und dann würden sie sich eine Bleibe suchen.

Anna dagegen war bedächtiger. Weibliche Intuition warnte sie, ihre private Wonne auf das Geschehen rund um sie zu übertragen. Sie ahnte, dass „es egal ist, wer auf dem Thorn sitzt und welchen hübschen Namen und Titel man ihm anhängt. Am Ende wird er sich nicht um euch arme Kumpels sorgen, sondern um die fetten Zechenbarone." Leopold ärgerte sich über Annas „ständige Schwarzseherei". Zwar gestand er sich ein, dass seine Braut vielleicht gar nicht so unrecht haben mochte – doch Annas Einwände standen dem sehnsüchtigen Wunsch des Bergmanns entgegen, endlich mit seiner Liebsten zusammenzuleben. „Ob wir vorher zum Pfaffen gehen, ist mir egal!", grummelte Leopold. „Mir aber nicht", antwortete Anna mit sanfter Stimme. Das Ansinnen ihres Liebsten kam für sie nicht in Frage. Eine Ehe ohne den Segen der

Kirche war für Anna undenkbar. Trotz ihrer Verliebtheit behielt Anna einen klaren Kopf. Sie wollte das Leben mit Leopold auf einer sicheren Grundlage aufbauen.

Bald war Leopold froh über die Umsicht seiner Verlobten. Denn Kaiser Friedrich starb nach nur 99 Tagen auf dem Thron am 15. Juni 1888. Ihm folgte sein Sohn, der schneidige Wilhelm II. Die im „Verein zur Wahrung der gemeinsamen wirtschaftlichen Interessen im Rheinland und Westfalen" zusammengeschlossenen Grubenbesitzer sahen den Thronwechsel als passende Gelegenheit, ihre Stärke zu demonstrieren. Den Kumpels sollte gezeigt werden, dass es sinnlos war, sich auf die illegalen, doch gleichwohl immer selbstbewusster auftretenden Sozialdemokraten zu verlassen. Darüber hinaus wollten die Zecheneigner den nur 29-jährigen Kaiser ihre Macht spüren lassen. Bald sollten sie dazu Gelegenheiten erhalten.

Nicht minder beschäftigten die Kumpels die Gruselgeschichten über „Hans den Schlitzer" aus London. Sie ergötzten sich an Berichten über den Dirnenmörder, der sein schauerliches Handwerk im Nebel der englischen Hauptstadt trieb. „Der soll sich mal zu uns unter Tage trauen", feixte Moritz Szimaniak, „dann gibt's ordentlich aufs Maul." – „Der will keine Kohle, der sucht Weiber", wurde er von Karl Wurbs belehrt. „Während du hier vor Ort malochst, besucht er deine Olle und schlitzt sie." Das war für Szimi zu viel. Wutentbrannt stürzte er sich auf den frechen Karl und wollte ihm seine Keilhaue über den Schädel dreschen. Amüsiert beobachtete Leo, wie der Steiger Richard Hansen dazwischentrat, um mit Mühe eine Schlägerei zu verhindern.

Großer Streik und Besuch beim Kaiser
1889

Im Frühjahr 1889 verschärfte sich die Auseinandersetzung zwischen Grubenbesitzern und Bergleuten. Die Unternehmer handelten nicht aus schierer Willkür. Die Volkswirtschaft des Deutschen Reiches und mit ihr die Zechen steckten seit 1873 in einer Dauerkrise. Kurz zuvor, während des Booms, der auf die Gründung des Reiches folgte, war Kohle Mangelware. Die Zechen verdienten enorm. Die Kurse der Bergbauaktien kletterten bis auf 127,50 Mark. Vier Jahre später waren sie auf weniger als ein Viertel dieses Betrages gefallen.

Die Dividenden waren ebenfalls kräftig zurückgegangen. Immerhin erwirtschafteten die Zechen der Hibernia noch Gewinn. Andere Schachtanlagen arbeiteten mit Verlust. Die Gesellschaften versuchten aus den roten Zahlen zu kommen, indem sie das Gedinge, den Akkordlohn der Bergleute, immer weiter kürzten.

Gleichzeitig wurden immer mehr Kohleloren genullt, blieben also ohne Entlohnung. Auch die Anfahrtszeiten in den Zechen wurden vom Gedinge abgezogen. Der Lohn der Kumpels ging ständig zurück. Vor allem kinderreiche Bergarbeiterfamilien kamen in Existenznot. Sie konnten sich keine Lebensmittel mehr leisten. Nachdem zahllose Bitten und Forderungen der Bergleute um eine Anhebung ihrer Gedinge zumindest auf die alten Löhne von den Grubenunternehmern brüsk zurückgewiesen wurden, waren im April 1889 immer mehr Knappen entschlossen, in den Streik zu treten. Sie wollten endlich wieder einen menschenwürdigen Lohn für ihre gefährliche Arbeit unter Tage einfahren. Die Vertrauensleute der SPD versuchten, die Bergleute von einem Ausstand abzuhalten. Der Hauer und Vertrauensmann Konrad Nelles warnte seine Kumpels nach einem internen Polizeibericht: „Ein Streik kann unserer Sache nur schaden. Die Grubenbesitzer würden die Gelegenheit nützen, uns auszuhungern und unliebsame Knappen rauszuwerfen."

Aber die Bergleute hatten einfach genug, immer weiter ausgepresst und gedemütigt zu werden, während die Bergwerksbesitzer ihre Gewinne einstrichen. Auch Leo befürwortete einen Arbeitskampf. Er war, wie die meisten Kumpels, sicher, dass die Zechengesellschaft nachgeben würde. Schließlich waren sie auf die Knappen angewiesen, um die Kohle zu fördern. Außerdem wollte Leo, dass das Ganze möglichst schnell vorbei war, damit er endlich seine Anna heiraten konnte.

Anfang Mai wurden wieder einmal alle ihre Forderungen von den Grubengesellschaften rundweg abgelehnt. Da riss den Bergleuten endgültig der Geduldsfaden. Als Erste wurde die Zeche Ernestine in Essen bestreikt. Da die Kumpels sehr erbittert waren, breitete sich der Arbeitskampf wie ein Flächenbrand über das Revier aus. Gelsenkirchen, Wanne, Eickel, Herne. Selbstverständlich wurde auch auf Shamrock die Arbeit niedergelegt. Binnen einer Woche waren mehr als 80 000 Bergleute im Ausstand. Es war der größte Arbeitskampf, den Deutschland bis dahin erlebt hatte.

Leo Bialo traf sich mit seinen Kumpels am Zechentor, um eventuelle Streikbrecher das Fürchten zu lehren. Die Werksleitung forderte Gendarmen zum Schutz der Anlagen an. Dies brachte die Kumpels noch mehr in Rage. Als ob die Bergleute ihre eigenen Zechen zerstören wollten! Das war reine Hetze. An anderen Bergwerken marschierten Polizisten und Soldaten gegen die Knappen auf. Es kam zu Schlägereien. Grenadiere und Gendarmen schossen auf unbewaffnete Bergleute. Zahlreiche Kumpels wurden verletzt, einige tödlich. Die Vertrauensleute der SPD und besonnene Arbeiterführer versuchten, die Streikenden von Ausschreitungen abzuhalten. „Damit tut ihr Narren genau das, was die Zechendirektoren wollen. So fällt es ihnen leicht, aus euch rabiate Staatsfeinde zu machen, auf die jeder Soldat schießen muss. Dadurch wollen sie unsere gerechte Forderung nach mehr Lohn vergessen machen!", beschwor Konrad Nelles die Kumpels auf Shamrock. „Mit eurem Bitten und Betteln bei der Zeche habt ihr noch weniger erreicht", scholl es ihm entgegen. „Erst seit wir streiken, hört man uns wenigstens überall zu." – „Ja, die Polizei und die Ulanen."

Die meisten Bergleute waren über die Gewalt so aufgebracht, dass es sinnlos erschien, mit ihnen über Streiktaktik zu debattieren. Einige dagegen behielten einen klaren Kopf. Sie schrieben nach Berlin an den neuen Kaiser und baten „Seine Majestät", ihnen zu helfen, ihre bescheidenen Lohnforderungen durchzusetzen.

Für alle überraschend reagierte Wilhelm II. auf das Ansinnen der Bergleute positiv. Der Monarch lud eine Abordnung der Streikenden nach Berlin ein. Die Bergleute waren so arm, dass Fahrgeld für sie gesammelt werden musste. Dabei zeigte sich, dass ihre berechtigten Forderungen nicht nur von Arbeitern, sondern auch von weiten Kreisen des Bürgertums unterstützt wurden. Pastoren, Handwerker, ja Lehrer und Ärzte spendeten Geld, damit die Knappen mit der Eisenbahn in die Hauptstadt reisen konnten. Am 14. Mai empfing der Kaiser im Berliner Stadtschloss die drei Abgesandten Ludwig Schröder, August Siegel und Friedrich Bunte zu einer zehnminütigen Audienz. Bunte war der Vorsitzende des „Verbandes zur Wahrung und Förderung bergmännischer Interessen in Rheinland und Westfalen", aus dem später der „Verband deutscher Bergleute" hervorging, besser bekannt als „Alter Verband".

Die Knappen mussten ihr Anliegen stehend vortragen. Trotz Lampenfieber machten die Bergleute ihre Forderungen mit klaren Worten deutlich. Sie verlangten eine maßvolle Erhöhung der Gedinge sowie die Beendigung des Wagennullens, die Anrechnung der Anfahrtswege vor Ort, die Anerkennung der Arbeiterausschüsse und schließlich den Verzicht auf Bestrafung und Entlassung der Streikenden. Der Kaiser akzeptierte die Forderungen der Kumpels. Doch zuvor versäumte der Monarch nicht, die Abordnung auf das Schärfste zu verwarnen: „Sollten aber Ausschreitungen gegen öffentliche Ordnung und Ruhe vorkommen, sollte sich ein Zusammenhang der Bewegung mit sozialdemokratischen Kreisen herausstellen, so würde Ich nicht im Stande sein, eure Wünsche mit Meinem königlichen Wohlwollen zu erwägen, denn für Mich ist jeder Sozialdemokrat gleichbedeutend mit Reichs- und Vaterlandsfeind. Merke Ich daher, dass sich sozialdemokratische Tendenzen in die Bewegung mischen ... so würde Ich mit unnachsichtiger Strenge einschreiten und die volle Gewalt, die Mir zusteht – und dieselbe ist eine große –, zur Anwendung bringen! Fahret nun nach Hause und überlegt, was Ich gesagt habe."

In einem Brief forderte Wilhelm die Zechenbesitzer auf, den Bergleuten unverzüglich eine Lohnzulage zu gewähren: „Es ist ja menschlich und natürlich, dass jedermann versucht, sich einen möglichst günstigen Lebensunterhalt zu erwerben. Die Arbeiter lesen die Zeitungen und wissen, wie das Verhältnis des Lohns zu dem Gewinne der Gesellschaften steht. Dass sie mehr oder weniger daran Teil haben wollen, ist erklärlich."

Der Kaiser solidarisierte sich mit den Bergleuten keineswegs aus reiner Sympathie. Wilhelm erkannte vielmehr, dass die Kohleunternehmen ihre Knappen durch Hartleibigkeit ins Elend stürzten und sie damit zu Arbeitskämpfen provozierten, die Deutschlands Volkswirtschaft schweren Schaden zufügen könnten. Darüber hinaus wollte der frischgekrönte Monarch die Sympathien der Arbeiter für sich gewinnen. Wilhelm hatte begriffen, dass dies auf Dauer nicht mit Verboten und Truppen gelingen konnte, wie der vergreiste Reichskanzler Otto von Bismarck beharrlich glaubte. Der Monarch war vor allem darauf bedacht, seine Armee aus dem Tarifkampf herauszuhalten. Denn das Heer war auf Grenadiere aus allen Schichten der Bevölkerung angewiesen, auch auf die immer zahlreicheren Arbeiter. Die Bergbauunternehmer gaben sich als deutsche Patrioten und waren kaisertreu. Doch noch wichtiger waren ihnen ihre wirtschaftlichen Interessen, ihr Gewinn. Also gingen sie zum Schein auf den Appell des Kaisers ein und verhandelten mit den Bergleuten. Dabei sagten sie den Kumpels prinzipiell eine Lohnerhöhung zu. Mehr nicht. Konkret machten die Zechenbarone schnell deutlich, dass sie nicht bereit waren, den Bergleuten auch nur einen Fußbreit entgegenzukommen. Die Unternehmer konnten sich ausrechnen, dass das Standvermögen der Arbeiter abnehmen würde, je länger der Streik dauerte.

Die harte Gleichung der Zechenbarone ging auf. Die ohnehin wenigen Spargroschen der Bergleute schmolzen dahin wie Eis im Feuer. Die Lebensmittelhändler und andere kleine Geschäftsleute konnten selbst bei gutem Willen die Rechnungen der Kumpelfamilien nicht länger stunden. Auch sie mussten ihre Waren und Mieten bezahlen, auch ihnen wurde das Geld knapp. In mancher Bergmannsfamilie gab es Streit. Frauen, die kein Geld mehr hatten, Essen für die Kinder einzukaufen, verlangten von ihren Männern, den Ausstand zu beenden. „Willst du uns für deinen sinnlosen Streik opfern?", fuhr Clara Hauser, Annas Mutter, ihren Mann an. Siegfried Hauser, seine zwei Söhne und sein Schwiegersohn Franek befanden sich alle im Ausstand. Statt in den Pütt einzufahren, lungerten sie zu Hause herum oder marschierten zur Zeche, um der zunehmenden Zahl von Streikbrechern „Verrat" ins Gesicht zu brüllen und sie kräftig anzuknuffen. Darauf hatten die

Gendarmen nur gewartet. Nun erhielten sie erneut Gelegenheit, auf die Kumpels einzuschlagen. Es kam zu heftigen Prügeleien. Die Bergleute kamen mit Schürfwunden, Prellungen, gelegentlich auch mit Kopfverletzungen nach Hause. Doch statt ihre Männer zu trösten, schimpften viele Frauen sie aus.

Annas karger Lohn als Heimnäherin war in diesen Wochen die einzige Einkommensquelle des Haushalts. Das Geld reichte bei weitem nicht aus, um die 17-köpfige Familie, zu der neben Anna, ihren Eltern und Geschwistern auch Oma Maria, die Schwiegersöhne Theodor und Franek, die Schwiegertochter Martha sowie drei Enkelkinder gehörten, ausreichend zu ernähren. Siegfried Hauser hatte bereits alle sechs Hühner geschlachtet. Er erwog, als Nächstes die Brieftauben zu opfern. Als Letztes würde die Ziege Isa daran glauben müssen. Vorläufig brauchte man noch ihre Milch für die Enkelkinder.

Die Kinder quengelten ständig vor Hunger. Annas Schwester Sophie, die ihren Anton zu stillen hatte, litt darunter. Für Miete blieb da kein Pfennig übrig. Die Verwalter, welchen die Häuser der Bergwerksgesellschaft unterstanden, hatten für die Nöte der Bewohner kein Verständnis. Die „Beamten" zeigten kein Mitleid. „Dann müssen ihre Ernährer wieder auf anständige Weise Geld verdienen, statt die Ordnung zu stören", betonte Herr Wagner von der Wohnungsgesellschaft, den Clara Hauser um Stundung der Miete gebeten hatte. „Wo kämen wir hin, wenn jeder nur zahlen würde, wenn es ihm gerade in den Kram passt? Kommt nicht in Frage! Wir leben nicht bei den Hottentotten, sondern in Preußen." Der Hausverwalter zwirbelte seinen Schnurrbart, ehe er ein Schreiben an Familie Hauser und andere säumige Mieter abfasste, in dem er diese zur „umgehenden Begleichung ihres ausstehenden Mietzinses" aufforderte. „Widrigenfalls wir innerhalb einer Frist von vierzehn Tagen genötigt wären, die Wohnung unter Zuhilfenahme polizeilicher Zwangsmaßnahmen räumen zu lassen."

„Wenn du mit unseren Söhnen nicht auf der Stelle wieder einfährst und Geld heimbringst, landen wir in der Gosse", schrie und weinte Clara. Siegfried hatte ihr Gekeife gründlich satt. Zumal er sich nicht in das Schnapskasino flüchten konnte, ihm fehlte das Geld für einen Stumpen Klaren. So musste er neben dem Gezeter seiner Frau auch das Jammern seiner Töchter, das Quengeln der Kinder und das erbärmliche Geschrei des Säuglings erdulden. Nachts fand Siegfried Hauser keinen Schlaf. Er verstand Claras Sorgen. Sie wollte, dass die Familie was zu beißen hatte. Doch der Mensch lebt nicht vom Brot allein! Auch ein Hauer hat seinen Stolz. Ein Bergmann war kein Lakai und kein Speichellecker. Ohne seine Maloche, ohne seine Kohle gab es keine Industrie, keine Arbeit! Der Streik musste so lange weitergehen, bis dies auch die Zechenbarone einsahen – die ihren Reichtum allein den Bergleuten verdankten – und den Kumpels wieder ein anständiges Gedinge zahlten. Bis dahin musste man zur Not Holz hauen und Hunger haben. Das musste auch seine Clara begreifen!

Jeden Tag marschierte Siegfried Hauser zur Zeche, auch wenn seine Söhne und Franek zuletzt zu Hause blieben. Die zuversichtliche Stimmung der Streikenden machte dumpfer Verzweiflung Platz. Leo Bialo war einer der wenigen Hauer, die mit lauten Sprüchen den Kumpels Mut zu machen versuchten. Er erntete wenig Zuspruch. Selbst die Vertreter der Streikleitung wirkten niedergeschlagen. Alle wussten, dass es nur eine Frage der Zeit war, wann der Ausstand zusammenbrechen würde. Die sozialdemokratischen Vertrauensleute wollten es nicht so weit kommen lassen. Sie lobten die Kumpels für ihren Mut, redeten ihnen ein, dass die Bergwerksgesellschaften den Streikenden „Respekt zollten". Keiner glaubte ihnen. Doch die guten Worte erfüllten ihren Zweck. Nachdem die Zechenleitung zugesagt hatte, die Forderungen nach mehr Lohn wohlwollend zu prüfen, zeigten sich die Kumpels endlich bereit, ihren Ausstand zu beenden. Die Bergleute, die bis zuletzt für höhere Gedinge gekämpft hatten, waren erbittert, dass es ihnen nicht gelungen war, ihre Forderungen durchzusetzen. Doch gleichzeitig empfanden sie Stolz, dass sie bis zuletzt ihren Streik durchgehalten hatten. Die meisten waren vor allem erleichtert, dass sie endlich wieder Geld mit ihrer Maloche verdienen konnten, um ihre Familien durchzubringen – und ihnen auch einige Groschen übrigbleiben würden, um gelegentlich einen über den Durst zu trinken.

Umso ärger waren ihre Enttäuschung und ihre Wut, als sie erfuhren, dass alle Mitglieder des Streikausschusses ihre Arbeit verlieren würden. Die Zechenleitung hatte die Kumpels betrogen. Durch die unverbindliche Zusage, ihren Lohn zu erhöhen, waren die Bergleute in die Falle gelockt worden. So hatte man ihre Streikbereitschaft gebrochen. Sobald die Knappen endlich nachgaben, zeigten die Grubenbesitzer ihr wahres Gesicht und schmissen die tapferen Bergleute, die für ein angemessenes Gedinge ihrer Kumpels gekämpft hatten, einfach raus. Die Kündigungen beschränkten sich nicht auf das Streikkomitee. Auch viele Streikteilnehmer wurden an die Luft gesetzt. Darunter Leo Bialo. Im Ledigenheim wurden ihm seine Habseligkeiten vor die Tür geworfen. Leo spuckte aus. Dann schnürte er sein Bündel. Bialo wartete bis zur Dämmerung, um nicht erkannt zu werden. Denn er mochte nicht von Kumpels angesprochen werden, die ihm aus Mitleid ein Almosen anboten.

Ebendies aber widerfuhr ihm. Im Augenblick empfand er das Hilfsangebot als Demütigung, doch im Nachhinein sollte er für die Fügung seines Schicksals dankbar sein. Kurz vor dem Ortsausgang wurde Leo ausgerechnet von Siegfried Hauser aufgehalten. Vergeblich versuchte Leo dessen Frage „Wohin machst du dich aus dem Staub?" zu ignorieren. Hauser aber ließ so lange nicht locker, bis Leo ihm stockend, mit niedergeschlagenen Augen eingestehen musste, dass er versuchen wolle, als Knecht auf dem Land zumindest dem Hunger zu entgehen.

„Dat kommt nich in Frage!", rief der Ältere und packte den Schamhaften am Rock. „Lass doch meinen zukünftigen Schwiegersohn nich einfach ziehn …"

Leos Widerspruch blieb vergebens. Hauser schleppte den Widerborstigen ab und brachte ihn bei sich unter. Anna und ihre Mutter waren glücklich. Es fügte sich, wie es sein sollte, weil alle es so wollten. Zwei Monate später verbanden sich Leo und Anna vor Gott, zumindest unter der Obhut der katholischen Kirche. Um seine geliebte Frau zu heiraten, willigte Bialo sogar ein, vor den Traualtar zu treten.

Das junge Paar wohnte weiter bei den Schwiegereltern. Leo versuchte, sich im Hause nützlich zu machen. Er grub den Garten um, pflanzte Steckrüben und setzte den lädierten Zaun instand. Er baute einen neuen Taubenschlag auf dem Dach. Das morsche Holz des alten Taubenhauses verbaute Leo oder hieb es klein und nutzte es als Dünger. Auch in der Wohnung war der Hausmeister, wie ihn bald alle nannten, rastlos von früh bis spät tätig. Hier setzte er eine neue Diele ein, dort strich er den Küchenschrank. Siegfried Hauser begriff, dass sein Schwiegersohn sich schämte, weil er keine Arbeit und kein Einkommen hatte. Also verstärkte er seine Anstrengungen im Zechenbüro, damit Leo wieder unter Tage durfte. Der Arbeitsdirektor lehnte zunächst brüsk ab.

„Leopold Bialowons oder wie sich der Polacke sonst nennen mag" sei ein „gewalttätiges Subjekt, ein übler Aufwiegler" und so weiter. „Eine Beschäftigung vor Kohle kommt für diesen Kameraden bei uns nicht in Betracht."

Bialo blieb nichts übrig, als erneut in der Kohlenwäsche anzuheuern. Leo murrte nicht. Hauptsache, er musste nicht länger unter den Weibern und Kindern herumsitzen, er hatte seine Arbeit und einen, wenn auch geringen, Lohn. Bereits nach wenigen Wochen durfte Leo wieder vor Kohle. Die Zeche brauchte erfahrene Hauer. Der Direktor ließ Bialo in sein Büro kommen.

Er musste strammstehen und versichern, sich fortan wie ein ordentlicher und disziplinierter deutscher Bergmann zu benehmen, „auch wenn Sie nur aus Polen kommen". Und sich jeder Rebellion zu enthalten. Leopold schmetterte ein markiges „Jawohl!". Dabei stellte er sich vor, wie er dem Direktor seine rechte Faust ins Gesicht drosch.

Bergmannsfamilie Bialo
ab 1889

Noch vor dem Heulen der Sirene marschierte Leopold am Zechentor auf und ab. In der umgeschnallten Tasche steckten Kaffeeflasche und Dubbeln, die Brote für die Pause. Hunderte Male war Leo bereits unter Tage gewesen, hatte dort umsichtig und gewissenhaft seine Arbeit verrichtet. Doch heute war Leopold aufgewühlt. Zum ersten Mal seit dem Streik durfte er wieder einfahren. Allmählich trudelten die Kumpels am Zechentor ein. Bialo blickte in die vertrauten Gesichter und fühlte, wie sich sein Herz erwärmte. Müde sahen sie aus, die Kameraden, doch Leo wusste, dass sie hellwach waren, sobald es unter Tage ging. „Na, Alter", sprach ihn Fritz Fuhrmann an, „dann wolln wir ma wieder, nä?" Fritz hielt Leo ein Stück Kautabak hin.

Endlich öffnete sich das Zechentor. 5.30 Uhr. Die Männer strömten hindurch, am Fenster des Steigers vorbei, und holten an der Markenausgabe ihre kleine Blechmarke ab, die aus Sicherheits- und Anwesenheitsgründen ihre Nummer trug. Leopold hatte die 703. In der Kaue tauschten die Kumpels ihre Klamotten gegen die Knappenkluft. Drillichhose und -jacke, gestreiftes Hemd ohne Kragen darunter, Halstuch gegen den Staub, Speckdeckel, die Kappe. Die Hauer legten dazu ihr Arschleder an, den Schutz bei sitzenden und rutschenden Arbeiten. Leo grinste, als ihm die alte Redeweise in den Sinn kam: Nicht das Arschleder macht den Bergmann, sonst wären alle Kälber auch Bergleute! Ihre Zivilklamotten hängten die Kumpels an Haken, welche die Nummern ihrer Blechmarke trugen. Fertig mit Umkleiden, begleitet von den üblichen deftigen Scherzen und Hänseleien. Die Haken wurden an langen Ketten an die Decke gezogen. „Wie Gehenkte baumeln wir da", hatte Fuhrmann einmal gelästert. Leopold gefiel das nicht. „Eher wie Kasperfiguren an der Strippe ..." Die Männer schoben sich zur Lampenstube. 703 – Leopolds Lampe. Reflexhaft prüften die Kumpels das Geleucht auf seine Funktionstüchtigkeit – in der Schwärze der Nacht unter Tage konnte Licht Leben retten. Ein eisiger Windstoß riss Leo aus seinen Gedanken. An der Hängebank warteten schon die Fahrkörbe, um die Knappen in die Tiefe zu bringen. Leo gab seine Marke dem Hängebankmeister und stieg in den Korb. „Na, auch wieder rein inne Fischkonserve?", ulkte Moritz Szimaniak. Die Sätze, die Etagen des Fahrkorbes, waren so niedrig, dass die Kumpels darin nur kauern konnten. Der Anschläger gab das Signal. Die Fahrt in den Bauch der Erde begann. Als der Korb mit zunehmender Geschwindigkeit nach unten sauste, schlug Leos Herz höher. Er war wieder in seinem Berg.

Am Füllort trennten sich die Wege der Kumpels: „Glück auf!" Die Männer begaben sich auf den Weg zu ihren genau bezeichneten Einsatzorten. Einige marschierten zu Fuß, andere hockten sich in die Loren, die der Grubengaul zog. Glücklich atmete Leopold den kräftigen Geruch des Rosses Wotan ein. Als sie an ihrer Strecke angekommen und aus der Lore ausgestiegen waren, klopfte Leo verstohlen die Flanke des Gauls. Er meinte, ein freudiges Wiehern zu hören. Vor Ort gab der Steiger seine Anweisungen. Während der Schicht würde er die Arbeit der Hauer immer wieder kontrollieren, Ratschläge geben, Befehle erteilen und – wo es ihm angemessen schien – Strafen verhängen.

Die feuchtwarme Luft in der Strecke schien Leopold wie der Hauch eines Sommerwindes. Nach dem Bergamt, in welchem die Kameraden die anstehende Arbeit besprachen, machte sich Leo ruhig und routiniert ans Werk. Er konnte die Kohle riechen.

Als es ans Buttern in der Schichtpause ging, fluchte der Jüngste der Kameradschaft laut: „Da hat ein Saukopp meine Dubbeln aufgefressen. Hier, auf der Gezähekiste haben sie gelegen…", jammerte der Hungrige. „Du Döskopp – du musst sie oben in den Ausbau hängen. Dein Saukopp war ein Mäusekopp … von denen wimmelt es hier unten. Die Katzen kommen gar nich so schnell nach, wie die deine Bütterkes wegnagen." Gelächter und Spott – doch dann ließen die Kumpels den Geschädigten an ihrer Frühstückspause teilhaben.

Leopold malochte wie besessen. Die Erleichterung, wieder vor Kohle zu sein, verlieh ihm Bärenkräfte. Und doppeltes Glück. Die Strecke, die der Hauer Bialo heute erwischt hatte, war besonders ergiebig. Die Kohle prasselte hinab.

„Na, Leo, gib ihm Schmackes! Aber pass auf. Reiß nicht den ganzen Berg ein", mahnte Fuhrmann den Glücklichen.

Schichtende. Die Kumpels machten sich auf den Weg zurück zum Füllort. Gesichter, Oberkörper, Arme und Hände waren pechschwarz. Nur das Weiß in den Augen der Bergleute leuchtete trotz ihrer Erschöpfung wie glühende Kohlen in der Nacht. Am Korb drückte ihnen ein Kollege – heute war's nicht der Steiger, der vor Ort zu tun hatte, die Marke in die Hand: 703 – Leopold wusste, in welcher Reihenfolge die Kumpels den Fahrkorb zu betreten hatten. Signal – die Fahrt zurück zu Licht und Himmel begann.

Eisig wehte die Luft auf der Hängebank die erschöpften Knappen an. Dazu tosender Lärm – die Kumpels der Spätschicht trampelten zum Fahrkorb. „Glück auf!" Leopold gab sein Geleucht in der Lampenstube zurück. Er wollte rasch nach Hause, Anna von seinem Tag unter Tage berichten. Leo eilte in die

Waschkaue, riss sich die schwarzen Klamotten vom Leib. Aus der Decke strömte ein Wasserstrahl. Leo nahm Seife und Bürste und schrubbte sich den Schweiß und den Staub aus den Poren. „Buckeln!", forderte sein Nachbar und hielt Leopold seine Bürste hin. Leopold bearbeitete den Rücken vor ihm, bis er glänzte wie eine Speckschwarte. Nun war Leo an der Reihe. Die kräftigen Bürstenstriche des Kameraden und dessen lose Scherze lösten die Muskeln im strapazierten Rücken und Nacken. Leo lachte. Er schnappte seine Kluft, tauschte sie gegen die Alltagsklamotten am Haken. Am Eingang gab er seine Blechmarke zurück und trat aus dem Zechengebäude. Die Sonne schickte ihre letzten Strahlen über sein Gesicht.

Die vertraute Arbeit befreite Leopold von seiner inneren Anspannung, die sich in Unrast niedergeschlagen hatte. Er hörte damit auf, sich zu Hause ständig „nützlich machen" zu wollen. Leopold gönnte seine Freizeit Anna. Die Liebe ließ Anna aufblühen. Nicht nur deren Gefühle. Anna war, wie sich bald herausstellte, schwanger. Ein knappes Jahr nach der Hochzeit wurde sie von einem kräftigen Jungen entbunden. Der Kleine befand sich in Steißlage. Allein der Erfahrung der Hebamme Gerti Friebe war es zu verdanken, dass Mutter und Sohn mit dem Leben davonkamen. Zunächst rang sie stundenlang darum, das Kind im Mutterleib zu drehen. „Ihre Tochter ist zu schmal gebaut", klagte sie und wandte sich zu Clara Hauser, die gemeinsam mit ihren Töchtern der Geburtshelferin beistand. Diese anatomische Besonderheit machte selbst nach der Drehung des Säuglings dessen Entbindung zur Schwerstarbeit für die Hebamme, die nur durch den damals neuartigen Dammschnitt gelang. Bei diesem Eingriff verlor Anna so viel Blut, dass sie einen Kreislaufkollaps erlitt, von dem sie sich nur allmählich erholte. In den folgenden Tagen besuchte Gerti Friebe ihre Wöchnerin täglich zweimal. Sie wechselte dabei die Binden und achtete auf peinliche Sauberkeit. „Ein Stäubchen, ein

Schmutzfleck, ein Keim auf den Binden, oder wenn das Wasser nicht lange genug abgekocht ist, bedeuten Annas sicheren Tod."

Leopold Bialo war über die Gefährdung seiner Frau tief betroffen. Anna war der einzige Mensch, den er vorbehaltlos liebte. Die Angst um sie wirkte nach, selbst als Anna wieder außer Lebensgefahr war und langsam wieder zu Kräften kam. Der Schrecken minderte Leos Freude über die Geburt seines ersten Kindes. Als Trotzreaktion nannte er seinen Sohn Otto. Nach dem Eisernen Kanzler Bismarck. Bialo hasste den „Sozialistenfresser" von ganzem Herzen. Bismarck erzählte was von Deutschlands Größe, von Blut und Eisen. Doch die Kumpels, die ihren Rücken krumm machen mussten, damit aus Eisen Stahl werden konnte, waren dem Preußenschädel egal. Dass der Kaiser Bismarck entlassen hatte, erfüllte Bialo wie fast alle Kumpels mit Genugtuung. Zuerst war es nur ein Gerücht. Es hieß, der Kanzler habe seine Entlassung eingereicht. Am 21. März 1890 stand es schwarz auf weiß in der Zeitung: Bismarck hatte seine Entlassung erhalten. Das Bürgertum war betroffen. Nicht nur in Deutschland, wo viele ihre Freiheitsideale für die lange ersehnte Einheit des Reiches preisgaben und Bismarck als den Vollender des Vaterlands priesen und verehrten. Die Forderung, ein geeintes Deutschland sollte in Freiheit existieren, wie beispielsweise Großbritannien, stellten nur wenige. Selbst in England wurde Bismarck als unentbehrlicher Lenker des deutschen Staatsschiffs angesehen. So veröffentlichte die Londoner Zeitschrift „Punch" nach Bismarcks Entlassung eine Karikatur, die auf die neue Zukunftsangst vieler Deutscher anspielte: „Der Lotse verlässt das Schiff".

Leopold Bialo, die deutschen Arbeiter und speziell die Sozialdemokraten waren über den Abgang ihres unerbittlichen Gegners froh. Leos Freude kippte in Übermut um. Die Mahnungen Siegfried Hausers, seine Versuche, dem Schwiegersohn die Schnapsidee auszureden, blieben vergeblich. Leo Bialo war von seinem Entschluss, sein Söhnchen Otto zu nennen, nicht abzubringen. Seine Ehrwürden, Pfarrer Siegmund Bresser, der die Taufe vollzog, missverstand die Namensgebung, wie aus seiner Predigt hervorging, als Zeichen des Respekts für den soeben in den Ruhestand abgeschobenen Kanzler, was beim Vater und den Männern der Familie Heiterkeit hervorrief. Nach wenigen Wochen, als Anna wiederhergestellt war, versöhnte sich Leopold mit seinem Erstgeborenen und wurde ihm und später auch seinen Brüdern Heinrich und Kurt ein treusorgender Vater.

Kurz nach Ottos Geburt zog die kleine Familie in eine Zweizimmerwohnung der Zeche in der Brunnenstraße. Leopold war glücklich. Endlich war er Herr im eigenen Heim. Auch Anna genoss es, nicht mehr auf eines ihrer zahlreichen Familienmitglieder Rücksicht nehmen zu müssen. Die andauernden Belehrungen der Mutter und der Schwestern, was ihren Umgang mit dem Säugling betraf, konnte sie ebenfalls nicht mehr hören.

Der Wohnungswechsel setzte bei Leopold wie zuvor im Haus der Schwiegereltern neue Energie frei. Während seine Kumpels einen Teil ihrer Freizeit verschliefen oder versoffen, arbeitete Bialo an der Verbesserung und Verschönerung seines Heims. Er schreinerte eine perfekte Küche, zimmerte Möbel, schnitzte Spielzeug für Otto und legte einen Gemüsegarten an. Was er anbaute, gedieh. Das konnte auch der Kohlestaub nicht verbergen, der sich auf Gurken, Kürbissen und Kohlblättern niederlegte. Anna musste die Ernte kräftig wässern und schrubben, bevor sie sie verarbeiten konnte.

Eines Tages packte Leopold unter Tage auf dem Weg durch den Stollen eine verwegene Idee, die er, wie es seinem Charakter entsprach, sogleich energisch in die Tat umsetzte. Leo hatte mitbekommen, dass die Kräfte des Grubengauls Wotan nachließen. Dies bedeutete, wie ihn Steiger Johann Pirow wissen ließ, dass man dem Gaul den Gnadenschuss geben müsse, da das Tier durch die Jahre unter Tage blind geworden sei. „Oben ist das Biest zu nichts mehr nütze." Leopold, der den Gaul seit seiner ersten Grubeneinfahrt kannte und dem die Kreatur ans Herz gewachsen war, beschloss, Wotan zu retten. Da es sinnlos war, selbst beim Zechendirektor vorzusprechen – Bialo kannte seinen unvermittelt aufwallenden Jähzorn – überredete er Pirow, den Grubenchef zu bitten, das Pferd aus dem Schacht wieder über Tage einzusetzen. Den Rest wollte Leo besorgen. So geschah es nach einigem Hin und Her. Der ehemalige Bauernjunge beruhigte das verschreckte Tier und brachte es zu sich nach Hause. Dort hatte er in einer Ecke seines Gartens einen Stall gezimmert, in dem er Wotan unterbrachte. Das Pferd gewöhnte sich allmählich an seine neue Umgebung. Anna hatte zunächst Angst vor dem kräftigen, schreckhaften Tier, vor allem wegen ihres kleinen Otto. Doch das Kind mochte den Gaul spontan, und so wuchs der Klepper bald auch der Mutter ans Herz. Auch für die Kinder der Nachbarschaft war „dat Hottemax" eine Attraktion, der sie mit Respekt und aufgeregter Neugier begegneten. Wotan fraß noch länger als ein Jahr sein Gnadenbrot. Als er starb, waren alle traurig.

Doch für Niedergeschlagenheit blieb den Bialos wenig Zeit. Anna war wieder schwanger. Heinrichs Geburt im Frühjahr 1892 war eine arge Belastung für Annas Gesundheit und die Seelen ihrer Angehörigen. Vor allem Leopold hatte Angst um seine Ehefrau und schwor sich, sie in Zukunft „zu schonen". Die erneute kundige Hilfe der Hebamme Gerti Friebe und ihre wiederholten strengen Pflegeanweisungen an Clara Hauser und ihre Töchter Sophie und Helga zeigten jedoch Wirkung. Und so konnten die Hauser-Damen schon nach zwei Wochen Anna mit Otto und dem Säugling Heinrich in ihrem Heim in der Brunnenstraße unbesorgt zurücklassen.

Leopolds Vorsatz, auf die Gesundheit seiner Frau fortan Rücksicht zu nehmen, blieb jedoch ohne Konsequenz, da er keine

Ahnung von Schwangerschaftsverhütung hatte. Auch Anna wusste wenig und war überdies als Kind einer prüden Zeit zu schamhaft, um sich mit ihrem Mann darüber auszusprechen. So liebten sich Anna und Leopold bald wieder ungeschützt. Dies hatte natürlich Folgen. Anna erwartete erneut Nachwuchs. Die Eheleute redeten sich ein, dieses Mal werde die Geburt leichter. Doch wenn sie alleine war, wurde Anna oft von Angst gepackt. Sie ahnte, dass ihr die Kraft fehlte, nochmals eine schwere Entbindung zu überstehen.

Annas Niederkunft mit Kurt endete beinahe tödlich. Zunächst schien die Geburt ohne größere Komplikationen zu verlaufen. Der Säugling lag richtig: kopfüber. Doch sein Schädel war kräftig entwickelt, zu breit für das bereits vorgeschädigte Unterleibsgewebe der Mutter. Als die Geburtshelferin vorsichtig versuchte, die Öffnung zu erweitern, platzte eine Schlagader. Gerti Friebe konnte das Blutgefäß nur kurzfristig abbinden. Sogleich ließ sie Anna mit der Kutsche ins Marienhospital schaffen. Gerti Friebe kannte dort den Chirurgen Professor Anker. Der ließ unverzüglich die Ader von seinem Assistenten Dr. Hut schließen. Wie bei der Geburt Ottos erlitt Anna durch den hohen Blutverlust einen Kreislaufzusammenbruch. Ihr Organismus war derartig mitgenommen, dass sie knapp vier Wochen in St. Marien bleiben musste. Leopold bezahlte widerspruchslos die hohen Krankenhauskosten. Professor Anker rechnete ebenso wie sein Assistent privat ab.

Bevor Anna das Hospital verließ, nahm Fräulein Friebe ihre Patientin ins Gebet. Sie bestand darauf, dass die Eheleute fortan „die Schwangerschaft felsenfest mit Hilfe von Gummipräservativen verhüteten. Und sagen Sie das jetzt gleich auch Ihrem Mann, sonst hat's nämlich keinen Sinn", beschied die resolute Hebamme. Als Anna dies an Leopold weitergab, war er zunächst empört darüber, dass eine Frau es wagte, ihn über seine Schlafzimmergewohnheiten zu belehren. Doch gleichzeitig verstand er, dass er mithelfen musste, eine weitere Schwangerschaft zu vermeiden, damit ihm seine Anna erhalten blieb. Dieser Einsatz war wertvoller als alles andere, einschließlich seiner „rechtschaffenen" Empörung und seiner männlichen Bequemlichkeit im Bett. Fortan befleißigte sich Leopold einer sexuellen Disziplin, die zu seiner Zeit in seiner Schicht recht selten war. Die Liebe zu Anna war ihm allemal wichtiger als seine ungezügelte Leidenschaft, die tödliche Folgen für Anna haben würde.

Bialo konzentrierte sich auf Anna und die Kinder sowie auf seinen Beruf. Er war ein hervorragender Bergmann, darüber waren sich zumindest die Kumpels einig. So war er, nachdem Alfred Forbel vorzeitig wegen einer Staublunge aus dem Schacht gezogen wurde, zum Meisterhauer befördert worden. Mit ihm an der Spitze und dem jungen Karol Jablonski als Oberhauer, den alle nur „Gimma Mottek" wegen seines phantasievollen Deutsch-Polnisch nannten, baute Leos Kameradschaft die meiste Kohle der Zeche ab und kassierte das höchste Gedinge. Diese Leistung, seine unbestrittene natürliche Intelligenz, der Respekt und die Sympathie, die ihm die Kumpels entgegenbrachten, prädestinierten Bialo zum Steiger. Doch die Zechendirektion hatte Leos aktive Rolle beim großen Streik nicht vergessen. Man gab dem Meisterhauer zu verstehen, dass man ihm seine Jugendsünden ablassen würde, falls er sich dafür entschuldige und verbindlich versichere, derartige Untaten nie wieder auch nur in Erwägung zu ziehen. Leopold dachte nicht daran, auf dieses „großmütige" Angebot einzugehen: „Knecht war ich in Schlesien. Hier nicht. Ich krieche niemandem in den Arsch für ein paar Silberlinge." Damit war das Gespräch mit dem Sekretär der Zechenverwaltung beendet. Ebenso wie Bialos Aufstieg zum Steiger – noch ehe er beginnen konnte.

1899 waren 13 Doppelhäuser, welche die Zeche Shamrock in der Hoheneickstraße hatte bauen lassen, bezugsfertig. Trotz des unerfreulichen Gesprächs in der Zechenverwaltung bekamen Leopold und seine Familie eine Haushälfte zugewiesen. „Auch noch die Nummer eins", wie Anna stolz bemerkte. Die Familie zog wieder um. Otto fiel auf, dass „die Mauern ganz rot sind. Nicht so schwarz wie überall sonst." Der Staub der Kohle war noch nicht in den neuen Backstein gedrungen.

In seiner Freizeit nahm der Hauer Leopold Anna jegliches Schleppen ab. Er trug bei jeder Gelegenheit seine Söhne und besorgte alle schweren Einkäufe, auch wenn ihn seine Kumpels als Pantoffelhelden verlachten. Zunächst stopfte er den Spöttern die Schnauze mit seinen Fäusten. Mit der Zeit aber wurde Bialo gelassener. Mochten die Lästerer sich ihre Mäuler zerreißen. Leopold wusste, dass er das Richtige tat. Er nahm bei Tag und bei Nacht Rücksicht auf seine Frau. Anna spielte die entscheidende Rolle in seinem Leben. Sie hatte dem einst zornigen jungen Zuwanderer Geborgenheit gegeben und ihn zur gesetzten Persönlichkeit heranreifen lassen. Die Seelen der Eheleute kamen sich im Laufe der Jahre immer näher. Ihre Zufriedenheit spiegelte sich in ihren Gesichtern.

Beim Bauern kaufte Bialo kurz entschlossen eine Kuh. Den Spott der Nachbarn, von denen manche sich eine Ziege hielten, nahm Bialo nicht ernst. Eine Geiß war ungebärdig, fraß den ganzen Garten kahl und gab nur mäßig Milch. Seine Kuh Babette hingegen war brav. Sie ließ sich mühelos in Wotans altem Stall halten. Das notwendige Heu holten Leopold und Otto alle zwei Wochen beim Bauern. Bette war, das hatte Leo mit Kennerblick gleich erkannt, eine prächtige Milchkuh. Die Bialo-Jungen waren fortan ausreichend mit Milch versorgt. Auch die übrige immer größere Enkelschar von Clara und Siegfried Hauser wurde freigebig bedacht. Anna kümmerte sich zudem darum, dass schwächliche Kinder aus der Nachbarschaft Milch bekamen. Sie weigerte sich, Geld dafür zu nehmen. Leo verstand die Großzügigkeit seiner Frau. Das Gerede über „den Kuhbauern" verstummte. Als Bialo den Stall für Thor, sein nächstes ausrangiertes Grubenpferd brauchte, wurde Bette an den Metzger verkauft. Wenig später schaffte sich Leo drei Gänse an, welche die Nachbarn mit ihrem Geschnatter unterhielten.

Wie zuvor bei seinen Schwiegereltern baute Bialo einen Dachtaubenschlag, den er Jahr für Jahr erweiterte. Leo begann eine Taubenzucht mit dem heimlichen Wunsch, eine Siegertaube unter seinen Blauen, Gescheckten und Falben zu bekommen. Um den Kindern und nicht zuletzt sich selbst eine Freude zu machen, erwarb Leo einen Schäferhund, Hasso. Als drei Kaninchen hinzukamen, wurde Bialo in der Straße „der Zoodirektor" genannt. Früher hätte er dies als Spott aufgefasst, nun nahm er den Spitznamen gelassen hin. Ich werde eben älter, gestand Leo sich ein. Mit Mitte dreißig hatte Leopold Bialo zu sich selbst gefunden. Im Beruf bewährt, sein eigener Haus-, Garten- und Stallherr, gewann er auch zunehmend Gefallen an seiner Vaterrolle. Leo fütterte mit seinen Söhnen die Tiere, er hielt sie dazu an, die Kreaturen zu achten und zu pflegen. So gelang es ihm, seine Tierliebe auf die Buben zu übertragen. Am Abend saß die Familie oft vor dem Haus und lauschte den Bandoneonklängen von Nachbar Meier, der dazu mit seinem vollen Bariton Bergmannslieder – „Glück auf, der Steiger kommt" – und andere Weisen sang. Anna liebte besonders das melancholische Lied von der Heimkehr: „Horch, die alten Eichen rauschen immer noch dasselbe Lied …"

Im Winter 1903, Anna war erst 36 Jahre alt, hörten ihre Monatsblutungen auf. Sie machte sich Gedanken, die sie zunächst für sich behielt. Das Ende ihrer Regel bedeutete, dass sie keine Kinder mehr bekommen würde. Sie war erleichtert. Denn nichts fürchtete Anna so sehr wie eine Schwangerschaft, die unweigerlich zu einer lebensbedrohlichen Geburt führen würde. Das Ende ihrer Fruchtbarkeit, so glaubte Anna, bedeutete auch, dass sie sich beim Zusammensein mit ihrem Mann nicht mehr vorsehen musste. Leopold hatte nie über die Notwendigkeit geklagt, Schutzmittel zu benutzen, doch Anna spürte genau, dass ihm die „künstliche" Prozedur zuwider war. Nach langem, schamigem Ringen mit sich selbst fand Anna endlich den Mut, ihrem Mann mitzuteilen, dass sie ohne Schutz einander beiwohnen durften, da ihre Periode ausblieb. Leopold, der sich wie die Männer seiner Zeit keine Gedanken über die Biologie der Schwangerschaft gemacht hatte, reagierte, anders als Anna es erwartet hatte, nicht mit spontaner Erleichterung und Lust, sondern besorgt.

„Weißt du das genau?", wollte er wissen. Nachdem ihm Anna mehrfach versicherte, dass er keine Angst haben müsse: „Das Kinderkriegen ist vorbei: Ich bin ein altes Weib", entfuhr ihrem Gatten ein „Gott sei Dank". Leopold nahm Anna in seine Arme und liebte sie ungewöhnlich behutsam. Es dauerte Wochen, ehe Annas und Leopolds traumatische Geburtsangst nachließ und sie ein Stück Unbeschwertheit zurückgewannen.

Anfang 1906 fühlte sich Anna plötzlich unwohl. Sie erlebte Übelkeitszustände und Hungeranfälle, die sie früher einer Schwangerschaft zugeschrieben hätte. Doch das habe sie glücklicherweise hinter sich, versuchte sie sich selbst Mut zu machen. Anna konzentrierte sich auf ihre Hausarbeit. Wenn ihr zwischenzeitlich plötzlich schlecht wurde, packte sie die Angst. War sie womöglich doch in anderen Umständen? Das konnte nicht sein! Das durfte nicht sein. Ihre Periode hatte vor bald drei Jahren ausgesetzt. Fast immer. Mit Schreck erinnerte sich Anna, dass sie gelegentlich doch feine Blutschmieren wahrgenommen hatte. Jetzt waren auch diese ganz ausgeblieben. Weil sie schwanger war? Anna wagte es nicht, mit Leopold über ihre Furcht zu reden. Sie wusste, dass er ständig in Angst um ihre Gesundheit war. Ihre Mutter hatte sieben Kinder zur Welt gebracht. Die Geburten waren ohne Komplikationen verlaufen. Auch bei ihrer Tochter Sophie war alles glattgegangen. Gefährliche Niederkünfte hatte Clara Hauser nur bei Anna erlebt. Die Mutter riet Anna, Gerti

Friebe zu befragen. Doch die Hebamme war zu ihrer Schwester in den Schwarzwald gezogen. Eine Woche später erlangte Anna Gewissheit – sie spürte Bewegungen in der Gebärmutter. Ihr Herz raste, ihr wurde schwindlig, Anna musste sich festhalten, um nicht zu fallen. Glücklicherweise war sie allein in der Küche. Anna setzte sich, legte die Finger an die Schläfen und versuchte, sich zu beruhigen.

Sie erkundigte sich in der Pfarrei nach einer Hebamme. Else Almer war eine resolute Person. Kurz und routiniert untersuchte sie Anna und stellte lapidar fest, es handele sich um eine „ganz normale Schwangerschaft". Annas angstvolle Schilderungen ihrer komplizierten Niederkünfte tat die Geburtshelferin ab. „Alles ist in Gottes Hand!" Damit war die Konsultation beendet. Anna blieb allein mit ihrer Panik. Obgleich sie sich mit aller Kraft darum bemühte, war sie unfähig, ihre Angst zu unterdrücken. Sie schrie die Kinder entgegen ihrer Gewohnheit an, weinte ohne äußeren Anlass. Abends nahm Leopold die Bebende in seine Arme. Da brach sich ihre angestaute Angst Bahn. Anna wurde von einem Weinkrampf geschüttelt. Als sie endlich fähig war, wieder zu reden, berichtete sie Leopold von ihrer Schwangerschaft. Er unterdrückte seine Besorgnis, dachte nach und traf eine kluge Entscheidung. Sie solle mit ihm „zum Doktor in das Krankenhaus gehen, der dir das letzte Mal so geholfen hat". Doch daraus wurde nichts.

Hilfsexpedition nach Frankreich
1906

Am folgenden Tag wurde die bislang größte europäische Bergbaukatastrophe bekannt, die auch im Revier das Leben vieler Menschen direkt berührte. In einer Zeche des nordfranzösischen Städtchens Courrières hatte offenes Geleucht eine Schlagwetterexplosion ausgelöst. Das riesige Grubenfeld war durch 13 Schächte aufgeschlossen, die alle untereinander verbunden waren. Die Brände breiteten sich in Schlagwindgeschwindigkeit über mehr als hundert Kilometer Stollen aus. Mehr als tausend Bergleute waren tot, vermisst, verschüttet. Einige wenige hatten überlebt, schwer verletzt durch Feuer und Trümmer. Die französische Zechengesellschaft war dem Unglück nicht gewachsen. Sie reagierte konfus. Planmäßige Rettungsmaßnahmen kamen nicht in Gang.

In den deutschen Zechen war die Katastrophe von Courrières das beherrschende Thema. „Die Franzmänner saugen ihre Knappen aus bis aufs Blut. Die schicken sogar Kinder und Weiber unter Tage", hieß es. Die „armen Schweine" wurden von allen Seiten bedauert. Auf Shamrock waren sich die Kumpels und die Zechenleitung einig, dass man den französischen Bergleuten beistehen musste. „Wir haben bereits an die gallische Grubengesellschaft telegraphiert und rasche Unterstützung angeboten. Jedoch die Herren zögern noch, sie wissen nicht, ob sie Hilfe der deutschen Erzfeinde annehmen dürfen", informierte ein Mitglied der Zechendirektion die aufgebrachten Kumpels.

„Hier geht es nicht um nationale Ehre oder so einen Schmonzes, sondern um unsere Kumpels!" Eine erneute Intervention hatte Erfolg. Weil die französische Kohlegesellschaft die Kontrolle über die Situation verloren hatte. Die Angehörigen drängten auf sofortige Hilfsmaßnahmen, sonst drohten sie, die Zeche zu stürmen. Da nahm man lieber die Hilfe der verhassten Boches an.

Die Deutschen konnten tatsächlich helfen. Auf den Mulvany-Zechen Shamrock und Hibernia hatte man bereits vor einem Vierteljahrhundert eine Grubenfeuerwehr aufgebaut, die regelmäßig Brandbekämpfung übte. Um für Unfälle und Katastrophen durch schlagende Wetter gerüstet zu sein, rief Bergwerksdirektor Georg Albrecht Meyer 1897 eine freiwillige Rettungstruppe ins Leben. Die Gruppe verfügte über die damals modernsten technischen Rettungsinstrumente, darunter das Draeger-Gerät. Es bestand aus zwei unabhängigen tragbaren Sauerstoffflaschen, mit deren Hilfe die Retter tief in betroffene Schächte eindringen und dort sogleich die Verletzten mit der nötigen Atemluft versorgen konnten.

Leopold war einer von fünf Unterführern der zwei Dutzend Mann starken Rettungseinheit. Am nächsten Morgen traf sich die Truppe aus Herne mit einer Berufsfeuerwehreinheit von der Zeche Rheinelbe bei Gelsenkirchen. Die Bergleute wurden begleitet vom Leiter des „Vereins zur Bekämpfung der Volkskrankheiten im Ruhrgebiet", Dr. Bruns. Das Rettungsgerät wurde in einem Extrawaggon verstaut.

Bereits am frühen Abend traf der deutsche Rettungstrupp in Courrières ein. Am Unglücksort herrschten Panik und Chaos. Die Zechendirektion war unfähig, eine funktionierende Einsatzleitung zusammenzustellen. Jeder tat, was er für richtig hielt, oder er unterließ es. „Hier fehlt die deutsche Organisation. Kein Wunder, dass wir die Franzmänner 1870/71 dermaßen vernichtend geschlagen haben", tönte der Grubendirektor, der die Reviermannschaft anführte. Die deutschen Rettungstrupps versuchten vergeblich, sich Stollenpläne zu beschaffen. Also machten sie sich auf eigene Faust auf die Suche nach Verwundeten und Vermissten. Die Zustände unter Tage waren infernalisch. Es herrschte vollkommene Dunkelheit. Nur gelegentlich irrlichterten kleine Lämpchen durch die Schächte. Allenthalben lagen die Kadaver der Grubenpferde herum. Niemand hatte sich darum gekümmert, die Tierleichen zu bergen. Da es in manchen Stollen noch tagelang brannte und wegen der Tiefe Temperaturen von 30 bis 40 Grad herrschten, schritt die Verwesung rasch fort. Das Aas wurde von dichten Fliegen- und Mückentrauben umschwärmt. Wie leicht konnten da Infektionskrankheiten, etwa Typhus, entstehen. Die Deutschen legten Tücher über die verwesenden Pferde sowie die Leichen der Bergleute und setzten das Desinfektionsmittel Sanatol ein. Selbst das Trinkwasser war verseucht. Französische Ärzte warnten Dr. Bruns vor der Wurmkrankheit. Der Mediziner sprach als einziger der deutschen Truppe Französisch. Die Kumpels, ihr Oberführer und seine Truppleiter mussten sich, wenn der Arzt nicht in der Nähe war, mit Händen und Füßen mit den französischen Kollegen verständigen.

Nach zwei Tagen zog der Oberführer seine Männer aus der Grube ab. In einer nahe gelegenen Gastwirtschaft berieten die Deutschen ihr weiteres Vorgehen. Man entschied sich, zwei Gruppen zu bilden, die unabhängig voneinander systematisch die Schächte absuchen sollten. Am Abend wollte man sich jeweils für den nächsten Tag absprechen. Die deutschen Kumpels saßen bis spätnachts zusammen. Der französische Wirt, Monsieur Varel, spendierte ihnen einige Flaschen Rotwein. Der Alkohol erwärmte die Gemüter der erschöpften Bergleute. Doch Leo Bialo kaum. Unter Tage konzentrierte er sich auf die anstrengenden Rettungsarbeiten. Doch sobald er auftauchte, musste er an seine Frau denken. Nachdem er vom Unglück in Courrières erfuhr, hatte er sich sogleich für die Expedition nach Frankreich gemeldet. Erst auf dem Weg nach Hause waren ihm Annas Schwangerschaft und die damit verbundene Gefahr zu Bewusstsein gekommen. Daraufhin hatte sich Leo entschlossen, bei seiner Frau zu bleiben. Doch Anna hatte darauf bestanden, dass er mit seinen Kumpels an der Rettungsaktion teilnahm. Sie sei erst ganz am Anfang der Schwangerschaft.

„Wir haben noch mindestens ein halbes Jahr Zeit. Und du bist in spätestens einer Woche zurück."

Seine Frau hatte wieder einmal recht. Doch die Worte „Wir haben noch mindestens ein halbes Jahr Zeit" gingen Leopold nicht aus dem Sinn. Er spürte Annas Vorahnung. Sie hatte nicht die Spanne bis zur Geburt gemeint, sondern von der Zeit gesprochen, die ihnen gemeinsam verblieb. Vor Schreck schlug ihm das Herz bis zum Hals. Seine Wangen glühten. Er lief hinaus. Rannte durch die dunkle Nacht, lief, lief, bis er keine Luft mehr bekam. Als er keuchend einhalten musste, war Leopold endlich wieder in der Lage, klar zu denken. Nach wenigen Tagen würde er wieder bei seiner Anna sein. Dann musste er einen Weg finden, um seine Frau zu retten.

Tag für Tag fuhren die deutschen Kumpels in das zerstörte, verseuchte Bergwerk ein. Mittlerweile waren die meisten Toten geborgen, selbst der Abtransport der verwesten Kadaver kam in Gang. Französische Suchtrupps irrten durch die Schachtanlagen. Tatsächlich stießen sie nur noch auf verkohlte oder erstickte Bergleute. Unverdrossen setzten die deutschen Rettungskräfte ihre systematische Suche fort. Die Franzosen schüttelten ihre Köpfe über die eigensinnigen Teutonen, die partout ein Wunder vollbringen wollten. Nach zwei Einsatzwochen fragte die Grubenleitung bei Dr. Bruns an, wann die eifrigen deutschen Helfer wieder in ihre Heimat zurückzukehren gedächten. „Sobald wir unsere Mission erfüllt haben!", antwortete ihnen der Arzt.

Die teutonische Beharrlichkeit wurde schließlich von Erfolg gekrönt. Am 30. März, knapp drei Wochen nach der Explosion, nach 18-tägigem Einsatz stieß der Hibernia-Trupp während eines gewagten Einstiegs in einen vom Einsturz gefährdeten Blindschacht auf eine Gruppe von 13 versprengten französischen Kumpels. Die Knappen waren nach der Explosion an den Füllort geflüchtet. Grubenfeuer und Giftgas hatten sie in einen lähmenden Schockzustand versetzt. Später machten Hunger, Durst und Panik den systematischen Ausstieg aus dem Schacht unmöglich. Die Kumpels hockten apathisch am Rande des Verbindungsstollens. Ihnen fehlten die körperliche und die seelische Kraft, sich aus ihrer Lage zu befreien. Es war stockfinster, süßlicher Verwesungsgeruch verpestete die Luft. Die flackernden Lampen der Deutschen hielten sie zunächst für Halluzinationen. Der Rettungstrupp versorgte die Gestrandeten mit Wasser und Zwieback, ehe die entkräfteten Männer aus dem Schacht getragen wurden.

Zwei Tage später wurden die Deutschen unter allgemeinem Jubel und mit Blasmusik verabschiedet. Die Kapelle spielte die Marseillaise und das Deutschlandlied. „Wenn die Franzmänner mit dem gleichen Eifer ihre Leute gerettet hätten, wie sie jetzt blasen, hätten sie uns nicht gebraucht, die Pompbeutel!", lästerte Assessor Graber.

Hinter der Grenze ersetzte deutsches Pathos den französischen Pomp. Am Bahnhof in Herne schmetterte wie zuvor in Courrières Marschmusik. Der Bürgermeister pries mit emphatischen Gesten den „nimmermüden Einsatz unserer tapferen deutschen Bergmänner". Er hob deren „Mut und unser deutsches Organisationstalent und die Findigkeit" hervor, denen niemand gleichkomme, und schloss mit einem „Glück auf, deutscher Bergmann! Es lebe das deutsche Vaterland!"

Das war der Auftakt zu einer nachhaltigen Jubelstimmung, die das ganze Volk erfasste. Die Hibernia-Bergwerksgesellschaft ließ den Teilnehmern des „opfermutigen Rettungswerks ... in dankbarer Anerkennung" Urkunden ausfertigen. An dem Ruhm seiner Untertanen wollte der Kaiser ebenfalls partizipieren. So ließ Wilhelm II. bereits am 2. April – den Vortag zu wählen, verbot das lächerlich-ernste nationale Pathos sowie der Arbeitstag – in Krefeld eine Truppenparade abhalten. Dabei würdigte der Monarch in Galauniform hoch zu weißem Ross die „Verdienste der deutschen Rettungsmannschaften". Die kaiserlichen Worte wurden einträchtig von den Honoratioren Krefelds sowie der im vollen Wichs angetretenen Knappschaften beklatscht. Im edlen Wettstreit der Erz- und Erbfeinde wollten die Gallier nicht nachstehen. Und so verlieh der Präsident der Französischen Republik am 26. April per Dekret „den deutschen Bergleuten, welche sich bei der Catastrophe von Courrières ausgezeichnet haben ... die Ehrenmedaille in Gold". Dies wiederum nahm die Bergwerksgesellschaft Hibernia zum Anlass, die deutschen Retter erneut mit einem offiziellen Dokument zu ehren.

Am 31. Juli statteten die geretteten französischen Kumpels ihren Kollegen in Herne einen Besuch ab. Die Zechenleitung hatte zuvor die Teilnehmer an der Rettungsaktion eingeladen: „Die Geretteten von Courrières sind heute Nachmittag zu einer Besichtigung auf Shamrock. Wir werden dieselben nachher in unserem Hauptbureau empfangen, um mit ihnen ein Glas Bier und ein Butterbrot einzunehmen. Wir bitten Sie, an dieser Veranstaltung teilzunehmen und sich heute abend 6 ¾ Uhr ... im besseren Anzug einzufinden ... Wir bitten, Ihre Orden anzulegen."

Leopold Bialo ließ die Feiern und Ehrungen über sich ergehen. Er war durchaus stolz auf die Auszeichnungen. Doch der Glanz seines unverhofften Ruhms wurde durch die beständige Sorge, ja die Angst um Anna überschattet. Bei seiner Rückkehr bemerkte Leopold erstmals graue Fäden in Annas Haar. Als sie spätabends endlich allein waren und er Anna beiwohnen wollte, fühlte er ihr Beben. Die Furcht hatte sich in ihre Seele eingefressen. Leos Liebe zu seiner Frau lehrte ihn, sie zärtlich zu trösten.

In den nächsten Tagen drängte Leopold Anna, die Klinik aufzusuchen. Professor Anker war ebenso wie Fräulein Friebe bereits in Ruhestand, der Assistent Dr. Hut hatte das Krankenhaus verlassen. Ein Termin bei dem Nachfolger Professor Ankers wurde den Bialos verleidet. „Können Sie sich überhaupt eine Konsultation bei Professor Herder erlauben?", begehrte der Pförtner zu wissen. Das Ehepaar entschied sich nochmals, die „neue" Geburtshelferin Fräulein Almer aufzusuchen. Else Almer fertigte Anna rasch ab. „Ich kenne Sie doch. Ich habe Sie bereits untersucht. Ich weiß, was mich bei Ihnen erwartet. Ich mache mir da überhaupt keine Sorgen. Also brauchen Sie's auch nicht zu tun. Wir sehen uns im Oktober. Auf Wiedersehen!"

Die Selbstsicherheit der Hebamme dämpfte Annas Angst. Die Entschiedenheit der Geburtshelferin verhinderte weitere Konsultationen bei Ärzten, die in Annas Fall dringend notwendig gewesen wären. Stattdessen eilten Anna und Leopold erleichtert nach Hause. Jeder gab sich demonstrativ fröhlich, um dem anderen Mut zu machen.

Die Schwangerschaft verlief normal. Die Eheleute wollten glauben, dass die Geburt dieses Mal ohne große Zwischenfälle vonstatten gehen würde. Doch insgeheim ahnten beide, dass ihre gemeinsame Zeit ablief. Leopold legte seinen Ehrenposten als Unterführer des Rettungstrupps nieder. Er wagte es nicht, Anna davon zu berichten, denn sie hätte sogleich darauf bestanden, dass er seine liebste Nebentätigkeit nicht aus Sorge um ihre Gesundheit aufgeben dürfe. So erfand er immer wieder Ausfälle und Verschiebungen der Übungen, und wenn er partout wegbleiben musste, dann besuchte er manchmal Veranstaltungen der SPD.

Die Sozialdemokraten imponierten ihm. Die Genossen ließen sich nicht von sturen obrigkeitshörigen Beamten oder Offizieren beeindrucken, sondern kümmerten sich um die Angelegenheiten der Arbeiter. Sie hatten Volksbildungsvereine eingerichtet, ebenso Hygienekurse und eine Arbeitergesundheitsfürsorge. Leopold hörte sich einen Vortrag von Dr. Samuel Rubinstein über „Hygienemaßnahmen bei Schwangerschaft, Geburt und Wochenbett" an. Er war neben dem Redner der einzige Mann im Raum. Was hatte ein jüdischer Doktor mit Nickelbrille und Vollbart mit Arbeitern am Hut? Juden wurden nicht minder verachtet als Polacken. In der SPD dagegen hieß man beide Gruppen als gleichberechtigte Genossen willkommen. Leopold wollte Dr. Rubinstein nach dessen Vortrag ansprechen. Doch er war zu scheu. Und was sollte er ihn fragen? Am klügsten wäre es gewesen, Anna zu diesem Arzt zu schicken. Doch das hätte ihr noch mehr Angst gemacht. Leo merkte sich den Namen des Doktors und erkundigte sich im SPD-Ortsverein nach dessen Adresse. Für alle Fälle.

Der Bergmann fühlte sich in der Partei zunehmend wohl. Und so sagte er nicht nein, als er vom Sekretär des Ortsvereins aufgefordert wurde, in die Partei einzutreten. Dabei spielte auch die Person des SPD-Vorsitzenden eine Rolle. August Bebel war ein Patriarch. Doch im Gegensatz zu Bismarck oder gar zu Kaiser Wilhelm II. stützte sich Bebels Einfluss nicht auf Kanonen und Soldaten, sondern allein auf den Respekt seiner von Jahr zu Jahr wachsenden Genossenschar. Sollte Anna einen gesunden Jungen zur Welt bringen, dann wollte Leopold ihn August nennen.

Renatas Geburt
1906

Annas Wehen stellten sich eines Vormittags ein. Sie bat ihre Nachbarin, Fräulein Almer zu rufen. Doch die Hebamme schickte sie wieder heim. Sie war nach einer schweren Niederkunft in Wanne erst gegen acht Uhr nach Hause zurückgekehrt und benötigte dringend „eine Stunde Ruhe, damit ich wieder arbeiten kann".

Als Else Almer in der Mittagszeit in der Hoheneickstraße eintraf, hatte Anna bereits viel Blut verloren. Die Hebamme war nicht in der Lage, die Blutung durch Abbinden der Gefäße zu stillen. Statt einen Arzt zu holen oder Anna sogleich in eine Klinik zu schaffen, ließ die Geburtshelferin nach dem Priester rufen. Als Leopold von der Frühschicht nach Hause kam, hatte Anna bereits die Letzte Ölung empfangen. Der Priester saß an ihrem Bett und hielt der Sterbenden die Hand. Leo warf den Pfarrer und die Hebamme aus dem Haus. Er wies seinen Sohn an, nach einer Droschke zu laufen: „Renn, Kurti, lauf, was du kannst …" Kurt kehrte nach einiger Zeit mit einem Wagen zurück. Leo trug Anna in die Droschke, dann jagten sie zu Dr. Rubinstein. Die Praxis war geschlossen. Leo hämmerte an die Tür. Rubinsteins Haushälterin und Praxishelferin öffnete nach einer Ewigkeit. Der Doktor mache noch einen Krankenbesuch in der Nachbarschaft. „Holen Sie ihn. Schnell", wies Leo Fräulein Wagner an und bettete Anna auf eine Bank im Hauseingang. Annas Blick war glasig. Leopold rieb ihre erkaltenden Hände. „Halt durch, Anna! Nur noch ein paar Minuten, dann ist der Doktor da. Und dann wird alles gut. Der Rubinstein ist ein hervorragender Arzt. Der hält sogar Reden über Geburt. Halt durch, Anna!", rief Leo heiser. „Ich muss gehen …", flüsterte sie. – „Nein!" – „… Danke dir … mein Lieb…" Ihre Stimme wurde schwächer.

Rubinstein eilte ins Haus. Sogleich erkannte er die Situation. „Herr Doktor, Herr Doktor!", keuchte Bialo. „Kommen Sie! Ich weiß, wer Sie sind!" Mit fahrigen Fingern schloss Rubinstein seine Praxisräume auf. Leopold folgte ihm. Der Arzt bedeutete Bialo, Anna hinzulegen. Behutsam, aber rasch entfernte er das blutdurchtränkte Tuch, das um Annas Unterleib gewickelt war. Rubinstein wollte Bialo aus dem Ordinationszimmer weisen, doch der sagte ihm, dass er Rettungssanitäter auf der Zeche sei. „Umso besser, dann können Sie mir assistieren." Unterdessen sackte Annas Blutdruck ab, er war kaum noch messbar. Der Puls begann zu flattern. „Ihre Frau ist nicht mehr zu retten. Der Blutverlust ist zu hoch …" – „Sie müssen! Anna darf nicht sterben!" Rubinstein schüttelte den Kopf. „Die Patientin ist zu geschwächt … sie wird bald dahingehen." Die nüchterne Aussage des Arztes brach Bialos seelische Widerstandskraft. Er warf schluchzend die blutigen Tücher zu Boden.

„Reißen Sie sich zusammen, Mann!", befahl Rubinstein. Dabei packte er den Bergmann mit ungeahnter Kraft am Rock. „Sie helfen mir jetzt, Ihr Kind rauszuholen! Ich höre seine kräftigen Herztöne!" Während die beiden Männer dem Kind, einem Mädchen, auf die Welt halfen, starb Anna.

Samuel Rubinstein fühlte sich für Vater und Kind verantwortlich. Jeden Abend schaute er bei den Bialos vorbei und versuchte Leo klarzumachen, dass das kleine Mädchen nicht schuld am Tod der Mutter sei. „Ihre Frau war keine Gebärmaschine. Sie hätte unter keinen Umständen erneut niederkommen dürfen. Die

Blutgefäße ihres Unterleibes waren mürbe. Die Gebärmutter war bereits beschädigt. Es war nur eine Frage der Zeit, dass sie an einem Tumor erkrankt wäre."

Bialo schämte sich der Tränen, die ihm unwillkürlich in die Augen schossen. Er wollte, wie schon während der fatalen Geburt, weglaufen. Doch erneut bannte ihn der Arzt mit der Kraft seiner Persönlichkeit, zwang Leopold zum Zuhören. „Das heißt, Ihre Frau wäre in den nächsten Jahren elend an einem Unterleibsgewächs gestorben. So ist sie friedlich entschlafen und hat Ihnen ihr Vermächtnis, ihre Tochter, hinterlassen. Nach dem Tod Ihrer Frau tragen Sie die Verantwortung für das Mädchen. Sie ganz alleine!"

Am liebsten wäre Leopold dem Doktor um den Hals gefallen, aber das gehörte sich nicht für einen gestandenen Bergmann. Und so drückten sich die Männer stumm die Hand. Rubinstein überredete Bialo überdies, das Mädchen nicht Augusta zu nennen. „Unser Parteivorsitzender ist zwar ein verdienstvoller Mann, aber er ist kein Heiliger, nach dem man Kinder benennen sollte. Außerdem: Augusta, da denkt jeder gleich, Sie sind kaisertreu. Und das sind wir beide doch weiß Gott nicht." Leopold musste trotz seiner Trauer lachen. Spontan bat er Rubinstein, Taufpate seiner Tochter zu werden. „Das würde ich gern, lieber Genosse Bialo. Aber es geht nicht … Ich bin ein Jud." – „Das ist mir egal." – „Und ich nehme an, dass das Mädchen katholisch getauft wird. Aber im Herzen und auf ihrem Lebensweg werde ich natürlich der wahre Pate des Kindes sein. Versprochen." Die Männer schüttelten sich erneut, diesmal lange, die Hand.

Rubinstein half auch, einen Namen für die Kleine zu finden. „Das Kind muss Renata heißen, das bedeutet im Lateinischen die Wiedergeborene." Ergriffen stimmte Leo dem ungewöhnlichen Namen zu.

Als Clara Hauser vom Tod ihrer Tochter unterrichtet wurde, war sie sogleich zu ihrem Schwiegersohn geeilt. Ihr Angebot, für einige Tage bei ihm und den Kindern zu bleiben, hatte Leopold unwirsch zurückgewiesen. Er wollte mit seiner Trauer allein sein. Selbst seine Söhne störten ihn. Am Abend des ersten Tages war Familie Hauser dennoch fast vollständig bei ihm erschienen. Bialo hatte rasch die Geduld verloren und die Sippe verabschiedet. Clara und ihre Töchter bestanden darauf, den Säugling mitzunehmen, bis das Kind von einer von Dr. Rubinstein besorgten Amme betreut würde. Nachdem die Hausers abgezogen waren, verkroch sich Bialo in seinem Haus. Er kümmerte sich nicht einmal um seine geliebten Tiere und um den Garten. Das übernahmen die Söhne. Danach hatte Leopold mit den Formalien der Beerdigung und dann mit der Taufe seines Kindes zu tun. Wie Rubinstein gewünscht hatte, gab Bialo den Namen Renata an. Doch fügte er noch den Namen seiner verstorbenen Frau hinzu. Und so ward das Kind Renata Anna geheißen.

Als Rubinstein den Witwer am Tag nach der Taufe besuchte und sich nach „meiner Renata" erkundigte, musste ihm Bialo gestehen, dass das Kind von dessen Großmutter versorgt wurde. Dies dürfe keine Dauereinrichtung werden, mahnte der Arzt. Der Vater entgegnete, er sehe keinen Ausweg. Weder er selbst noch seine Söhne wüssten mit einem Säugling umzugehen, „außerdem habe ich keine Zeit – und schon gar keine Milch." – „Dann kaufst du eben eine Kuh, Genosse." Rubinstein duzte Bialo fortan und bestand darauf, dass sein Parteifreund es ebenso hielt. In der Sache aber blieb der Mediziner streng. „Entweder du ziehst zu deinen Schwiegereltern, was du offensichtlich nicht willst, oder unsere Renata kommt zu dir. Du darfst Renata nicht für den Tod ihrer Mutter büßen lassen. Im Gegenteil, du musst ihr die Liebe beider Eltern geben. Das Kind muss bei dir aufwachsen!"

Kindheit im Revier
1906–1913

Der Arzt ließ Bialos Einwände, er wolle keine Frau mehr in seinem Hause sehen und ein Kindermädchen sei zu teuer – diesen Aufwand könnten sich nur „bessere Herrschaften und Gauner leisten" –, nicht gelten. Noch am selben Abend wies Rubinstein seine Hilfe, Fräulein Wagner, an, umgehend eine Betreuerin für Renata zu besorgen. Gertrud Wagner kannte Renata seit ihrer ersten Lebensstunde. Die unverheiratete Frau hatte den Säugling sogleich in ihr Herz geschlossen. Der Auftrag wurde sofort erfüllt. Die polnische Frau, die die Praxiswäsche wusch und plättete, Maria Pultuskier, war froh, ihre 16-jährige Tochter Zosia „bei Freund von Herr Doktor" in Stellung bringen zu dürfen. Auf diese Weise hatte die bitterarme Zuwandererfamilie ein Kind weniger zu versorgen.

Leopold Bialo gab nach. Sonst hätte er seinen gerade gewonnenen Freund Rubinstein wohl verloren. Er besorgte eine neue Kuh, die seine Jungen Tessi nannten. Im Haus war Leo auf der Hut, dass „das junge Frauenzimmer keine polnische Wirtschaft einreißen lässt oder meinen Buben den Kopf verdreht". Bialos Befürchtungen waren grundlos. Zosia machte den Bialo-Brüdern keine Avancen. Umgekehrt wies sie Ottos und Heinrichs plumpe Annäherungsversuche konsequent ab, indem sie so tat, als nähme sie diese nicht wahr. Zosias Fürsorge galt einzig „meinem

Mädchen". Mit sechs jüngeren und zwei älteren Geschwistern aufgewachsen, musste man Zosia den Umgang mit einem Säugling nicht beibringen. Die ersten zwei Wochen besorgte sie noch die Muttermilch von einer Amme. Danach molk sie noch im Dunkeln, vor dem Heulen der Zechensirene, die Kuh, um mit deren Milch Renata zu füttern. Leopold und seine Söhne Otto und Heinrich waren's zufrieden. Das bedeutete für den jeweiligen Melker täglich eine Viertelstunde mehr Schlaf.

Renata Anna gedieh prächtig. Sie wurde mehrmals täglich frisch gewickelt. Bialo brachte es nicht über sich, Zosia mit Worten seine Anerkennung auszusprechen. Immerhin überließ der Alte dem Mädchen ohne Einschränkung die Obhut des Kindes. Und beauftragte die Polin, „mir die Schwiegermutter und ihre Töchter von der Pelle zu halten". Der Einzige, der jederzeit Zugang zum Kind erhielt, war Samuel Rubinstein. Zosia kochte täglich die Windeln aus. Bald wusch sie auch die Wäsche der Bergleute. Sie bügelte die Unterkleider, ordnete sie, nähte und stopfte. Auch das trug ihr stumme Anerkennung ein.

Den überwiegenden Teil des Tages aber beschäftigte sich Zosia mit Renata. Nicht allein aus Pflichtgefühl und Dankbarkeit – sobald Leopold, Otto und Heinrich zu ihrer jeweiligen Schicht aufgebrochen und Kurt in seine ungeliebte Lehre geschlichen waren, herrschte die junge Frau über das kleine Haus. Niemand schrie herum. Nachts hatte sie ihre Bettstatt ganz für sich. Keine Schwester und kein Bruder störten ihren Schlaf. Nur gelegentlich quäkte Renata. Der Säugling schlief in seiner Wiege in Zosias Kammer unter dem Dach, wo man noch vor dem Morgengrauen das Gurren von Leopolds Brieftauben hörte. Wann immer Renata Hunger zeigte, fütterte Zosia sie mit der unter ihrer Strohmatte warm gehaltenen Milch. Morgens eilte das Kindermädchen zunächst in den Stall, molk die Kuh Tessi. Dann fütterte sie die Hühner. Danach schleppte Zosia den Milchkübel in die Küche, bereitete den Bergmännern vor der Frühschicht ein knappes Frühstück, schmierte ihre Bütterkes, füllte Kaffee und Tee in die Flaschen. Noch während die Männer frühstückten, wusch Zosia „ihren" Säugling in einem Bottich in der Spüle und wickelte ihn. Mit dem Kind auf dem Arm verabschiedete sie die Bialos. Die Männer brummelten zunächst über diesen „Kinderkram". Doch unverdrossen erfreute Renata Vater und Brüder mit ihrem sonnigen Gemüt. „Schau, unsere Schwester lacht richtig", bemerkte Heiner bald zu seinen Brüdern. So war es. Schon der Säugling verstand es, seine Lebensfreude den Mitmenschen kundzutun. Eine Fähigkeit, die Renata sich zeitlebens bewahrte.

Selbst das Herz des Vaters, der ihr unbewusst noch immer die Schuld am Tod seiner Frau gab, erweichte Renata. Zwar nicht im Sturm, doch nach einer monatelangen Offensive des Lächelns und zufriedenen Grunzens bei seinem Anblick. Eines Morgens lachte Leopold unwillkürlich zurück. Seine finstere Stimmung hellte sich auf. Ungewöhnlich heiter machte er sich auf den Weg zur Zeche. Rubinstein mochte recht haben. Seine Anna war tot. Dafür dem Kind zu zürnen war dumm. Die Kleine war wohltuend. Eben Annas Kind. Ihr letztes Geschenk an ihn. Unsinn!, tat er seine sentimentalen Gedanken ab. Ein Fratz wie jeder andere.

Zosia liebte Renata wie ihr eigenes Kind und war wie jede hingebungsvolle Mutter heimlich enttäuscht, als das Mädchen mit zunehmendem Alter selbständig wurde. Mit acht Monaten schon konnte Renata krabbeln, und drei Monate später stolperte das Kind sich rasch ins Gehen. Im Alter von einem Jahr fing Renata zu brabbeln an. Zosia übte mit der Kleinen eifrig sprechen – in ihrer polnischen Muttersprache. Bialo war freudig überrascht, von seiner Tochter im Idiom seiner eigenen Kindheit bequasselt zu werden. Daraus ergab sich, dass er sich fortan mit Zosia in einem deutsch-polnischen Kauderwelsch unterhielt, was zu einer größeren Vertrautheit zwischen beiden führte. Zosia wurde allmählich als Familienmitglied angesehen. Jedenfalls vom Vater. Heinrich dagegen hegte ihr gegenüber tiefere Gefühle. Zosia verweigerte sich. Das spornte den jungen Sohn des Hauses an, sie nachhaltiger zu bedrängen. Als der Vater dahinterkam, sagte er kein Wort. Stattdessen gab er Heiner zwei kräftige Maulschellen. Das würde den Burschen und seinen Bruder Otto fortan davon abhalten, dem Hausmädchen zu nahe zu treten. Zosia konnte sich fortan auf „ihr Kind" und den Haushalt konzentrieren.

In Leopolds Abwesenheit schwatzte Zosia trotzdem gern mit den Bergjungmännern. Denn Bialo, den Zosia zugleich schätzte und fürchtete, war meist mürrisch und schweigsam. Eines Tages berichtete ihr Otto nach Schichtende von einem Mord, der auf Shamrock geschehen war. Unter Tage war ein Schlepper „verrückt geworden. Erst hat er den Steiger geschlagen, dann isser auf den Fahrsteiger los. Mit einer Eisenstange hatter ihm auf den Kopp gedroschen." – „Hat denn keiner Hilfe gegeben?", wollte Zosia wissen. Otto überlegte gerade, ob er sich in ein besonders heldenhaftes Licht rücken sollte, als er seines Vaters in der Tür gewahr wurde. Auf Lügen reagierte der Alte empfindlich. „Otto, red nicht …" – „Mann is tot?", begehrte Zosia zu erfahren.

„Ja", antwortete Leo. „Fahrsteiger Jungmann ist tot." Zosia genoss ein leichtes Gruseln, bis Leo sie unterbrach. „Genug! Und kein Wort zu dem Kind davon. Verstanden?" Otto und Zosia nickten.

Renata verbrachte eine glückliche Kindheit. Die Liebe Zosias und ihres Vaters, die Zuneigung ihrer Brüder und die Fürsorge Samuel Rubinsteins förderten ihre Vitalität und Fröhlichkeit. Das Großwerden mit den Haustieren gab ihr eine Verbundenheit mit der Natur, die kaum ein anderes Bergmannskind in Herne genießen durfte. Auf diese Weise vermisste sie ihre Mutter nicht.

Renata hatte das handwerkliche Geschick des Vaters geerbt. Schon als Winzling hatte sie begeistert helfen wollen, wenn Leo im Haus schreinerte, im Garten werkelte, den Stall ausbesserte oder den Schlag seiner geliebten Tauben umgestaltete. „Ich auch, Papa!", rief Renata und reckte ihre Händchen nach dem Werkzeug. Zunächst hatte Leopold sie unwirsch abgewiesen – „Das kannst du nicht!" –, aber seine Tochter ließ sich nicht beirren. Bald ließ der Vater Renata kleinere Handwerksaufgaben unter seiner Aufsicht ausführen. Sie durfte Bretter halten, Nägel einschlagen, Schrauben drehen, helfen, den Taubenschlag neu zu streichen. Leopold richtete ihr einen kleinen Werkzeugkasten ein, mit dem Renata in ihrer Dachkammer und im Garten nach Herzenslust allein herumwerkeln durfte.

Auch dass seine Tochter zuerst auf Stühle, Tisch und Kommode kletterte und später im Garten auf dem Apfelbaum turnte, störte Leopold nicht weiter. Zosia hingegen beobachtete diese Vorlieben ihres Schützlings mit Argwohn. Als Renata eines Tages vom Stalldach stürzte, griff das Mädchen ein: „Wer hoch hinaufklettert, fällt tief hinunter. Und wer mit dem Hammer zuschlägt, findet nie einen Mann."

Zosia brachte Renata allerlei Fertigkeiten bei, die sie für ein Mädchen für angemessen hielt: Sticken und Stricken. Auch hier stellte Renata sich sehr geschickt an. Bald fertigte sie einen Topflappen, dann Pulswärmer und Strümpfe für die Brüder an. Eines Tages, als Zosia und Renata bei einem Spaziergang Kurt aus seinem Geschäft abholten, entdeckte Renata im Schaufenster eine Singer-Nähmaschine. Sie ließ nicht locker, bis Herr Levy die Maschine aus der Auslage holte und Renata ihre Funktionen erklärte. Levy freute sich über das Interesse der Kleinen, die so viel resoluter und aufgeweckter war als ihr Bruder, sein Lehrling. Von Kurt wusste er, dass dessen Mutter Näherin gewesen war. Das Talent hatte sich wohl auf die Tochter vererbt. Levy brachte Renata das Nähen bei. Er sammelte Stoffreste, die Renata nach Herzenslust zusammennähen konnte. Später zeigte er ihr, wie Stoff zugeschnitten wurde. „Eine Dame muss immer elegant sein", erklärte Herr Levy. „Das geht auch ohne viel Geld – man muss sich nur zu helfen wissen."

Einige Zeit vor Renatas sechstem Geburtstag hatte Leopold Bialo Zosia aus heiterem Himmel ermahnt: „Du redest jetzt nur noch deutsch mit Renata, sie kommt bald zur Schule. Ich will nicht, dass man mein Kind Polackenbalg schimpft." Zosia bemühte sich fortan gewissenhaft, mit „meinem Mädchen" nur noch in der ihr fremden Sprache zu reden. Nur heimlich, wenn sie alleine mit Renata schmuste, verwendete sie ihre polnischen Koseworte. Eines Sonntags beobachtete Bialo durch das Fenster, wie Zosia im Gärtchen Renata auf ihrem Schoß hätschelte und dabei unwillkürlich „Moja księżniczka …" murmelte.

Als Zosia wenig später mit dem Kind ins Haus kam, trat ihnen Leopold entgegen. „Ich hab dir verboten, mit Renata polackisch zu sprechen. Du hast nicht gehorcht. Nimm dein Zeug und verschwinde." Bialo ließ sich nicht auf Zosias Entschuldigung ein, dies sei ihr lediglich beim Kosen herausgerutscht, und nicht auf ihren Schwur, es werde nie mehr passieren – auch nicht, als der Eid mit einer Anrufung von „Jesus, Maria und Josef" bekräftigt wurde. Zosia wurde umgehend davongejagt. Doch Bialo, der gewohnt war, Kohle aus dem Berg zu hauen, hatte nicht mit dem diamantharten Willen seiner Tochter gerechnet. Renata klammerte sich mit aller Kraft an ihr Kindermädchen. Selbst nachdem ihr Vater sie gewaltsam von Zosia getrennt und diese vor die Tür gesetzt hatte, dachte Renata nicht daran, ihren Widerstand aufzugeben. Sie brüllte umso lauter nach ihrer Betreuerin. Daraufhin versohlte ihr der Vater erstmals den Hintern – was die Renitenz seiner Tochter nur noch verstärkte. Renata schrie wie am Spieß. Bialo verlor die Geduld und sperrte sie in ihrer Kammer ein.

Leopold war an diesem Tag ohnehin besonders aufgebracht. Auf Shamrock hatte sich ein schweres Grubenunglück ereignet. In

Schacht 1 war ein bereits repariertes Seil für die Kohleförderung abermals gerissen. Allerdings war es diesmal für den Fahrkorb eingesetzt gewesen. Der eine mit Kumpels vollbesetzte Korb war in die Tiefe gesaust, er würde wohl im Schlamm tief unten feststecken. Der andere Korb war unter die Seilscheibe geschnellt, und die Bergleute darin waren zum Teil schwer verletzt worden. Leopold fühlte ohnmächtige Wut. Sein Beruf war gefährlich, das wusste jedes Kind im Revier. Aber dass das Leben seiner Kollegen fahrlässig aufs Spiel gesetzt wurde, erzürnte Leopold.

Nun musste Leopold sich auch noch um Kinderkram kümmern. Wider Willen bemühte er seine Schwägerin Sophie und nahm deren Tochter Dora als neues Kindermädchen ins Haus. Doch Renata vereitelte das väterliche Vorhaben. Die Kleine weigerte sich, mit Dora zu reden oder sich gar von ihr versorgen zu lassen. Drohungen, sie erneut einzusperren, blieben ebenso erfolglos wie ihre tatsächliche Arretierung. Als Dora am Morgen versuchte, das Mädchen zu füttern, biss dieses sie kräftig in die Hand. Dora schrie vor Schmerz auf. Renatas Brüder lachten schadenfroh, und Bialo versuchte ein letztes Mal, halbherzig mit einer sanften Ohrfeige, seine Tochter zur Räson zu bringen. Renata reagierte dieses Mal nicht mit Tränen. Sie lächelte vielmehr ihren Vater an und meinte mit bemühtem Ernst in der Kinderstimme: „Hau nicht, Papa. Du guckst so traurig, weil es dir weh tut. Und es nützt auch nichts. Ich will die Dora nicht." – „Dann musst du allein daheim bleiben!" Renata sah ihren Vater an. „Papa lässt mich nicht allein." Bialo begriff, dass Annas Klugheit und Willenskraft in Renata wiedergeboren waren. „Was willst du?", entfuhr es ihm. „Zosia soll da sein." – „Niemals!"

Am selben Abend ließ sich Bialo von Rubinstein die Adresse von Zosia geben. Er suchte sie in der Parterrewohnung der Mietskaserne ihrer Familie auf und erklärte sich bereit, ihr eine „allerletzte Gelegenheit" einzuräumen, Renata nach seinen Maßgaben zu erziehen. Leopold ahnte indessen, dass Renata keiner Erziehung mehr bedurfte; sie hatte die stabile Persönlichkeit ihrer Mutter geerbt. Das Kind benötigte lediglich eine strenge Aufsicht, sonst würde das Blag übermütig.

Ostern 1913 wurde Renata eingeschult. Der Tag war auch für ihren Bruder Heinrich Bialo ein schicksalsschweres Datum. Er musste seinen Militärdienst antreten. Zunächst hatte er sich auf das vorläufige Ende der Schinderei unter Tage gefreut. Sein Bruder Otto, der zwei Jahre zuvor seinen Wehrdienst beendet hatte, war vom Soldatenleben begeistert gewesen. Doch bereits das Gebrüll der Feldwebel und der raue Ton der Stabsärzte während Heinrichs Musterung verhießen wenig Gutes. Da hoffte er klammheimlich, für wehruntauglich befunden zu werden. Aber es kam anders. Sein Herz schlug ruhig und regelmäßig, seine Lunge war intakt und sein Urin rein. Das Vaterland befand Heinrich Bialo für würdig zum Dienst an der Waffe, mit der er Deutschland verteidigen sollte, sobald man ihm ihre Handhabung beigebracht hatte. Dies sollte in der frischen Luft Ostpreußens geschehen.

Derweil wurde Heinrichs Schwester Renata an ihrem ersten Schultag neben ihrem Vater auch von dessen Freund Samuel Rubinstein begleitet. Der Arzt hatte seinen Genossen Bialo überredet, sich für das Schuldebüt seiner Tochter freizunehmen. Die Zechendirektoren stimmen angesichts der Verdienste Bialos zu. Arzt und Bergmann hatten ihren Sonntagsstaat angelegt. Samuel Rubinstein empfand für Renata väterliche Gefühle und spürte, dass sein Freund Bialo mittlerweile froh über seine Tochter war und sie liebte.

Die beiden Genossen waren zunehmend stolz auf ihre Partei. 1912, ein Jahr vor Renatas Einschulung, war die SPD erstmals stärkste Fraktion im Deutschen Reichstag geworden. „Es ist nur eine Frage der Zeit, wann unsere Genossen ein entscheidendes Wort in Deutschland mitzureden haben."

Bialo sah den Freund skeptisch an. Der nickte lächelnd. „Die Kapitalisten machen uns stark, Genosse", witzelte Rubinstein. „Ihr Erwerbstrieb lässt sie immer mehr Unternehmen gründen. Dort müssen sie nolens volens Arbeiter beschäftigen wie deine Hibernia. Vor zwanzig Jahren, wie viele Kumpels wart ihr da etwa auf deiner Shamrock?" – „Lass mal überlegen: Bald 1800, denke ich." – „Und heute?" – „Bestimmt fast 3000." – „Und welchen Gewinn hat deine Zeche gemacht?" – „Das sind Fragen! Ich denke, damals über 450 000; letztes Jahr wohl fast 1,9 Millionen Reichsmark. Ja, das könnte hinkommen." – „Und das bedeutet: Um mehr zu verdienen, brauchen die Gesellschaften immer mehr Arbeiter. Die Firmen haben zwar begriffen, dass sie sich um ihre Beschäftigten kümmern müssen. Deshalb haben sie euch Häuser gebaut. Aber ansonsten überlassen sie die Arbeiter sich selbst. Das dulden wir Sozialdemokraten nicht. Wir denken an die Werktätigen. Machen sie zu unseren Genossen und werden deshalb unwillkürlich zur wichtigsten politischen Kraft."

„Das erlaubt der Kaiser auf seinem Schimmel nie!", wandte Leopold ein. „Ihm wird nichts anderes übrigbleiben. Deshalb hat er gleich den Bismarck davongejagt ..." – „Weil er sich nicht von dem Alten Dragoner herumkommandieren lassen wollte ..." – „Ja. Aber Wilhelm hat auch begriffen, dass er auf Dauer nicht gegen die Arbeiter regieren kann. Daher hat er schon 1889 die Streikdelegation empfangen. Und deshalb hat er unsere SPD wieder legalisiert."

Bialo sah von seinem mit adrettem Matrosenkleidchen und Schürzchen bekleideten Kind, das mit ernster Miene seine Schultüte trug, zum schmächtigen Rubinstein. „Wieso bist du Sozialdemokrat? Du bist doch Doktor, kein Arbeiter." Rubinstein lächelte ihn mokant an. Während er antwortete, nahm sein Gesicht einen konzentrierten Ausdruck an. „Ich bin der geborene Außenseiter. Mein Vater kam aus einem Kaff in Franken. Er war ein kleiner Schneider. Sein einziges Ziel war es, dass ich als sein ältester Sohn es einmal besser haben sollte. Ich hatte gewissermaßen die Aufgabe, die Träume meines Vaters zu erfüllen. Um meine eigenen Wünsche kümmerte er sich dabei ebenso wenig wie um die Sehnsüchte meiner Schwestern. Mir blieb also nichts anderes übrig, als in kürzester Zeit mein Medizinstudium zu absolvieren. Ich wollte meinen Vater nicht enttäuschen und seine Ausgaben für mich möglichst gering halten."

Rubinstein seufzte, ehe er fortfuhr. „Doch schon während meines Studiums fiel mir auf, dass ich trotz meiner guten Leistungen und meines angesehenen zukünftigen Berufs von meinen Kommilitonen und Lehrern nicht als gleichwertiger Mensch angesehen wurde. Nur weil ich Jude bin, durfte ich in keine Studentenverbindung. Die Heirat mit einem Mädchen aus gutem Haus kam für mich nicht in Frage. Sogar die reichen Juden suchten für ihre Töchter verschmockte preußische Junker, am besten Adelige oder Offiziere." Rubinstein lachte auf. „Aus purem Trotz habe ich mir einen Bart wachsen lassen, damit ich aussehe wie ein Rabbiner. Und bin in die SPD eingetreten. Hier werde ich als Genosse geachtet. Und durch meinen Beruf kann ich wenigstens anständigen Menschen helfen."

Er löste Renatas linke Hand sanft von ihrer Schultüte, nahm sie schwingend in die seine und verkündete fröhlich: „Und erhalte Gelegenheit, eine so wunderbare Freundin wie meine Renata kennenzulernen." Bialo schüttelte den Kopf. „Hoffentlich lernt deine Freundin Renata genauso gut in der Schule wie du, Rubinstein. Sie spricht nicht mal ordentlich Deutsch …" – „In einem Jahr wird Renata dir ordentliches Deutsch beibringen, Bialo!"

Die Prophezeiung des Arztes sollte sich erfüllen. Obgleich die Verhältnisse in der katholischen Schule an der Bismarckstraße zum Himmel schrien. Wegen der raschen Industrialisierung und des zunehmenden Beschäftigungsbedarfs auf Zechen, in Kokereien, Hüttenbetrieben sowie in der eisenverarbeitenden

Industrie waren seit der Jahrhundertwende knapp eine Million Menschen vorwiegend aus Ostelbien ins Revier eingewandert. Dadurch waren die kommunalen Einrichtungen hoffnungslos überfordert. Die regulären Volksschulen hatten Klassenstärken von bis zu einhundert Schülern. Auch in den drei Stockwerken des roten Backsteinbaus von Renatas Schule herrschte drangvolle Enge. Renatas 1e zählte „lediglich" 86 Abc-Schützen.

Renatas Klassenlehrer hieß Friedrich Kreyl. Er war ein „Zwölfender", also ein ausgemusterter Armeefeldwebel. Auf das Lehramt war er in einem einjährigen Kurs auf dem Lehrerseminar in Essen vorbereitet worden. Dem Neubrandenburger war die Ruhrgebietsstadt von Anbeginn zuwider. Hier gebe es „viel Schmutz, schlechte Bauart, unansehnliche Häuser, elende Wirtshäuser", hatte einst der Reiseschriftsteller Christian Friedrich Meyer über die Region berichtet. Nach dem Dafürhalten des ehemaligen Berufssoldaten hatte sich an diesem Zustand wenig geändert. Eine erste Klasse unterrichten zu müssen, empfand der Feldwebel als zusätzliche Demütigung. Um das Elend nicht an sich herankommen zu lassen, verschanzte sich Friedrich Kreyl hinter einem Wall aus Disziplin und strenger Pflichterfüllung.

Pädagoge Kreyl beschränkte sich darauf, die Vorgaben seines Lehrplans zu erfüllen. Individuelle Bedürfnisse seiner Schüler zu berücksichtigen kam ihm nicht in den Sinn. Aber das wäre bei einer Klassenstärke von mehr als achtzig Kindern auch nicht möglich gewesen. Auf die sprachlichen Mängel der Sprösslinge polnischer Zuwanderer, die die Hälfte der Klasse ausmachten, ging Lehrer Kreyl nicht ein. Er paukte seinen vorgegebenen Unterrichtsstoff durch. Wer nicht mitkam, war zu dumm und würde von ihm nicht versetzt werden. Entscheidend war Ruhe während seines Unterrichts. Und die verstand der ehemalige Berufssoldat zu wahren. Mit scharfer Stimme, Strafarbeiten und seinem stets in Griffweite liegenden Rohrstock.

Renata, die bislang in der von Zosia abgeschirmten Welt mit Zärtlichkeit und Wärme aufgezogen worden war, war verstört vom Gebrüll und der Gewalt des Lehrers und – in den Pausen – den Gemeinheiten ihrer Mitschüler. Der Schreck äußerte sich in nächtlichem Bettnässen. Daraufhin suchte Zosia Samuel Rubinstein in seiner Praxis auf. Doch der sagte nur: „Jetzt begegnet Renata erstmals der wirklichen Härte des Daseins. Ich bin sicher, dass sie es meistern wird. Ob sie dabei ein paarmal ins Bett macht, ist unwichtig. Sie schafft es. Mach dir keine Sorgen, Zosia."

Renata gewöhnte sich schnell an den rauen Alltag in der Schule. Dank ihrer raschen Auffassungsgabe wurde sie eine gute Schülerin. Anerkennung durch den Lehrer durfte sie nicht erwarten. Höchstens indirekt. Wenn Friedrich Kreyl seine Schüler „faule Polacken" schalt und ihnen vorhielt, „die Bialo kommt, wie ihr Name sagt, auch aus eurem Slawensumpf, aber sie lernt wenigstens ordentlich Deutsch und Rechnen obendrein", bedeutete dies in der Pause Haarausreißen und Kratzen. Der Junge aus der Hinterbank tauchte gar Renatas Zöpfe in das Tintenfass in seinem Pult. Doch Renata wusste sich auch hier bald durchzusetzen.

Dann wieder war Lehrer Kreyl ganz aufgeräumt. Mit steiler Schrift schrieb er an die Tafel: „Mit Gott für Kaiser und Vaterland." Daneben klebte eine kolorierte Postkarte mit kämpfenden Soldaten, preschenden Kavalleristen und rauchenden Kanonen. Die bunten, auf Karton gezogenen Bilder, die damals millionenfach überall im Deutschen Reich verteilt und verschickt wurden, sollten an die hundert Jahre zuvor begonnenen Befreiungskriege erinnern. Damals hatten sich die Deutschen unter Führung ihrer Fürsten und Generäle erhoben, um die verhassten französischen Okkupanten niederzuzwingen und die deutschen Länder zu befreien. Ein halbes Jahrhundert später vollendeten der preußische König Wilhelm, der spätere deutsche Kaiser, und sein treuer Adlatus Bismarck das vaterländische Werk, indem sie das Reich wieder mit Blut, Eisen und Feuer gegen den französischen Erbfeind zusammenschweißten – wovon die alljährlichen Sedan-Feiern, geweiht dem Sieg von 1870, markiges Zeugnis ablegten.

Dem preußischen Kommissschädel und Zwangspädagogen Friedrich Kreyl war allerdings nicht bekannt, dass die Rheinländer und Westfalen im Allgemeinen recht gut mit den französischen Grenadieren ausgekommen waren. Als die Franzosen formal ihre Besatzung beendeten und Napoleons Bruder Jérôme 1807 den Thron des Königreichs Westfalen in Kassel bestieg, prosperierte das Land. Der Wahlspruch König Jérômes „Morgen wieder lustig!" passte zur lebensfrohen Mentalität der Menschen hier und blieb auch später populär. Der Düsseldorfer Spottpoet Heinrich Heine setzte in seinem Gedicht „Der Tambourmajor" der Fraternisierung mit dem gallischen Erbfeind ein unvergessenes Denkmal:

Das ist der alte Tambourmajor.
Wie ist er jetzt herunter!
Zur Kaiserzeit stand er in Flor,
Da war er glücklich und munter …

Er kam und sah und siegte leicht
Wohl über alle Schönen;
Sein schwarzer Schnurrbart wurde feucht
Von deutschen Frauentränen …

Du solltest mit Pietät, mich deucht,
Behandeln solche Leute;
Der Alte ist dein Vater vielleicht
Von mütterlicher Seite.

Auch bei den Polen blieb Napoleon als Befreier von deutschem und russischem Besatzungselend in guter Erinnerung. Und so war es nicht auszumachen, ob ein rheinisch-westfälischer, preußischer oder polnischer Nachkomme der Gallier oder ein einfacher Lausbub nach dem Unterricht die Postkarte zum Jubiläum der Befreiungskriege von der Tafel stibitzte.

Der Diebstahl empörte Lehrer Kreyl dermaßen, dass er die Klasse kollektiv bestrafte. Er verpasste jedem Schüler drei Schläge mit dem Rohrstock. Insgesamt 252 Schläge, da an diesem Tage nur 84 Kinder den Unterricht besuchten. Nach dieser harten Straf-Arbeit sank der Lehrer erschöpft hinter seinem Pult zusammen und ließ die Schüler nun ihrerseits schuften. Eigentlich wollte Kreyl sie 25-mal auf ihre Schiefertafeln notieren lassen: „Ich darf nicht stehlen!", aber da die Kinder noch nicht schreiben konnten, mussten sie stattdessen für eine halbe Stunde ganz still sitzen. Dabei fand Kreyls Patriotenseele allmählich wieder ihr Gleichmaß. „Lieb Vaterland, magst ruhig sein."

Der Postkartendieb wurde nie entdeckt. Das Gerücht, die Vorzugsschülerin Renata sei's gewesen, blieb unbewiesen. Selbst die vaterlandslose Stehlerei konnte das wachsende Wohlbehagen von Lehrer Kreyl im Frühsommer 1913 auf Dauer nicht beeinträchtigen. Am 24. Mai heiratete Viktoria Luise, die einzige Tochter Kaiser Wilhelms II., Prinz Ernst August von Braunschweig. Dies war ein Festtag für Deutschlands monarchistische Patrioten. Die Herrscher Europas, an ihrer Spitze der englische König George V und der russische Zar Nikolaus II., reisten nach Berlin und erwiesen damit dem Wilhelminischen Reich ihre Reverenz. Die Zeitungen berichteten in langen Artikeln, illustrierte Gazetten erfreuten ihre Leser mit bunt ausgemalten Bildern des frohen Ereignisses. In Herne wurde jeder Fahnenmast in den Kaiserfarben beflaggt. Die katholische Schule hatte zur Feier des Tages geschlossen. Friedrich Kreyl begab sich auf den Rathausplatz, wo ein Musikzug der Krefelder Garnison Märsche schmetterte. Die Militärweisen beflügelten Kreyl. Sein rechter Fuß, der im blank geputzten Schnürstiefel steckte, schlug rhythmisch den

Takt auf das Pflaster. Seine Gedanken kehrten wehmütig zu seiner militärischen Einheit zurück. Ihm war in dem Dutzend Jahren seiner Dienstzeit kein Krieg vergönnt gewesen, in dem er Gelegenheit gehabt hätte, seine militärischen Fähigkeiten vor Kaiser und Vaterland zu beweisen. Stattdessen musste er eine Klasse von Dieben unterrichten. Kreyl nahm sich vor, seine Schüler fortan härter anzufassen.

Noch ehe der Lehrer Zeit fand, seine gestrengen disziplinarischen Maßstäbe den Schülern nachhaltig einzubläuen, stellte sich bereits der nächste Feiertag ein. Am 25. Juni beging Kaiser Wilhelm II. sein 25. Thronjubiläum. Selbstverständlich gab es an diesem Tag im ganzen Reich schulfrei. Friedrich Kreyl nutzte den Festtag zu einem Kameradschaftstreffen. Die in geweiteten Ausgehuniformen gewandeten Veteranen des 75. Infanterieregiments begaben sich nach Krefeld, wo ihre alte Einheit eine prächtige Parade abhielt.

Zum Abschluss hielt der Kommandeur Oberst von Immendorff eine kurze Ansprache. Darin dankte er dem Ewigen, dass er Seine Majestät Kaiser Wilhelm mit Gesundheit und Weisheit gesegnet habe. Und dem Obersten Befehlshaber, dass dank kluger Staatsführung Deutschland ein Vierteljahrhundert Frieden gegönnt gewesen sei. Deutschlands Feinde sollten sich jedoch davor hüten, die gottesfürchtige Haltung mit Schwäche zu verwechseln. Denn während der Kaiser mit der einen Hand den Friedenszweig halte, schmiede seine andere ein scharfes Schwert. Deutschlands Heere hielten treu und fest die Wacht am Rhein und an allen Grenzen des Reiches. Sie wären jederzeit bereit, ruchlose Angriffe gegen das Vaterland „mit eiserner Faust zurückzuschlagen. Getreu dem Wort unseres obersten Kriegsherrn S.M. Wilhelm II.: ‚Ein Pardon wird nicht gegeben!'"

In ähnlichen Worten äußerten sich die Schreiber der großen Zeitungen. Allein der „Vorwärts", das Organ der Sozialdemokraten, wagte, neben den obligaten Glückwünschen an den Monarchen, diesen daran zu erinnern, dass der während seiner Regierungszeit erfolgte Aufschwung Deutschlands zur größten Wirtschaftsmacht Europas vor allem dem Fleiß der Arbeiterschaft zu verdanken sei. Die Forderung der SPD nach gerechter Entlohnung der Arbeiter und einem Achtstundentag seien nur recht und billig. Im Gegensatz zur schimmernden Wehr, die lediglich Geld verschlinge, aber hohes Ansehen genieße, würden die Anwartschaften der Arbeiterschaft missachtet. Der Kaiser und die Regierung sollten daher die angemessenen Ansprüche der Arbeitnehmer und der SPD als ihrer Interessenvertreterin berücksichtigen. Sonst seien der Wohlstand und der innere Frieden Deutschlands im nächsten Vierteljahrhundert der Regentschaft des Kaisers gefährdet.

Der Monarch und sein Kabinett ignorierten die prophetischen Mahnungen der von ihnen verachteten Sozialdemokraten. Samuel Rubinstein überlegte: „Die Werktätigen in Deutschland verdienen zu wenig und müssen hart anpacken. Aber verglichen mit den Arbeitsbedingungen in England und Frankreich leben wir hier in einem zivilisierten Land. Du hast ja in Courrières selbst die katastrophalen Zustände erlebt. Außerdem haben wir seit Bismarck Krankenversicherung, Renten und Unfallassekuranz für Arbeiter. Das gibt's woanders nicht." – „Du tust ja gerade so, als ob wir hier im Schlaraffenland sind. Nein! Wir malochen unter Tage wie die Tiere. Und ständig passiert was", gab Leo zurück. „Ich weiß!" Rubinstein nickte. „Aber richtig Angst macht mir die Außenpolitik unseres aufgeblasenen Kaisers. Bismarck strebte nach dem Sieg über Frankreich und der Einigung Deutschlands eine europäische Gleichgewichtspolitik an …" – „Bismarck war ein Hundsfott!", beharrte Bialo.

„Ein kluger Hundsfott zumindest", lachte der Arzt, ehe er fortfuhr: „Aber Wilhelm ist ein Aufschneider. Er hat Bismarcks

Rückversicherungsvertrag mit Russland nicht erneuert. Auf diese Weise hat er Frankreich die Möglichkeit gegeben, mit Russland einen Freundschaftsbund zu schließen. Dem nun auch England angehört, das der Kaiser und sein größenwahnsinniger Admiral Tirpitz mit ihrer teuren und unsinnigen Flottenrüstung in die Arme der Feinde des Reiches getrieben haben. Im Falle eines Krieges wäre unser Land in der Zange seiner Feinde. Katastrophal!", erregte sich Rubinstein. „Aber wir sind doch mit Österreich-Ungarn und Italien verbündet", warf Bialo ein. „Das macht alles nur schlimmer. Die Donaumonarchie ist ein maroder Vielvölkerstaat, der gerade noch von einem vergreisten Monarchen zusammengehalten wird. Franz Joseph ist schon 83 Jahre alt. Er will die Panslawisten, slawische Nationalisten, mit Gewalt zur Räson bringen. Die warten nur darauf, Russland zur Hilfe zu holen, woraufhin Frankreich und England freudig gegen uns marschieren werden. Und ich glaube nicht, dass Italien Deutschland zur Hilfe eilt. Es wird eher Österreich-Ungarn in den Rücken fallen."

Bialo sah seinen Freund ratlos an. „Das ist ja eine Katastrophe." – „In der Tat." – „Was können wir dagegen tun?" – „Beten, dass der Kaiser endlich zu Verstand kommt. Und mit seinem Vetter Nicki, dem russischen Zaren, und seinem englischen Cousin George ein Friedensabkommen schließt." – „Wenn du nicht an Gott glaubst, Rubinstein, warum willst du dann beten?" – „Vielleicht geschieht doch noch ein Wunder." Der Doktor sah zweifelnd zur Decke. „Ich glaube aber nicht daran. Statt ernsthafte Politik zu gestalten, versteckt sich unser Kaiser ständig in neuen Uniformen. Selbst jetzt, bei seinem Thronfest."

Bialo dachte über die Worte des Arztes nach. „Wir Arbeiter dürfen nicht erlauben, dass die Kaiser und Könige unsere Völker in den Krieg treiben. Wir deutschen Bergleute haben doch unseren französischen Kumpels geholfen. Die werden nie und nimmer auf uns schießen. Und wir nicht auf sie. Das wird der August Bebel niemals erlauben." – „Glaubte ich an Gott, würde ich jetzt Amen sagen!", betonte Rubinstein emphatisch. „Sagen wir lieber Prost", entgegnete Bialo und hob sein Glas.

Renata schlief längst. Sie hatte während ihres unverhofften Ferientages mit Zosia einen Ausflug in den zum Thronjubiläum eröffneten Kaiser-Wilhelm-Park auf dem Sodinger Beimberg gemacht. Dort hatten sie den Aussichts- und Wasserturm bewundert und die Schwäne gefüttert. Wie gut, dass der Kaiser immer etwas zu feiern hatte und die Schüler daran durch freie Tage teilhaben ließ. Im kommenden Winter, genau am 27. Januar, wenn der Kaiser seinen Geburtstag beginge, sei ebenfalls schulfrei, hatte Lehrer Kreyl am Vortag verkündet. Der Kaiser war fürwahr ein mächtiger und großzügiger Mann, dass er den Kindern seines Reiches Ferientage schenken konnte.

Zwei Monate später, am 13. August 1913, starb der Rote Kaiser. August Bebel, der seit 1869 an der Spitze der SPD gestanden hatte, war der unumstrittene Patriarch der deutschen Arbeiterbewegung gewesen. Auch international genoss Bebel hohes Ansehen. Sein Wort hatte bei den Arbeitern in ganz Europa Gewicht. Ob es schwer genug gewogen hätte, Soldaten vom Kriegseinsatz für ihr Vaterland abzuhalten, wusste niemand. Bebel hatte noch zu Lebzeiten seine Nachfolge geregelt. Im Frühjahr ließ er den Abgeordneten Hugo Haase zum amtierenden Präsidenten der Arbeiterpartei wählen. Danach hatte der Patriarch sich zur Erholung in die Schweiz begeben, wo er 73-jährig im Kurort Passugg einem Herzleiden erlag. Deutschlands Sozialdemokraten waren über den Tod ihres Vorkämpfers bestürzt und ratlos. Selbst in Zürich wurde Bebels Leichenzug von mehr als 20 000 Menschen begleitet. Zum Nachfolger Bebels als SPD-Vorsitzendem wurde neben Hugo Haase Friedrich Ebert gewählt. Der ehemalige Sattlermeister war ein wackerer Parteifunktionär. Doch ihm fehlten Geist und Autorität seines Vorgängers. So ging die SPD als größte deutsche Partei mit einer biederen Parteiführung in Deutschlands Schicksalsjahr 1914.

Kurz nach Kaisers Geburtstag erlitt Otto Bialo am 15. Februar einen Grubenunfall. Während er vor Ort in Unterstützung seines Kumpels Walter Kraske einen Schlitz ins Flöz hieb, brach das Hangende vorzeitig zusammen. Die beiden Bergleute wurden unter den herabstürzenden Kohle- und Steinmassen begraben. Obgleich sich die restliche Kameradschaft sofort daranmachte, die Verschütteten zu bergen, und auch alle anderen Kumpels auf der Strecke mit Beilen, Keilhauen, Schaufeln und Räumgerät zur Hilfe eilten, konnte Kraske nur noch tot geborgen werden. Ihm waren mehrere Rippen gebrochen worden, und er hatte eine schwere Lungenquetschung erlitten. Dies hatte zu seinem qualvollen Erstickungstod geführt. Otto hatte mehr Glück. Da er unmittelbar hinter seinem Hauer gearbeitet hatte, war er nicht von der gesamten Masse des niederfallenden Gesteins getroffen worden. Zwar wurde auch Otto verschüttet und war, als man ihn aus dem Geröll zog, am ganzen Körper und vor allem im Gesicht verletzt. Etliche Rippen waren geprellt, ansonsten war lediglich sein rechter Oberschenkel durch einen Gesteinsbrocken glatt durchgebrochen.

„Einen unglaublichen Dusel haben Sie gehabt, Bergmann", konstatierte der Chirurg im Herner Evangelischen Krankenhaus, wohin man Otto Bialo nach einer ersten Versorgung im Erste-Hilfe-Raum der Zeche mit dem Sanitätsauto geschafft hatte, beim Betrachten der schwarzweißen Röntgenbilder.

„Normalerweise führen herabstürzende Kohle- oder Gesteinsbrocken zu Trümmerbrüchen. In solchen Fällen müssen wir das Bein oberhalb der Fraktur amputieren. Dann wären Sie für den Rest Ihres Lebens ein Krüppel gewesen. So kommen Sie mit einigen Wochen Gips davon, Sie Glückspilz."

Otto fühlte sich keineswegs als Duselbruder. Er wusste nicht, was er zu Hause mit sich anfangen sollte. Und danach? Würde ihn die Zeche wieder als Bergmann vor Ort anstellen oder ihn wie am Anfang seiner Zeit unter Tage lediglich als Pferdejungen beschäftigen? Statt ihn zu trösten, blaffte Leopold seinen Sohn an: „Warum hast du Döskopp nicht besser aufgepasst?" – „Ich konnte doch den Kraske nicht im Stich lassen!", brüllte Otto zurück. „Tausendmal hab ich's dir gesagt: Mach deine Löffel auf vor Kohle. Horch auf den Berg. Der sagt dir, was er gleich tut. Er knistert, kracht, du hörst es reißen – nicht wie weg. Du hast bestimmt das Hangende nicht ordentlich abgeklopft. Stattdessen geschrämmt wie ein Berserker. Jedes Kind weiß, was passiert, wenn der Kohlestoß unterschrämmt ist …"

Das Letzte, was Otto brauchen konnte, war ein Schnellkurs in Grubensicherheit. Er wusste, was zu tun war – mindestens ebenso gut wie sein Vater. Sein selbstgerechter Zorn hinderte ihn daran zu begreifen, dass Leopold ihn aus Angst und Erleichterung angeschrien hatte. Aus ähnlichen Gründen warf Otto am nächsten Nachmittag Renata aus dem Zimmer, die die unverhoffte Gelegenheit ergreifen wollte, mit dem älteren Bruder zu spielen. Davon ließ sich die kleine Schwester jedoch nicht beeindrucken. Sie nötigte Zosia, ihr Negergeld, kleine kohlpechrabenschwarze Lakritztaler, zu besorgen. Damit erkaufte sie sich zumindest zeitweilig das Wohlwollen Ottos.

Der andere regelmäßige Krankenbesucher war Samuel Rubinstein. Der Arzt hielt sich nicht mit medizinischen Vorträgen auf. Stattdessen meinte Rubinstein versonnen: „Wer weiß, wozu der Schlamassel gut ist." Otto sah den bärtigen Herrn verständnislos an. Sein Vater war stolz auf die Freundschaft mit dem Arzt und hielt ihn für einen klugen Zeitgenossen. Doch dieser Schlaukopf gab jetzt nur Plattheiten zum Besten. Wozu sollte ein Unglück gut sein, bei dem sein Hauer umgekommen war und er selbst sich das Bein gebrochen hatte? Die Ereignisse der folgenden Jahre lehrten Otto, aber auch Rubinstein selbst, der ein hoffnungsvoller

Skeptiker, aber kein notorischer Schwarzseher war, dass ihnen und ihren Mitmenschen weit Schlimmeres widerfahren konnte als ein Grubenunfall.

Unfrieden lag in der Luft. In Deutschland, ja in ganz Europa. Während im Revier jahraus, jahrein malocht wurde und die Steinkohleproduktion stetig anstieg, gefiel sich die sogenannte große Welt in immer lauterem Säbelrasseln. Kaiser Wilhelm präsentierte sich in prächtiger Uniform. Sein Beispiel animierte seine Söhne und den ganzen Staat. Am 27. Januar 1914, seinem 55. Geburtstag, war der Kaiser inmitten seiner sechs Söhne in voller Uniform stolz vom Berliner Stadtschloss über die Prachtallee Unter den Linden ins gegenüber liegende Zeughaus marschiert. Dort hatte ein Musikzug des Garderegiments Stellung bezogen. Beim Erscheinen des Monarchen und seiner Söhne wurde der Kaisermarsch gespielt. Anschließend defilierten die Grenadiere in Galauniform vorbei. Die Truppenparaden sollten den eigenen Untertanen und der Welt Deutschlands Wehrbereitschaft vor Augen führen.

Wer diesen bombastischen Militarismus ablehnte, galt als Staatsfeind. So wurde Rosa Luxemburg vier Wochen nach Kaisers Geburtstag zu einer einjährigen Gefängnisstrafe verurteilt. Die Sozialdemokratin hatte Rekruten dazu aufgerufen, den Wehrdienst zu verweigern. Dies wurde von den Richtern als Hochverrat angesehen und entsprechend geahndet.

Zwei Monate später, am 19. April, verlangte der Alldeutsche Verband auf seiner Jahrestagung größtmögliche Rüstungsanstrengungen des Reiches und eine offensive Militärstrategie. Beides hatte längst begonnen. Die Militärausgaben waren von Jahr zu Jahr gestiegen.

Heinrich Bialo erschien es mitunter, als ob sein Militärdienst ewig währte. Der Drill in der trostlosen ostpreußischen Garnisonstadt Insterburg war dermaßen eintönig, dass Heinrich aus purer Langeweile Postkarten nach Hause schrieb, auf denen er gelegentlich „unsere kleine Reni" grüßen ließ. Im Frühjahr 1914, ein Jahr seines Wehrdienstes war vorüber, wurde Heinrich zunehmend von Heimweh geplagt. Abends, wenn er nicht einschlafen konnte, weil ihm das Kleingeld für einen Schlaftrunk fehlte, stellte er sich vor, wie er zu Hause ohne Weckkommando ausschlafen würde – um dann mit seinen Kumpels am Sonntag einen Radausflug zu machen, mit dem Schäferhund Hasso herumzutollen, die Brieftauben des Vaters zu versorgen oder mit Reni zu spielen, die jetzt in die zweite Klasse kam, wie sie ihm auf einer Postkarte in sorgfältiger Kinderschrift mitteilte. Noch zwei endlose Jahre, bevor er wieder ein freier Mann sein würde. Heiner war verzagt.

Unterdessen wurden bei Thyssen in Duisburg Geschosshüllen und Gleisanlagen für die Feldbahnen, bei Krupp in Essen Kanonen geschmiedet, die Deutschlands Heeren den Weg in den Westen ebnen und den Sieg freischießen sollten. Der Plan für den Feldzug, der durch eine Linksdrehung der deutschen Truppenverbände entlang der Nordseeküste Belgiens in den Norden Frankreichs stoßen und mit starkem rechtem Flügel Paris einkreisen sollte, war ein Jahrzehnt zuvor vom preußischen Generalfeldmarschall Alfred von Schlieffen entwickelt worden. Obgleich der Einmarsch in das neutrale Königreich Belgien England zwangsläufig an die Seite der Gegner Deutschlands stellen musste, hielten der Kaiser und seine Generäle auch nach dem Tod Schlieffens Anfang des Jahres 1913 an dessen Kriegskonzept fest. Mit dem Kaiser und dem preußischen Generalstab an der Spitze marschierte Deutschland planmäßig ins kriegerische Verderben.

Am 11. Mai kritisierte Karl Liebknecht im Reichstag in scharfen Worten die Kriegsvorbereitungen der Reichsregierung. Der SPD-Abgeordnete wurde von den Vertretern der vaterländischen Parteien verhöhnt. Selbst von seiner eigenen Fraktion erhielt Liebknecht wenig Beifall. Die SPD-Parlamentarier mochten sich nicht ständig als „vaterlandslose Gesellen" beschimpfen lassen.

Einen Monat später besuchte Kaiser Wilhelm II. in Begleitung seines Marinechefs Großadmiral Alfred von Tirpitz den österreichischen Thronfolger auf dessen Jagdschloss im böhmischen Konopitsch. Erzherzog Franz Ferdinand war der strategische Kopf der Donaumonarchie. Sein klarer Verstand und die Vertrautheit mit der militärischen Situation ließen den österreichischen Kronprinzen nach einer politischen Lösung des schwelenden Konfliktes mit Serbien und Russland suchen. Franz Ferdinand begriff im Gegensatz zu seinen Generälen, dass der Vielvölkerstaat Österreich-Ungarn in einem langen Krieg auseinanderbrechen würde. Deshalb suchte der Thronfolger eine Verständigung mit den Slawen in seinem Reich und außerhalb.

Der deutsche Großadmiral von Tirpitz dagegen war davon überzeugt, dass die Slawen nur die Sprache der Gewalt verstünden. Daher drängte er Österreich-Ungarn, „unverzüglich die Serben militärisch auszuschalten". Der Erzherzog blickte den Kommissschädel, der von einem martialischen Zweizackenbart umrankt war, spöttisch an. „Wollen Sie das mit Ihren Schiffsgeschützen erledigen, Herr Admiral, oder brauchen Sie Ihre Kanonen noch, um die englische Marine ‚auszuschalten', wie Sie sich auszudrücken belieben?" Tirpitz sah den Österreicher verständnislos an. Machte Franz Ferdinand sich lustig, oder war der k.u.k. Thronfolger durch seine Ehe mit der nicht standesgemäßen böhmischen Gräfin Sophie Chotek zum Diplomaten verkommen, der eine Verständigung mit den Slawen um jeden Preis suchte, statt das Schwert sprechen zu lassen? Wilhelm II. dagegen war von der Persönlichkeit seines Verbündeten beeindruckt. Obgleich der deutsche Kaiser sich zu allem Soldatischen hingezogen fühlte und in ständig wechselnden Uniformen hoch zu Ross seine Wehrfreudigkeit demonstrierte, fürchtete er Kriege, bei denen er auf Gedeih und Verderb auf seine Feldherren angewiesen war. Wilhelm sah ein, dass der Habsburger durch seine Verständigungspolitik die Kontrolle über das Geschehen behalten wollte. Eine Strategie, die auf diplomatische Lösungen setzte, erforderte indessen Diskretion und viel Geduld. Eigenschaften, die dem hochfahrenden und pompösen deutschen Monarchen wiederum vollständig abgingen.

Wie Otto befürchtet hatte, führte sein Beinbruch zu unliebsamen beruflichen Folgen. Der Grubenarzt meinte nach einer kurzen Untersuchung, die Muskulatur des rechten Beines sei erheblich geschrumpft, was bedeute, dass Otto nicht mehr voll belastbar sei. Der Mediziner protokollierte seine Empfehlung, Bialo vorläufig nicht als Hauer vor Ort einzusetzen. Otto wurde fortan im Magazin über Tage beschäftigt. Er musste das Gezähe, das Werkzeug, der Kumpels säubern und auf seine Funktionstüchtigkeit überprüfen. Gezähewagen mussten mit Material und Gerätschaften bestückt, die Räder geölt und gewartet werden. Zudem verwaltete Otto die Materialien für die Zeche. Wütend schmiss er Nägel und Schrauben in zwei verschiedene Kisten.

Er beschloss, sich bei der Grubendirektion zu beschweren. „Wenn Ihre neue Tätigkeit Ihnen nicht passt, müssen wir Sie von Ihrer Anstellung in unserem Betrieb mit sofortiger Wirkung freistellen", bedeutete ihm der stellvertretende Bergwerksdirektor, Ingenieur Schindler.

Otto wusste, dass dies keine leere Drohung war. Es gab genügend stellungslose Bergleute und vor allem polnische Zuwanderer, die bereit waren, jede Tätigkeit zu jedem Lohn im Bergwerk auszuüben. Hauptsache, sie hatten Arbeit und ein geregeltes Einkommen. Otto Bialo fügte sich in das Unvermeidliche. Das bedeutete, er würde bis zu seiner Pensionierung im Magazin versauern und dabei fast die Hälfte seines Einkommens einbüßen. Ottos Zorn richtete sich auch gegen Rubinstein. Er wollte dem Pillendreher ordentlich die Meinung geigen. Von wegen „Wer weiß, wozu's gut ist". Soll der Quacksalber doch auf seine Arbeit und die Hälfte seines Geldes verzichten, wenn er davon zu viel besaß! Noch am selben Abend meldete Otto sich als Mitglied beim „Arbeiterturnverein Einigkeit Herne" an. Er wollte sich nach der Arbeit ertüchtigen und turnen wie ein Wilder, um wieder als vollwertiger Kumpel sein Geld zu verdienen. Er war entschlossen, den Ärzten zu zeigen, wozu er imstande war!

Gut zwei Wochen nach seiner Unterredung mit Wilhelm II. und dessen Marinechef begab sich Österreichs Thronfolger in Begleitung seiner Gemahlin von Schloss Konopischt nach Sarajewo, der Hauptstadt der Provinz Bosnien. Das Territorium war erst 1908 von der Donaumonarchie annektiert worden. Dies brachte die Panslawisten in ganz Europa in Wallung. Vor allem jene fanatischen Südslawen, die von einem Reich aller südeuropäischen Slawen unter Führung Belgrads träumten. Der Erzherzog wollte durch seinen Besuch in Sarajewo demonstrieren, dass Bosnien-Herzegowina Teil der k.u.k. Monarchie war. Gleichzeitig versuchte der Thronfolger hinter den Kulissen, die Bewohner der südslawischen Provinzen mit der Monarchie auszusöhnen. Die Umarmungstaktik des zukünftigen Habsburger Kaisers war für die serbischen Panslawisten gefährlicher als die bisherige Politik Wiens, die zwischen Ignoranz und Konfrontation geschwankt hatte. So beschloss eine Geheimorganisation, den Thronfolger bei seinem Besuch in Sarajewo zu ermorden.

Obgleich Franz Ferdinand vor Attentatsplänen gewarnt wurde, bestand er darauf, sich am 28. Juni 1914 bei seinem Besuch gemeinsam mit seiner Frau im offenen Wagen durch Sarajewo chauffieren zu lassen. Diese mutige Geste kostete ihn das Leben und Europa den Frieden. Der 19-jährige Serbe Gavrilo Princip nutzte die Gelegenheit, den Thronfolger und seine Gattin mit mehreren Pistolenschüssen zu töten. Das Attentat wurde in Deutschland zunächst mit Bedauern, aber ohne Aufregung aufgenommen. Der Balkan galt als chaotische Region, in welcher

Krieg und Attentate an der Tagesordnung waren. So erwähnte der „Dortmunder Generalanzeiger" die Erschießung des Kronprinzen zunächst mit keinem Wort.

In Wien dagegen schlug die Nachricht vom feigen Mord am Thronfolger wie eine Bombe ein. Für den alten Kaiser, sein Kabinett, vor allem aber die Armeeführung und Generalstabschef Franz Graf Conrad von Hötzendorf stand von Anbeginn fest, dass Serbien hinter dem Anschlag stand. Als dieser Verdacht sich bestätigte, wollte Wien die Gelegenheit nutzen, die „Serbische Frage" ein für alle Mal gewaltsam zu lösen. Kaiser Franz Joseph und seine Regierung wussten jedoch, dass ein Angriff gegen Serbien sofort Russland auf den Plan rufen würde. „Ein Krieg gegen Russland wäre das Ende Österreich-Ungarns", hatte der ermordete Thronfolger Franz Ferdinand gewarnt. Ein solches Kriegsabenteuer konnte man nur mit Hilfe des Deutschen Reiches wagen. Die Aussichten für eine aktive deutsche Unterstützung der Wiener Kriegsabsichten waren jedoch gering. Wilhelm II. hatte einen wankelmütigen Charakter. Zwar rasselte er gerne mit dem Säbel, gefiel sich aber auch als Friedenskaiser, der Deutschland vor dem Krieg bewahrte und dem die Fürsorge seiner Menschen am Herzen lag. In rührseligen Momenten bekannte der Herrscher gar, er fühle sich als „Kaiser der Armen".

Anfang Juli 1914 war Deutschlands Führung in der Sommerfrische. Reichskanzler von Bethmann Hollweg und Generalstabschef von Moltke weilten auf ihren Gütern, der Staatssekretär im Auswärtigen Amt, von Jagow, befand sich auf Hochzeitsreise. So empfing Kaiser Wilhelm persönlich einen Gesandten des österreichischen Herrschers. Erschüttert über den Mord am Erzherzog tönte der Kaiser, dass er es bedauern würde, wenn Österreich-Ungarn den jetzigen, so günstigen Moment ungenützt ließe. In einem Brief gab er Kaiser Franz Joseph sein Wort, in bedingungsloser Treue zum österreichischen Verbündeten zu stehen. Für Wilhelm war das Schreiben an Franz Joseph ein sentimentaler Akt. Für die Donaumonarchie dagegen war die „deutsche Blankovollmacht" die Lizenz zum Krieg gegen Serbien. So stellte Wien Belgrad ein Ultimatum, während sich der deutsche Kaiser arglos mit seiner Yacht „Hohenzollern" auf seinen jährlichen Segeltörn begab.

Die Regierung in Belgrad ging auf fast alle Forderungen Österreich-Ungarns ein – gleichzeitig aber mobilisierten die Serben ihre Armee. Dies war für Österreich ein Kriegsgrund. Wien brach die diplomatischen Beziehungen zu Belgrad ab und ordnete die Teilmobilmachung an. Daraufhin beschloss Russland, Serbien zu unterstützen. Österreich-Ungarn, das durch den Blankoscheck die militärische Unterstützung des Deutschen Reiches in der Tasche hatte, mobilisierte nunmehr seine Truppen an der Grenze zu Russland. Die Mühlsteine der europäischen Paktsysteme drehten sich schneller und drohten den labilen Frieden zwischen den Staaten Mitteleuropas zu zermalmen. Noch war es möglich, den Marsch ins Verderben aufzuhalten. So lud die britische Regierung die Außenminister der verfeindeten Staaten zu einer Friedenskonferenz nach London ein. Gleichzeitig arbeitete in Paris Frankreichs angesehenster Politiker mit aller Macht daran, den Krieg zu verhindern. Jean Jaurès war die überragende Persönlichkeit der französischen Sozialisten. Sein gesamtes erwachsenes Leben hatte er für die Verbesserung der Rechte der französischen Arbeiter gekämpft. Der Humanist hatte sich zudem stets allen Versuchen entgegengestemmt, einen Krieg gegen die „deutschen Erzfeinde" vom Zaun zu brechen. Jaurès wusste, dass am Ende nicht die Kriegshetzer an die Front gingen, sondern vor allem Arbeiter, die dort verheizt wurden. Jaurès und sein deutscher Kollege Bebel waren sich einig, dass die Sozialisten alles tun mussten, um einen deutsch-französischen Waffengang zu verhindern, der im Namen des Nationalismus geführt wurde, tatsächlich aber mit

Leben und Blut der kleinen Leute beider Länder ausgefochten werden würde.

Der Schlüssel für das Schicksal Europas, die Entscheidung über Krieg und Frieden, lag nun bei Wilhelm II. Der Kaiser hätte lediglich seine Blankovollmacht für die k.u.k. Monarchie zurückziehen und Wien ebenso wie Belgrad zur Teilnahme an der Londoner Friedenskonferenz drängen müssen. Doch aus Furcht, sein Ansehen einzubüßen, lehnte er die Einladung zur Friedenskonferenz in England ab. Nationalisten und Militärs hetzten die Völker in den Krieg. Nur wenige bewahrten ihren gesunden Menschenverstand – oder ihren Glauben. So demonstrierten im Berliner Lustgarten einige Hundert Pazifisten gegen den Krieg. Auch im Revier machten sich viele Arbeiter, Gewerkschafter und Sozialdemokraten Sorgen. In Essen und Dortmund veranstaltete die SPD Demonstrationen für den Frieden.

Samuel Rubinstein hatte an dem Protest in Essen teilgenommen. Doch er war enttäuscht. Kein Reichstagsabgeordneter hatte sich bei dem Aufmarsch blicken lassen. „Da bemüht man sich jahraus, jahrein, einige Hundert Patienten auf die Beine zu bringen, und dann übernehmen die Generäle das Kommando und schicken Millionen in Krieg und Tod. Warum protestiert unsere Parteiführung nicht ohne Wenn und Aber gegen den Krieg?" – „Unsere Genossen werden sich erst ihre Köpfe zerbrechen, wenn es darum geht, was am besten für uns Arbeiter ist, Samuel", versuchte Leopold Bialo den aufgebrachten Freund zu beruhigen. Die Freunde saßen wie üblich beim Bier in der Küche zusammen und sprachen sich aus. Die Worte des Bergmanns reizten den Gast zu erneutem Widerspruch: „Du bist ein politischer Idiot, Bialo. Und unsere Parteibonzen leider auch! Wenn Bebel noch lebte, gäbe es nur eines: den Krieg um jeden Preis zu verhindern." – „Auch Ebert und Haase sind keine Schafsköppe. Sie werden es am Ende schon richtig machen", erwiderte Bialo gelassen.

– „Bis die zu Ende debattiert haben, haben Könige, Präsidenten und Generäle längst den Krieg angezettelt."

Durch den lauten Wortwechsel geweckt, kam Renata im weißen Nachthemdchen in die Küche. Rasch umkurvte sie ihren Vater und begab sich an Rubinsteins Seite. Renata strahlte ihren väterlichen Freund an und spürte dabei, dass dessen Lächeln gezwungen war. „Warum guckt ihr so streng? Habt ihr Angst?", rief sie. „Unsinn! Wir haben keine Angst!", entgegnete Bialo seinem Töchterchen. „Aber du wirst bald Angst kriegen, wenn du nicht sofort zurück ins Bett marschierst!"

Rubinstein nahm die warme Kinderhand in die seine. Er blickte in Renatas klare Meeresaugen, während er mit weicher Stimme sprach. „Du hast recht, Renata. Wir haben Angst. Angst vor dem Krieg." – „Das braucht ihr nicht. Unser Lehrer hat gesagt, dass unsere Soldaten bald in Paris sein werden. Genau wie vor vierzig Jahren. Dann ist der Krieg vorbei. Deutschland gewinnt jeden Krieg, Onkel Samuel." – „Nein, mein Kind. Niemand gewinnt jeden Krieg. Am Ende verlieren alle. Vor allem die Soldaten verlieren ihr Leben." Renata blickte mit einem Mal entsetzt ihren Vater an. „Aber unser Heinrich ist doch bei den Soldaten, Papa." Bialo wusste nicht, was er seiner Tochter entgegnen sollte. Statt seiner sprach der Gast: „Möge Gott ihn beschützen." Rubinstein spürte Bialos Blick. „Du weißt, wie ich's mit dem Glauben halte. Aber in dieser entsetzlichen Lage ist Gott meine letzte Hoffnung. Ich wünsche mir und uns allen, dass sie mich nicht trügt!"

Kohle für den Weltkrieg
1914–1918

Am 28. Juli erklärte Österreich-Ungarn Serbien den Krieg. Der greise Kaiser wusste durchaus, was er damit riskierte. „Wenn die Monarchie schon untergehen muss, dann in Ehren", bemerkte Franz Joseph zu seinem Adjutanten. „Ehre" bedeutete dem alten Monarchen Krieg. So dachte auch der Zar, der als Reaktion auf Österreichs Kriegserklärung nun seinerseits Russlands Soldaten zu den Fahnen rief. Erst jetzt begriff Wilhelm, dass der europäische Staatenzug unaufhaltsam auf das rote Kriegssignal zuraste. Nun, im letzten Moment, versuchte der Kaiser, den Waffengang zu bremsen. Wilhelm forderte von England, Frankreich und Russland ultimativ die Einstellung ihrer Kriegsvorbereitungen. Deren Staatsführungen dachten nicht daran, sich dem deutschen Druck zu beugen. Vor allem die Regierung in Paris sah endlich die Stunde der Rache für die Niederlage von 1870/71 gekommen. Allein die Sozialisten hielten sich auf Veranlassung von Jean Jaurès zurück.

Da wurde der Pazifist am 31. Juli 1914 mitten in Paris ermordet. Die Kriegspartei hatte freie Bahn. Doch die französische Diplomatie verstand ihr Spiel. Paris unterstützte Russland, dessen Truppen in Stellung gegen Deutschland gebracht werden sollten. Da verlor Wilhelm II. die Nerven. Der Kaiser ordnete die Generalmobilmachung an und erklärte Russland den Krieg. Zwei Tage darauf erfolgte die Kriegserklärung an Frankreich. Gleichzeitig marschierten deutsche Truppen in Belgien ein, was die Kriegserklärung Englands gegen das Deutsche Reich nach sich zog. „Jetzt spricht der Säbel. Politik hat das Maul zu halten", notierte Wilhelm in sein Tagebuch und besiegelte damit den Bankrott seiner Politik.

Nicht nur der deutsche Kaiser, in ganz Europa wurden breite Schichten der Bevölkerung von der Kriegshysterie erfasst. Die Menschen, denen die Grauen des Krieges unbekannt waren, hofften, durch glorreiche Schlachten und schnelle Siege den Sorgen des eintönigen Alltags zu entkommen.

Während deutsche Soldaten in Belgien einmarschierten und Kriegserklärungen Europa teilten, stritt die Führung der SPD immer noch über den richtigen Kurs der Partei. Karl Liebknecht wollte mit aller Macht einen Krieg verhindern. Zumindest durfte die Arbeiterpartei für den Waffengang keine Verantwortung übernehmen, indem sie im Reichstag für Kriegskredite stimmte. Die Mehrheit der Partei aber widersetzte sich diesem Argument.

Hatte der Kaiser doch in seiner Rede zu Kriegsbeginn verkündet: „Ich kenne keine Partei mehr, ich kenne nur Deutsche." Damit versuchte Wilhelm, die SPD zu einem nationalen Kriegskonsens zu drängen. Reichsregierung und Monarch taten alles, um möglichst alle Parteien unter Berufung auf einen vermeintlichen Friedenswillen auf ihren Kriegskurs einzuschwören. So wandte sich Wilhelm II. in einer eindringlichen Rede an die Parteivorstände: „Uns treibt nicht die Eroberungslust. Uns beseelt der unbeugsame Wille, den Platz zu bewahren, auf den uns Gott gestellt hat, für uns und alle kommenden Geschlechter. An die Völker und Stämme des Deutschen Reiches ergeht mein Ruf, mit gesamter Kraft, in brüderlichem Zusammenstehen … zu verteidigen, was wir in friedlicher Arbeit geschaffen haben … Hier wiederhole ich: Ich kenne keine Partei mehr, ich kenne nur Deutsche! Zum Zeichen dessen, dass Sie fest entschlossen sind, ohne Parteiunterschied, ohne Stammesunterschiede, ohne Konfessionsunterschied durchzuhalten mit mir durch dick und dünn, durch Not und Tod, fordere ich die Vorstände der Parteien auf, vorzutreten und mir das in die Hand zu geloben."

Die Vorsitzenden der SPD waren nicht anwesend, da sie sich unterdessen bemühten, ihre aufgebrachten pazifistischen Parteigenossen zu beschwichtigen. Nichtsdestotrotz handelte die SPD-Führung, wie Kaiser und Reichsregierung es wünschten. Die Anwesenden der SPD-Fraktion stimmten im Reichstag geschlossen für einen Kriegskredit. Die Parteiführung begründete dies mit einer Politik des Burgfriedens. Dieser Kurs der Sozialdemokraten ermöglichte der kaiserlichen Regierung, ihren Krieg legal zu finanzieren.

Auch der Bergarbeiterverband ließ sich von der allgemeinen Kriegsbegeisterung mitreißen. In einem Aufruf verkündete der Verein: „Unser Kampf wurde geführt für ein größeres Stück Brot, für mehr Bergarbeiterschutz, für verkürzte Arbeitszeit, bessere Sozialpolitik, mehr Rechte der Knappschaft. Aber dieser Kampf muss jetzt ruhen, solange die Kanonen donnern, solange die Söhne Deutschlands und damit auch unsere Kameraden nicht vom Schlachtfeld zurückgekehrt sind und ihre Friedensarbeit wieder aufgenommen haben. Für den Wirtschafts- und Gewerkschaftskampf ist Waffenstillstand eingetreten, jedoch soll und darf keiner vergessen, dass uns nachher eine umso größere Arbeit erwartet, denn mit Kanonen wird die soziale Frage nicht gelöst."

Weshalb Bergleute und Arbeiter zuvor in den Krieg ziehen sollten, wurde von ihrer politischen und Gewerkschaftsführung zunächst nicht erörtert. Befreit vom Odium der „vaterlandslosen Gesellen", marschierten nun auch wehrfähige Sozialdemokraten für Kaiser und Vaterland in die Schlacht. Unter ihnen der SPD-Reichstagsabgeordnete Ludwig Frank, der zuvor vom Kaiser als „Sozialdemokrat und Jude obendrein" geschmäht worden war.

Der Solinger Ortsverein der SPD war einer der wenigen, die zum Protest aufriefen: „Eine Protestkundgebung, wie Solingen sie bisher noch nicht gesehen hat, muss am Sonntag (2. August 1914) zustande kommen. Alle, die gegen den Krieg und für Erhaltung des Weltfriedens sind, müssen durch Teilnahme an der Versammlung dafür demonstrieren. Nieder mit dem Krieg! Hoch der Völkerfrieden!"

„In Europa gehen die Lichter aus", schrieb der weitsichtige britische Außenminister Edward Grey in sein Tagebuch. In der Tat. Die Völker Europas hatten sich der Furie des Krieges auf unabsehbare Zeit hingegeben. Nur fünf Wochen nach Kriegsbeginn fiel Ludwig Frank. Millionen Soldaten sollten sein Los teilen.

Wie so viele Menschen in Deutschland empfand Otto Bialo die Kriegserklärung des Reiches an den französischen „Erbfeind" als ehrenhaft – und als Befreiung aus der alltäglichen Misere. Die Arbeit im Magazin langweilte Otto immer mehr. Außerdem war er knapp bei Kasse. Gelegentlich, wenn niemand hinsah, schleuderte er das Gezähe in die Ecke. Doch nun versprach der Krieg den Ausbruch aus seinem Werkzeugkasten. Gemeinsam mit seinen Regimentskameraden wollte er über den Rhein ziehen und die Franzmänner auf den Schlachtfeldern das Fürchten lehren. Nach wenigen Wochen würden er und seine Kameraden als Helden in Paris einziehen und mit den hübschen Mademoiselles Wein trinken. Die Französinnen würden die deutschen Sieger bewundern, mit ihnen feiern und ihre schlappschwänzigen Männer verachten.

Am Tag nach der Kriegserklärung schwänzte Otto die Arbeit. Im Magazin würde er sowieso nie wieder antreten. Der Bergmann schlüpfte in seine Sonntagsklamotten, fuhr nach Essen und meldete sich als Freiwilliger. Beim Frühstück erfuhr Leo Bialo vom Vorhaben seines Ältesten. Daraufhin verkündete auch Kurt, der wegen seiner gebrechlichen Konstitution vom Wehrdienst zurückgestellt worden war, nun sei der Moment gekommen, an dem jeder deutsche Mann seine vaterländische Pflicht erfüllen und sich zu den Fahnen melden müsse. „Halt's Maul!", brüllte Leo Bialo. Unbändiger Zorn glühte in ihm auf. Er hatte mit Anna nicht seine drei Jungen großgezogen, damit sie sich im Krieg erschlagen ließen. Doch seine Söhne dachten anders.

„Vaterlandsliebe sticht Sohnespflicht!", argumentierte Kurt keck, um sogleich eine harte Maulschelle des Vaters einzustecken. „Du gehst auf der Stelle zur Arbeit, sonst schlage ich dich windelweich, du halbe Portion!" Kurt trat einen Schritt zurück. Er hielt sich die Hand vors Gesicht, dessen rechte Wange rot aufflammte. „Und du auch!", befahl Bialo seinem Ältesten. Anders als sein Bruder wich Otto keinen Fußbreit zurück. Er trat vielmehr auf Leopold Bialo zu. Der breitschultrige Bergmann überragte seinen groß gewachsenen Vater noch um eine halbe Haupteslänge. „Kurt ist wirklich zu schwach fürs Feld. Aber ich lass meine Kameraden nicht im Stich. Wenn du mich anrührst, hau ich zurück. Ich geh zu den Soldaten! Freiwillig!" Aus den Augen des Sohnes sprach Entschlossenheit.

Renata, die während des Streites in die Küche gelaufen kam, drängte sich zwischen Vater und großen Bruder. „Otto! Du darfst Papa nicht schlagen!" Ihr Stimmchen vibrierte und ihre Augen blitzten. Das Mädchen umklammerte Ottos Rechte. „Das wird dir immer leidtun." Renatas Dazwischengehen riss Vater und Sohn aus ihrem Willenskampf. Otto schraubte seine Faust aus den Händchen der Schwester. Abrupt wandte er sich um und verließ den Raum, gefolgt von seinem Bruder Kurt. Leopold Bialo stand unschlüssig in der Küche. Mit abnehmender Erregung begriff er, dass seine kleine Renata soeben einen irreparablen Streit und damit das Auseinanderbrechen seiner Familie abgewendet hatte. Der Vater strich seiner Tochter über den Kopf.

Er kannte seine Söhne. Kurt war tatsächlich ein Feigling. Die Backpfeife hatte ihn zur Besinnung gebracht. Er würde wie jeden Tag zur Arbeit gehen. Doch Otto hatte den gleichen Dickschädel wie sein Vater und seine Mutter. Jetzt würde er erst recht zu den Soldaten rennen. Leopold Bialo musste sofort handeln.

Vor dem Amt des Aushebungsbezirks Essen kroch eine mehrere Häuser lange Menschenschlange von Wehrwilligen langsam vorwärts. Die jungen Patrioten waren ausgelassener Stimmung. In ganz Europa herrschte vaterländische Begeisterung. Im Deutschen Reich meldeten sich in den ersten Augusttagen 1914 eine Viertelmillion Männer freiwillig zum Kriegsdienst. Die Möchtegern-Kämpfer unterdrückten ihre Angst mit großen Sprüchen und reichlich Bier, das ihnen ein Brauer von einem Pferdewagen voller Fässer großzügig spendierte. Otto stand inmitten des Männerbandwurms. Die Freiwilligen wurden von der Furcht geplagt, der Krieg könne zu Ende gehen, bevor sie Gelegenheit erhalten hatten, sich auf dem Feld der Ehre zu bewähren. Es sollte sich erweisen, dass dies die einzige unbegründete Angst dieses Krieges war.

Samuel Rubinstein verstand das Anliegen seines Freundes Leopold auch ohne dessen umständliche Erklärungen sofort. Der Arzt musste lächeln. Wenn es um das Leben seiner Söhne ging, begriff der Bergmann sogleich die mörderische Bedeutung des Krieges. Nun suchte er die Unterstützung des Arztes. „Wenn Otto nach seinem Unfall untauglich ist, Kohle aus der Erde zu holen, kann er nicht dazu taugen, Krieg zu führen und dabei Menschen umzubringen", betonte Rubinstein. „Das wissen wir beide. Schwierig ist lediglich, dieses den Kommisskoppkollegen vom Armeekorps deutlich zu machen. Aber ich glaube, das schaffen wir schon. Vielleicht gerade deshalb." Die Männer lachten.

Otto Bialo war stinksauer. Er hatte bis zum Spätnachmittag gewartet, bis er endlich als Freiwilliger registriert worden war. Nach einem ausgiebigen Abendbummel durch die Ruhrmetropole begab sich Otto nach Hause. Am übernächsten Tag war jedoch statt des Meldebescheids seines Regiments ein Einschreibbrief der Zechendirektion eingetroffen, in dem Otto Bialo aufgefordert wurde, „unverzüglich seine kriegswichtige Tätigkeit als Bergmann aufzunehmen. Widrigenfalls erfolgt eine Anzeige beim Heeresamt. Diese Mitteilung ergeht in Absprache mit den Militärbehörden." Ottos Zorn wäre noch größer gewesen, hätte er geahnt, dass die Intervention seines eigenen Vaters und dessen Freundes ihn um den Kriegsdienst gebracht hatte.

Heinrich Bialo haderte mit dem Militär. Er zählte die Tage, bis der Wehrdienst in Insterburg vorbei sein und er ins Revier heimkehren würde. Doch nun war Ende Juli die Truppe in Alarmbereitschaft versetzt und nach Gumbinnen an der Grenze zu Russland verlegt worden. Gerüchte über einen bevorstehenden Krieg machten im Regiment die Runde. Das bedeutete für Heiners Einheit den Kampf mit der „russischen Dampfwalze", den unzähligen Regimentern des Zaren. Doch Heinrich wollte nicht kämpfen. Er wollte nach Hause.

Das Gerücht wurde rasch zur Gewissheit. Es herrschte Krieg. Heinrichs Kompanie zog in feldmarschmäßiger Ausrüstung inmitten des Regiments in die bereits seit Jahren bekannten Bereitstellungsräume östlich von Gumbinnen. Die Tage zogen sich dahin zwischen dem bekannten Drill, der nun mit noch mehr Gebrüll und Strenge exerziert wurde, und unendlichem Warten. Dazu kamen eintönige Nachtwachen und gelegentlich Patrouillen, die Heinrich an die Indianerspiele seiner Kindheit erinnerten – wobei das schwere Gepäck Kreuzschmerzen verursachte. Nach drei Wochen quälenden Wartens wurde Munition ausgegeben und die Truppe gefechtsbereit gemacht. Bald darauf begann die Schlacht. Heinrichs Bataillon geriet ins Feuer russischer Kanonen. Die Kompanie wurde von feindlichen Fußtruppen und von Berittenen angegriffen. Dabei kam die in den Manövern geübte Schlachtordnung rasch durcheinander. Erste Soldaten wurden getroffen. Verwundete schrien und starben.

Russische Kavallerie sprengte vor. Die deutschen Grenadiere mussten zurückweichen. Später erging der Befehl zum Rückzug der 8. Armee des Generals Max von Prittwitz. Die erste Schlacht des Krieges war verloren. Heinrich war froh, seine Feuertaufe heil überstanden zu haben. Doch sein Widerwille gegen das Soldatenleben wuchs. Er wünschte sich verzweifelt, ins Revier heimkehren zu dürfen – zu seiner Familie und der vertrauten Arbeit in der Zeche.

Leopold Bialo hätte seinen Sohn unter Tage gut gebrauchen können. In den ersten drei Kriegswochen musste mehr als ein Drittel der Zechenbelegschaft des Reviers ins Feld. Über 100 000 Bergleute wurden eingezogen. Die Zahl der Knappen im Revier ging von 426 000 innerhalb von zwei Monaten auf ganze 305 000 zurück. Die meisten Kumpels waren zu den Waffen gerufen worden, darüber hinaus hatten sich viele Knappen freiwillig zur Truppe gemeldet. Der Bedarf an Kohle war durch den Krieg gestiegen, die Kessel der Dampflokomotiven für die endlosen Truppentransporte mussten befeuert werden. Das meiste schwarze Gold aber benötigte die Rüstungsindustrie. Koks wird zur Stahlproduktion gebraucht. In zahllosen Waffenbetrieben schmiedete man Kanonen und goss Granaten für das deutsche Heer.

Die Kohleförderung wurde auf Shamrock und anderswo trotz der fehlenden Kumpels mit aller Kraft hochgefahren. Um die Bergleute zu motivieren, wurde das Gedinge um vier Prozent erhöht. Alle tauglichen Männer wurden zum Kohleabbau herangezogen. Otto durfte seine verhasste Arbeit im Magazin aufgeben und arbeitete wieder vor Kohle. Sein Eifer, seine Kraft, seine Erfahrung wurden anerkannt. Innerhalb weniger Wochen wurde er zweiter Meisterhauer. Bald bekam Otto seine eigene Kameradschaft. Unermüdlich trieb er die Kumpels an. Sie waren allesamt junge Burschen, deren Lehre als Hauer vorzeitig beendet worden war, damit sie vor Ort ihre Fähigkeiten beweisen konnten. Otto hatte alle Hände voll zu tun, die unerfahrenen und manchmal übermütigen und daher leichtsinnigen Kerle zu lenken, damit sie gute Arbeit leisteten, also möglichst viel Kohle sicher aus dem Berg holten. Die neue Verantwortung, das Prestige und sein erheblich gestiegener Lohn stärkten Ottos Selbstwertgefühl. Er sehnte sich danach, vom Vater anerkannt zu werden. Aber Leopold Bialo, der bereits seit längerem als Fahrhauer arbeitete, dachte im Traum nicht daran. Vater und Sohn stritten unentwegt über die Zeche. Der Alte meinte, der Betrieb werde zusammenbrechen.

„Überall Lehrbuben und Ungelernte, über Tage Frauen und vor allem immer weniger erfahrene Bergleute, die für Sicherheit in der Grube sorgen – das führt zu einer Katastrophe wie in Courrières." – „Hör endlich auf mit deinen ollen Geschichten! Wir sind hier in Deutschland und nicht bei deinen Scheißfranzosen", gab Otto zurück. Was der Alte über die mangelnde Grubensicherheit verzapfte, wusste jeder. Es stand sogar in der Bergarbeiterzeitung. Und dann musste er ihm auch noch seine Heldentaten unter die Nase reiben, während er seinen Sohn daran hindern wollte, sich freiwillig zum Kriegsdienst zu melden. Wenigstens sein Bruder Heinrich durfte sich als Soldat auszeichnen – wenn auch nur im Osten. Da hatte Hindenburg, der das Kommando über die 8. Armee übernommen hatte, Ende August bei Tannenberg die Russen besiegt. Im Westen, wo Ottos Bataillon kämpfte, hatten die deutschen Truppen bereits die Marne überschritten und standen nur noch wenige Tagesmärsche vor Paris. Die Franzmänner-Regierung war bereits aus Paris abgehauen. Die Rothosen pfiffen schon aus dem letzten Loch. Bald würden die deutschen Landser mit klingendem Spiel in Paris einziehen – ohne ihn! Aber Vater wollte das nicht wahrhaben. Stattdessen betete er den schwarzseherischen Antikriegsdreck seines Doktors nach.

Als zwei Wochen später der deutsche Vormarsch an der Marne zum Stillstand kam, schien es Otto, als ob sich sein Vater geradezu darüber freute. Dem Alten war seine Rechthaberei wichtiger als der deutsche Sieg. Der ließ jedoch nicht lange auf sich warten. Mitte September schlug Hindenburgs Heer die Russen im Osten entscheidend. Otto wartete begierig auf eine Karte von Heinrich, in der er ihm über den glorreichen Schlachtausgang an den Masurischen Seen berichtete. Der Vater meckerte weiter gegen den Krieg wie ein alter Ziegenbock, obwohl alle Zeitungen seitenlang von den deutschen Triumphen erzählten.

Eine Woche nach dem Sieg im Osten kam endlich ein Schreiben von Heinrichs Einheit. Darin teilte der Bataillonskommandeur dem Bergmann Leopold Bialo mit, dass dessen Sohn Heinrich „in Erfüllung seiner Soldatenpflicht für Kaiser und Vaterland den Heldentod gestorben ist". Der Vater erstarrte. Auch wenn sich sein Körper nach einer Weile aus dem Krampf löste, erholte sich seine Seele nie wieder vom Verlust Heinrichs. Mit Annas Tod hatte Leopold rechnen müssen. Doch dass sein Sohn im Alter von 22 Jahren starb, ehe er Gelegenheit gehabt hatte, das Leben kennenzulernen, ehe er eine Frau heiraten und dem Vater Enkelkinder schenken konnte, darüber kam Leopold Bialo nie hinweg. Nachdem er wieder fähig war, sich zu bewegen, schloss sich der Vater in seine Schlafkammer ein.

Heinrichs Soldatentod veränderte auch das Leben seines Bruders. Bis dahin war alles in vorgezeichneten Bahnen verlaufen. Das unerwartete Ende der Mutter hatte Otto geschmerzt. Er war damals 16 Jahre alt gewesen. Aber sein Alltag als Lehrling auf Shamrock ging weiter. Otto war ein fleißiger Knappe. Die Dienstzeit beim Infanterieregiment in Krefeld hatte Abwechslung in sein Leben gebracht. Otto war gerne marschiert, hatte gut geschossen und auch die gelegentlichen Zechereien bis zum Zapfenstreich genossen. Danach arbeitete er wieder als Bergmann. Erst sein Arbeitsunfall und die anschließende berufliche Zurücksetzung hatten ihn verbittert. Der Aufruf des Kaisers zum

Krieg hatte Ottos naiven Patriotismus entfacht und den unreifen Wunsch geweckt, als Held zu glänzen. Die vermeintliche Ängstlichkeit des Vaters hatte dieses Gefühl noch verstärkt, ebenso wie die Welle der deutschen Anfangssiege. Heinrichs Tod hatte Otto den Preis des Krieges vor Augen geführt. Mit einem Mal begriff er, dass das Sterben im Feld keine ferne Begleitmusik, sondern furchtbare Wirklichkeit war. Selbst der glorreichste Sieg würde seinen Schmerz über den Verlust des Bruders nicht betäuben können.

Ottos Versuch, seinen Kummer im Alkohol zu ertränken, blieb vergeblich. Apathisch hockte er in der Küche und starrte ins Leere. Er schrie die kleine Schwester an, die ihn trösten wollte. Doch Renata hatte keine Angst vor Ottos Gebrüll. Sie beharrte darauf, mit ihm – Kurt war noch nicht zu Hause – „beim Papa zu sein". Vater und Sohn hatten sich nichts zu sagen, wie es zunächst schien. Nach einer Weile aber legte mal der Vater, mal der Bruder Renata kurz die Hand tätschelnd um die Schulter. Dann wandten sich die Männer wieder ab. Bis es aus Otto herausbrach. Er wurde von heftigem Schluchzen geschüttelt, bald fiel auch der Vater ein. Die Seelen der Männer klammerten sich an dem kleinen Mädchen fest.

Im November erklärte die britische Marine die Nordsee zum Kriegsgebiet und verhängte eine Wirtschaftsblockade gegen das Deutsche Reich. Noch hofften Optimisten, bis Weihnachten könne Frankreich niedergerungen und der Krieg beendet sein. Tatsächlich aber war die Front im Westen nach der Marneschlacht im Herbst zum Stehen gekommen. Die feindlichen Heere, auf der einen Seite die Deutschen, ihnen gegenüber Franzosen und Engländer, gruben sich ein. Damit begann ein jahrelanger zermürbender Stellungskrieg.

Der Stillstand an der Westfront machte nüchternen Beobachtern deutlich, dass der Krieg länger dauern würde als anfangs erwartet. In der SPD kam es zum Streit. Die Pazifisten wollten, dass die Parteiführung endlich ein deutliches Wort gegen die Fortsetzung des Krieges sprach. Doch Friedrich Ebert und seine Anhänger mochten ihren vom Kaiser bestätigten Ruf als gleichberechtigte deutsche Patrioten nicht gefährden – und so stimmten die Sozialdemokraten Anfang Dezember 1914 für neue Kriegskredite. Da wurde es Karl Liebknecht zu dumm. Als einziger Reichstagsabgeordneter lehnte er die Kriegsanleihen ab.

Bald wurden die Auswirkungen der britischen Hungerblockade in Deutschland spürbar. Lebensmittel und Rohstoffe wurden knapp. Zunächst in Berlin, dann im ganzen Reich mussten Brotmarken ausgegeben werden. Im Revier ging die Zahl der Bergleute immer weiter zurück. Das bedeutete, die verbliebenen Kumpels mussten ständig Sonderschichten fahren. Auch sonntags musste gearbeitet werden.

„Was soll ich mit den paar Groschen mehr, wenn ich keinen freien Tag habe?", maulte Otto. Selbst die geringe Lohnerhöhung wurde von den immer schneller steigenden Lebensmittelpreisen aufgefressen. Die Qualität des Brotes, das es auf Marken gab, wurde ständig schlechter. Leopold Bialo, der sich als Bauernsohn mit Getreide auskannte, war überzeugt, dass die Bäcker das Brot aus minderwertigen Zutaten backten und ordentlich zumischten. Nach Feierabend pflegte er besonders sorgfältig seinen Garten, jätete die wenigen verbliebenen Obststräucher und pflanzte stattdessen in jede freie Ecke Kohl und Rüben. Leo kaufte eine weitere Milchkuh. Ottos Gespött, ob er wieder Bauer werden wolle, nahm der Vater schulterzuckend hin.

Immer mehr Soldaten starben auf den Schlachtfeldern. Auf Shamrock wie auf allen anderen Revierzechen hatten so gut wie alle Kumpels gefallene Familienangehörige zu beklagen. Das Heer benötigte stets neue Soldaten. „Frisches Kanonenfutter" nannten die Bergleute mitleidig die jungen Rekruten. Die Knappheit der Arbeitskräfte unter Tage war beängstigend. Dennoch forderte die Zechenleitung immer höhere Abbauzahlen. „Mehr als sieben Tage die Woche können wir nicht arbeiten", schimpfte Leo Bialo. Otto war der gleichen Meinung.

Um den verheerenden Mangel an Arbeitskräften zu mindern und ihre Erträge zu erhöhen, entschlossen sich die Grubengesellschaften in Absprache mit der Heeresleitung, ausländische Kriegsgefangene auf den Zechen einzusetzen. Allein bei der Schlacht an den Masurischen Seen waren 200 000 russische Soldaten in deutsche Kriegsgefangenschaft geraten. Sie mussten ernährt werden. Dafür sollten sie arbeiten, meinten die Generäle. Die Kumpels waren davon nicht begeistert. Man brauchte gelernte Bergleute, die wussten, auf welche Weise Kohle vor Ort abgebaut werden musste und vor allem, wie Schächte, Stollen und Strecken fachgerecht zu sichern waren. Hinzu kamen die Sprachprobleme. Wie wollte man sich mit den Kumpels aus Russland und Frankreich verständigen? „Das ist nicht so schwierig, wie man denkt. Doch man muss sich unter Tage auskennen", wusste Leopold Bialo aufgrund seiner Erfahrung beim Rettungseinsatz in Courrières. Damit sprach er den entscheidenden Punkt an. Die meisten kriegsgefangenen Russen waren Knechte und Tagelöhner, Bauernburschen eben, die in ihrem Leben noch nie vor Ort gearbeitet hatten.

In der Bergarbeiterzeitung wurden die Bedenken gegen die Beschäftigung ausländischer Kriegsgefangener erläutert. Die Sicherheit der Bergleute, ja die Kohleproduktion insgesamt würde durch den Einsatz der ausländischen Soldaten leiden. Darüber hinaus befürchteten die deutschen Kumpels, dass die Kriegsgefangenen aufgrund ihrer Zwangssituation als Lohndrücker gegen die ausgebildeten deutschen Bergleute missbraucht würden. Diese berechtigten Bedenken wurden beiseite geschoben. Kohle war der Treibstoff des Krieges.

Ab Spätherbst 1914 wurden Kriegsgefangene in den Gruben des Reviers eingesetzt. Wie vorauszusehen war, wussten die meisten

Russen nicht, was sie zu tun hatten. Sie verstanden kein Deutsch und fürchteten die Arbeit unter Tage. Das bedeutete, man konnte die Russen – zu denen sich immer mehr Franzosen und Belgier gesellten – nicht als selbständige Kameradschaften einsetzen, weder vor Ort an der Kohle, noch um den Streckenausbau voranzutreiben und mit Holzstempeln abzusichern. Allenfalls als Pferdeburschen konnte man sie gebrauchen, nachdem man ihnen die Wege und die Arbeitsabläufe eingeschärft hatte. Als im Laufe der Kriegsjahre immer weniger deutsche Bergleute zur Verfügung standen, wurden die Kriegsgefangenen bald zu zweit, am Ende gar zu dritt in den fünfköpfigen Kohleabbaukameradschaften eingesetzt. Bis Kriegsende wurden fast 100 000 Kriegsgefangene im Bergbau beschäftigt. Im August 1918 arbeiteten im Revier 73 000 Kriegsgefangene. Sie wurden nach dem gleichen Tarif bezahlt wie die deutschen Knappen. Prinzipiell. Denn tatsächlich wurde den Gefangenen nur ein Viertel ihres Lohnes ausgezahlt, der Rest ging an die Heeresverwaltung, die für die Gelder „bessere" Verwendung hatte. Russische Kriegsgefangene wiederum erhielten im Vergleich zu den übrigen Gefangenen noch weniger Entlohnung für ihre gefährliche Arbeit.

Unterdessen wuchs in den Zechen der Bedarf an qualifizierten Bergleuten. Ebenso wie Otto erlangte auf diese Weise fast jeder tüchtige deutsche Hauer eine herausgehobene Position. Auch erfahrene Steiger wurden dringend benötigt. Bereits bei Kriegsbeginn wurden die Steiger „Uk" geschrieben: Sie waren unabkömmlich. Dennoch meldeten sich viele jüngere Steiger in der ersten überschäumenden patriotischen Begeisterungswelle freiwillig an die Front. Die Grubenleitungen suchten händeringend Steiger. Ihre Ausbildung wurde verkürzt, was zu Lasten ihrer Erfahrung ging. So entstand eine Hierarchie der mangelnden Qualifikation. Von den ungeschulten Kriegsgefangenen über die überforderten Hauer und Kameradschaftsführer bis zu den unerfahrenen jungen Steigern.

Der Zechendirektion waren Leo Bialos Tüchtigkeit und Erfahrung bekannt. In früheren Jahren war Bialo ein eigensinniger, aufsässiger junger Mann gewesen. Das war lange her. Nun war er fast fünfzig. Bei den Rettungsarbeiten in Courrières hatte er Umsicht bewiesen. Solche Tugenden wurden unter Tage dringend gebraucht. So wurde der Bergmann zur Zechenleitung gebeten. Direktor Schmidt-Brühl unterbreitete dem „sehr verehrten Herrn Bialo" das ehrenvolle Angebot, fortan auf Shamrock als Steiger tätig zu sein. Leopold mochte den zackigen Grubendirektor mit seinem spitzen Kaiser-Wilhelm-Schnurrbart und den manikürten Fingernägeln nicht. Er wusste, dass der Zechenleiter ihn als Polacken und Arbeiter verachtete und sich zur Höflichkeit zwang, weil er auf ihn als guten Fachmann nicht verzichten konnte. Auch die anderen Steiger, die über Jahre die übliche Ausbildung zu diesem Beruf durchlaufen hatten, würden Leo trotz seiner Tüchtigkeit – oder gerade deswegen – nie als gleichberechtigten Kollegen akzeptieren. Zudem würde der höhere Lohn durch die ständig steigenden Lebensmittelpreise rasch aufgefressen werden. Auch musste er als Steiger eine hohe Verantwortung für die Sicherheit der ihm anvertrauten Bergleute und die der gesamten Zeche übernehmen. Das bedeutete erheblich mehr Arbeit.

Obgleich Leopold Bialo all diese objektiven Nachteile vor Augen standen, wusste er sogleich, dass er der Offerte des Grubendirektors nicht widerstehen würde. Zu schwer wog die Genugtuung, einen der höchsten Posten in der Hierarchie der Zeche einzunehmen und damit allen Neidern – und nicht zuletzt sich selbst – zu beweisen, dass der einstmals „dahergelaufene Polacke" mehr taugte als das gesamte arrogante Pack. Wenn seine Anna doch diesen stolzen Moment hätte erleben können! Bei diesem Gedanken traten Tränen in seine Augen. Sein Gegenüber missverstand die Gefühlsregung und quittierte sie daher mit überheblichem Lächeln, was Bialos alte Aufmüpfigkeit kurz aufflammen ließ. „Wenn Herrn Direktor nichts Besseres mehr einfällt, wenn er sonst nicht weiterweiß, dann will ich mich mal fügen."

Leo stieß keineswegs auf Vorurteile, wie er zunächst befürchtet hatte. Die neuen Kollegen waren wegen der angespannten Kriegsproduktion dermaßen mit ihrer Arbeit beschäftigt, dass sie keine Zeit für anderes hatten. Bei immer knapper werdenden ausgebildeten deutschen Bergleuten und der wachsenden Zahl von Kriegsgefangenen entwickelte Bialo ein eigenes Aufteilungssystem. Er wählte aus den Reihen der gefangenen französischen und belgischen Soldaten gelernte Bergleute aus und ließ sie nach kurzer Zusammenarbeit mit deutschen Hauern unter ihren Landsleuten eigene Kameradschaften zusammenstellen.

Ähnlich verfuhr Bialo mit den russischen Kriegsgefangenen. Unter ihnen befanden sich nur sehr wenige Bergleute. Daher suchte er fieberhaft nach geschickten Bauernburschen, die von den deutschen Hauern eingewiesen wurden. Danach stellten auch die Russen ihre eigenen Kohletrupps zusammen.

Dabei kam Bialo sein, wenn auch etwas eingerostetes, Polnisch zugute, das Gefangene ins Russische übersetzten. Nach einer Weile spielten sich die ausländischen Kohletrupps untereinander ein, und auch die Zusammenarbeit mit den deutschen Kumpels klappte dank Leopolds ausgleichenden Worten zunehmend besser. Langsam wuchsen die Erträge der Kriegsgefangenentrupps. Doch der Zwang zu stetig steigenden Abbauleistungen bei einer sinkenden Zahl qualifizierter Bergarbeiter ging zwangsläufig auf Kosten der Grubensicherheit. Die Unfälle häuften sich. Große Unglücke blieben jedoch aus. Vor allem dank der Umsicht von Steigern wie Leo und erfahrenen Hauern wie seinem Sohn Otto. Die neuen Wege, mit denen Leo Bialo die Förderquote steigerte, wurden von der Zechendirektion anerkannt.

Die Arbeit im Bergwerk ließ Leopold Bialo kaum Zeit, sich um seine Familie zu kümmern. Zu Hause aber wurde er nicht weniger gebraucht als in der Zeche. Sein jüngster Sohn Kurt hatte sich nach dem Zornesausbruch des Vaters über seine patriotische Aufwallung bei Kriegsbeginn fast vollständig von der Familie zurückgezogen. Kurt arbeitete lustlos in seinem Beruf als Textilverkäufer bei Levy & Comp. In seiner Freizeit war er im Vaterländischen Gesellenverein aktiv, der einen Siegfrieden forderte, ein Europa unter Deutschlands Führung.

Unterdessen hatte Zosia ihre Stellung als Kinder- und Hausmädchen bei den Bialos aufgegeben. Ab 1915 machten die Industriebetriebe des Reviers arbeitsfähigen Frauen attraktive Angebote. Mit Löhnen in bis dahin ungekannter Höhe – Frauen sollten immerhin bis zu 60 Prozent der Bezüge ihrer Männer für die gleiche Tätigkeit erhalten – lockten sie vor allem junge Frauen in ihre Betriebe. Zosia hatte durch ihre Cousine Wanda erfahren, dass Krupp in Essen Rüstungsarbeiterinnen suchte. Als sie dies ihrem Hausherrn erzählte und dabei hoffte, er werde das bisherige Taschengeld in ein niedriges Salär umwandeln, das zumindest die Hälfte des ihr angebotenen Lohnes als Arbeiterin bei Krupp ausmachen und ihr es gestatten würde, den Grundstock für eine Aussteuer anzusparen, reagierte Leo Bialo unwirsch: „Ich habe dich aus der Gosse gezogen. Wenn's dir bei mir nicht mehr passt und du dem Geld nachrennst wie Judas der Verräter, dann schnür dein Bündel!"

Den Vorwurf wollte Zosia nicht auf sich sitzen lassen. Und so packte sie auf der Stelle ihre Habseligkeiten in ein Tuch. Ehe sie das Haus verließ, rannte sie in ihre Kammer und umarmte „mein Kind". Renata, die bereits schlief, erwachte durch das Schmiegen des aufgeregten Kindermädchens. Zosias nasse Wangen glühten. Ehe Renata begriff, wie ihr geschah, schob Zosia das schlaftrunkene Kind wieder unters Federbett, lief aus dem Zimmer und verließ für immer das Haus.

Am nächsten Morgen herrschte bei den Bialos heilloses Durcheinander. Das Frühstück war nicht zubereitet, die ungemolkene Kuh schrie. Als Renata nach ihrem Kindermädchen fragte, sagte der Vater: „Die ist weg. Ich hab sie rausgeworfen. Und diesmal endgültig!" Erst jetzt begriff Renata, warum Zosia gestern Abend derart erregt zu ihr gekommen und sich sogleich wieder davongemacht hatte. Auf ihre Bitte, das Kindermädchen zurückzuholen, reagierte Leo barsch. „Das geldgierige Mensch kommt mir nie wieder ins Haus! Lässt mich und das Kind für ein paar Silberlinge hängen. Luder!"

Renata traten die Tränen in die Augen. Sie liebte Zosia. Doch sie wusste, wie stur ihr Vater sein konnte. Wenn Leo Bialo sich entschieden hatte, gab es kein Zurück. Ein weiteres Mal würde sie ihn nicht erweichen können, Zosia zurückzuholen. Jetzt galt es, das Beste aus der Situation zu machen.

„Wer bringt mich zur Schule, und wer holt mich ab? Und wer macht mir Essen?" Leopold Bialo hatte keine Antwort auf die praktischen Fragen seiner Tochter. Zunächst befahl er seinen Söhnen, ihre kleine Schwester zur Schule zu begleiten. Da Otto sich weigerte, musste Kurt nachgeben, obgleich er den längeren Arbeitsweg hatte. Der jüngste Sohn zahlte erneut für seine Angst vor dem Vater. Kurt nahm sich vor, seinen zarten Körper wie einst Otto durch harte Übungen beim „Arbeiterturnverein Einigkeit" zu stählen, um so den groben Attacken des Vaters widerstehen und rasch auch Kriegsdienst leisten zu können. Für den Moment hielt es Kurt jedoch für angebracht, einen taktischen Rückzug anzutreten und seine Schwester zur Schule zu bringen. Diese Tat zeugte überdies von seinem Familiensinn. Mittags nach der Schule mochte der verzogene Fratz schauen, wo er blieb.

Gerade diese Frage aber trieb den verantwortungsbewussten Vater um. Während er die Schachtanlage kontrollierte, das Gedinge der Frühschicht kalkulierte und den Kameradschaften unter Tage Anweisungen gab, war er mit seinen Gedanken bei seiner Tochter. Ständig sah er auf die Uhr. Um zwölf hielt es Leo Bialo nicht mehr aus. Er durfte das Kind nach der Schule nicht allein lassen. So machte er von seinem Privileg als Steiger, die An- und Ausfahrten zu kontrollieren, Gebrauch und ließ sich ausfahren. Er wusch sich rasch in der Kaue und eilte in die Bismarckstraße. Bialo erreichte das Klassenzimmer knapp nach Unterrichtsende. Lehrer Kreyl war von Renatas Leistungen sehr angetan. Sie sei eine aufmerksame, fleißige und kluge Schülerin. „Wenn es Ihre Umstände erlauben, Herr Bialo, würde ich, wenn Sie gestatten, vorschlagen wollen, dass Renata die höhere Schule besucht. Das Mädchen zeigt Fleiß und Begabung. Mit Ihrer Erlaubnis würde ich ihr gerne eine Empfehlung schreiben. Ich bin mit dem Direktor des Lyzeums für höhere Töchter in Bochum bekannt …"

Leopold Bialo war nicht gekommen, um sich die Ausbildungsperspektiven seiner Tochter von einem pedantischen Schulbürokraten erläutern zu lassen. Er suchte Rat, wie er Renata jetzt nach Schulschluss betreuen lassen konnte. Davon hatte Friedrich Kreyl, wie sich zeigte, keine Ahnung. Wer wüsste darüber Bescheid? Bialo wollte nicht schon wieder seinen Freund Rubinstein um Rat bitten. Der würde ihn womöglich nötigen, sich bei dem erpresserischen Kindermädchen zu entschuldigen und sie zu einem unverschämten Gehalt neu einzustellen. Zunächst musste Bialo Renata heimbringen und ihr Bütterkes schmieren, denn das Kind war hungrig. Danach wollte der Bergmann wieder zur Zeche eilen. So wäre er rechtzeitig zu Ende der Frühschicht wieder am Füllort. Renata hielt ihn auf. „Holst du mich jetzt jeden Tag von der Schule ab, Papa?" Renata hatte Verständnis für die Erklärung des Vaters, dass dies unmöglich sei. Er müsse zurück zur Grube. „Gut", meinte Renata, „dann gehe ich ab morgen eben allein aus der Schule nach Hause. Den Weg kenne ich. Das Essen kann ich mir selbst machen." Bütterkes, das sah sie, konnte sie allemal besser zubereiten als ihr Papa – aber das behielt sie für sich, um ihn nicht zu kränken.

Bialo eilte wieder zum Pütt. Während der Arbeit machte er sich noch immer Sorgen um sein Kind. Doch als er abends heimkehrte, fand er Renata auf der Straße beim Spiel mit dem Hund Hasso und Nachbarskindern. Auf seine Frage nach ihren Hausaufgaben antwortete die Tochter, diese habe sie als Erstes erledigt. Bialo ließ sich die Hefte zeigen. Renata war über das Misstrauen ihres Vaters keineswegs aufgebracht. Sie führte vielmehr ihre Hefte mit Stolz vor, denn allenthalben waren mit rotem Stift die Zensuren von Lehrer Kreyl notiert. Durchweg die Noten 1 und 2. Nun war es an Leopold Bialo, Genugtuung über seine Tochter zu empfinden. Leopold gestattete sich, seine positive Gemütsregung zu zeigen, und fuhr Renata übers Haar. Das Kind hielt seine Hand fest, bis es fühlte, dass der Vater sich wieder verschloss.

Renatas Selbständigkeit währte nur wenige Wochen. Das Kind war mit dem Einlösen der Lebensmittelmarken überfordert. Das Anstehen in den Warteschlangen erforderte zu viel Kraft und Geduld. Renata konnte sich nicht mehr so gut konzentrieren wie zu der Zeit, als Zosia für sie sorgte. Ihre Leistungen in der Schule ließen rasch nach. Dies entdeckte auch der Vater, als er sich unerwartet Renatas Hefte zeigen lassen wollte, und das Kind zögerte. Bald sah er Dreier und Vierer und im Rechnen gar eine Fünf. Eine Woche später hatte Renata eine breite Platzwunde an der Stirn. Sie hatte versucht, die Kuh zu melken, und das Tier hatte wegen der ungewohnten Zeit und der Ungeschicklichkeit ausgeschlagen. Da Renata bei seiner Heimkehr benommen in ihrer Dachkammer lag, bat der entsetzte Vater seinen Freund Rubinstein, nach dem Kind zu sehen. Er konnte Leopold zunächst beruhigen. Renata hatte lediglich eine leichte Gehirnerschütterung davongetragen. Die Wunde, desinfiziert und verbunden, war harmlos. Rubinstein war von seiner Haushälterin über den Hinauswurf Zosias unterrichtet. Der Mediziner war davon ausgegangen, dass Bialo eine neue Betreuerin für seine Tochter besorgt hatte. Als er hörte, dass dies nicht geschehen war, tadelte er seinen Freund. „Leo, du bist doch ein kluger, tüchtiger Mann. Deswegen hat man dich zum Steiger befördert. Aber ein neunjähriges Mädchen mitten im Krieg sich selbst zu überlassen zeugt von mangelndem Verantwortungsbewusstsein. Du musst Renata so schnell wie möglich in eine ordentliche Obhut geben."

Das war leichter gesagt als getan. Junge Frauen wie Zosia, die vor dem Krieg froh waren, als Hausmädchen unterzukommen, arbeiteten jetzt in Rüstungsbetrieben zu ordentlichem Lohn. Verheiratete Frauen blieben zu Hause und kümmerten sich um ihren Haushalt und die Familie. Blieben also Witwen und Frauen von Soldaten, die im Feld standen. Rubinstein wollte sich beim SPD-Ortsverein, Bialo sich im Zechenbüro erkundigen. Renata hegte ihren eigenen Plan. Sie fühlte sich alt genug, ihr neues Kindermädchen selbst auszusuchen. Doch davon mochte sie wiederum dem Vater und seinem Freund nichts sagen, sonst ärgerten sie sich oder lachten sie aus.

Am folgenden Tag durfte Renata zu Hause bleiben. Mittags kam Fräulein Wagner vorbei. Sie gab Renata einen Kuss von Zosia und brachte im Henkelmann Pichelsteiner Eintopf mit, den sie auf dem Küchenherd aufwärmte. Nach dem Essen mahnte Fräulein Wagner Renata, bis zur Rückkehr des Vaters im Bett zu bleiben, und ging. Renata dachte nicht daran, sich an die Anweisung zu halten. Sogleich begab sie sich zu Familie Schmitz, den Großeltern ihrer Klassenkameradin. Lucie Schmitz wurde gelegentlich von ihrer hochgewachsenen dunkelhaarigen Tante Helene zur Schule gebracht. Die ruhige, freundliche Art von Frau Schmitz gefiel Renata. Vor allem aber ihre Schönheit. So fein wollte die Schülerin aussehen, wenn sie groß wäre.

Renata wurde von der alten Frau Schmitz freundlich empfangen. Auch ihre Schwiegertochter Helene war zu Hause. Die drei Damen unterhielten sich. Renata erfuhr, dass Helene erst vor einem Jahr Erich, einen von vier Söhnen des Hauses, geheiratet hatte. Erich hatte sich zu Kriegsbeginn freiwillig gemeldet und kämpfte nun in Frankreich. Renata freute sich, dass Helene sie besorgt auf ihren Kopfverband ansprach und sie so liebevoll ansah. Sie mochte Kinder, zumindest mochte sie Renata. Das ermutigte das Mädchen, Helene bei der Hand zu nehmen und sie zunächst wortlos vor das Haus zu führen. Renata sah in die scheuen, warmen Augen von Helene Schmitz und spürte, dass die Frau ihr vertraute. Das gab ihr den Mut, sie zu bitten, ihr Kindermädchen zu sein. Nachdem sie ihre Verwunderung überwunden hatte, stimmte Helene zu, war sich aber über den Weg unsicher, wie sie mit dem Vater zu einer Vereinbarung gelangen konnte. „Das erledige ich!", erklärte Renata keck, ohne genau zu wissen, wie.

Dass sich Renata selbst ein Kindermädchen gesucht hatte, verblüffte Leopold Bialo. Doch zugleich war er klammheimlich stolz auf seine Tochter. Anders als sein Sohn Kurt nahm das Mädchen das Geschehen selbst in die Hand. Die Grubenleitung hatte ihm auch nicht weiterhelfen können, eine Betreuerin ausfindig zu machen. Da konnte es nicht schaden, sich Renatas Wahl anzusehen, zumal da Bialo erfuhr, dass es sich dabei um die Schwiegertochter von Johann Schmitz handelte, den er als fleißigen Bergmann schätzte.

Als Leopold Bialo noch am selben Abend das Haus in der Nachbarschaft aufsuchte, um sich nach Renatas Wunschkindermädchen zu erkundigen, und Helene Schmitz in die Stube trat, fühlte der Besucher, wie ihm das Blut aus dem Kopf wich. Die Frau glich seiner Anna in jungen Jahren, sie strahlte die gleiche weibliche Wärme aus, hatte ähnliche dunkelbraune Augen und Haare. Ihre Züge waren jedoch weicher, das Kinn weniger energisch, dafür die Figur schlanker. Helene war größer als Anna, ihre Hände feiner. Leopold Bialo konnte seinen Blick nicht von Helene Schmitz wenden. Er brachte kein Wort heraus. Helene bemerkte seine Blässe, fragte, ob ihm unwohl sei. Er nahm mehrmals Anlauf, kein Ton wollte über seine Lippen kommen. Als er endlich einen klaren Gedanken fassen konnte, entfuhr es ihm: „Renata hat ihre Mama gefunden." Es dauerte eine Weile, bis Leopold Bialo seine Fassung wiedererlangt hatte. Danach erläuterte er umständlich den Wunsch seiner Tochter, den Helene ohnehin schon kannte und akzeptierte.

Auf dem Heimweg hatte Leopold Bialo ein schlechtes Gewissen. Statt sofort nach Hause zu gehen, machte er einen langen Spaziergang, der ihn bis vor den Friedhof führte, auf dem seine Anna begraben lag. Das Tor war schon für die Nacht verschlossen. Dennoch verschaffte ihm die Nähe zu seiner toten Frau wieder seinen Seelenfrieden. Nein, er hatte Anna nicht hintergangen. Frau Schmitz sah ihr, vielmehr ihrem Jugendbild, ein wenig ähnlich – möglicherweise war sie eine entfernte Verwandte Annas. Und sie war gottlob – der alte Atheist konnte wieder grinsen – verheiratet. Leopold hatte stets verheiratete Frauen gemieden. Aber seine Renata! Seine Tochter hatte ihre Mutter nie gekannt, doch sie besaß ein untrügliches Gefühl. Mochte sie ihr Kindermädchen haben!

Die Kriegsjahre glichen einem nicht enden wollenden Albtraum. Die kaiserliche Kriegsmarine, in deren Aufbau Unsummen investiert worden waren, erwies sich als unfähig, den Ring der See- und Wirtschaftsblockade Deutschlands aufzubrechen. Nur die U-Boote waren gefährliche Feinde der Royal Navy. 1915 gingen die deutschen U-Boote zum Handelskrieg gegen England über. Dabei wurden auch Handels- und sogar Passagierschiffe versenkt. Als daraufhin die Vereinigten Staaten drohten, gegen Deutschland in den Krieg einzutreten, versprach Berlin, die Regeln des Völkerrechtes zu beachten. Unterdessen wurde die Versorgungssituation im Deutschen Reich von Monat zu Monat prekärer.

Die Heeresleitung verschärfte ihre Kriegführung. Im Frühjahr 1915 setzte das Heer in Flandern erstmals Giftgas im großen Maßstab ein. Die alliierten Armeen schlugen massiv zurück. Mit verheerenden Gefechten versuchten an der Westfront beide Seiten vergeblich, einen Durchbruch zu erzwingen. Die zunehmend maßloseren Materialschlachten pressten die deutsche Volkswirtschaft aus. Die gesamte Industrieproduktion wurde auf die Bedürfnisse des Heeres und der Marine ausgerichtet. Die wenigen Devisen dienten vorwiegend dem Kauf von Eisenerz und anderen kriegswichtigen Rohstoffen. Der Bedarf an Kohle für die Stahlerzeugung wuchs ständig, während immer mehr Kumpels eingezogen wurden. Da auch fast alle Bauern und Landarbeiter Kriegsdienst leisteten und überdies Agrarprodukte ausgeführt wurden, um Devisen für die Kriegsindustrie zu erlösen, wurde die Ernährungssituation in Deutschland immer verzweifelter. Mehr und mehr Menschen hungerten. Die Lebensmittelpreise verdoppelten sich bereits im ersten Kriegsjahr. Die Menschen bekamen immer weniger für ihr Geld; die Inflationsspirale setzte sich in Gang. Bald waren alle Grundnahrungsmittel rationiert. Das bedeutete, Rentner und Arbeiter konnten sich kaum noch ausreichend ernähren.

Helene Schmitz war jeden Morgen in aller Frühe unterwegs, um Lebensmittel für ihre Schwiegereltern und die Bialos zu besorgen. Sie kochte für Renata, ihre Brüder und den Vater Suppen, denen sie immer weniger Fleisch beigeben konnte, bis sie schließlich zu reinen Kraut- und Steckrübenmahlzeiten gerieten.

Nach der Schule nahm sich Helene Schmitz Zeit für Renata. Das Mädchen hatte eine gute Auffassungsgabe und konnte sich konzentrieren. Auch mit Renatas ausgeprägtem Eigensinn konnte Helene gut umgehen. Helene Schmitz liebte Musik. Sie war eine begeisterte Sängerin und Mitglied im Chor des SPD-Ortsvereins. Helene hatte keine Mühe, Renata für den Gesang zu begeistern, obwohl das Mädchen nicht besonders musikalisch war

– das spielte keine Rolle. Nach dem Essen und den Hausaufgaben saßen Helene und Renata oft in der Küche, an schönen Tagen vor der Haustür und sangen das Lied vom Bergmannskind, das „mit schwachen Armen, bleichen Wangen … vorm Bergmannshaus steht" und seiner Mutter Mut machen will. Doch am Ende „seufzt das Kindlein: Ach Mütterl, horch! Die Glocken läuten, doch's kommt der Vater gar nicht heim!"

Während Helene die Hausarbeit erledigte, sprachen die beiden oft „von Frau zu Frau" miteinander, was Renata besonders gefiel. Später lasen sie einander vor: Aus Else Urys „Nesthäkchens erstes Schuljahr" – besonders beeindruckte Renata, dass der Vater des verwöhnten Nesthäkchens Arzt war „wie mein Onkel Samuel" – oder aus „Heidis Lehr- und Wanderjahren". Die liebevolle Betreuung von Helene Schmitz tat Renata gut. Deren schulischen Leistungen verbesserten sich wieder. Am Ende des Schuljahres reichte Renata stolz ihr Zeugnis herum. Für die guten Noten heimste sie vom Vater und von Helene eine süße Belohnung ein – Schokolade war zu erschwinglichen Preisen nicht mehr zu haben, doch ein Brot, mit Rübenkraut bestrichen, mundete Renata genauso.

Das Jahr 1916 brachte eine erneute Verschärfung des Krieges. Die Generäle hüben wie drüben verzichteten auf strategische Manöver, stattdessen versuchte man, die Feinde zu zermürben. Ende Februar startete die deutsche Offensive gegen Verdun. Die französische Festung sollte nicht erobert werden. Vielmehr sollten die Gallier bei der Verteidigung ihres Bollwerkes „ausbluten". Der perverse Plan gelang. Als der Angriff im Sommer wegen Erschöpfung beider Seiten abgebrochen werden musste, waren 700 000 Soldaten gefallen oder schwer verwundet. Das sinnlose Töten an der Front hatte in Deutschland gravierende Folgen. Im Reichstag forderte Karl Liebknecht die Verbrüderung der deutschen und der feindlichen Soldaten in ihrem Kampf gegen den Kapitalismus. Sein Parteigenosse Hugo Haase trat als SPD-Chef zurück, nachdem er und andere Abgeordnete den Kriegshaushalt abgelehnt hatten. Nun war Friedrich Ebert alleiniger Vorsitzender der Sozialdemokraten.

Derweil kam es in Berlin und in allen Teilen des Reiches, auch im Revier, zu Massenstreiks. Die Arbeiter hatten genug vom Krieg und vom Hunger.

Am 1. Juli eröffneten die alliierten Armeen nach Dauerbeschuss der deutschen Linien eine neue Schlacht an der Somme, in der mehr als eine Million Menschen den Tod fanden oder verletzt wurden. Daraufhin wurden Generalfeldmarschall von Hindenburg und sein Quartiermeister General Ludendorff als Kommandeure der Obersten Heeresleitung eingesetzt. Die Helden von Tannenberg versprachen Deutschland durch eine „totale Kriegführung" den Sieg. Mit dem sogenannten Hindenburg-Programm vom September 1916 wurden Hunderttausende neue Arbeitskräfte für die Rüstungsproduktion mobilisiert. Es waren hauptsächlich Frauen und Zwangsarbeiter aus dem Ausland. Die Löhne wurden mit immer neuen Kriegsanleihen finanziert. Da die zivile Produktion praktisch zum Erliegen kam, verlor das Geld immer mehr an Wert. Um die Versorgung der Menschen mit Grundnahrungsmitteln einigermaßen sicherzustellen, wurde eine „Reichsfleischkarte" eingeführt. Mit ihr sollte ein Erwachsener 250 Gramm Fleisch pro Woche erhalten. Auch Kartoffeln und schließlich sogar Kohlrüben wurden rationiert. Die Bialos waren froh, eine Kuh im Stall zu haben, die allerdings immer weniger Milch gab. Leopold verschenkte einen großen Teil davon an Samuel Rubinstein, der sie für Neugeborene und kranke Kinder brauchte.

Am 21. November 1916 starb in Wien Kaiser Franz Joseph im Alter von 86 Jahren nach 68-jähriger Regentschaft. Obgleich sein Großneffe Karl die Nachfolge antrat, war jedem klar, dass dies das Ende des k.u.k. Vielvölkerstaates bedeutete. Der Druck auf die Mittelmächte Deutschland und Österreich-Ungarn nahm an allen Fronten zu. Selbst Italien, das ursprünglich mit Wien und Berlin verbündet war, hatte Österreich und Deutschland den Krieg erklärt. Das Reich war auf allen Seiten von Feinden umgeben. Statt einen Verständigungsfrieden mit der Entente anzustreben, wollte das famose Duo Hindenburg/Ludendorff, das de facto eine Militärdiktatur in Deutschland errichtet hatte, den Sieg erzwingen. Anfang Dezember beschloss der Reichstag gegen die Stimmen der SPD ein Vaterländisches Hilfsdienstgesetz, mit dem jeder Mann zwischen dem 17. und 60. Lebensjahr zu Hilfsdiensten eingezogen werden konnte. Damit unterstanden alle deutschen Männer zumindest indirekt der Heeresleitung.

Die totale Kriegführung der Obersten Heeresleitung verbaute 1917 die Chance auf einen Kompromissfrieden. Während die Bevölkerung in der Heimat nicht genug zu essen hatte, wurden die Soldaten in immer neue, Millionen Opfer verschlingende Offensiven getrieben. In Russland kämpfte das deutsche Heer gegen die zaristischen Verbände bis zur Demoralisierung des russischen Heeres und der Bevölkerung. Im Februar brach die bürgerliche Revolution aus, dennoch führte Russland den Krieg gegen Deutschland weiter, da Berlin immer maßlosere Forderungen an St. Petersburg stellte. Um die Russen gefügiger zu machen, ließ die Oberste Heeresleitung den kommunistischen Revolutionär Lenin im versiegelten Waggon quer durch Deutschland nach Russland reisen. In Hamburg und im Revier protestierten die Menschen gegen ihre Mangelernährung. Für Lebensmitteleinfuhren aus der Schweiz oder Holland gab es kein Geld. Dieses wurde stattdessen an Lenin und seine Parteigenossen verpulvert, damit sie eine kommunistische Revolution anzettelten. Dies geschah im Oktober 1917. Derweil trieb die Oberste Heeresleitung den Krieg immer tiefer in russisches Gebiet. Erst im März 1918 gelang es der Reichsregierung unter der Knute von Hindenburg und Ludendorff, der entstehenden Sowjetunion den Raubfrieden von Brest-Litowsk zu diktieren. Dem Land wurden Rohstoffe und Territorien abgepresst.

Nachdem Russland im Frühjahr 1918 niedergerungen war, versuchte die deutsche Militärführung, im Westen die Oberhand zu erzwingen. Doch da war der Krieg längst verloren, nicht zuletzt wegen der Menschenverachtung und Aggressivität des Reiches. Seit dem Steckrübenwinter 1916/17 litt die deutsche Bevölkerung immer stärker unter der schlechten Versorgung, Millionen hungerten. Bis Ende des Krieges starben mehr als 800 000 Menschen an den Folgen der Unterernährung. In den Wintermonaten mussten selbst im Revier die Schulen wegen Kohlemangels geschlossen werden. An diesen Tagen ging Renata mit einem Krug Milch zu Familie Schmitz und legte sich zu Helene ins Bett. An anderen Tagen kam Helene in der Früh zum Melken bei den Bialos vorbei. Die Frau und das Mädchen drückten sich an die warme Kuh. Später versuchten sie, mit Singen des Operettenschlagers „Puppchen, du bist mein Augenstern" oder dem Aufzählen ihrer Lieblingsgerichte ihre Stimmung aufzuwärmen.

Rubinstein nannte gegenüber seinem Genossen Bialo Hindenburg und Ludendorff größenwahnsinnige Militaristen. Im Februar 1917 hatte die Reichskriegsmarine den uneingeschränkten U-Bootkrieg wiederaufgenommen. Dadurch gelang es jedoch nicht, die Hungerblockade gegen Deutschland aufzubrechen. Im Gegenteil! Die Versenkung amerikanischer Passagierschiffe und der Tod unschuldiger Zivilisten hatte die US-Regierung veranlasst, Deutschland am 6. April 1917 den Krieg zu erklären. Nun reihte sich Amerika als größter Industriestaat unter die Feinde Berlins ein. Deutschland lief die Zeit davon. Statt einen Kompromissfrieden anzustreben, versuchte das Reich, einen militärischen Diktatfrieden nach dem Muster von Brest-Litowsk zu ertrotzen.

Im Februar und März 1917 streikten im Revier 100 000 Arbeiter. Der Ausstand war von den Krupp-Werken in Essen ausgegangen und breitete sich auf das ganze Ruhrgebiet aus. Auch auf mehreren Zechen wurde gestreikt. Seitdem kam das Revier nicht mehr zur Ruhe. Die Zechenleitung forderte eine stetige Erhöhung der Kohleproduktion. Leo Bialo wusste, dass diese Vorgabe unmöglich zu erfüllen war.

Die Führung des Reiches hatte sich längst von der Wirklichkeit und den Bedürfnissen der Bevölkerung abgewendet. So versprach Kaiser Wilhelm II. in seiner Osterbotschaft im April 1917, nach dem Krieg das diskriminierende Dreiklassenwahlrecht in Preußen abzuschaffen. Doch die Menschen hatten von Zukunftsversprechen genug! Sie wollten, dass der Krieg ein Ende hatte und damit das Hungern und Sterben.

Prompt folgten Hungerstreiks in Berlin, Leipzig und vor allem in den Städten des Reviers. Hausfrauen versuchten, Lebensmittelläden und Büros der Stadtverwaltungen zu stürmen, in denen die Nahrungsmittelgutscheine ausgegeben wurden. Beschäftigte weigerten sich, ihre Arbeit aufzunehmen. Während der Kohleabbau nur stockend aufrecht erhalten werden konnte, wusste die preußische Regierung nichts Besseres zu tun, als die Aktienmehrheit an den Zechen der Hibernia zu erwerben, um die Volkswirtschaft des Staates zu stärken, der unter der Last des Krieges zu zerbrechen drohte. Die „Deutsche Bergwerks-Zeitung" berichtete am 14. Februar 1917: „Es unterliegt keinem Zweifel, dass hierdurch der Staat seinen Einfluss auf die sozialpolitischen Fragen und auf die kommunalpolitischen der Bergwerksbezirke vermehren wird. Allerdings ist anzunehmen, dass der Staat seinen Einfluss auf das Syndikat diskret ausüben wird … Gerade diese Gründe wirtschaftspolitischer Art erschienen der Kommission als so durchschlagend, dass sie beantragt, der Vorlage ihre Zustimmung nicht vorzuenthalten. In der Kommission wurde von Regierungsseite aus erklärt, es sei nicht die Absicht, eine weitere Verstaatlichung in nennenswertem Umfang vorzunehmen oder eine Verstaatlichung des ganzen privaten Bergbaus in die Wege zu leiten ... Wie erklärt wurde, soll die Verwaltung der Grube in der bisherigen Weise weiter bestehen bleiben ... Ohne Diskussion wird hierauf die Vorlage unverändert einstimmig angenommen." – „Wir, Wilhelm, von Gottes Gnaden König von Preußen &c" verordnete wenig später „mit Zustimmung der beiden Häuser des Landstags der Monarchie" die staatliche Übernahme der Bergwerksgesellschaft Hibernia.

Anfang 1918 breitete sich die Streikwelle im Revier aus. Auf 31 Zechen traten die Bergleute in den Ausstand. Sie forderten die Reichsregierung und die Heeresleitung auf, endlich den Krieg zu beenden und Frieden zu schließen. Andere Arbeiter, vor allem in den Rüstungsbetrieben, schlossen sich den Forderungen an. Die Behörden sahen in den Streiks eine Gefährdung der Fortsetzung des Krieges und ließen die bestreikten Zechen und Fabriken von Polizei und Reserveeinheiten umstellen. Daraufhin forderten die Arbeiter eine sofortige Aufhebung der Belagerung. Otto Bialo solidarisierte sich mit dem Anliegen der Bergleute: „Wir sind doch keine feindliche Armee!"

Gewerkschafter und Sozialdemokraten verlangten, endlich das Dreiklassenwahlrecht in Preußen auf den Müllhaufen der Geschichte zu werfen. Überall im Reich legten Beschäftigte die Arbeit nieder. Dadurch sah die Armeeführung ihre offensiven Kriegspläne gefährdet und befahl ein drakonisches Durchgreifen an der Heimatfront. So geschah es. Die Polizei nahm 500 Arbeiter aus der Streikfront fest, darunter auch Otto. Obgleich er als Hauer ebenso wie die meisten anderen Kumpels bis dahin „Uk" – für die Produktion in einem kriegswirtschaftlich wichtigen Betrieb unabkömmlich – war, wurden die qualifizierten Arbeiter binnen 48 Stunden an die Front geschickt. „Wer streikt, ist in höchstem Maße abkömmlich. Euch geht's zu gut! Im Kugelhagel der Franzmänner werden euch die Flausen aus dem Hirn geschossen werden!", verkündete der begleitende Polizeioffizier am Bahnhof. „Komm doch mit, du Drückeberger!", riefen ihm die Bergleute zu.

Die Oberste Heeresleitung ließ sich weder von der Kriegsmüdigkeit in der Heimat noch von der Erschöpfung der Soldaten an der Front beeindrucken. Im Gegenteil! Die Militärführung trieb die Truppen unermüdlich zum Angriff. Im Frühjahr wurde an der Westfront eine neue Großoffensive gestartet. Die ausgebluteten Armeen sollten in einer Entscheidungsschlacht Deutschland zum Sieg führen. Das Unterfangen war von vornherein aussichtslos. Denn seit Herbst 1917 landeten jeden Monat 100 000 amerikanische Soldaten in Europa. Noch einmal warfen die kaiserlichen Armeen alle Kräfte ins Gefecht. Die deutschen Truppen kamen bis auf 40 Kilometer an Paris heran. Die „Dicke Bertha", das von Krupp in Essen gebaute Monstergeschütz, beschoss mit ihren halbtonnenschweren 42-Zentimeter-Granaten die französische Hauptstadt, ehe sie durch übergroße Belastung verschlissen war. Das konnte man als Symbol verstehen. Die deutsche Armee konnte nicht mehr weiter. Die abgekämpften Landser kamen gegen die eine Million ausgeruhter, hervorragend ausgebildeter und ausgerüsteter US-Boys nicht an, die allenthalben die alliierten Fronten stabilisierten. Anfang Juni musste die deutsche Offensive wegen Erschöpfung von Mensch und Material abgebrochen werden.

Im Juli und August traten die alliierten Truppen mit frischen, zahlenmäßig weit überlegenen Verbänden und modernen Waffen zum Gegenangriff an. Der von den Briten erstmals in Massen eingesetzte Tank, ein Vorläufer des Panzers, hatte entscheidenden Anteil am Durchbruch der deutschen Front bei Amiens im August 1918. Der Krieg war entschieden. Bald forderte die Oberste Heeresleitung, die durch ihre ungezügelte Angriffsstrategie ohne Rücksicht auf politische Überlegungen entscheidend zu der nunmehr ausweglosen Situation Deutschlands beigetragen hatte, sofortige Waffenstillstandsverhandlungen mit dem Feind aufzunehmen. Die Herren Hindenburg und Ludendorff waren mit ihrem militärischen Latein am Ende und verlangten in Verdrehung der Tatsachen keck, „die Herren Politiker sollen nun die Suppe auslöffeln, die sie uns eingebrockt haben". Nun erst wagte es Wilhelm II., den liberalen, aber kaisertreuen Prinzen Max von Baden zum Reichskanzler zu ernennen. Der Regierungschef nahm sogleich Verhandlungen mit den Alliierten auf. Diese verlangten die deutsche Kapitulation. Eine derartige Forderung empfand die deutsche Armeeführung als Anschlag auf ihre Würde. Statt aufzugeben, wollten die Generäle nun lieber ihre Ehre verteidigen, das heißt, bis zum letzten Soldaten, der unter ihrem Kommando stand, kämpfen. So erteilte die Admiralität Ende Oktober der bis dahin weitgehend untätigen Hochseeflotte in Kiel und Wilhelmshaven den Befehl zum Auslaufen. Die Matrosen begriffen, dass sie und ihre Kriegsschiffe in einem letzten Gefecht verheizt werden sollten. Nun hatten die Seesoldaten genug. Die Matrosen verweigerten den Befehl. Sie meuterten und übernahmen die Macht über ihre Schiffe und den Hafen. Die Kieler Arbeiter solidarisierten sich mit den Seeleuten und deren Parole „Frieden und Brot". Als die Polizei auf die Demonstranten schoss, geriet der Protest zum Aufstand, der sich wie ein Lauffeuer über ganz Deutschland ausbreitete.

Revolution
1918–1919

Am 7. November übernahmen Soldaten-, Arbeiter- und Bauernräte in München die Macht und proklamierten den Freistaat Bayern. Zwei Tage später gab Reichskanzler Max von Baden die Abdankung von Kaiser Wilhelm II. bekannt. Der Kaiser dankte seinen ehemaligen Untertanen, die an der Front und durch Hunger in der Heimat millionenfache Opfer gebracht hatten, auf seine Weise: „Das deutsche Volk ist eine Schweinebande", erklärte Wilhelm auf dem Weg ins niederländische Exil.

Ungeachtet des ex-kaiserlichen Gekeifes rief der SPD-Abgeordnete Philipp Scheidemann am 9. November von einem Fenster des Berliner Reichstages die Republik aus. Zu diesem Zeitpunkt waren im Revier die Würfel längst für die Republik gefallen. Doch an der Ruhr wollten sich die Kumpels nicht mit dem Wechsel der Staatsform begnügen. Viel wichtiger waren ihnen die Rechte der Bergleute, ja der Arbeiterschaft insgesamt. Bereits am 8. November, dem Vortag des Umsturzes in Berlin, waren in Haltern und im Rheinland Arbeiter- und Soldatenräte gebildet worden. Keine 24 Stunden später bestimmten die Bergleute der Hibernia ihre Arbeitervertreter. Viele Kumpels auf Shamrock wollten Leopold Bialo zum Arbeiterrat machen. „Nänänä, Kinder. Dafür bin ich zu alt. Und außerdem haben sie mich schon zum Steiger raufgestoßen …" – „Macht nichts, Leo! Du bist einer von uns geblieben", hallte es ihm entgegen. Bialo blieb bei seiner Weigerung. Aber die allgemeine Unterstützung durch seine Kumpels und sogar die Zustimmung jüngerer Steiger bereitete Leo Genugtuung. Doch davon machte er kein Aufhebens. Rache und Triumph genießt man am besten kalt, für sich allein!, lautete eine Lebensweisheit seiner polnischen Heimat, die der Bergmann zeitlebens befolgt hatte.

Viel mehr beschäftigte Leo Bialo die Sorge um seinen Ältesten. Seit dessen Zwangsrekrutierung im Februar hatte Otto erst zwei Feldpostkarten nach Hause geschickt. Der Vater hatte Angst. Der Gottesleugner ertappte sich wiederholt bei einem Stoßgebet für Otto. Sollte sein Sohn heil nach Hause zurückkehren, so wollte er zwei Kerzen in der Kirche anzünden. Doch er musste sich in Geduld fassen. Im Chaos der sich auflösenden Armee würde es Wochen dauern, vielleicht Monate, bis er Gewissheit über das Schicksal seines Bengels erwarten konnte.

Leo Bialo machte sich auch Sorgen um die Zeche. Der Krieg war verloren. Das bedeutete, Kriegsgefangene und Zwangsarbeiter würden bald in ihre Heimat zurückkehren. Wann die deutschen Soldaten von der Front nach Hause kommen würden, war, wie bei seinem Otto, ungewiss. Vielleicht würden die Franzosen Rache üben und ihre Kriegsgefangenen in die eigenen Gruben schicken. Derweil veranstalteten die deutschen Bergleute immer neue politische Sitzungen, was sie von der Arbeit abhielt. Doch Arbeit, das wusste Leo Bialo, war notwendig. Auch und gerade im Frieden. Die kalte Jahreszeit hatte bereits begonnen, die Menschen brauchten Kohle, damit sie ihre Stuben heizen konnten. Die Fabriken benötigten ebenso dringend das schwarze Gold. Denn sie mussten ihre Maschinen wieder auf Friedensproduktion umstellen, damit das ausgelaugte Land aufgebaut werden konnte. Doch Kohle fiel nicht vom Himmel. Man musste sie im Schweiße des

Angesichts mühsam dem Berg abringen. Während Bialo grübelnd am Küchentisch saß, kam Renata auf leisen Wollsocken in den einzigen geheizten Raum des Hauses getappt. „Papa! Du hast Angst wegen dem Otto. Aber du musst jetzt mutig sein. Otto kommt gesund nach Hause!" – „Woher willst du das wissen?" – „Ich weiß das. Ganz sicher!" Leo blickte in ihre klaren Kinderaugen, die vom gleichen Dunkelblau waren wie die seinen. Doch Renatas Augen strahlten eine Energie aus, die Leopold bei all seiner Kraft nie besessen hatte. Auch Anna nicht, in deren Blick stets eine leise Melancholie gelegen hatte, als ob sie ihr frühes Ende vorausgeahnt hätte. In den Lebenslichtern seiner Tochter dagegen spiegelte sich ungebrochene Tatkraft, die den Vater unwillkürlich aufatmen ließ. Ohne sich dessen bewusst zu sein, zog Leopold sein Kind an sich und klammerte sich an ihm fest.

In wenigen Tagen bildeten sich in allen Zechen und größeren Firmen des Reviers Arbeiterräte. Doch entgegen den Befürchtungen der Unternehmer ging in Deutschland alles seinen geregelten Gang. Selbst in Zeiten der Revolution herrschte Ordnung. Nur zwei Tage nach dem Sturz der Monarchie unterzeichnete der Zentrumsabgeordnete Matthias Erzberger den Waffenstillstand. Unmittelbar danach marschierte das deutsche Millionenheer relativ geordnet in die Heimat.

Als Leopold Bialo eine Woche nach dem Waffenstillstand von der Mittagsschicht heimkehrte, saß sein ältester Sohn mit den jüngeren Geschwistern am bullernden Ofen in der Küche. Seine Wangen waren eingefallen, er sah erschöpft aus, aber Otto war offensichtlich gesund. Der Vater atmete mehrmals durch, dann drückte er seinem Sohn kräftig die Hand. Bialo sah, dass die Augenwinkel seines Ältesten feucht wurden, und spürte, dass auch er die Beherrschung zu verlieren drohte. Also kehrte er um und ging in seine Kammer. Hier löste sich die Spannung. Leopold Bialo schluchzte hemmungslos. Der Vater musste an seinen Sohn Heinrich denken, der nie Soldat werden wollte und im ersten Kriegsmonat gefallen war. Als Bialo langsam wieder ruhiger wurde, untersagte er es sich, in die Kirche zu rennen und Dankeskerzen zu entzünden. Stattdessen wollte er am Sonntag gemeinsam mit seinen Kindern das Grab der Mutter aufsuchen und dabei auch Heinrichs gedenken, dessen letzte Ruhestätte in Ostpreußen er nicht kannte.

Nicht alle überlebenden Soldaten kehrten kurz nach Kriegsende nach Hause zurück. Bei Familie Schmitz wartete man zunächst vergebens auf den Sohn, Bruder und Ehemann. Erich galt als vermisst. Er war im Sommer bei Amiens in einen britischen Angriff geraten. Bereits beim vorbereitenden massiven Artilleriebeschuss, der sogenannten Feuerwalze, war er von Splittern getroffen worden, so dass er nicht mit dem Gros seiner Kameraden die Stellung räumen konnte, als die englischen Tanks die deutschen Schützengräben überrollten. Dabei wurde Erich verschüttet und erst Stunden später von nachrückenden britischen Sanitätern geborgen. Der verwundete Kriegsgefangene kam in ein britisches Lazarett. Dort wurde er sorgfältig medizinisch betreut. Doch seine Sehkraft war nicht mehr zu retten und das rechte Bein musste oberhalb des Knies amputiert werden. Am Ende des Krieges war Erich noch nicht transportfähig.

Über die Nachricht, dass ihr Mann überlebt hatte, war Helene Schmitz zunächst erleichtert. Doch dann begann sie sich Sorgen zu machen. Warum musste er im Lazarett bleiben, während andere Verwundete bereits zu Hause waren? Helene ahnte, dass ihr Mann zu krank war, um die Reise in die Heimat anzutreten. Würde er jemals wieder gesund werden? Die aufsteigende Angst band Helene noch mehr an Renata. Das Kind spürte ihre Furcht und war besonders lieb zu ihr – so wuchs Renata bereits in frühen Jahren die Rolle der Trösterin zu.

Leopold Bialo war voller Zuversicht. Nach Ottos heiler Rückkehr fühlte der Bergmann seine alte Tatkraft wieder erwachen. Dies war auch nötig. Denn mit dem Kriegsende, dem politischen Umbruch und der Heimkehr der Soldaten drohte auf den Zechen ein Chaos. Franzosen und Belgier verließen umgehend ihre Arbeit. Doch viele russische Kriegsgefangene und auch Zwangsarbeiter aus Polen und der Ukraine wollten bleiben. Sie hofften auf ihren vollen Lohn, der wesentlich höher war als das, was sie in ihrer Heimat verdienen konnten. Andererseits forderten die zurückkehrenden Bergleute wieder die Einstellung bei ihren angestammten Gruben, wo mittlerweile neben Ausländern auch angelernte Deutsche arbeiteten. Leo Bialo und seine Kollegen mussten ständig improvisieren. Aber die viele zusätzliche Arbeit belastete ihn kaum. Leopolds Seele war befreit. Endlich war das elende Töten vorbei. Und der Sturz des aufgeblasenen Kaisers und die Regierung der Sozis trugen erste Früchte. Bialo und die meisten seiner Parteigenossen hofften, die beiden Parteiflügel fänden nun, da der Krieg vorbei war, endlich wieder zueinander. Schließlich war auch der Gewerkschafter Karl Legien dabei, einen einheitlichen Deutschen Gewerkschaftsbund zusammenzuschmieden.

Ebenjener Legien brachte es fertig, wenige Tage nach dem Waffenstillstand mit dem Großindustriellen Hugo Stinnes, der an den meisten Grubengesellschaften beteiligt war, eine bahnbrechende Vereinbarung abzuschließen, die von den Gewerkschaften zu Recht als Magna Charta der Arbeiterbewegung gefeiert wurde. In dem Abkommen wurden von Arbeitgeberseite in Deutschland erstmals Forderungen anerkannt, für welche die Arbeiter und ihre Vertreter mehr als dreißig Jahre lang vergeblich gekämpft hatten. Leo Bialo und zahlreiche Kumpels waren wegen ihrer Beteiligung am großen Ausstand von 1889 auf die Straße gesetzt worden. Nun endlich akzeptierten die Grubenbesitzer die Einführung des Achtstundentages bei vollem Lohnausgleich. Die Unternehmer erkannten die Gewerkschaften als Interessenvertretung der Beschäftigten an. Die zuvor von den Arbeitgebern als Gegengewicht zu den Gewerkschaften unterstützten Werksvereine wurden fortan nicht mehr gefördert. Darüber hinaus verpflichteten sich die Unternehmen, in Betrieben mit mehr als 50 Beschäftigten Arbeitsausschüsse einzusetzen. Am wichtigsten war den Bergleuten jedoch, dass alle ehemaligen Soldaten Anspruch auf ihre alte Arbeitsstelle erhielten.

Die Unternehmer waren auf die Bedingungen der Arbeiter nicht aus freien Stücken eingegangen. Der Sturz der Monarchie, das Erstarken der Arbeiterräte und die Regierungsverantwortung der SPD stellten die Arbeitgeber vor neue Herausforderungen. Auf der linken Seite des politischen Spektrums entstand unter Führung von Karl Liebknecht und Rosa Luxemburg der Spartakusbund. Dessen Ziel: eine Sowjetrepublik nach russischem Vorbild. Dabei sollten alle größeren Unternehmen vergesellschaftet werden.

Bei Veranstaltungen des Spartakus kam es häufig zu tätlichen Auseinandersetzungen. Der „Vollziehungs-Ausschuss des Arbeiter- und Soldatenrates" warnte die Leser der „Herner Zeitung", an einer derartigen Kundgebung teilzunehmen: „Da solche Demonstrationen in den letzten Tagen ... zu blutigen Zusammenstößen geführt haben, ... ersuchen wir deshalb dringend, dass bei dem Umzug der Spartakusgruppe sich keine Neugierigen anschließen ... Bei eventuellen Zwischenfällen können wir nicht erst die Schuldigen heraussuchen ... Herne, den 8. Januar 1919". In Berlin versuchte der Spartakusbund, mit Gewalt die Macht zu übernehmen. Diese Aussicht bewog die Arbeitgeber, sich mit den eher gemäßigten Gewerkschaften zu arrangieren.

Auf Arbeitnehmerseite bedeutete das Stinnes-Legien-Abkommen einen Durchbruch historischer Ansprüche. Die Erfüllung der alten Forderungen stärkte das Ansehen der Arbeitnehmervertreter und insbesondere Karl Legiens, des Verhandlungsführers, ganz ungemein. Der Funktionär nutzte dieses Prestige, um bereits wenige Monate später in Nürnberg den Allgemeinen Deutschen Gewerkschaftsbund ADGB ins Leben zu rufen, den ersten nationalen Arbeitnehmerdachverband Deutschlands, zu dessen Vorsitzendem Legien gewählt wurde.

Das Betriebsklima in den Zechen des Reviers änderte sich gründlich. Erstmals empfanden sich die Kumpels als Teil der Unternehmen. 1919 setzten die Gewerkschaften weitere Verbesserungen durch. Arbeitnehmervertreter durften von der Grubenleitung nicht abgestraft oder gar gekündigt werden. An- und Ausfahrt wurden zur Arbeitszeit gezählt, Überstunden extra vergütet und Mindestlöhne für Gedingearbeiter eingeführt. Eine im Januar 1919 gegründete Neunerkommission jubelte: „Hoch die Solidarität! Hoch die Sozialisierung des Bergbaus!" Am 1. April beschloss eine Delegiertenkonferenz der revolutionären Bergarbeiter die verbindliche Sechsstundenschicht, die Freilassung aller politischen Gefangenen, die Bildung einer revolutionären Arbeiterwehr sowie die Aufnahme politischer und wirtschaftlicher Beziehungen mit der Sowjetunion. Zur Durchsetzung dieser Forderungen wurde der Generalstreik im Revier ausgerufen. Der Aufruf zum Ausstand wurde weitgehend befolgt. 215 von 250 Zechen standen still.

Daraufhin verhängte die Reichsregierung, die ihr politisches und ihr Gewaltmonopol bedroht sah, den Ausnahmezustand im Revier. Um eine Eskalation zur Gewalt zu verhindern, die alle sozialen und politischen Errungenschaften seit dem Sturz der Monarchie gefährdet hätte, unternahmen der Allgemeine Deutsche Gewerkschaftsbund sowie der Mehrheitssozialdemokrat Carl Severin alles, um eine Einigung mit den Zechenbesitzern zu erzielen. Dies gelang nach wenigen Tagen. Der Generalstreik brach zusammen. Die Kumpels kehrten in ihre Gruben zurück und nahmen die Arbeit wieder auf.

Auf den Zechen der Hibernia, darunter Wilhelmine Victoria, Hibernia, Shamrock 1 und 2, die Behrensschächte Shamrock 3 und 4, Schlägel und Eisen, General Blumenthal und Alstaden, wurde mit voller Kraft malocht. Die deutsche Wirtschaft benötigte nach den Beschränkungen des Krieges für ihren Um- und Ausbau dringend das schwarze Gold als Motor. Auch die Menschen brauchten die Kohle, um endlich wieder ihre Stuben heizen zu können. Das Gleiche galt für öffentliche Gebäude, besonders für Schulen und Kliniken. Kinder und Kranke sollten wieder in zumutbaren Temperaturen leben dürfen.

Die Hibernia-Bergwerksgesellschaft konnte die gestiegene Nachfrage bei gleichzeitig sinkender Arbeitszeit nur erfüllen, indem weitere Bergleute und Anzulernende eingestellt wurden. So wuchs die Belegschaft der Hibernia-Gruben in kurzer Zeit auf 25 000 an, das war mehr als vor und während des Krieges einschließlich der Kriegsgefangenen und Zwangsarbeiter. Die Arbeitswilligen kamen aus allen Teilen des Reiches, aber auch aus Polen, das nach dem Krieg wieder ein unabhängiger Staat geworden war.

Trotz der gewaltigen Umbrüche und der vielen Kriegstoten fassten die Menschen in ganz Deutschland wieder Vertrauen. Die Republik gewährte ihren Bürgern Freiheit. In Preußen, dem größten Land, wurde das undemokratische Dreiklassensystem endlich abgeschafft. In Berlin etablierte sich eine Regierung aus Mehrheits- und unabhängigen Sozialdemokraten unter Führung Friedrich Eberts. Anfang Januar wurde die Nationalversammlung gewählt, die Ebert zum ersten deutschen Reichspräsidenten bestimmte. Daneben wählte das Parlament eine Reichsregierung, an deren Spitze der Sozialdemokrat Philipp Scheidemann stand. Die wichtigste Aufgabe war jedoch die Erarbeitung einer Verfassung. Nach wenigen Monaten einigte sich die Mehrheit der Parlamentarier auf ein Grundgesetz, die Weimarer Verfassung.

Erstmals in seiner Geschichte war Deutschland eine freiheitliche Republik. Darauf waren besonders die organisierten Arbeiter und Sozialdemokraten sowie viele liberale Geister stolz, die seit Jahrzehnten für Freiheit und soziale Gerechtigkeit gekämpft hatten.

Die harten Bedingungen des Friedens von Versailles, in dem Deutschland von den Alliierten zur Anerkennung seiner alleinigen Schuld am Weltkrieg zu einer Reparationslast von 269 Milliarden Mark, der Abtrennung der Länder Elsass-Lothringen, von Teilen Oberschlesiens, Ostpreußens und des Saarlandes sowie einer Reduzierung des Heeres auf 100 000 Mann gezwungen wurde, wirkten jedoch wie ein Gift, das die Republik von Weimar zunehmend lähmte. Die deutsche Gesellschaft, von den Monarchisten und Alldeutschen Nationalisten bis zu den Kommunisten, empfand den Versailler Vertrag als „Schandabkommen". Auch Sozialdemokraten und das gemäßigte Zentrum betrachteten es als ungerecht, dass Deutschland die ausschließliche Verantwortung für den Krieg aufgebürdet worden war. Die Reparationslasten waren unerträglich hoch. Selbst wenn das Reich jährlich vier Milliarden Mark an Reparationen leistete, würde es fast 70 Jahre dauern, bis Deutschland seine Kriegsschulden gelöscht haben würde. Darüber hinaus waren mit Elsass-Lothringen, Oberschlesien und dem Saarland ebenjene Gebiete amputiert worden, in denen der einzige Rohstoff abgebaut wurde, über den Deutschland in ausreichender Menge verfügte und der die Grundlage des Wohlstandes und der Industrialisierung schuf: Kohle. Das einzige großräumig zusammenhängende Gebiet, in dem das schwarze Gold in Deutschland noch verblieb, war das Revier. Auf den Zechen und vor allem auf den Bergleuten des Ruhrgebietes ruhte nun die Verantwortung, Deutschland mit Energie zu versorgen.

Bürgerkrieg und Neubeginn
1920–1922

Die Revierzechen nahmen die Herausforderung an. Ihre zunehmenden Rechte sowie die gestiegenen Löhne motivierten die Kumpels, ihr Bestes zu geben. Dabei hatten die Bergleute keineswegs nur ihre Arbeit im Sinn. Dies erwies sich bereits während des Kapp-Putsches. Die Regierung in Berlin und insbesondere ihr Reichswehrminister Gustav Noske waren der Ansicht, das Hunderttausend-Mann-Heer der Reichswehr reiche nicht aus, die Grenzen Deutschlands zu verteidigen und gleichzeitig im Inneren den Zusammenhalt des Landes zu gewährleisten. So hatten sie der Bildung der Freikorps zugestimmt. Das waren Verbände ehemaliger Soldaten, die den inoffiziellen Befehlen Noskes folgen sollten.

Tatsächlich aber führten die Landsknechte und vor allem ihre Offiziere, die zumeist nationalistischen Vereinigungen angehörten, ihre eigenen Rachefeldzüge. Bereits im Januar 1919 ermordeten Freikorps-Angehörige Rosa Luxemburg und Karl Liebknecht. Im Mai desselben Jahres brachten andere Freischärler, unter ihnen das Freikorps Oberland, bei der Niederschlagung der Räterepublik Bayern und der anschließenden Besetzung Münchens mehr als tausend Menschen um. Die meisten davon waren bereits entwaffnet oder lediglich Verdächtige. Auch in Sachsen und Schlesien wüteten die Freikorps. Um ihre nationalistische

Gesinnung zu demonstrieren, malten sich viele Freischärler das Hakenkreuz auf den Stahlhelm, ein beliebtes Symbol in völkischen Kreisen. Eines ihrer Lieder lautete denn auch: „Hakenkreuz am Stahlhelm, schwarzweißrotes Band".

Im Februar 1920 war nicht mehr zu übersehen, dass das Marinekorps Ehrhardt gemeinsam mit republikfeindlichen Kräften der Reichswehr und Zivilisten einen Umsturz der demokratischen Regierung vorbereitete. Als Noske daraufhin die Auflösung der ohnehin illegalen Brigade Ehrhardt befahl, kam es am 13. März zum Putschversuch. In Berlin besetzten Einheiten aus Soldaten und Landsknechten des Freikorps Ehrhardt unter dem Kommando des Reichswehrgenerals Walther von Lüttwitz das Regierungsviertel. Dort ernannten sie den ostpreußischen Generallandschaftsdirektor Wolfgang Kapp zum Reichskanzler. Die reguläre Armee unter Führung von Generalleutnant Hans von Seeckt weigerte sich, die Regierung gegen die Putschisten zu verteidigen. So setzten sich Reichskanzler Gustav Bauer und das Kabinett aus Berlin ab.

Die Umstürzler wähnten sich schon als die neuen Machthaber. Doch sie hatten die Rechnung ohne den Wirt, das heißt ohne die Arbeiter, gemacht. In allen größeren Städten ergingen Aufrufe der Gewerkschaften und der SPD zum Generalstreik. Vor allem im Revier, aber auch in Berlin wurde der Appell befolgt. Deutschlands Städte versanken im Chaos, der Verkehr ruhte, ebenso die Behörden. Die Fabriken standen still, die Kohleproduktion wurde eingestellt. Die Kumpels fuhren nicht ein. Nach vier Tagen brach der Umsturzversuch gewaltbereiter Nationalisten in sich zusammen. Putschisten-Häuptling Kapp setzte sich nach Schweden ab.

Am nächsten Tag kehrte die Regierung nach Berlin zurück. Fast im gesamten Reichsgebiet trat Normalität ein. Die Beschäftigten nahmen ihre Arbeit auf, als sei nichts geschehen. Nicht so im Revier! Hier waren vor allem die Arbeiter alarmiert über den

Umsturzversuch. Sie waren entschlossen, die Errungenschaften der Republik gegen die Reaktion zu verteidigen. So übernahmen noch während des Kapp-Putsches in fast allen größeren Städten des Ruhrgebietes lokale Vollzugsräte das Kommando. Ihre Mitglieder waren zumeist Kommunisten oder unabhängige Sozialdemokraten. Die Vollzugsräte stellten Arbeiterwehren zusammen, welche die Städte und Fabriken des Reviers gegen den Einmarsch der Freikorps verteidigen sollten. Binnen Tagen formierte sich aus den Arbeiterwehren die revolutionäre Rote Ruhrarmee. Auch nach dem Zusammenbruch des Kapp-Putsches dachten die Organisatoren und Mitglieder der Roten Ruhrarmee nicht daran, ihre Truppe aufzulösen. Im Gegenteil: Die Milizen kontrollierten bald das gesamte Ruhrgebiet. Das wollte die Reichsregierung nicht hinnehmen. Dies war absurd, da die Weimarer Republik nur überlebt hatte, weil Demokraten und Arbeiter sie gegen den Putsch der Reaktion verteidigt hatten. Allein im Revier waren dabei mehr als 300 000 Bergleute in den Ausstand getreten. Nun, nachdem der Umsturzversuch dank der Hilfe der Linken gescheitert war, forderte Berlin die Retter auf, die Waffen niederzulegen.

Die Rote Armee stellte tatsächlich eine Gefahr für die Reichsregierung dar. Denn die Anführer der Milizen waren häufig Kommunisten oder deren Sympathisanten, die Deutschland in eine Räterepublik nach dem Muster der Sowjetunion verwandeln wollten. Ihre Parolen und Lieder ließen keine Zweifel aufkommen an ihren revolutionären Zielen: „Blut muss fließen knüppeldick, knüppeldick, es lebe hoch Spartakus – Räterepublik!" Oder das von dem Anarchisten Erich Mühsam verfasste Lied der Internationalen Rotgardisten: „Lasst los die Hebel der Maschinen, zum Kampf heraus aus der Fabrik! Dem Werk der Zukunft woll'n wir dienen, der freien Räterepublik."

Die Rote Ruhrarmee war keine einheitliche, straff organisierte Truppe wie die Rote Armee der Sowjetunion. Ihr fehlten Führung und Strategie. Da die Ruhrarmee es ablehnte, sich aufzulösen und die Waffen abzugeben, befahl die Regierung in Berlin ihre gewaltsame Entwaffnung. Zu diesem Zweck wurden ebenjene Verbände eingesetzt, die nur Wochen zuvor gegen die Republik geputscht hatten, das Freikorps Loewenfeld sowie Einheiten der Reichswehr. Anfang April griffen sie das von der Roten Armee gehaltene Revier an. Die Regierung gab ihnen volle Handlungsfreiheit. Selbst Standgerichte waren zunächst erlaubt. Ihre Offiziere verhängten 250 Todesurteile und richteten 50 Rotarmisten hin. Vor allem die Freischärler verspürten Genugtuung, endlich die Roten niederringen zu dürfen – und sei es im Namen der ihnen verhassten Republik.

Beide Seiten kämpften gnadenlos. Die Freikorps schonten auch nicht die Zivilbevölkerung. Frauen und Sanitäter, die der Roten Armee halfen, wurden erschossen oder verhaftet. Die Rote Armee wollte sich der Unterstützung der Menschen im Revier versichern: „Der gesamten Bevölkerung wird gerechter Schutz durch die Rote Armee zugesichert, wenn sie sich loyal verhält und die Waffen streckt … Keine Greueltaten, keine Vergeltung, keine Strafen; nur Menschenliebe und Gerechtigkeit wollen wir obwalten lassen … Wir kämpfen nur für unsere Ideale, die die der ganzen Menschheit sein müssten, für ein freies Volk auf freiem Grunde", hieß es auf einem Flugblatt.

Da die Freikorps auf der Suche nach Rotarmisten auch Krankenhäuser durchkämmten, wurden viele Verwundete von ihren Kameraden in Privatwohnungen versteckt. Dort behandelte sie Dr. Rubinstein, soweit es ging. Schwerverletzte ließ er in seine Praxis schaffen, um sie dort notdürftig zu versorgen und schlimmstenfalls zu operieren. Seine Helferin, Fräulein Wagner, war ebenso wie der Arzt Tag und Nacht beschäftigt, da der normale Praxisbetrieb weitergehen musste, um keinen Verdacht aufkommen zu lassen. Rubinstein war keineswegs ein Anhänger der roten Milizen. Der Arzt lehnte jegliche Gewalt entschieden ab. Er verachtete Dummheit und politische Naivität. Rubinstein sah ein, dass die Reichsregierung die kommunistisch dominierte Rote Ruhrarmee nicht dulden konnte. Dass Berlin zu deren Auflösung aber ausgerechnet die Freikorps einsetzte, die den Kapp-Putsch getragen hatten, erbitterte den Doktor. Aber er wusste auch, dass der bewaffnete Widerstand gegen die Reichswehr und die Freikorps aussichtslos war. Die reaktionären Freischärler würden sich gnadenlos an der Linken rächen. Es kam so, wie Rubinstein befürchtet hatte. Dennoch wollte und musste der Arzt den verwundeten Arbeitersoldaten helfen und sie vor einer Gefangennahme bewahren.

Renata bekam durch ein Gespräch zwischen ihrem Vater und Otto mit, dass Dr. Rubinstein in seiner Praxis „ein Privatlazarett für die Verwundeten, Rotarmisten, Bergleute und Idioten" – Leo Bialo empörte sich ebenso wie sein Freund über die Unbedarftheit der meisten Kämpfer – „eingerichtet hat". Früh am nächsten Morgen erschien Renata in Rubinsteins Praxis. Das Mädchen ließ sich nicht zurückweisen: „Die Schule ist wegen der Schießereien sowieso zu. Bei dir kann ich mich wenigstens nützlich machen. Ich tue alles. Ich will helfen, wo ihr mich braucht. Ich kann sauber machen, waschen, einkaufen, kochen. Wirklich alles."

Rubinstein war stolz auf sein selbstbewusstes Patenkind.

In den folgenden Tagen bekam Renata mehr zu tun, als sie, Rubinstein und Fräulein Wagner es sich vorgestellt hatten. Denn täglich wurden mehrere Verwundete vorbeigebracht. Renata versuchte, Lebensmittel und Verbandszeug zu besorgen. Arzneien waren in den Apotheken knapp. Als der Doktor Renata abends nach Hause schicken wollte, widersprach das Mädchen, denn Fräulein Wagner, bereits über sechzig Jahre alt, war total übermüdet. Renata half ihr, so gut sie konnte. Sie war geschickt und lernfähig. Vor allem gab sie nie die Hoffnung auf. Und so machte sie den Kranken Mut. Das mit der Arbeit verbundene Leid erdrückte sie nicht.

Im Gegenteil: Das Mädchen erlebte bei seinen Aufgaben eine nie gekannte Genugtuung. Mit dem Einverständnis des Vaters durfte sie in der Praxis übernachten, so dass sie dem Arzt ständig zur Hand gehen konnte, vor allem nachdem Fräulein Wagner nachts erschöpft eingeschlafen war. Rubinstein fand wenig Zeit, seine Schülerin zu loben. Das war auch nicht nötig. Renata sah sein stolzes Lächeln, wenn sie seine Anweisungen erfüllen konnte.

Anfang April ließen die Kämpfe nach. Nur noch wenige Patienten kamen in die Praxis. Reichspräsident Ebert hatte Standgerichte und Erschießungen verboten. Die Verwundeten konnten in Krankenhäuser eingeliefert werden, ohne dass man befürchten musste, sie würden dort von Freikorpsmitgliedern aufgestöbert und erschossen.

Als Rubinstein Renata zum Abschied mit wenigen Worten, aber mit sichtlicher Genugtuung dankte, gab sich Renata nicht damit zufrieden. „Ich will weiter bei dir arbeiten. Mit den Kranken", äußerte sie bestimmt. „Du gehst doch noch zur Schule …" – „Mit der hör ich nächstes Jahr auf. Dann kann ich hier anfangen."

Rubinstein verstand, dass er dem Wunsch seines Patenkindes begegnen musste, ohne dessen Enthusiasmus zu enttäuschen. Er ergriff ihre Hand: „Das wird nicht gehen. Ich werde Fräulein Wagner nicht auf die Straße setzen. Und zwei Helferinnen trägt meine Arbeiterpraxis nicht." – „Ich brauche kein Geld!" – „Darum geht es nicht, Renata. Du hast einen hellen Kopf und bist viel zu geschickt, um dein Leben als Hilfskraft zu fristen. Du bist jetzt bald vierzehn Jahre alt. Jung genug, um noch viel zu lernen. Nicht alt genug, um mit einer Arbeit ohne Perspektive zu beginnen." Renata wollte widersprechen. Doch Rubinstein fuhr unbeirrt fort: „Du wirst weiter auf die Schule gehen. Und zwar aufs Lyzeum. Nach Bochum. Ich habe mich erkundigt. Die nehmen auch Schülerinnen von außerhalb auf. Und dann studierst du Medizin. Ich brauche schließlich eine Nachfolgerin …"

Der Arzt hielt inne. Den mühsamen Weg zum Abitur und das lange Studium würde Renatas Vater kaum finanzieren können. Darüber hinaus war Leo Bialo bereits Mitte fünfzig. In diesen unsicheren Zeiten empfahl sich für die Tochter eines Bergmanns tatsächlich ein praktischer Beruf. Zumindest zunächst. Danach würde man weitersehen. „Oder so: Du machst dein Abitur und lernst dann Krankenschwester. Dann kannst du später immer noch studieren."

In Renatas Kopf drehte sich alles. Abitur, Studium, Praxis … Doch sie fing sich rasch und funkelte Rubinstein aus ihren tiefblauen Augen an. „Das wäre großartig!" Dann runzelte sie ihre Stirn. „Aber Papa? Wird er das erlauben?" – „Ihm wird nichts anderes übrigbleiben." Rubinstein ballte seine schmalen Finger. „Sonst haue ich ihn."

Bei nächster Gelegenheit machte Rubinstein den Freund mit seinen Zukunftsplänen für Renata bekannt. Lyzeum? In Bochum? Die Eltern der Schülerinnen dort seien alle begütert. Renata würde sich unter ihnen wie das Aschenputtel fühlen. „Schuster, bleib bei deinem Leisten!", beschied Leopold. Der Hinweis des Arztes, auch Leo sei nicht bei seinem Leisten geblieben, sonst wäre er heute Knecht und nicht Steiger, stach nicht. Denn „das habe ich auch ohne höhere Schule geschafft. Renata soll heiraten, Kinder kriegen und kein Blaustrumpf werden. Sonst landet sie im Bau und wird erschlagen wie Rosa Luxemburg." Leo Bialo war entschlossen, seiner Tochter den Besuch des Lyzeums zu verbieten.

Derweil hatte der Bergmann andere Sorgen mit seinen Kindern. Sein jüngster Sohn, Kurt, hatte Ende 1919 Herne verlassen. Er war nach Berlin gezogen, um dort in einer „größeren Firma" zu arbeiten, wie er den Vater beim Abschied knapp wissen ließ. Bialo vermutete, dass Kurt in einem Textilgeschäft oder Kaufhaus sein Auskommen fand.

Mitte April, nach dem Abflauen der Kämpfe im Revier, tauchte Kurt zu Hause auf. Der schmächtige, bebrillte Mann steckte in einer Uniform. Sein dünner Schnurrbart sollte seinen weichen Zügen Männlichkeit verleihen, unterstrich jedoch lediglich seine Jugendlichkeit. Zur Begrüßung riss Kurt die Schirmmütze vom Kopf und schlug die Hacken zusammen. „Grüß dich, Vater", rief er schnarrend. „Ist schon wieder Karneval? Oder wozu das Kostüm?" Kurt begriff den Versuch des Vaters, dessen Befürchtung ins Lächerliche zu ziehen, und erbleichte. „Keineswegs, Vater. Ich trage den Rock der Brigade Loewenfeld. Wir werden Deutschland von Bolschewiken und Juden säubern …" Leo Bialo holte reflexhaft zum Schlag aus, sah dabei, wie sein Sohn die Hände schützend vors Gesicht riss. Leo bereute seine Reaktion. „Du musst keine Angst haben!", sagte der Vater mit plötzlich heiserer Stimme. „An dir mache ich mir meine ehrlichen Bergmannshände nicht dreckig. Du bist ein Verräter! Wage es nie wieder, mein Haus zu betreten, sonst vergess ich mich und erschlag dich wie eine Ratte!"

Nach dem Gespräch mit Samuel Rubinstein war Renata aufgeregt zu Helene Schmitz gelaufen. Sie wollte der Vertrauten von ihren Zukunftsplänen berichten. Doch wie schon in der Zeit zuvor ließ Helene sie unter einem offenkundigen Vorwand nicht ins Haus. Als Renata hartnäckig blieb und nachfragte, war Helene mit ihr spazieren gegangen. Dabei erzählte sie ihr die Geschichte ihres Mannes. Erich Schmitz war erst im Frühjahr 1919 heimgekehrt. Er war erblindet und hatte sein rechtes Bein verloren. Während der Gefangenschaft im englischen Lazarett hatte der unbedingte Willen, nach Hause zu kommen, ihm Halt verliehen und überleben lassen. Doch sobald er dieses Ziel erreicht hatte, war Erich mit seiner Kraft am Ende. Er verfiel in tiefe Niedergeschlagenheit. Erich verließ kaum noch sein Bett, beschimpfte sich als Krüppel und jammerte, es wäre besser gewesen, er wäre im Felde krepiert, dann hättest „du wenigstens eine Witwenrente.

So falle ich dir nur zur Last." Helene wollte Renata nicht bedrücken. Doch das Vertrauen zwischen ihnen öffnete Helenes Herz, ihren Mund, den sie im Hause ihren Schwiegereltern zu halten hatte, und schließlich die Schleusen ihrer Tränen. Renata reagierte ruhig. Sie versuchte, Helene zu trösten, so gut sie konnte. Und versprach, mit ihr jede Woche spazieren zu gehen. Sie hielt ihr Wort. Fortan ging Renata jeden Sonntag, unabhängig vom Wetter, mit Helene an die frische Luft. So wurde Renata zur Freundin, Trösterin und Vertrauten ihres einstigen Kindermädchens.

Gewöhnliche Bergleute freuten sich über die Durchsetzung der Achtstundenschicht. Leo Bialo dagegen war täglich gut zwölf Stunden unter Tage oder in der Zechenverwaltung. Die ständige Forderung der Bergwerksgesellschaft nach Steigerung der Erträge konnte nur unter Anspannung aller Kräfte gelingen. Nach den Kämpfen um das Revier hatten nicht wenige Kumpels den Bettel hingeworfen. Sie wollten nicht länger für die „Kapitalisten" oder die „Arbeiterverräter" in der Reichsregierung arbeiten.

Leo versuchte, den Kumpels klar zu machen, dass die Alternativen schlimmer waren. Die Restauration der Monarchie und die Herrschaft der Generäle würden Krieg bedeuten. Die Machtübernahme durch die Kommunisten hätte wiederum einen Bürgerkrieg zur Folge. Um den Frieden zu erhalten aber brauchte Deutschland Kohle, Kohle und nochmals Kohle. Für die Versorgung der Bevölkerung, den Wiederaufschwung der Industrie und nicht zuletzt die Lieferung der Reparationsleistungen gemäß dem Versailler Vertrag.

Für die Feinde aber wollte kein Bergmann arbeiten. Bialo versuchte mal mit Engelszungen, dann wieder mit heftigen Worten, deutlich zu machen, was ohnehin jedem vernünftigen Menschen bewusst war: Wenn Deutschland seinen Verpflichtungen nicht nachkam, würden die Alliierten, vor allem die Franzosen,

Berlin so lange unter Druck setzen, etwa die Lebensmittel- und Rohstoffeinfuhr blockieren, bis das Reich nachgeben müsste. Viele Bergleute wollten diese simple Logik jedoch nicht wahrhaben und schmissen hin. Nicht wenige wanderten nach Übersee aus. Andere Kumpels verstanden durchaus die Lage, wollten aber diskutieren oder schlicht schimpfen. Bialo trieb sie zur Arbeit an. Nur wenn die Produktion lief, mit dem optimalen Einsatz von Bergleuten, technischem Gerät an den Flözen und der entsprechenden Schachtführung, konnten die Abbaukapazitäten erhöht werden.

Seit Bialos erster Einfahrt Mitte der 80er Jahre waren 35 Jahre vergangen. Die Technik hatte den Abbau der Kohle erheblich verändert und den Ertrag erhöht. Ab 1905 waren Schüttelrutschen im Gebrauch. Damit konnten Gestein und Kohle an den Füllort transportiert werden. In größeren Schachtanlagen hatten in den Einfahrtstrecken häufig kleine elektrische Lokomotiven die Arbeit der von Bialo so geliebten Zechengäule übernommen. Presslufthämmer und neue elektrische Bohrgeräte waren seit 1905 in Gebrauch, und das Schießen, die notwendigen Sprengungen, war effektiver geworden. Vor allem das stundenlange Arbeiten mit den Presslufthämmern belastete die Gelenke und die Muskeln der Hauer außerordentlich, von dem Lärm ganz zu schweigen. Viele Bergleute zuckten noch im Schlaf unter dem Druck. Manche trugen chronische Nervenleiden wie ständiges Zittern davon. Doch allem technischen Hilfsgerät zum Trotz blieb das hergebrachte Gezähe: Keilhaue, Schrämmeisen, Kratzen, Schaufeln und Spaten, in der Bergmannssprache Pfannen, das wichtigste Handwerkszeug der Hauer.

Wenn Leo nach seinen langen Schichten heimkehrte, besaß er keine Kraft mehr, sich wie einst um Haus, Garten oder gar das Vieh und die Tauben zu kümmern. Seine Tochter, so schien es ihm, hielt sich im Haushalt auffällig zurück. Sie habe zu lernen, „für mein Abitur", in Wirklichkeit aber für die letzte Volksschulklasse, nach deren Ende sie den Sprung aufs Lyzeum wagen wollte. Leopold war zu erschöpft, um mit ihr eine Debatte über die Zukunft zu beginnen. Auch Otto wollte sich die „Heimarbeit" ersparen. So musste die Kuh geschlachtet und die Ziegen verkauft werden. Gelegentlich stritten sich Bialo und Otto über das Einkaufen. Schließlich wurde im Konsumladen das Nötigste besorgt. Eines Tages, als der Küchenschrank wieder einmal leer war, lief Renata zu Helene und bat sie, sich des Bialo'schen Haushalts anzunehmen. Leo Bialo war zunächst über die Eigenmächtigkeit seiner Tochter verärgert. Renata tat einfach, „was ihr passte". Mehr noch fürchtete er sich vor der Begegnung mit Helene, die seine Seele durch die Erinnerung an Anna stets aufwühlte. Dies entging Renata nicht. Daher verstand sie es, beim Vater Mitleid und Fürsorglichkeit für Helene zu wecken. Sie schilderte, wie sehr Erich Schmitz unter seiner Blindheit und der Beinamputation litt. Dass die Invalidenrente hinten und vorne nicht reiche und daher ein kleines Zubrot durch Helenes Haushaltshilfe der Familie Schmitz „ganz doll helfen" würde. Dem konnte und wollte sich der alte Bialo nicht entziehen.

Schnell brachte Helene das Bialo'sche Haus auf Vordermann. Bald waren die Fenster nicht mehr blind, der Ruß von den Rahmen geschrubbt, die Dielen gebohnert, in der Küche kleine Vorräte an Brot, Kartoffeln, Mehl eingelagert. Der Garten war zumindest aufgeräumt, und ein Blick in den Kleiderschrank zeigte, dass Hemden und Hosen von Vater und Sohn gebügelt waren.

Otto war voll des Lobes. Er freute sich, dass bei seiner Rückkehr von der Zechenschicht ein warmes Essen auf ihn wartete, und auch die geplätteten Hemden registrierte er mit Wohlgefallen. Denn nachdem sich die politische Lage zu beruhigen schien und Otto seine neue Stellung genoss, meinte der 30-Jährige, es sei an der Zeit, sich nach einer passenden Ehefrau umzusehen. Da war adrette Kleidung durchaus nützlich.

Leopold Bialo dagegen brummelte nur knappe Zustimmung zu dem Wirken der neuen Haushälterin. Er vermied bewusst, Helene Schmitz zu begegnen. Gerade dies aber war Renatas Plan gewesen. Und so drängte die Tochter den Vater am nächsten Sonntag, mit ihr spazieren zu gehen. Dabei ergab sich, wie es der gesteuerte Zufall so wollte, dass sie Helene im Stadtgarten trafen. Leo Bialo wollte der Begegnung mit Helene ausweichen, deren Anblick sein Herz flattern ließ. Doch Renata wusste das zu verhindern. Die drei marschierten los, wobei Renata scheinbar unbekümmert und unerbittlich den mundfaulen Vater zur Konversation zwang. Nachdem sich Leos Nervosität gelegt hatte, war er erstmals fähig, Helenes unaufdringliches Auftreten und ihr ausgeglichenes Wesen wahrzunehmen. So sträubte er sich nicht, als Renata vorschlug, auf eine Schokolade in ein Café einzukehren. Leo Bialo zwang sich, Helene nicht ständig anzustarren, so sehr erinnerte ihn die Frau an seine Anna. Dabei musste er sich eingestehen, dass Helene durchaus eigene Charakterzüge hatte und keine Wiedergängerin Annas war. Helene fehlte Annas Zielstrebigkeit, die er gefestigt bei seiner Tochter erlebte. Stattdessen gefiel ihm bei ihr die Bereitschaft, das Schicksal hinzunehmen und sich dabei eine gewisse Heiterkeit zu bewahren. Helene klagte nicht über das Los ihres Mannes oder gar ihr eigenes, das sie zwang, den Leidenden zu pflegen und als ungeliebte Schwiegertochter im Hause von Erichs Eltern mit knappem Auskommen zu bestehen. Das wenige Geld, das sie bei Bialo für ihre Dienste verdiente, war eine willkommene Hilfe für sie. Dennoch biederte sie sich nicht bei ihm an, sondern verbreitete vielmehr eine zarte Fröhlichkeit.

Leopold Bialo musste sich eingestehen, dass er sich erstmals nach Annas Tod zu einer Frau hingezogen fühlte. Dieser Gedanke verstörte ihn und bereitete ihm ein schlechtes Gewissen. Fast so, als ob er Anna zu Lebzeiten untreu geworden wäre. Doch dann tröstete sich der Witwer. Glücklicherweise war Helene Schmitz verheiratet. Leo Bialo hatte immer die Ehe geachtet und war entschlossen, dies auch weiterhin zu tun. Die sonntäglichen Spaziergänge mit Renata und der Nachbarin aber schätzte Leopold Bialo. Die wenigen Stunden des friedlichen Wandelns mit Renata und Helene gerieten zu sehnsüchtig erwarteten Inseln im Meer der wöchentlichen Arbeit und Verantwortung.

Die höheren Löhne führten nicht zu einer Verbesserung der Lebensbedingungen der Arbeiterschaft. Denn der Wert des Geldes war bereits während des Krieges gesunken. Diese Entwicklung beschleunigte sich nun. Noch sprach man nicht von Inflation. Doch die Hausfrauen bemerkten, dass sie für ihr Geld immer weniger bekamen. Die Alliierten beendeten erst im Juli 1919, knapp ein dreiviertel Jahr nach Kriegsende, ihre Blockade der Transportwege nach Deutschland. Vor den Lebensmittelgeschäften bildeten sich „Polonaisen", Menschenschlangen standen nach Brot, Gemüse und anderen Grundnahrungsmitteln an. Selbst Kleidung wurde immer teurer. Das „Kriegsbrot", das zu wenig Nährstoffe enthielt, führte zu gesundheitlichen Schäden vor allem bei Kindern und alten Leuten.

Samuel Rubinstein war verzweifelt. „Seit ich erwachsen bin, habe ich für eine sozialdemokratische Regierung gekämpft und später gegen den Krieg. Ich wollte soziale Gerechtigkeit und Frieden. Jetzt ist der Krieg vorbei, der Kaiser ist weg, unsere Genossen regieren. Und was hat sich geändert? Die Gewalt geht weiter, weil die Regierung sich nicht entschließen kann, das Freikorpsgesindel nach Hause zu schicken. Und den Menschen geht es schlechter als zuvor. Ein Großteil meiner Patienten leidet an Mangelerkrankungen. Im letzten Winter sind mir die Leute reihenweise an Grippe gestorben, weil sie dermaßen geschwächt waren, dass sie den Infektionen nicht gewachsen waren. Nun leiden viele Kriegskinder an Rachitis, an Knochenerweichung, das rührt vom Kalziummangel her. Wenn es unserer Regierung in Berlin nicht schleunigst gelingt, die Lebensbedingungen für die Bevölkerung deutlich zu verbessern, dann wird sie rasch den Kredit der Menschen verspielen, und dann heben wieder die alten Kräfte den Kopf, Militaristen, Monarchisten, Reaktionäre …" Der Doktor war wütend und niedergeschlagen zugleich.

„Wir arbeiten ja schon bis zum Umfallen, Tag und Nacht. Damit Industrie und Wirtschaft, die Behörden und Haushalte und die Schulen und obendrein noch die Alliierten ihre Kohlen kriegen …", hielt ihm Bialo entgegen, der seinen Freund nach Feierabend in dessen Praxis zu einem Bier abholte.

„Um dich und all die fleißigen Arbeiter geht's doch nicht. Ich weiß, wie ihr schuftet. Aber dieser orientierungslose Haufen in Berlin! Und obendrein heillos zerstritten. Wie soll ein normaler Mensch verstehen, dass die gute SPD in mindestens drei Flügel zersplittert ist: Mehrheitssozialdemokraten, Unabhängige und Kommunisten. Die Reaktion lacht sich ins Fäustchen." – „Was würdest du besser machen, Samuel?" Rubinstein lächelte über die Hellsichtigkeit seines Freundes. „Das ist des Pudels Kern. Auch ich habe keine schlüssige Antwort. Wahrscheinlich würde ich die Genossen dazu vergattern, sich endlich auf eine vernünftige Politik zu einigen und diese gemeinsam mit den Gewerkschaften durchsetzen, statt mit der Reaktion." Er hob die Hände zum Himmel: „Aber ob's was hilft, weiß der liebe Gott … oder der Teufel."

Nur Scharlatane behaupteten, eine klare Antwort auf alle wichtigen Fragen von der Ernährungsknappheit bis zu den Reparationsleistungen zu besitzen. Allen voran Alldeutsche, die erwachende Nazipartei und die Kommunisten. Das Gros der Bevölkerung ging seiner Arbeit nach, doch die Menschen spürten, dass Unheil in der Luft lag.

Inflation, Ruhrbesetzung und Hitler-Putsch
1922–1923

Ab Herbst 1920 beruhigte sich die Lage allmählich. Die Weimarer Republik stabilisierte sich. Gewaltbereite Nationalisten, Monarchisten und Kommunisten begannen zu begreifen, dass ihre Putschpläne an der Gegenwehr des demokratischen Staates, der ihn tragenden „Systemparteien", Sozialdemokraten, Zentrum, bürgerlichen Liberalen, und vor allem aber der gemäßigten Arbeiter scheitern würden. So stellten die Radikalen ihre umstürzlerischen Vorhaben zurück, ohne sie aufzugeben.

Währenddessen ging in den Zechen und Industriebetrieben des Reviers die Arbeit weiter. Nach dem „Wunder an der Weichsel", dem Sieg der polnischen Armee über die Streitkräfte der Sowjetunion im August 1920, und der Stabilisierung der polnischen Republik, hatten viele polnische Bergleute die Revierzechen verlassen, um in ihre Heimat zurückzukehren. Die tüchtigen Kumpels mussten rasch ersetzt werden, ohne dass der Kohleabbau spürbar nachließ. Leo vertraute in seinen Schächten verstärkt dem Einsatz von Technik. Bei aller Improvisation passte der Steiger auf wie ein Luchs, dass die Sicherheitsregeln beachtet wurden. Denn Bialo vergaß nie die Grubenkatastrophe von Courrières.

Bereits Anfang 1921 kehrten die ersten Bergleute aus Polen zurück: Die Arbeitsbedingungen daheim waren bei weitem schlechter als im Ruhr-Revier. Die Gewerkschaften wurden gegängelt, die Löhne waren niedrig, am schlimmsten aber waren die mangelhaften Sicherheitsstandards in den Gruben. Da zog es viele wieder ins vertraute Ruhrgebiet, das ihnen, wie sie erst in Polen begriffen, zur Heimat geworden war.

Renata saß mit ihrem Vater und Samuel Rubinstein im Zug nach Bochum. Rubinstein konnte seine Genugtuung ebenso wenig verbergen wie Leopold seine Nervosität. Allein Renata lächelte stolz in sich hinein. Heute sollte ihr erster Tag in der Städtischen Höheren Töchterschule in der Arndtstraße sein. Wenn sie gut lernte, würde sie dort in fünf Jahren das Abitur ablegen können. Renata blickte zum Vater hinüber. Wie Samuel Rubinstein es geschafft hatte, ihn zu überreden, seine Tochter auf die höhere Schule zu schicken, konnte sich Renata nicht vorstellen.

„Willst du, dass sie wie andere Bergmannstöchter als Hausmädchen arbeitet und wartet, bis sie unter die Haube kommt?", hatte Rubinstein seinen Freund provoziert. „Das Mädchen ist gescheit. Leo, gib ihr die Gelegenheit, was aus ihren Begabungen zu machen. Lass sie es zu etwas bringen!"

Bialo hatte es zu etwas gebracht. Er hatte sich vom Ungelernten zum Steiger hochgearbeitet. Seine Tochter hatte es nicht nötig, anderen Leuten den Dreck wegzuputzen. Ein richtiger Beruf konnte heutzutage nicht schaden, das hatte Leo eingesehen. „Sie kann doch gleich Krankenschwester lernen – ohne Lyzeum", schlug Leo dem Freund vor. „Kann sie eben nicht. Sie ist noch zu jung. Erst mit achtzehn kann sie damit anfangen", konterte Rubinstein. „Wenn's eine vernünftige Ausbildung sein soll ... und nicht nur Putzen im Krankenhaus."

Leopold sprach unter vier Augen mit Renata. Die war überrascht, als der Vater ihr Anliegen nicht mehr von vornherein rundweg ablehnte. Onkel Samuel hatte offenbar ganze Arbeit geleistet. „Du musst jeden Morgen ganz früh aufstehen, Reni, und mit der Eisenbahn nach Bochum fahren", gab Leo zu bedenken. „Fünf Jahre lang. Auch im Winter. Und so eine Schule ist schwer. Da musst du viel, viel lernen. Auch in den Ferien …" – „Weiß ich", entgegnete Renata. „Aber ich schaffe das. Und wenn ich jede Nacht büffel. Ich schaffe das, weil ich es schaffen will." Der Überzeugungskraft seines Freundes und dem Starrsinn seiner Tochter hatte Leopold bald nichts mehr entgegenzusetzen.

Da die Zeiten etwas ruhiger waren, konnten sich Bialo und seine erfahrenen Steigerkollegen und die bewährten Hauer ganz auf ihre Arbeit unter Tage konzentrieren. Durch das Abteufen neuer Schächte wurde die Produktion stetig hochgefahren. Und die Bergleute wurden durch die Rechte des Stinnes-Legien-Abkommens von November 1918 bei Laune gehalten. So konnte die alte Konfrontation zwischen den Gesellschaften und den Bergleuten überwunden werden. 1922 wurden erstmals Vertreter der Belegschaft, ein Steiger und ein Schießmeister, in den Aufsichtsrat der Hibernia gewählt. Zuvor hatten die Betriebsräte versucht, Leo Bialo als Arbeitnehmervertreter zu gewinnen. Durch seine mehr als dreißigjährige Erfahrung unter Tage sowie seinen Aufstieg vom Hilfsarbeiter zum Steiger war er dafür geradezu prädestiniert. Doch wieder lehnte Bialo das Ansinnen ab. Unter Tage konnte ihm dank seiner Erfahrung und Kenntnisse niemand etwas vormachen. Für die Unternehmenskontrolle aber fehlte ihm, wie er sehr wohl wusste, die notwendige theoretische Kenntnis. Er wäre auf die Hilfe von jüngeren, besser ausgebildeten Gewerkschaftern angewiesen. Daher sollten sie, die es konnten oder zumindest davon überzeugt waren, es zu können, die Zechengesellschaften kontrollieren. Unterdessen tat Leo Bialo seine Arbeit als Bergmann.

Am 24. Juni 1922 wurde Reichsaußenminister Walther Rathenau von Angehörigen der rechtsextremen Organisation Consul auf offener Straße in Berlin ermordet. Im Weltkrieg hatte Rathenau die Rohstoffversorgung der Armee organisiert und damit die Fortführung des Waffenganges ermöglicht. Nach der Niederlage aber trat der Industrielle für eine Verständigung mit den Siegermächten ein. Das und der Umstand, dass Rathenau Jude war, hatte ihm die Feindschaft der Völkischen und Rechtsradikalen eingetragen. Jahrelang hetzten sie gegen ihn. Der Spruch „Schlagt tot den Walter Rathenau, die gottverdammte Judensau!" war Aufruf zum Mord. Nun hatte man ihn wahr gemacht. Auf der Trauerfeier für Rathenau klagte Reichskanzler Wirth die Schuldigen an: „Da steht der Feind, der sein Gift in die Wunden eines Volkes träufelt. Da steht der Feind – und darüber ist kein Zweifel: Dieser Feind steht rechts." In den Städten des Reviers gingen Hunderttausende auf die Straße, um ihrer Trauer und ihrer Wut über die Ermordung Rathenaus Ausdruck zu verleihen. Die Täter wurden gefasst. Doch die Wühlarbeit der Rechten ging unvermindert und ungehindert weiter. Das Verhalten der Siegermächte, vor allem Frankreichs und in dessen Fahrwasser auch Belgiens, gab ständigen Anlass für die Propaganda der Nationalisten.

1923 nutzte Paris die verspätete Lieferung einiger Dutzend Telegraphenmasten, zu der Deutschland laut Versailler Vertrag verpflichtet war, als Vorwand, das Ruhrgebiet zu besetzen. Am 11. Januar marschierten fünf französische Divisionen und einige belgische Einheiten, insgesamt 60 000 Soldaten, ins Revier ein. Auf diese Weise sollten „produktive Pfänder" in Frankreichs Hand gelangen. Tatsächlich nutzte Paris die Schwäche der Berliner Regierung, um Europas wichtigstes industrielles Zentrum zu besetzen. Die Nationalisten wollten die allgemeine Empörung der deutschen Bevölkerung für ihre Zwecke nutzen. Die Reichsregierung dachte jedoch nicht daran, das Feld den Rechtsextremen zu überlassen. Das Ruhrgebiet war unumstritten Teil Deutschlands. Darüber hinaus war das Revier das Herz der deutschen Kohleförderung und der Eisenverarbeitung. Ohne das Ruhrgebiet würde die deutsche Volkswirtschaft zusammenbrechen.

Bereits am zweiten Tag der Besetzung forderte Reichskanzler Wilhelm Cuno die Bevölkerung zum passiven Widerstand auf. Die Menschen sollten die Anweisungen der Besatzungsmächte nicht befolgen. Das bedeutete den Aufruf zum Generalstreik. Der Appell der Regierung, der auch von Reichspräsident Ebert unterstützt wurde, wurde fast ausnahmslos befolgt. In Behörden, Schulen, bei der Eisenbahn, vor allem aber auf den Zechen und in den großen Werken der verarbeitenden Industrie standen die Räder still. Der allgemeine Ausstand wurde von der Reichsregierung finanziert. Die Zechen erhielten aus Berlin Lohnsicherungsgelder, die sie an die Bergleute auszahlten, um den Lebensunterhalt der faktisch arbeitslosen Kumpels zu sichern. Mit drakonischen Strafen versuchten die Franzosen, den Widerstand der Bevölkerung, der von allen Schichten getragen wurde, zu ersticken. So wurde noch im Januar der Kohle- und Stahlindustrielle Fritz Thyssen von einem französischen Kriegsgericht in Mainz zu einer hohen Geldstrafe verurteilt, weil er sich geweigert hatte, Kohle an die Besatzungsmacht zu liefern. „Keine Hand darf sich rühren im Dienste der fremden Eroberer, die ihre Hände ausstrecken nach unserer schönen Heimat ... Verteidigt überall eure Ehre, euer Recht und eure Freiheit. Seid Deutsche!", forderte eines der unzähligen Flugblätter, die im Revier unter die Menschen gebracht wurden.

Um den Widerstand zu brechen, wurden alle, die daran teilnahmen, des Landes verwiesen, die meisten ins unbesetzte Reich. Bei den Bergleuten der Hibernia-Gesellschaft genügte die Teilnahme am Streik. Bald stieg die Zahl der Ausgewiesenen auf mehr als hunderttausend. Der Hinauswurf aus der eigenen Heimat empörte alle. Auf diese Weise standen die Besatzungsmächte einer einhellig feindseligen Bevölkerung gegenüber. Alles ruhte: Fabriken, Zechen, selbst der Verkehr. Die Idee der „produktiven Pfänder" hatte sich in ihr Gegenteil verkehrt. Statt das Ruhrgebiet auszubeuten, sahen sich die Franzosen gezwungen, den Umfang und damit die Kosten für ihre Besatzungstruppen ständig zu erhöhen. Nach wenigen Monaten musste Paris 100 000 Soldaten im Revier stationieren. Im Gegenzug konnte der französische Fiskus kein Geld abschöpfen, denn die Deutschen zahlten keine Steuern und arbeiteten nicht. Die Franzosen erlebten das Dilemma jeder Besatzungsmacht. Von Beutegier getrieben, mussten sie einen wachsenden Preis zahlen. Nackte Gewalt schürte derweil den Hass in der Bevölkerung. Als Arbeiter bei Krupp in Essen handgreiflich die Beschlagnahme von Lastwagen durch die Franzosen verhindern wollten, eröffneten die Soldaten das Feuer und töteten 13 Männer. In Dortmund wurden sieben Männer erschossen, weil sie sich nicht an die nächtliche Ausgangssperre gehalten hatten.

Auch völlig Unbeteiligte traf es. In Herne starben zwei Kinder, weil die französische Besatzung die Telefonleitungen zerstört hatte und es so nicht möglich gewesen war, rechtzeitig einen Arzt zu verständigen. Daraufhin protestierte die Hibernia-Belegschaft mit einem Schreiben an den französischen Ortskommandanten. Auch sei die Fernsprechleitung der Glück-Auf-Apotheke demoliert worden, so dass ein anderer Arzt fast zu spät zu einem Notfall gekommen und die Wöchnerin um ein Haar verblutet wäre. „Das sind unhaltbare Zustände", wetterte Leopold. „Sollen sie doch wenigstens die Frauen und Kinder in Frieden lassen!" Er unterzeichnete das Protestschreiben „im Auftrage der Belegschaft der Zeche Shamrock I/II in Herne". Beim streng verbotenen Verbreiten von Flugblättern gegen die Besatzer zeigten sich die Kumpels von Shamrock besonders einfallsreich. Da ein offenes Verteilen auf der Straße zu gefährlich war, jagten sie die Pamphlete nachts durch den 70 Meter hohen Zechenschornstein: Der Wind blies die Blätter in die ganze Stadt.

Mit immer schärferen Drohungen versuchen die Besatzungsmächte, die Bevölkerung einzuschüchtern. Widerstand und

Sabotage wurden mit der Todesstrafe geahndet. Die Repression bewirkte lediglich, dass immer mehr Menschen sich dem Besatzungsregime entgegenstellten. Den Widerstand der Bevölkerung wollten rechtsextreme Republikfeinde für den Untergrundkampf gegen die Franzosen nutzen. Diese Bewegung wurde vorwiegend von ehemaligen Freikorps und völkischen Zirkeln gestützt. Die nationalistischen Aufständischen setzten auf Gewalt und Sabotage. Züge, Wasserstraßen und Telegraphenleitungen von oder nach Frankreich wurden gesprengt, belgische und französische Einrichtungen angegriffen, mitunter auch Besatzungssoldaten überfallen. Die Aktionen wurden von kleinen Trupps, meist einstigen Freikorpskämpfern und Studenten schlagender Verbindungen, getragen. Einer der Anführer war Albert Leo Schlageter. Der Freikorpssoldat und verkrachte Dichter war 1922 Mitglied der Nazipartei geworden, die damals erste Aktivitäten im Rheinland entwickelte. Nun tat er sich durch einen Anschlag auf die Bahnlinie Dortmund–Duisburg hervor. Sein Trupp sprengte einen Schleppkahn auf dem Rhein-Herne-Kanal in die Luft, der Kohle transportierte. Der Kanal war blockiert. Doch nach wenigen Wochen wurde Schlageter wahrscheinlich von einem Kameraden an die Franzosen verraten, die ihn sogleich zum Tode verurteilten und in der Golzheimer Heide bei Düsseldorf erschossen.

Kurt Bialo hatte sich ebenfalls dem bewaffneten Untergrundkampf angeschlossen. Gemeinsam mit Kameraden des Freikorps Loewenfeld sprengte er eine Eisenbahnbrücke zwischen Herne und Essen. Dass Schlageter verraten worden war, weckte das Misstrauen unter den rechten Kämpfern. Sie traten den taktischen Rückzug an. Kurt Bialo floh in das Haus seines Vaters. Leo Bialo jedoch hatte dem „feigen Schlagetot und Arbeiterfeind" nicht verziehen und setzte ihn an die Luft. Von den Furien der Panik und des Selbstmitleids getrieben, irrte Kurt durch Herne, wo er Samuel Rubinstein über den Weg lief. Der

Arzt schenkte den Beteuerungen des Flüchtigen, er habe seinen „soldatischen Kampf" beendet und strebe „nunmehr die Rückkehr ins bürgerliche Leben" an, wenig Glauben. Doch der Mann war offenbar in Not und seelischer Pein, und daher empfand Rubinstein es als seine menschliche Pflicht, ihm zu helfen. So verbrachte Kurt Bialo mehrere Tage in Rubinsteins Wohnung über der Praxis in der Coloniestraße. Er schlief sich aus, wusch und rasierte sich, vor allem beruhigte er seine angespannten Nerven. Am zweiten Abend versuchte Rubinstein, mit Kurt ein politisches Gespräch zu führen. Doch der war verstockt. Der Arzt merkte bald, dass Bialo nur wenig von seinem „vaterländischen Gedankengut" preisgab, um das Wohlwollen und die damit verbundene Gastfreundschaft seines Asylgebers nicht zu gefährden. Das Gespräch war also sinnlos. So bat der Arzt Kurt, sich nach einer neuen Bleibe umzusehen. Der schmächtige Rubinstein „lieh" Bialo einen alten Anzug, Hemd und Schuhe. Als der Arzt am nächsten Abend heimkehrte, hatte sein Gast bereits die Wohnung verlassen. Auf dem Tisch fand Rubinstein einen Brief, in dem Kurt ihm in gestochener Schrift für seine „großmächtige Hilfe" dankte, die „in dieser verkommenen Zeit nicht einmal von einem deutschen Vater eingefordert werden kann". Abschließend versicherte er: „Diesen Dienst werde ich Ihnen, hochverehrter Herr Doktor Rubinstein, nie vergessen. Ich hoffe, ich werde bald Gelegenheit erhalten, Ihnen meine Dankesschuld zu vergelten." Als Anlage war eine Quittung über die „geliehenen" Kleidungsstücke angefügt.

Samuel Rubinstein hoffte, nie in die Verlegenheit zu geraten, die Dankbarkeit seines Gastes in Anspruch nehmen zu müssen. Die Hilfsaktion für Kurt behielt er für sich. Dessen Vater hätte Rubinstein einen naiven Tropf gescholten. Dennoch konnte Rubinstein nicht der Versuchung widerstehen, den gebürtigen polnischen Bergmann bei nächster Gelegenheit als „deutschen Vater" anzusprechen. Bialo sah den Genossen verständnislos an. Manchmal hatte sein jüdischer Freund einen sonderbaren Humor.

Die Besetzung des Ruhrgebiets wurde wegen des Widerstandes der deutschen Bevölkerung zu einem politischen und wirtschaftlichen Fiasko für Frankreich. Das Ansehen des Landes litt. Die Kosten waren höher als der Ertrag. Aber auch Deutschland wurde durch den Einmarsch der Franzosen und Belgier das wirtschaftliche Herz aus dem Leib gerissen. Ohne die Kohle sowie die eisen- und stahlverarbeitenden Großbetriebe war das Industrieland Deutschland lebensunfähig. Der Aufruf zum passiven Widerstand entsprach dem Willen der Bevölkerung. Doch die Kosten waren auf Dauer untragbar. Berlin musste Lohnsicherungsgelder für Hunderttausende streikende Bergleute, Arbeiter und Beamte zahlen. Dazu kamen die Ausgaben für die ausgewiesenen rund 150 000 Arbeiter, die nun im übrigen Deutschland versorgt werden mussten. Die Reichsregierung wusste sich nicht anders zu helfen, als die Notenpressen in Schwung zu setzen. Immer mehr Geld wurde in den Verkehr gebracht, ohne dass Werte geschaffen wurden. So entwickelte sich die schleichende Geldentwertung zu einer galoppierenden Inflation. Wegen der stockenden Exporte industrieller Güter fehlten die Mittel für dringend notwendige Lebensmittelimporte, aber auch für Rohstoffe oder Kohle für das Leben der Bevölkerung und das Weiterbestehen der Fabriken in ganz Deutschland. Die Menschen froren und litten schlimmer noch als im Krieg an Hunger und Unterernährung. Die Geldentwertung vernichtete die Spargutbaben und damit die Existenz von Millionen, vor allem älterer Menschen.

Im Revier herrschte Verzweiflung. Die bestreikten Zechen mussten instandgehalten werden, damit sie später wieder reibungslos den Betrieb aufnehmen konnten. So arbeiteten Leopold Bialo und andere Steiger weiter, damit auch unter Tage die Gruben funktionsfähig blieben. Die Wasserpumpen mussten laufen, die technischen Anlagen gewartet werden. Irgendwann würde die Förderung wieder beginnen. Das wusste jeder. Dennoch wurden die Steiger von manchen angefeindet. Zwischendurch wurde die Arbeit wieder aufgenommen. Haushalte und Unternehmen mussten mit Kohle versorgt werden. Dann begannen neue Ausstände. Im Mai organisierten die Kommunisten einen weiteren Bergarbeiterstreik, 100 000 Kumpels streikten für einen 50-prozentigen Inflationsausgleich. Die Forderung war gerecht. Doch bereits in einer Woche hatte die Inflation die Lohnerhöhung zunichte gemacht.

Je schneller das Geld an Wert verlor, desto mehr beschäftigte es zwangsläufig die Menschen. Ab Sommer mussten die Löhne täglich ausbezahlt werden, damit die Hausfrauen mit Geldnoten in Millionenhöhe zumindest die allernotwendigsten Lebensmittel besorgen konnten. Am nächsten Tag waren die Geldscheine kaum noch etwas wert. Nicht alle litten unter der Inflation. Wenige profitierten von der Geldentwertung. Einer von ihnen war Hugo Stinnes. Der Kohlehändler und Reeder aus Mülheim schuf bereits 1898 mit der Gründung der Rheinisch-Westfälischen Elektrizitätswerke (RWE), der zusammen mit August Thyssen ins Leben gerufenen Firma Mülheimer Bergwerksverein sowie der Beteiligung an der drei Jahre später installierten Deutsch-Luxemburgischen Bergwerks- und Hütten AG den Kern eines Energie- und Montantrusts, den er in den folgenden Jahren durch weitere Zukäufe zum mächtigsten Industriekomplex Europas ausbaute. Das unmittelbar nach dem Sturz der Monarchie im November 1918 vom Unternehmer zusammen mit dem Gewerkschafter Legien ausgehandelte Rahmenabkommen berücksichtigte eine Reihe von Forderungen der Arbeitnehmer und gewährleistete damit auch den reibungslosen Betrieb der Stinnes-Firmen. Der Verlust von Rohstoffquellen und Produktionsstätten in Deutschland durch den Versailler Vertrag störte Stinnes wenig. Er besaß

Stahlwerke in Luxemburg und erwarb immer neue Betriebe und Rohstofflager im Ausland, etwa schwedische Erzgruben, sowie in Deutschland. Die Käufe finanzierte er durch Kredite. Stinnes rechnete mit einer raschen Geldentwertung. Daher unterstützte der Unternehmer den passiven Widerstand und dessen Finanzierung durch die Reichsregierung. Um die Inflation weiter zu beschleunigen, spekulierte Stinnes an der Devisenbörse gegen die Reichsmark. Der Zusammenbruch der deutschen Währung befreite Stinnes von fast all seinen Schulden. Anfang 1924 gebot der Konzern von Hugo Stinnes, dem das amerikanische „Time"-Magazin im Jahr zuvor seine Titelseite gewidmet hatte, über 1535 Firmen mit 2888 Fabriken. In seinem Wirtschaftsimperium wurde die gesamte Wertschöpfungskette von der Rohstoffförderung bis zur Endproduktion bedient.

Die Reichsregierung in Berlin sah ein, dass die Kosten für den passiven Widerstand an der Ruhr Deutschlands Volkswirtschaft zu zerstören drohten. Gustav Stresemann, der seit August 1923 als Reichskanzler amtierte, war bereit, die Konsequenzen zu ziehen. Der Politiker war ein Glücksfall für die Republik. Während des Weltkrieges war Stresemann ein Annexionist. Er wollte wie Hugo Stinnes und General Ludendorff große Teile der Industriegebiete Belgiens und Frankreichs Deutschland angliedern. Doch nach dem Kollaps des Wilhelminischen Reiches wandelte sich Stresemann zum Vernunftrepublikaner. Er begriff, dass ein längerer Konflikt mit den Nachbarstaaten, vor allem mit Frankreich, Deutschland schaden würde. Eine Gesundung der deutschen Volkswirtschaft war nur gemeinsam mit den Nachbarländern zu schaffen. Ein erster entscheidender Schritt dazu war die Aufgabe des Ruhrkampfes. Folgerichtig rief Stresemann am 26. September 1923 die Bevölkerung zur Beendigung des passiven Widerstandes auf und nannte als Gründe die untragbaren Kosten und die rasende Geldentwertung: „In der abgelaufenen Woche erreichten die Unterstützungen für Rhein und Ruhr die Summe von 3500 Billionen Mark. In der laufenden Woche ist mindestens die Verdoppelung dieser Summe zu erwarten." Reichspräsident Ebert unterstützte die realistische Politik der Regierung und appellierte an das deutsche Volk, „in Zeiten härtester seelischer Prüfung und materieller Not treu zusammenzustehen".

Die Entscheidung der Reichsregierung, den Widerstand gegen die Ruhrbesetzung zu beenden, enttäuschte viele. Sie hatten für Deutschland Not gelitten. Sie hatten gestreikt und protestiert. Überall hingen Plakate mit der Parole: „Ihr zwingt uns nicht!" Darauf war ein Bergmann mit entschlossen verschränkten Armen zu sehen, der sich nicht von den ihn umgebenden französischen Soldaten mit aufgepflanzten Bajonetten einschüchtern lässt. Oder: „Hände weg vom Ruhrgebiet!", stand auf einer Illustration, in der eine mächtige Marianne, das Sinnbild Frankreichs, mit satanischen Zügen und umgehängtem Gewehr über Fabrikschloten lauert.

Die ausbleibenden Lohnsicherungsgelder aus Berlin ließen bei vielen den Zorn in Resignation umschlagen. Die Ersparnisse waren durch die Inflation längst wertlos geworden. Jetzt fehlte den Familien schlicht das Geld, sich zu ernähren. So nahmen die meisten ihre Beschäftigung wieder auf – sofern sie eine Arbeitsstelle hatten.

Als Leopold Bialo und seine Steigerkollegen noch Ende September die Vorbereitungen zum Anlaufen des Kohleabbaus zu organisieren begannen, erfuhren sie von der Zechenleitung, dass weit weniger Kohle gebraucht wurde als vor Beginn des passiven Widerstandes. Viele eisenverarbeitende Betriebe benötigten Zeit, die Produktion hochzufahren. Die Stinnes-Unternehmen hatten sich mit Kohle aus dem Ausland eingedeckt, andere Betriebe nahmen keine Aufträge der Reichsregierung entgegen, da solche Geschäfte wegen der rapiden Geldentwertung nichts einbrachten. Darunter litten Shamrock wie auch die anderen Zechen. 50 000

Bergleute verloren durch die Ruhrbesetzung ihre Arbeit. Sie und ihre Familien mussten fortan von der Erwerbslosenfürsorge leben. Insgesamt waren im Rheinland Ende des Jahres zwei Millionen Menschen ohne Arbeit.

Trotz aller Paukerei für das Lyzeum – sie saß oft bis spät in die Nacht in ihrer Dachkammer über den Büchern – bewahrte sich Renata ihre Leidenschaft für die Medizin. In den Schulferien half Renata, dank Rubinsteins Vermittlung, im Evangelischen Krankenhaus ihrer Heimatstadt aus. Am liebsten betreute sie die kleinen Patienten. Neben den üblichen Gebrechen nahmen, wie am Ende des Weltkriegs, wieder Mangelkrankheiten zu. Die Ärzte waren verzweifelt. „Wir können die Kinder in der kurzen Zeit des Klinikaufenthalts nur ein wenig aufpäppeln. Dann kommen sie wieder nach Hause zu ihren Eltern und werden ohne Früchte, Fleisch, Kalzium ernährt, leben in feuchten, lichtlosen Wohnungen. Kein Wunder, dass sie an Rachitis, Tuberkulose und anderem leiden. Die Mangelernährung schädigt ihr Immunsystem. Die Kinder erkranken häufiger. Ihrem Körper fehlt die Kraft, sich gegen die Krankheiten zur Wehr zu setzen", machte Stationsarzt Rubner seinem Herzen nach der Morgenvisite Luft.

Renata kannte ähnliche Klagen von Samuel Rubinstein. Früher hatte sie dem Arzt öfter Gemüse aus dem Garten gebracht. Doch der wurde dieses Jahr nicht bestellt, denn ihr Vater hatte keine Geduld mehr für die Gartenarbeit. Otto hatte sich in eine junge Frau aus Wanne verliebt, mit der er seine freie Zeit verbrachte. Und Helene Schmitz, die sich um den Haushalt und auch um den Garten gekümmert hatte, blieb weg, da Erich ständige Betreuung benötigte. Dies wirkte sich auf Leo Bialos Laune aus. Er wurde verschlossener, mürrischer, vergrub sich in seine Arbeit. Selbst die Treffen mit seinem Freund Rubinstein wurden seltener. Der Arzt war auch an Wochenenden mit Hausbesuchen beschäftigt. Und wenn Rubinstein sonntagabends bei Bialo vorbeikam, tranken beide meist schweigend ihr Bier und klagten gelegentlich über die harten Zeiten. Renata, die das spärliche Stimmengemurmel in ihrer Kammer vernahm, musste sich eingestehen, dass die Männer alt wurden. Auch äußerlich. Rubinsteins Haare fielen aus und sein einst pechschwarzer Bart wurde von einem immer engmaschigeren Netz silberner Fäden durchzogen, der Schopf des Vaters war ergraut.

Renata konzentrierte sich auf die Vorbereitungen für ihr Abitur. Oft übernachtete sie bei einer Schulkameradin in Bochum, deren Eltern ein großes Haus hatten. Die Bergmannstochter mit dem heiteren Wesen und der aufgeschlossenen Art war ihnen stets willkommen. Die Mädchen büffelten zusammen und spornten einander an. Abends vor dem Einschlafen musste Renata oft an ihren Vater und dessen Freund denken. Dann wandten sich ihre Gedanken wieder der eigenen Zukunft zu. Das Medizinstudium schien in diesen schweren Zeiten in weite Ferne gerückt.

Statt sich, wie in den vergangenen Jahren, mit dem Einsatz neuer Arbeiter zu befassen, musste Leo Bialo sich an der Rationalisierung der Zeche beteiligen. Dies bedeutete neben der möglichst effektiven Verwendung von technischem Gerät und der Stilllegung weniger profitabler Stollen zwangsläufig auch, an der Ausmusterung von Kumpels mitzuwirken. Bialo trat gegenüber den Bergleuten schroff auf. Bei der Zechenleitung aber kämpfte er um jeden Mann. Doch oft genug musste er das prächtige Gebäude der Hibernia-Verwaltung ganz in der Nähe von Shamrock verlassen, ohne etwas erreicht zu haben. Der Personalabbau war unvermeidlich.

Da die Industrie weniger Kohle brauchte als während des Krieges und in der Phase danach, musste das Ruhrgold preiswerter als bislang angeboten werden. Das bedeutete, nur die Zechen, denen es gelang, durch den Einsatz technischen Geräts und Einsparung von Arbeitsplätzen billiger Kohle abzubauen und zu liefern, konnten auch in Zukunft weiterarbeiten. Die kleineren Gruben, bei denen das Einsparpotenzial von vornherein begrenzt war, würden auf Dauer dichtgemacht werden. Zumal die großen Bergwerksgesellschaften nicht auf eine Grube angewiesen waren, sondern unter ihren Zechen die günstigsten Standorte favorisieren und auf die weniger profitablen Förderanlagen verzichten konnten. Dieses „die Guten ins Töpfchen, die schlechten ins Kröpfchen" bedeutete aber die Entlassung von Bergleuten, die jahrzehntelang in einem Betrieb geschuftet hatten. Leo Bialo war froh, dass er als Steiger nicht die Entscheidungen über die Kündigungen zu treffen hatte. Er hätte es nicht vermocht, den eigenen Kumpels die Arbeit und damit den wesentlichen Inhalt ihres Lebens zu rauben.

Auch nach der Aufgabe des passiven Widerstandes und der Zahlungseinstellung der Lohnsicherungsgelder war die Inflation nicht aufzuhalten. Anfang September war ein amerikanischer Dollar 53 Millionen Mark wert, einen Monat später kostete er 242 Millionen, zwei Wochen darauf, am 19. Oktober, mussten für einen Dollar bereits 12 Milliarden Mark gezahlt werden. Die rasende Geldentwertungsspirale ließ die Deutschen das Vertrauen in ihr Geld und ihren Staat verlieren. Die Menschen waren demoralisiert. Sie kannten nur ein Ziel: mit den täglich ausgezahlten Löhnen ihr Existenzminimum zu sichern. Der Schwarzhandel blühte, denn wer Lebensmittel oder Luxusgüter besaß wie Bauern oder Schieber, dachte nicht daran, sie zu verschleudern. Stattdessen ließen sie sich die kostbaren Waren in Devisen oder wertvollen Sachgütern zahlen. Die Industrie produzierte vorwiegend für den Export oder wickelte ihre Geschäfte in Devisen ab. Spekulanten hatten Hochkonjunktur. Um Arbeiter, Rentner und Hilfsbedürftige vor dem Verhungern zu bewahren, begannen Gemeinden und Firmen, unter ihnen Bergwerksgesellschaften, „Notgelder" zu verteilen. Mit diesen Gutscheinen konnten Lebensmittel, aber auch wichtige

Sachwerte wie Holz und Kohle erworben werden. Die Notgelder machten das Zusammenbrechen der staatlichen Autorität deutlich. Radikale völkische Kreise wollten davon profitieren.

In Bayern war nach der Niederschlagung der Räterepublik und dem Scheitern einer von der SPD geführten Regierung 1923 eine von Rechtsradikalen gebildete „Ordnungszelle" entstanden. An ihrer Spitze stand der von Berlin geduldete Generalstaatskommissar von Kahr. Dieser Minidiktator stützte sein Regime auf Freikorps, völkische Gruppen, unter ihnen die junge Nazipartei eines verkrachten österreichischen Postkartenmalers und Bierkellerredners namens Adolf Hitler. Dem „bayerischen Mussolini", wie Hitler genannt wurde, unterstanden „Sturmabteilungen" (SA), die von der Reichswehr bewaffnet wurden.

Am Vorabend des 9. November stürmte Hitler mit seinen SA-Schlägern eine Versammlung im Münchener Bürgerbräukeller und erklärte die bayerische Regierung, die Reichsregierung und Reichspräsident Ebert für abgesetzt. Anwesende Mitverschwörer aus Reichswehr, Polizei und Behörden ließ er festnehmen. Im Hinterzimmer drohte der keifende Hitler mit Mord und Selbstmord, falls sein Putsch gegen die „Berliner Judenrepublik" misslingen sollte. An der Seite seines Kumpans General Ludendorff wollte er am nächsten Tag nach dem Muster Mussolinis, der im Jahr zuvor in Italien an die Macht gekommen war, in die Hauptstadt marschieren und die Regierung übernehmen. Das Publikum des Bierkellers tobte vor Begeisterung. Die „Völkische Revolution" schien angebrochen. Doch Hitlers Radikalität verschreckte selbst einige seiner einflussreichen Mitstreiter, und so ließen sie am nächsten Tag den Marsch der Nazis und ihrer Gefolgsleute durch München an der Feldherrnhalle zusammenschießen. Hitler wurde verhaftet, SA-Chef Hermann Göring konnte fliehen.

Die Reichsregierung in Berlin verstand, dass sie schnell handeln musste, wenn Deutschland nicht im Chaos versinken sollte.

Reichskanzler Stresemann ernannte den leitenden Direktor der Deutschen Nationalbank, Hjalmar Schacht, zum Reichsbankpräsidenten und beauftragte ihn, unverzüglich die Geldentwertung zu beenden. Schacht verlor keine Zeit und stampfte die „Rentenmark" aus dem Boden. Die neue Währung wurde nicht wie einst durch Gold, dessen Reserven vom Krieg und den Reparationsleistungen weitgehend aufgebraucht worden waren, sondern durch Land- und Industrieimmobilien gedeckt. Die im Oktober eingerichtete Rentenbank wurde mit einem Grundkapital im Wert von 3,2 Milliarden Goldmark ausgestattet. Am 15. November startete die Währungsreform. Tatsächlich war es eine Revolution. Das alte Geld war faktisch wertlos geworden. Eine Billion Papiermark entsprach einer Rentenmark. Das neue Geld wurde von den Deutschen und vom Ausland akzeptiert. Bauern und Firmen konnten für ihre Erzeugnisse nun reelle Preise verlangen. So geriet die Produktion allmählich in Schwung. Lange zurückgehaltene Lebensmittel und Waren kamen wieder in die Geschäfte, der Schwarzmarkt verschwand schlagartig. Die deutsche Wirtschaft begann sich zu erholen.

Die meisten Deutschen hatten durch die Inflation ihre gesamten Ersparnisse verloren. Schlimmer noch, Kriegsanleihen in Höhe von 132 Milliarden Goldmark, die Millionen Familien als Kapitalanlage und patriotische Handlung zugleich erworben hatten, waren nunmehr wertlos. Der Staat hatte sich dadurch zumindest gegenüber der eigenen Bevölkerung entschuldet. Auch Hugo Stinnes, der sein Industrie- und Handelsimperium weitgehend mit Krediten aufgebaut hatte, war seine Schulden los. Doch seine rastlose Unternehmertätigkeit forderte ihren Preis. Im April 1924 starb Stinnes, der „Assyrer von der Ruhr", im Alter von nur 54 Jahren. Sein riesiger Konzern zerfiel rasch.

Reichskanzler Stresemann, der als Außenminister bis zu seinem Tod Ende der 20er Jahre der prägende Politiker der Weimarer Republik blieb, wusste, dass das Überleben der deutschen Demokratie von einer stabilen Außen- und Finanzpolitik abhing. Die Inflation war durch die Ruhrbesetzung der Franzosen und Belgier außer Kontrolle geraten. Also musste Berlin sich vor allem mit Paris verständigen. Durch Vermittlung der USA einigte sich Deutschland mit den Alliierten des Ersten Weltkriegs auf den Dawes-Plan. Berlin sollte jährlich Reparationszahlungen in Höhe von 2,4 Milliarden Goldmark leisten. Doch zunächst erhielt Deutschland eine internationale Anleihe in Höhe von 800 Millionen Goldmark. Mit diesem Geld gelang es, die Rentenmark dauerhaft zu stabilisieren.

Aufschwung im Revier
1924–1929

Der Dawes-Plan, der von den Deutschnationalen als Verzichtspolitik verleumdet wurde, war zugleich der Hebel zur Befreiung des Ruhrgebietes. Denn das Abkommen verschaffte Deutschland internationales Vertrauen und ermöglichte auf diese Weise der Regierung in Paris, ohne allzu großen Gesichtsverlust ihre Truppen aus dem Revier zurückzuziehen. So konnte der Schaden zwar begrenzt werden, doch insgesamt waren die Auswirkungen fatal. Die Volkswirtschaften Frankreichs und Deutschlands waren geschwächt, und, was noch schlimmer war, die Feindschaft zwischen beiden Völkern, die durch den Weltkrieg aufgebrochen war, war noch größer geworden. Das gab den Rechtsradikalen Gelegenheit, ihre Hetze fortzusetzen.

So auch Adolf Hitler. Nach seinem Bier- und Pistolenputsch vom November 1923 wurde er wegen Hochverrats verurteilt. Auf der Feste Landsberg am Lech verfasste er ein abstruses politisches Hetzmanifest, das er „Mein Kampf" nannte. Darin forderte er einen Vernichtungskrieg gegen Frankreich. Hitlers Zerstörungswille war umfassend. Er verlangte unter anderem die Beseitigung der Demokratie, der Juden und der „slawischen Untermenschen". Außerhalb Bayerns nahm kaum jemand den vom Hass besessenen Nazihäuptling ernst. Einer der wenigen, die bereits damals an

Hitler glaubten, war der Rheinländer Joseph Goebbels. Der geborene Rheydter hasste ebenso wie Hitler Gott und die Welt. Er war verbittert über seinen Klumpfuß, seine mickerige Gestalt und seine Erfolglosigkeit als Journalist und Schriftsteller. Goebbels' Hetzpropaganda gegen Kommunisten, Sozialdemokraten und Juden kam im Revier nicht an. Deshalb schickte ihn 1926 sein Meister Hitler nach seiner Haftentlassung als Gauleiter nach Berlin.

Im Ruhrgebiet hatten die Menschen andere Sorgen, als dem Hassgeschrei der Nazis zu lauschen. Bereits am Ende des Weltkrieges wurde eine zunehmende Konzentration im Bergbau deutlich. 1920 waren mehr als 80 Prozent der Gruben im Besitz von einem Dutzend Konzernen. Die großen Bergwerksgesellschaften, wie die 1923 in Berlin gegründete Preussag (Preußische Bergwerks- und Hütten-AG), in der alle Zechen und Eisenhütten im Besitz des preußischen Staates zusammengefasst wurden, versuchten durch gezielte Rationalisierungsmaßnahmen ihre Kosten drastisch zu senken. Dazu gehörte unter anderem die Stilllegung von 34 Zechen im Jahr 1925. Eine davon war die Hibernia in Gelsenkirchen-Buer, mit deren Abteufen siebzig Jahre zuvor, 1855, der Aufbau der gleichnamigen Bergwerksgesellschaft seinen Anfang genommen hatte. Doch Sentimentalitäten wollte man sich nun nicht mehr leisten. Zu gewaltig war die Konkurrenz durch große Zechenkonglomerate im In- und Ausland.

Man versuchte mit allen Mitteln die Kosten zu drücken. Zum einen durch vermehrten Einsatz moderner Technik. Zum anderen durch die radikale Senkung der Lohnkosten. Bereits während der Ruhrbesetzung hatten die Bergwerksgesellschaften versucht, die vor dem Krieg geltende 8½-stündige Arbeitszeit ohne Lohnausgleich wieder einzuführen. Denn erhöhte Kohleförderung sei vonnöten, so der Ruhr-Rhein Zechenverband. Die Gewerkschaften und die Belegschaften wehrten sich gegen den Versuch, die Löhne auf diese Weise um 6 Prozent zu senken. Während des Generalstreiks und der Inflation gelang es nicht, höhere Arbeitszeiten durchzusetzen. Doch unmittelbar nach der Währungsreform im November 1923 forderten die Zechengesellschaften kategorisch für Arbeiten über Tage die Zehnstundenschicht, unter Tage sollten zunächst acht Stunden malocht werden. Ab Februar wollte man die 8 ½ Stunden wieder einführen. Wegen der allgemeinen Absatzkrise kündigten die Arbeitgeber die fünf Jahre zuvor durchgesetzten Tarifverträge, um eine Lohnsenkung von 25 Prozent durchzupauken. Da die Gewerkschaften den rapiden Lohnsenkungen nicht zustimmten und in einzelnen Zechen gegen dieses Ansinnen Warnstreiks stattfanden, sperrten die Gesellschaften 90 Prozent der Belegschaft aus. Die Arbeitnehmer saßen am kürzeren Hebel. Es gab genügend Kohle für die erst langsam in Gang kommende Industrieproduktion, und in den Streikkassen der Gewerkschaften herrschte nicht zuletzt aufgrund der Inflation Ebbe. Diese Gesamtsituation zwang die Arbeitnehmer im Sommer 1924 schließlich, die Forderungen der Bergwerksgesellschaften zu schlucken. Unter den Bergleuten herrschten Wut und Enttäuschung. War das der Lohn für die Solidarität während Kapp-Putsch und Ruhrbesetzung? Dass die Löhne wieder auf das Niveau der Kaiserzeit gedrückt wurden und ebenso lange wie einst geschuftet werden sollte?

Es gab aber nicht nur schlechte Nachrichten. Als Folge der Einigung zwischen Berlin und den Siegermächten über den Dawes-Plan erlaubte Paris ab September 1924 die Rückkehr der ins Reichsgebiet Ausgewiesenen ins Ruhrgebiet. Doch kaum waren die Menschen wieder in ihrer Heimat, mussten viele feststellen, dass ihre alten Arbeitsplätze durch andere besetzt waren. Das war von seiten der Firmen zum Teil ganz bewusst geschehen, denn die von den Franzosen ausgewiesenen Arbeiter galten grundsätzlich als renitent, also auch den eigenen Arbeitgebern gegenüber. Der „Dank des Vaterlandes" war den Arbeitern, die 1923 der Aufforderung der Regierung zum passiven Widerstand gefolgt waren, ebenso gewiss wie neun Jahre zuvor bei Beginn des Weltkriegs. Er lautete Undank. Immerhin, dieses Mal kostete die Loyalität nicht das Leben oder die Gesundheit, sondern „nur" den Arbeitsplatz.

1925 war ein Jahr, in dem die Weichen der deutschen Geschichte umgestellt wurden, ohne dass dies den meisten Menschen bewusst wurde. Ende Februar starb Reichspräsident Friedrich Ebert. Er war ein wackerer Sozialdemokrat und ehrlicher Politiker, der versuchte, Deutschland durch die Fährnisse der Nachkriegszeit in eine Ära des Friedens und der Demokratie zu führen. Doch Ebert war ein biederer Geist. Ihm fehlten die mitreißende Persönlichkeit und die visionäre Kraft, um die Mehrheit der Bevölkerung für seine Politik zu gewinnen.

Am 26. April wählten die Deutschen in direkter Wahl Paul von Hindenburg zum neuen Reichspräsidenten. Die Menschen klammerten sich an den Nimbus des „Kriegshelden", des Siegers von Tannenberg. Danach aber hatten Hindenburg und sein Adlatus Ludendorff als Chefs der Obersten Heeresleitung Deutschlands militärische und politische Niederlage besiegelt. Dieses Fiasko hatte Hindenburg umgelogen, indem er die Dolchstoßlegende erfand und der Revolution von 1918 die Schuld am verlorenen Krieg zuschob. Als Kandidat der Rechten hatte der Militarist und Monarchist Hindenburg das oberste Amt des demokratischen Staates errungen. Hindenburg legte seinen Amtseid auf die Weimarer Verfassung ab, die er keineswegs brechen wollte. Andererseits aber war Hindenburg nicht der Mann, in einer Krise die Demokratie offensiv zu verteidigen. Aber davon wollten die Menschen nichts wissen.

Zunächst jedoch gewann die deutsche Republik Stabilität. Mitte 1925 räumten die französischen Truppen endgültig das Ruhrgebiet. Deutschland war nun auf dem Weg in die Goldenen Zwanziger, befeuert wiederum durch das schwarze Gold: Kohle. Das kam nicht von ungefähr. Dank der Rationalisierungsmaßnahmen, die viele Kumpels den Arbeitsplatz kosteten, steigerte sich ab 1924 die folgenden fünf Jahre die Produktivität im Bergbau um zwei Drittel! Das bedeutete preiswertere Kohle für die verarbeitende Industrie und damit eine Ankurbelung der Konjunktur. Ein weiterer Anreiz für die Volkswirtschaft waren kurzfristige billige Kredite amerikanischer Banken, die vor allem von den Kommunen genutzt wurden, um den Aufbau der Infrastruktur in den Städten, besonders des Ruhrgebietes, zu finanzieren. Auf diese Weise kamen viele Beschäftigungslose in Arbeit, der private Konsum stieg, die Wirtschaft begann zu boomen. Auch Großunternehmen nutzten mehr und mehr die relativ günstigen US-Anleihen, um ihre Produktionsanlagen zu modernisieren und weltweit konkurrenzfähig zu bleiben. Eine Maßnahme war die zunehmende Konzentration. Im Mai 1926 wurden die Vereinigten Stahlwerke (VST) gegründet. Sie waren ein Zusammenschluss der Rhein-Elbe-Union, der Rheinischen Stahlwerke sowie der Firmen Thyssen und Phoenix. Die VST war das größte Montanunternehmen Europas. Der Konzern kontrollierte ein Fünftel der Kohleförderung und 42 Prozent der Roheisenproduktion des Ruhrgebietes.

Samuel Rubinstein redete auf Renata ein wie auf einen lahmen Gaul. Er wollte sein Patenkind von ihrem Vorhaben abbringen, sich nach dem Abitur zur Kinderkrankenschwester ausbilden zu lassen. „Wozu, Renata?", mahnte sie der erfahrene Arzt. „Du bist viel zu intelligent, um als Schwester in der Kinderabteilung irgendeines Krankenhauses zu verkümmern." – „Weil mich die Kinder brauchen. Das hab ich jedes Mal gesehen, wenn ich im Krankenhaus gearbeitet habe", erwiderte Renata. Rubinstein schüttelte lächelnd den Kopf. „Mit Verlaub. Die Kinder brauchen nicht dich, sondern eine sachgemäße Betreuung. Und die können andere ebenso gut leisten wie du." – „Aber ich …" – „Du solltest deine Fähigkeiten nützen, um Kinderärztin zu werden. Das hatten wir doch vereinbart …" – „Die Studiererei dauert doch ewig …" – „Na, na. Im ungünstigsten Fall sechs Jahre. Ich bin aber überzeugt, du schaffst es in fünf." – „Du hast dich wohl schon erkundigt?" – „Natürlich!", gab er lächelnd zu. – „Aber über mein Leben entscheide ich. Ich allein!"

Rubinstein gefiel Renatas selbstbewusster Protest. „Selbstverständlich ist es dein Leben, Renata. Aber da ich dich und deine Fähigkeiten kenne, halte ich es für meine Pflicht, dich sachverständig zu beraten. Glaub mir, ein Medizinstudium ist genau richtig für dich." – „Vater zahlt das nie." – „O doch! Ich kenne meinen Freund Leo. Er wird schimpfen und zahlen." – „Ich habe Vaters Geschimpfe nicht nötig. Ich will schnell einen Beruf und mich selbst ernähren. Also lerne ich Kinderkrankenschwester!" – „Dein berufliches Fortkommen sollte dir wichtiger sein als dein Stolz. Apropos Stolz. Du weißt genau, dass dein Vater stolz wie ein Schneekönig sein wird, wenn seine Tochter Ärztin ist!"

Renata wusste, dass Rubinstein recht hatte. Sie versprach, sich „die Sache zu überlegen". Doch ihr Pate spürte, dass sie gegen seinen Rat entscheiden würde. Rubinsteins Vermutung, dies geschehe, weil die junge Frau sich vor den Herausforderungen des Studiums fürchtete und sich um dessen Finanzierung sorgte, stimmte nur oberflächlich. Renata wollte tatsächlich den Beruf erlernen, um kleinen Patienten zu helfen. Vor allem aber der Liebe wegen.

Kurz vor dem Abitur hatte Renata Ernst Alt kennengelernt. Der frischgebackene Arzt aus Kassel absolvierte im Herner Evangelischen Krankenhaus ein chirurgisches Praktikum. Die 18-jährige Renata, die in der Klinik in den Ferien aushalf, verliebte sich Hals über Kopf in den selbstbewussten Hessen. Bald darauf wechselte Alt ins Bergmannsheil nach Bochum. Der ausgezeichnete Ruf des Hauses, gerade was Unfallchirurgie anging, machte das Bergmannsheil zu einer begehrten Adresse bei jungen Ärzten.

Noch bevor sie ihr Abitur in der Tasche hatte, bewarb sich Renata um einen Ausbildungsplatz als Krankenschwester in Bergmannsheil. Dem Geliebten nahe zu sein war ihr am wichtigsten. Wegen ihrer medizinischen „Erfahrung" und ihres sicheren Auftretens bekam Renata einen Platz. Ihr Wunsch, Kinder betreuen zu dürfen, ging jedoch nicht in Erfüllung. Renata verbrachte das erste Jahr in der Unfallchirurgie. Die Arbeit mit den schwerverletzten Menschen, viele davon Bergleute, überforderte ihre Kräfte. Zwar verbreitete sie während ihres Dienstes gute Stimmung und gab sich unbeschwert. Doch nach Arbeitsschluss war Renata meist niedergeschlagen. Das Leiden und die Schmerzen der Patienten in ihrer Abteilung belasteten sie. Ernst Alt hatte für diese „Empfindlichkeiten" seiner Gefährtin kein Verständnis. Dies gehörte zu ihrer Arbeit. „Daran wirst du dich ebenso rasch gewöhnen wie ein Chirurg ans Blut."

Ernst war ein ehrgeiziger Mediziner, der zielstrebig seine Karriere betrieb. Er übernahm gern Nachtdienste, da er auf diese Weise mehr Praxis erwarb und sich dabei auch kleine Finanzprämien verdiente. Einen Großteil seiner Zeit verbrachte Alt mit theoretischen Studien. Gelegentlich fuhr er nach Düsseldorf, wo er mit „Kommilitonen" aus seiner schlagenden Verbindung zechte. Zu den seltenen Gelegenheiten, an denen Ernst Renata traf, wollte er sie „gefälligst in guter Laune antreffen, mit lebenden Leichnamen habe ich in der Klinik zu tun".

Renata bemühte sich, die Stimmung des Freundes aufzuhellen, so gut sie konnte. Um Ernst öfter sehen zu können, zog Renata aus dem Schwesternheim aus, in dem sie zunächst eine Bleibe gefunden hatte. Besucher waren dort grundsätzlich nicht zugelassen. Renata mietete ein möbliertes Zimmer in der Nähe des Krankenhauses. Doch damit verbesserte sich ihre Situation kaum, denn ihre Hausherrin, Frau Breil, duldete keinen „Herrenbesuch" nach 20 Uhr. Vorher aber war der „Herr Doktor

Alt" in der Klinik beschäftigt. So verlor Renata die Gesellschaft der Kolleginnen im Schwesternheim, ohne den Geliebten öfter als bisher zu Gesicht zu bekommen oder gar ihm beiwohnen zu dürfen. Denn Frau Breil gebärdete sich als Sittenwächterin und passte auf, dass „nichts Unmoralisches in meinen vier Wänden geschieht".

Renata nahm alles in Kauf. Sie hoffte, Ernst würde ihre unbedingte Liebe erwidern. Der Angehimmelte ließ sie in diesem Glauben, ohne sich definitiv zu äußern. Doch nach zwei Jahren änderte sich Alts berufliche Situation. Wenige Monate nachdem die chirurgische Ausbildung im Bergmannsheil beendet war, erhielt der Arzt das Angebot einer Assistentenstelle bei seinem Doktorvater, Professor Wehn, in Göttingen. Der Chirurg teilte Renata mit, er werde dem Ruf folgen.

Auf ihre Frage „Und was wird aus mir?" wusste Alt keine Antwort. Es interessierte ihn auch nicht weiter. Als Renata eine Verlobung ins Gespräch brachte, sah sich der Arzt zu einer Deutlichkeit gezwungen, die er bis dahin wohlweislich vermieden hatte. „Davon war nie die Rede, Renata. Schlage dir das ein für alle Mal aus dem Kopf. Wir gehören unterschiedlichen Kreisen an. Mein Vater ist Arzt. Er würde nie damit einverstanden sein, dass ich mich mit der Tochter eines Arbeiters liiere. Sie gar heirate." – „Und du?" – „Ich füge mich selbstverständlich den Vorstellungen meines Vaters." – „Dann bist du ein Waschlappen!" – „Diesen Ton möchte ich mir verbitten!"

Renata zwang sich zur Ruhe. „Fürs Bett war ich dir gut genug! Mich zu heiraten, dafür bist du zu feige. Und jetzt willst du mir auch noch den Mund verbieten. Nein!" Ihre Stimme zitterte vor Erregung. „Jetzt verbitte ich mir etwas! Dass du mir noch einmal unter die Augen trittst!" Ernst Alt verließ das Zimmer ohne Gruß.

Renata war zunächst untröstlich. Warum hatte sie Rubinsteins Vorschlag abgewiesen? Als Studentin der Humanmedizin, in Münster oder in Düsseldorf, wäre sie Ernst eine ebenbürtige Partnerin gewesen. Nun saß sie in ihrer Ausbildung fest. Und Ernst war weg. Renata zwang sich aus ihrer Niedergeschlagenheit. Bloß kein Selbstmitleid. Es gibt immer einen Ausweg! So jedenfalls predigte sie ihren Patienten. Das sollte jetzt gefälligst auch für sie selbst gelten. Zumal sie jung und gesund war. Renata musste an die Selbsttröstung ihrer früheren Zimmergenossin im Schwesternheim Hedwig Jungbluth denken. Als die von ihrem Freund verlassen wurde, verdrückte sie ein paar Tränchen und verkündete dann gewollt fröhlich: „Heute Abend gehe ich tanzen. Denn eins steht fest: Die nächste Straßenbahn und der nächste Mann kommen bestimmt bald um die Ecke." Ehe es so weit war, wollte Renata ihren Vater besuchen, den sie in den letzten Jahren Ernst zuliebe arg vernachlässigt hatte.

In seiner Position als Steiger erwarb Leopold Bialo mit den Jahren viel Anerkennung. Seine Erfahrung als Bergmann wurde von seinen Kollegen und selbst von der Grubenleitung geschätzt. Bialo kannte die Zeche unter Tage wie seine Westentasche. Er roch die Kohle. Sein fast instinktives Gespür sparte der Grube überflüssigen Streckenausbau und Schießarbeiten.

Doch privat war Leo unglücklich. Er hatte sich vom Tod seiner Anna nie erholt. Das kurze Aufflackern seiner männlichen Lebensgeister durch Helenes Auftauchen war nach deren Wegbleiben sogleich wieder erloschen. Renata schmerzte die Erstarrung ihres Vaters. Seine einst strahlend blauen Augen waren trüb geworden. Anders als früher gelang es Renata nicht, den Vater zu Gefühlsregungen zu bewegen. Nicht einmal ärgern mochte er sich über einige betont freche Antworten, die seine Tochter ihm gab.

Ein Grund für die wachsende Resignation Leo Bialos war seine häusliche Situation. Sein ältester Sohn Otto hatte vor zwei Jahren geheiratet. Dessen Frau Maria war ins Haus gezogen, wenige Monate später hatte sie einen Sohn geboren. Heinrich, benannt nach dem gefallenen Bruder, war ein äußerst lebhaftes Kind. Renata mochte den aufgeweckten Neffen. Doch sie konnte sich denken, dass er den alternden Vater störte. Leo hatte sich in Renatas alte Dachkammer zurückgezogen. Der leere, verfallene Taubenschlag auf dem Dach verstärkte Leos Trübsal noch.

Am Sonntagnachmittag suchte Renata Helene Schmitz auf, die ihrem einstigen Pflegekind um den Hals fiel. Sobald sie alleine waren, heulte sich Helene bei Renata aus. Ihr Erich war vor einem halben Jahr endlich von seinem seelischen und körperlichen Leid erlöst worden. Seit seinem Tod taten dessen Eltern alles, um die ungeliebte Schwiegertochter, die sie für den Tod ihres Sohnes verantwortlich machten, zu demütigen. Helene wäre am liebsten auf und davon gegangen. Doch sie hatte keinen Beruf gelernt, und von ihrer kleinen Witwenrente, mit der sie auch noch die Schwiegereltern unterstützen musste, konnte sie nicht leben. Sie hatte eine Schwester in Essen. Doch deren Wohnung quoll über vor Kindern. Helene wusste nur noch eines: „Hier halte ich es nicht länger aus."

Renata war erschüttert über die Verzweiflung dieser einst so selbstbewussten und attraktiven Frau. Sie war entschlossen, ihren Vater und ihre Freundin zusammenzubringen. Am liebsten hätte sie ihren Plan sogleich mit Helene besprochen. Doch sie fürchtete, dass es ihrem ehemaligen Kindermädchen derzeit an Selbstbewusstsein gebrach, sich von Renata mit deren Vater verkuppeln zu lassen.

Renata spürte, wie sie aus ihrem Vorhaben, dem Vater und der Freundin zu helfen, neue Kraft schöpfte, die den eigenen Kummer verdrängte. Um weiterzukommen, musste sie sich mit Samuel Rubinstein beraten. Rubinstein freute sich aufrichtig, sein Patenkind wiederzusehen. Sie musste ihm von ihrem Schicksal erzählen. Renata tat es ungeschönt. Beide waren glücklich über ihr ungebrochenes Vertrauensverhältnis. Als Renata von ihrer gescheiterten Liaison mit dem schuftigen Ernst Alt berichtete, antwortete Rubinstein spontan: „Du sollst keinen Doktor heiraten. Du sollst selbst einer werden." – „Dafür ist es zu spät! Ich bin schon 21. Die Krankenschwester bring ich zu Ende. Dann bin ich fast 22 …" – „Ja, Großmutter."

Renata fiel Rubinstein um den Hals. Sein Bart kratzte ihre zarte Gesichtshaut. Der Arzt holte eine Flasche Moselwein aus dem Keller. Es wurde eine lange Nacht. Als Renata am nächsten Morgen mit schwerem Kopf erwachte, war der Hausherr bereits in seiner Praxis. Er hatte „seinem Kind" das Schlafzimmer überlassen und auf dem Sofa in der Wohnstube genächtigt. Dabei hatte Rubinstein nachgerechnet. Wenn Renata 1928 mit dem Studium begänne, könnte sie 1933 Ärztin sein. Er rieb sich zufrieden die Hände. Rubinstein hatte seine Rechnung ohne das Schicksal gemacht.

Zu fortgeschrittener Stunde hatte Renata Rubinstein in ihren Plan eingeweiht, ihren Vater und Helene zu verkuppeln. Der Pate war von der Idee angetan. Doch Renata hatte keine Ahnung, wie sie die beiden zusammenbringen sollte. Rubinstein, einmal in Gestalterlaune, fackelte nicht lange. Er lud Leo ein, am Samstagabend mit ihm in dem noblen Herner Restaurant „Stadtgarten" sein vermeintliches Praxisjubiläum zu begießen. Eine Stunde später, als die Freunde das zweite Glas leerten, hatte sich die Stimmung Leos etwas aufgeheitert. Da tauchten, wie mit Rubinstein verabredet, Renata und Helene Schmitz auf. Der Arzt spürte die Verlegenheit der „Kandidaten" und prostete ihnen kräftig zu. Dann vertiefte er sich mit Renata in medizinische Fachgespräche. Als er sicher war, die Frau und den Freund damit gründlich gelangweilt zu haben, verabschiedete er sich und zog mit Renata von dannen.

„Wenn sie jetzt nicht ihre Schüchternheit ablegen, ist ihnen nicht zu helfen. Zusammennähen kann ich sie nicht", schwadronierte der Angeheiterte. Seine Befürchtung war grundlos. Zur fortgeschrittenen Stunde fand Helene einen Weg, Leo Bialo Mut zu machen. Vor Helenes Wohnung drückte er seiner Begleitung zum Abschied einen unbeholfenen Kuss auf die Wange. Erleichtert erwiderte sie die Zärtlichkeit, vergaß darüber aber nicht, das nächste Rendezvous zu vereinbaren. Das Paar traf sich fortan öfter. Die eigene Verliebtheit und jene Leopolds, die sich bald zu tiefer Zuneigung entwickelte, gaben Helene Schmitz die Kraft, sich über die Vorhaltungen ihrer Schwiegereltern hinwegzusetzen, die von der jungen Witwe verlangten, für den Rest ihres Daseins Trauer zu tragen.

Otto Bialo kümmerte sich nicht um das Seelenleben seines Vaters. Am liebsten wäre er den Alten los gewesen. Doch noch war das Haus von der Zeche auf den Namen des Vaters geschrieben. Also probten Otto und seine Frau Maria die kalte Machtübernahme. Stück für Stück schränkten sie den Raum des Vaters in dessen eigenem Heim ein. Das Unverständnis ihrer Familien ließ Leopold und Helene wenig Platz und Zeit, sich ungestört zu treffen. Renata berichtete Rubinstein davon. Nachdrücklich riet er dem Freund, diese unwürdige Situation rasch zu beenden, „indem du so schnell wie möglich eine andere Wohnung mietest – und auszieht!" Bialo wehrte sich. Aufzugeben, das Haus der glücklichen Jahre seines Lebens zu verlassen, wäre ihm wie ein Verrat erschienen.

„Anna ist tot. Du kannst sie nicht mehr lebendig machen. Aber wenn du fortfährst wie bislang, wirst du Helene für den Rest ihrer Tage unglücklich machen. Denn bei ihren Schwiegereltern hat sie durch die Beziehung zu dir Schande auf sich geladen." – „Aber ich habe doch nicht … wir haben doch gar nicht …" – „Umso schlimmer. Und umso dümmer!" Rubinstein war von Bialos Naivität erschüttert. Leo wollte Helene gewiss nicht ins Unglück stürzen. Doch ihn quälten Schuldgefühle seiner toten Frau gegenüber. Sein Freund ahnte das und redete dagegen an. „Du hast jetzt die Pflicht, Helene beizustehen. Aber ihr dürft euren Angehörigen nicht zur Last fallen, was unweigerlich geschieht, wenn ihr mit ihnen zusammenwohnt. Vor allem du! Otto und seine Familie brauchen jetzt ein Haus für sich. So wie du einst!"

Bereits am folgenden Tag erkundigte sich Leo Bialo bei der Verwaltung der Zechendirektion nach einer Wohnung. Dem Ersuchen des Steigers wurde umgehend Folge geleistet. Binnen Monatsfrist konnte Leo Bialo eine Zweizimmerwohnung in der Schulstraße beziehen. Nicht allein, sondern gemeinsam mit seiner Helene. Damit „alles seine Ordnung hat", bat er sie zuvor um ihre Hand. Die Gunst wurde ihm freudig gewährt. Eine Woche nach dem Bezug ihrer Wohnung gaben sich Leopold und Helene Bialo auf dem Herner Standesamt das Jawort. Trauzeugen der unspektakulären Zeremonie waren Samuel Rubinstein und Renata Bialo. Auch Otto und seine Frau Maria waren anwesend. Die hochschwangere Schwiegertochter hielt Bialos Enkel Heiner an der Hand. Samuel Rubinstein hatte seinen Freund davon abhalten können, zuvor mit Helene und seinen Kindern Annas Grab zu besuchen. „Wenn du zum Friedhof musst, dann erledige das wie ein Kerl – allein!"

Leopold folgte dem Ratschlag. Lange verharrte er an Annas Grab. Erstmals seit Jahren konnte er weinen. Bald heulte er hemmungslos. Als er schließlich die Stätte verließ, fühlte Leopold, dass seine Seele von der Last der Trauer befreit war, die er seit Annas Tod und Renatas Geburt mit sich getragen hatte.

Die Liebe und die Zuwendung seiner Frau, die eigene, wenn auch bescheidene Wohnung gaben Bialo neuen Lebensmut. Renata hatte ihren Anteil an der Zuversicht des Vaters. Die Tochter absolvierte mit der gewohnten Energie und gutem Erfolg ihre Schwesternausbildung. Helene verriet ihrem Mann, dass

Renata nun doch gerne Medizin studieren wolle. Die Aussicht, dass seine Tochter Ärztin würde, erfüllte Leopold Bialo mit tiefer Genugtuung. Renata hatte seinen Ehrgeiz geerbt. Er hatte sich vom Kohlenwäscher zum Steiger hinaufgeschuftet. Seine Renata würde noch höher steigen.

Das private Glück des Leopold Bialo passte zur allgemeinen Stimmung in Deutschland. Die Menschen meinten, nach den Entbehrungen und der Instabilität der Nachkriegszeit signalisiere der Boom der Goldenen Zwanziger den Beginn einer langen Epoche des Aufschwungs für das Land. Diese zuversichtliche Stimmung galt insbesondere für das Herzland der deutschen Industrie und Volkswirtschaft, das Revier. Der mehrmonatige Streik der britischen Bergleute im Jahre 1926 ließ die europäischen Abnehmer die deutsche Steinkohle wieder „entdecken". Langfristige Lieferverträge gaben den Zechengesellschaften des Ruhrgebiets Planungssicherheit. Die Rationalisierungsmaßnahmen taten ein Übriges. Maschinen wurden modernisiert, Abbau und Streckenführung mechanisiert. Der teure, laute Pressluftbetrieb wurde durch elektrischen Antrieb ersetzt. Die alten Kokereien, in denen man den zur Eisen- und Stahlerzeugung notwendigen Koks erzeugte, wurden technisch aufgerüstet und erneuert. So entstanden – ebenso wie bei den Zechen – mehr effizient produzierende Zentral- und Großkokereien. Deutsche Steinkohle und Koks wurden so zu konkurrenzfähigen und begehrten Exportprodukten. Da durch den allgemeinen Aufschwung auch die deutsche Volkswirtschaft aufblühte, wurde die hiesige Steinkohle zum gefragten Rohstoff. Das hatte günstige Folgen für die Beschäftigungslage. Noch 1926 waren 46 000 Bergleute im Revier ohne Arbeit. Im folgenden Jahr wurden bereits Kohlekumpels gesucht. Über den Boom vergaßen die Bergwerksgesellschaften und der Staat nicht die notwendige Sicherheit. So wurde im Jahr 1927 die „Versuchsgrubengesellschaft zur Erforschung und Bekämpfung von Unfallgefahren im Bergbau" gegründet. Deren Träger waren die Knappschaftsgenossenschaft, das Land Preußen und das Reich. Als erste Versuchsgrube diente ab 1928 die stillgelegte Zeche Hibernia.

Die Einigung nach einem Arbeitskampf in der Metallindustrie im Folgejahr, der mit moderaten Lohnerhöhungen zwischen einem und sechs Pfennigen pro Stunde zu Ende ging, erhöhte die Planungssicherheit. Ergebnis war eine erneute Steigerung der Produktion. 1928 war die deutsche Wirtschaft auf Vorkriegsniveau. Das war eine enorme Leistung, denn Deutschland musste auf wichtige Rohstoffe, auf Millionen Menschen, die produzierten und konsumierten, verzichten und hatte überdies Reparationszahlungen in Milliardenhöhe zu begleichen. Im Folgejahr wurde ein neuer Produktionshöhepunkt erreicht. Maßgeblichen Anteil hatte die Industrie des Ruhrgebiets. Mit einer Förderung von 124 Millionen Tonnen Kohle wurden 9 Millionen mehr aus der Erde geholt als 1913 im gesamten damaligen Reichsgebiet. Dank dem Fleiß seiner Arbeiter und der Umsicht der Unternehmer war das Revier wieder die führende Industrieregion Europas geworden. Die Menschen waren stolz auf ihren Erfolg und blickten optimistisch in die Zukunft.

Die Amerikaner nannten das Jahrzehnt die „roaring twenties". Die Gesellschaft brummte und jagte vorwärts. Die Kultur gewann neue Dimensionen. Der Jazz, eine Mischung aus afrikanischen Rhythmen und der bis dahin üblichen Tanzmusik, etablierte sich, Filme aus Hollywood eroberten allenthalben die Herzen der Lichtspieltheaterbesucher, und die Ökonomie der neuen Welt stellte einen Rekord nach dem anderen auf. Der Treibstoff der US-Wirtschaft war billiges Geld. Die Firmen besorgten sich die nötigen Mittel in weit stärkerem Maß als in Europa an der Börse. Die Aktien der größeren Unternehmen wurden an der Wall Street gehandelt. Die New Yorker Börse boomte seit Mitte der zwanziger Jahre. Ein Kursrekord nach dem anderen wurde erzielt und kurze Zeit später wieder übertroffen. Um alle an der Jagd nach dem Geld zu beteiligen und dabei selbst am besten zu verdienen, finanzierten die US-Banken immer leichtfertigere Kredite. Aktienkäufer mussten nur noch 10 Prozent des Wertes der Firmenanteile hinterlegen. 90 Prozent wurden von den Geldhäusern kreditiert. Auf diese Weise spekulierten immer mehr Firmen und Privatkunden mit geliehenem Geld an der Börse – um maximale Gewinne einzufahren. US-Banken räumten auch gerne europäischen, speziell deutschen Kommunen und Großkunden Kurzkredite ein. Die deutschen Zechengesellschaften bezahlten damit die Modernisierungen ihrer Gruben. Städte und Gemeinden benötigten die Gelder für öffentliche Aufträge. So finanzierten die amerikanischen Banken den wirtschaftlichen Aufschwung in den USA und Europa.

Der Suche nach neuen Kapitalgebern ist auch die Gründung des preußischen Energiestaatskonzerns Vereinigte Elektrizitäts- und Bergwerks-AG, kurz VEBA, zuzuschreiben, die am 8. März 1929 in Berlin erfolgte. Einzelne deutsche Unternehmen konnten nur schwer ausländische Kredite zu erlangen. Zu schlecht war das Ansehen Deutschlands nach dem Weltkrieg. Die VEBA dagegen war ein mächtiger Zusammenschluss der Preußischen Bergwerks- und Hütten-AG (Preussag), der Preußischen Elektrizitäts-AG (Preußen Elektra), beides ihrerseits beträchtliche Firmenkonglomerate, der Bergwerksgesellschaft Recklinghausen (Bergag) und der Hibernia. Die neue Finanzholding VEBA wollte die sich langsam erholende Wirtschaft Deutschlands weiter stärken, auch durch ausländische Kredite. Doch ein Freitag sollte diese Pläne zunächst einmal zunichte machen.

Im Herbst 1929 geriet die amerikanische Konjunktur ins Stottern. Als wegen zurückgehender Firmengewinne an der Börse die Kurse fielen, veräußerten Anleger ihre Papiere, die auf

Pump gekauft waren. Dies führte schließlich am 25. Oktober zu einer Massenpanik. Immer mehr Aktionäre verschleuderten ihre Effekten. Die Kurse fielen ins Bodenlose. An diesem „Schwarzen Freitag" brach das mit irrwitzigen Krediten finanzierte Schuldengebäude in den USA zusammen. Millionen Anleger büßten ihre Ersparnisse ein. Ein Großteil der Kredite war verloren, und somit standen die Banken vor dem Ruin. Sie versuchten, ihre Anleihen einzutreiben und stürzten so viele Unternehmen in den Bankrott. Damit begann die große Weltwirtschaftskrise.

Die Ausläufer des Schwarzen Freitags waren rasch auch in Deutschland zu spüren. Denn die US-Kredite wurden nun zurückverlangt. Den deutschen Banken fehlte es an Finanzkraft, neue günstige Anleihen im bekannten Volumen auszugeben. Die Auswirkungen wurden sofort deutlich. Die Kommunen mussten sparen, Beschäftigte entlassen und öffentliche Aufträge zurückstellen. Dies wiederum traf viele Unternehmen ins Mark. Von denen eine ganze Reihe, wie die großen Bergbaugesellschaften, ihre Rationalisierungsmaßnahmen ebenfalls mit kurzfristigen Krediten finanziert hatten. Während das Auftragsvolumen sank, wurden die Kredite fällig. So gerieten die Unternehmen und die gesamte Volkswirtschaft in Bedrängnis.

Zu allem Unglück hatte Deutschland ausgerechnet am Vorabend der Krise seinen fähigsten Politiker verloren. Am 3. Oktober starb unerwartet Gustav Stresemann. Ihm war es gelungen, weltweit Verständnis für die deutsche Republik zu erzielen. Dies galt besonders im Verhältnis zu Frankreich und dessen Außenminister Aristide Briand. Für ihre Bemühungen wurden beide Politiker 1926 mit dem Friedensnobelpreis ausgezeichnet. Deutschland war wieder zum geachteten internationalen Partner geworden. Auch in der eigenen Bevölkerung gewann die Weimarer Republik zunehmend an Vertrauen. Bei den Wahlen zum 4. Reichstag im Mai 1928 erfuhren die rechts- und linksextremen

Parteien eine herbe Abfuhr. Die Nazis kamen auf gerade zwei Prozent. Das Gros der Wähler gab den demokratischen Parteien ihre Stimme. Die Koalition aus SPD, Zentrum und Bürgerlichen hatte eine bequeme Mehrheit. Reichskanzler wurde der Sozialdemokrat Hermann Müller, Außenminister blieb Gustav Stresemann. Nun, in der im Spätherbst 1929 einsetzenden Rezession fehlte die Autorität Gustav Stresemanns, die der Staatsmann im In- und Ausland genoss.

Anfang Oktober hatte die Zechenleitung eine kleine Feier zu Leopold Bialos 40-jährigem Grubenjubiläum – man zählte ab Leos „zweiter" Einstellung – veranstaltet. Zu der Zeremonie war neben seiner Frau Helene auch Sohn Otto eingeladen. Dabei hielt Direktor Karl-Friedrich Theinert eine kurze Rede, in der er neben Bialos „profunder Erfahrung als Bergmann" auch dessen „Treue zu seiner Zeche" hervorhob und betonte, „unser Unternehmen wird seinerseits fortfahren, Ihnen, lieber Kollege Bialo, die Treue zu halten und allzeit Ihre Mitarbeit und Ihren Rat wertzuschätzen. Ich bin sicher, Sie werden noch eine Reihe von Jahren unser Kumpel auf Shamrock bleiben. Glück auf!" Die ehernen Worte wurden mit einem Glas Sekt besiegelt.

Nur wenige Monate später wurde Bialo in das Kontor Theinerts zitiert. Der Direktor erläuterte seinem Steiger, was diesem ohnehin bekannt war. Durch die internationale Wirtschaftskrise müsse der Abbau von Steinkohle zurückgefahren werden. Bialo rechnete damit, dass er, wie bereits oftmals in den Jahren zuvor, gebeten würde, mit seiner Erfahrung an Rationalisierungsmaßnahmen mitzuwirken. Der Bergmann überlegte bereits, welche Strecken stillgelegt, welche Abläufe optimiert werden könnten. Da trat Stille ein. Der Direktor sah durch Bialo durch und sprach mit monotoner Stimme: „Die Lage zwingt uns zu drastischem Personalabbau. Wir müssen große Teile der Belegschaft entlassen. Das betrifft auch die über Sechzigjährigen. Sie sind 63, Steiger

Bialo. Also sind auch Sie …" – „Aber Sie haben mir doch vor ein paar Monaten gesagt, dass ich noch viele Jahre auf unserer Zeche mitarbeiten solle. Ich habe wieder geheiratet und eine Wohnung genommen. Ich habe immer fleißig meine Arbeit getan …" Bialo wusste nicht mehr weiter. Er musste auch an Renata denken, die Medizin studieren wollte.

Karl-Friedrich Theinert erhob sich. „Diese Sorgen hat jeder, den wir entlassen müssen. Sie haben gewiss in den letzten Jahren etwas zurücklegen können. Ab 65 erhalten Sie eine ordentliche Rente. Und in Ihrer neuen Werkswohnung dürfen Sie wohnen bleiben." Ein kurzer Händedruck, wiederum ein gewollt munteres „Glück auf!" – und schon war Bialo aus dem Büro und aus seiner lebenslangen Arbeitsstelle entlassen.

Leo hatte eine schlaflose Nacht, während der er sich zwang, ruhig zu liegen, um Helene nicht zu wecken – die ihrerseits nicht schlafen konnte, weil sie spürte, dass ihr Mann von Sorgen umgetrieben wurde. Am Morgen dann beichtete er seiner Gefährtin endlich den Verlust der Arbeit. Die Alternative, nämlich pünktlich zu jedem Schichtbeginn das Haus zu verlassen und sich schamvoll in Kneipen oder Vereinsheimen herumzudrücken, um ihr seine Arbeitslosigkeit zu verbergen, empfand er als würdelos. Helene reagierte ruhig und besonnen, genau wie es Anna einst getan hatte. „Leo, Hauptsache ist, dass du gesund bist!" Sie drückte seine Hand. „Und ich dich habe." Bialo schluckte.

Renata war heilfroh, die Schwesternstelle im Bergmannsheil angenommen zu haben, die ihr das Haus gleich nach ihrer Abschlussprüfung angeboten hatte. Wenigstens konnte sie so für sich selbst aufkommen. Und vielleicht Helene manchmal ein paar Groschen zustecken. Ohne dass es der Vater merkte. Die Kündigung Leopold Bialos bedeutete mehr als die frühzeitige Pensionierung eines Bergmannes. Allenthalben verloren die Menschen ihre Arbeit. Renata wusste, dass ihr Traum vom Medizinstudium nun endgültig ausgeträumt war.

Sie schüttete ihr Herz Samuel Rubinstein aus. „Jede schlechte Zeit geht vorbei. Selbst der Krieg war irgendwann einmal zu Ende", versuchte er Renata aufzumuntern. „Ja, nach vier Jahren. Und bis es sich wieder aushalten ließ, dauerte es noch einmal fünf Jahre. Samuel, ich bin jetzt 24. In fünf Jahren bin ich 29. Bis dahin soll ich Vater auf der Tasche liegen? Das kommt nicht in Frage. Dann bleib ich halt Schwester." – „Ich könnte doch einspringen", versuchte der Arzt einzuwenden. „Das kommt erst recht nicht in Frage!" – „Du könntest in den Semesterferien in meiner Praxis …"

Rubinstein wusste, dass es wenig Sinn hatte, Renata überreden zu wollen. Sie konnte genauso stur wie ihr Vater sein. Die junge Frau war freundlich, doch sie hatte auch einen eisernen Willen. Und was hinzukam: Ihre Argumentation war pragmatisch, während Rubinsteins Zuversicht gespielt war. Er wusste, dass seine Praxis besonders in schweren Zeiten gerade einmal ihn selbst und seine Hilfe ernährte. Renatas Medizinstudium konnte er beim besten Willen nicht über Jahre finanzieren. Doch Rubinstein wusste auch, dass das Leben irgendwie weiterging. Seine Vorfahren hatten immer an den lieben Gott geglaubt. Er glaubte an den Sozialismus. Das Wichtigste war, man vertraute darauf, dass sich das Schicksal zum Besseren wandeln würde.

Arbeitslosigkeit und Ende der Republik
1930–1933

Doch die Wirklichkeit widersprach den Gutgläubigen. Die Wirtschaftsdepression spitzte sich zu und mündete nicht zuletzt aufgrund der Zaghaftigkeit der demokratischen Kräfte und der Skrupellosigkeit ihrer Gegner in einer politischen Krise, die schließlich zu einer Katastrophe auswuchs. Die zunehmende Beschäftigungslosigkeit und die Verarmung der Bevölkerung zwangen die Regierung zum Handeln. Am 27. März 1930 trat Reichskanzler Müller zurück, weil sich sein Kabinett nicht auf eine geringe Erhöhung der Arbeitslosenversicherung einigen konnte. Damit zerbrach die letzte Reichskoalitionsregierung der demokratischen Parteien in der Weimarer Republik an einem taktischen Streit.

Nun, in der Krise, zeigte Reichspräsident Hindenburg, dass ihm nichts an der Demokratie lag, es ihm lediglich um die eigene Machtfülle zu tun war. Hindenburg ernannte sogleich den Zentrumspolitiker Heinrich Brüning zum Reichskanzler. Der neue Regierungschef war ein Mann ohne Ausstrahlung und ohne eigene politische Ideen. Brüning, der über kaum Rückhalt im Reichstag verfügte, war ganz auf Hindenburg angewiesen. Wie sein Meister ihm befahl, ordnete Brüning eine rigorose Sparpolitik ohne Rücksicht auf die Bevölkerung an. Auf diese Weise würgte er jedes Wirtschaftswachstum – etwa durch Produktion oder privaten

Konsum – ab, statt die Konjunktur zu fördern. Das Ergebnis war verheerend. Die Zahl der Beschäftigten nahm rapide ab. Ende 1930 waren fast vier Millionen Menschen ohne Arbeit. Da es sich dabei meist um alleinverdienende Familienväter handelte, gerieten auch Millionen Angehörige in Not. Sie wurden von dürftigen sozialen Zuwendungen abhängig.

Bei den Wahlen im Herbst 1930 zeigte die Bevölkerung ihre Unzufriedenheit mit Brünings Politik der Verarmung. Viele Menschen suchten ihr Heil bei den radikalen antidemokratischen Parteien. Die Kommunisten legten kräftig zu. Die wahren Gewinner aber waren die Nazis. Ihre Stimmenzahl verachtfachte sich von 800 000 auf mehr als sechs Millionen. Statt eines Dutzend schickte die NSDAP nun mehr als hundert Abgeordnete in den Reichstag, wo sie in kackbraunen SA-Uniformen einzogen.

Die Menschen im Revier hatten sich nicht von den Braunen einwickeln lassen. Im Ruhrgebiet konnte die NSDAP den Reichsdurchschnitt von 18,3 Prozent der Wählerstimmen nicht erreichen. In den Städten mit großem Arbeiteranteil erzielten die Nazis besonders schlechte Ergebnisse – hier hatten die Wähler ihr Vertrauen eher den Kommunisten geschenkt. So votierten in Herne nur knapp 10 Prozent für die NSDAP, während die KPD über 28 Prozent der Stimmen erhielt. Den angestrebten Einbruch in die Arbeiterschaft hatten die Nationalsozialisten nicht geschafft.

Ein nennenswerter Durchbruch war den Nazis im Revier erst Anfang der 30er Jahre gelungen. Bis dahin war die Partei eine von mehreren nationalistischen Gruppierungen, die mit anderen rechtsradikalen Splittergruppen Bündnisse einging. Eine erste Ortsgruppe der NSDAP war bereits im Mai 1920 in Dortmund gegründet worden; 23 Volksgenossen boten damals dem braunen Trommler Hitler ihr Heil. Nach der Aufhebung des Parteiverbots, das in Preußen 1922 ergangen war, organisierten sich die Nationalsozialisten neu. Joseph Goebbels leitete am 4. August

1925 die Gründungsveranstaltung der Ruhr-NSDAP in Essen. Hitler ließ sich erst im Sommer 1926 im Revier blicken, als er am 15. Juni in Bochum vor etwa tausend Zuhörern sprach.

Ende der 20er, Anfang der 30er Jahre machte die NSDAP im Revier einen großen Sprung nach vorn. Im Gau Westfalen waren 1929/1930 3500 Parteimitglieder verzeichnet, am 1. September 1930 waren es bereits 11 500, und Ende Oktober, nach den erdrutschartigen Wahlgewinnen der Nazis, hatte sich die Zahl fast verdreifacht.

Im Herbst 1930 hätten die Demokraten ihre Feinde noch ohne weiteres niederhalten können. Denn Kommunisten und Nazis besaßen nicht mehr als ein Drittel der 577 Reichstagsmandate. Dazu aber hätten sich die Demokraten einig sein müssen. Stattdessen aber zankten sie sich wie die Kesselflicker. Die Uneinigkeit der Demokraten war der einzige Trumpf ihrer Gegner. Nach den Wahlen beauftragte Hindenburg erneut Heinrich Brüning mit der Regierungsbildung. Der unfähige Politbürokrat setzte seinen brachialen Sparkurs fort. So wollte er dem Ausland Deutschlands Zahlungsunfähigkeit demonstrieren und ein Ende der Reparationsleistungen erzwingen. Dass diese Totspar-Politik Millionen Menschen in Arbeitslosigkeit und Not stürzte, scherte Brüning wenig. Im Gegenteil, mit Hilfe seiner Verarmungspolitik wollte der Kanzler gleichzeitig die Gewerkschaften entmachten. Um eine Mehrheit im Reichstag musste sich Brüning nicht kümmern. Dank der Verfassung konnte der Regierungschef mit Notverordnungen regieren, die der Reichspräsident zu genehmigen hatte. Das störte Brüning nicht. Er baute auf Paul von Hindenburg. Doch hätte er wissen müssen, dass Hindenburg bislang alle hintergangen hatte, die ihm vertrauten. Einst selbst den Kaiser und seinen eigenen Adlatus General Ludendorff.

Die kontraproduktive Wirtschaftspolitik der Reichsregierung war eine wesentliche Ursache für die alarmierende Zunahme von Armut, Beschäftigungslosigkeit und politischer Radikalität. Ein Barometer dieser Entwicklung war die Rohstahlerzeugung. 1929 wurden in Deutschland 13 Millionen Tonnen Rohstahl produziert, drei Jahre später waren es weniger als fünf Millionen (4,6). Steinkohle war der Treibstoff der Eisen- und Stahlerzeugung, ja der gesamten industriellen Produktion. Also musste die Förderung des schwarzen Goldes entsprechend gedrosselt werden. Von der Rekordproduktion des Jahres 1929 mit 123,5 Millionen Tonnen sank der Abbau auf 107 Millionen im folgenden Jahr. 1931 waren es nur noch 85,6 Millionen, die zwölf Monate später auf 73 Millionen Tonnen fielen. Die Zahl der Bergleute ging auf weniger als 200 000 zurück. 120 000 Kumpels waren ohne Arbeit. Das Revier wurde wegen seiner starken Ausrichtung auf Stahl und Kohle noch härter von der Wirtschaftskrise getroffen als das übrige Deutschland. In manchen Städten wie Eickel, Herne und Gelsenkirchen arbeitete die Hälfte der Beschäftigten im Bergbau. Die Arbeitslosigkeit im Ruhrgebiet lag bei über 30 Prozent. Das war erheblich mehr als im Reichsdurchschnitt, wo im Herbst 1932 mehr als sechs Millionen ohne Beschäftigung waren. Zudem dauerte die „Krisenunterstützung", wie die Arbeitslosenhilfe damals genannt wurde, nur zwischen drei bis sieben Monaten. Danach waren die Beschäftigungslosen und ihre Familien auf kommunale Sozialfürsorge angewiesen. Nicht nur Arbeitslose waren verzweifelt. Ganz allgemein wuchsen Unzufriedenheit und Enttäuschung. Die Weimarer Systemparteien und die Regierung des hölzernen Bürokraten Brüning waren unfähig, die Volkswirtschaft in Gang und die Erwerbslosen wieder in Arbeit zu bringen. Die Auswegslosigkeit veranlasste immer mehr Menschen, auf politische Extremisten zu hören. Kommunisten und Nazis feierten Triumphe.

Im Januar 1932 wurden zwei Abteilungen auf Bergmannsheil zusammengelegt. Eine Schwesternstelle fiel nun weg. Da Renata die am kürzesten eingestellte Kraft war, verlor sie ihre Arbeit.

„Nicht aus persönlichen oder fachlichen Gründen", wie ihr der Stationsarzt versicherte, „aber die Umstände. Schwere Zeiten, Sie wissen ja …" Er hob hilflos die Hände. Es tat ihm sichtlich leid, der jungen engagierten Schwester die schlechte Nachricht überbringen zu müssen.

Renata war fest entschlossen, sofort eine neue Stelle anzutreten. Müßig herumsitzen war ihre Sache nicht. Doch die Arbeitssuche gestaltete sich unerwartet mühsam, ja enttäuschend. Wer Arbeit hatte, hielt in diesen unsicheren Zeiten an ihr fest. Selbst Krankenschwestern, die heirateten, dachten nicht daran, ihre Stelle aufzugeben und Kinder in die Welt zu setzen, da die Männer jederzeit ihre Beschäftigung verlieren konnten – dann musste das Gehalt der Frau für zwei reichen. Hatte dagegen eine ältere Krankenschwester das Rentenalter erreicht, wurde ihre Stelle nicht frei, wie zuvor, sondern gestrichen. Kolleginnen mussten ihre Arbeit mit übernehmen, um Mittel zu sparen. Da nützten Renatas hervorragende Zeugnisse und Referenzen gar nichts. Und ihr Abitur machte nichts besser. Im Gegenteil: Misstrauische Stationsschwestern argwöhnten, Renata halte sich für etwas Besonderes und sei sich für die alltägliche Arbeit zu schade.

Renata war gezwungen, ihren Lebensunterhalt auf vielfältige Weise zu verdienen. Sie hielt Nachtwachen bei Todkranken, verrichtete Hilfsarbeiten in medizinischen Labors. Zudem besann Renata sich auf ihr handwerkliches Geschick. Sie kaufte eine gebrauchte Nähmaschine und bot ihre Künste zunächst unter den Damen der Verwandtschaft und Bekanntschaft an. Schnell sprach sich herum, dass Renata eine einfallsreiche Schneiderin war, die jeder Kreation einen besonderen Pfiff verlieh. Was hatte ihr Herr Levy einst gesagt? Immer elegant … Während Renata an ihrer Maschine die Säume entlangratterte, dachte sie manchmal über die nie gekannte Mutter nach. Ob sie ihren Beruf als Näherin gemocht hatte?

Gelegentlich half Renata in Rubinsteins Praxis aus, wenn dessen alte Assistentin, Fräulein Wagner, unpässlich war. Widerstrebend nahm Renata jeweils eine „Anerkennungsprämie" an. „Bei einem Arbeiterarzt wird niemand ausgenützt. Weder die Patienten und noch nicht einmal das Pflegepersonal, also du!", witzelte Rubinstein. „Und vom Sticheln allein kannst du nicht leben." – „Du auch nicht", konterte sein Patenkind.

Im Mai 1932 hatte eines von Renatas zahlreichen Bewerbungsschreiben Erfolg. Eine Privatklinik in Essen bot ihr eine feste Stellung an. Allerdings sollte sie wieder auf einer Unfallstation arbeiten, und die Stelle war auf ein Jahr befristet. Rubinstein redete mit Engelszungen auf Renata ein, lieber Medizin zu studieren. Doch Renata wollte sich nicht auf „Experimente" einlassen. Sie ahnte Rubinsteins Absicht, sie ins Medizinstudium zu locken, damit sie irgendwann sich darin verfangen und der Ehrgeiz sie packen würde. Am Ende stünde sie als frischgebackene Ärztin da, für die niemand Verwendung hätte.

„Unsinn, Renata. Die Zeiten werden sich wieder bessern. Und für eine hervorragende Ärztin wie dich wird es immer einen Platz geben." – „Ich krieg ja nicht mal 'ne Stelle als Krankenschwester." – „Gerade ist dir eine angeboten worden." – „Eben. Darum werde ich sie annehmen."

Renata hatte Rubinstein mit ihrer Logik matt gesetzt. Doch der Arzt war entschlossen, für seinen Traum von Renatas Zukunft bis zum Letzten zu kämpfen. So fuhr er ohne Renatas Wissen am folgenden Mittwoch nach Essen und bat den Chefarzt des Privatkrankenhauses um eine Unterredung. Der Klinikleiter ließ Rubinstein lange warten, ehe er ihn im Vorzimmer im Beisein seiner Sekretärin empfing. Dr. Steinhoff musterte seinen Besucher abschätzig von oben bis unten. Rubinstein bemerkte, dass der Arzt ein NS-Parteiabzeichen am Revers seines weißen Kittels trug. Da hob Steinhoff bereits mit dröhnender Stimme an zu reden:

„Herr Rubinstein, Sie haben die Zeichen der Zeit nicht erkannt! Das deutsche Volk schickt sich gerade an, Adolf Hitler zu seinem Führer auf den Schild zu heben. Dann sind die Zeiten endlich vorbei, in denen Sie und Ihre Mischpoke sich anmaßten, uns vorzuschreiben, was wir zu tun oder zu lassen haben. Ich werde bewusstes Fräulein Bialo nicht einstellen, weil Sie für diese Person eintreten. Für Sie und Ihresgleichen ist in meiner Klinik und bald auch im ganzen Deutschen Reich kein Platz mehr …"

Rubinstein verließ grußlos das Büro, während der Klinikchef weiterschwadronierte. Freude, dass es ihm gelungen war, Renata an einer Tätigkeit in dieser verhängnisvollen Umgebung zu hindern, konnte er nicht empfinden. Stattdessen ergriff ihn Beklommenheit. Erstmals hatte er einen überzeugten Nazi persönlich erlebt.

Paul von Hindenburg war im April 1932 im zweiten Wahlgang zum Reichspräsidenten gewählt worden. Doch mehr als 13 Millionen Deutsche hatten ihre Stimme dem Nazihäuptling Adolf Hitler gegeben. Anstatt dieses Alarmzeichen ernst zu nehmen und gemeinsam gegen die Nazis zu kämpfen, hatten sich deren Gegner zerstritten. Hindenburg hatte zwar Brüning entlassen, aber an seiner Stelle den nationalistischen Hohlkopf Franz von Papen zum Kanzler ernannt. Papen löste den Reichstag auf und ließ im Juli Neuwahlen abhalten. Dabei errangen die Nazis einen überwältigenden Sieg. Sie zogen mit 230 Abgeordneten in den Reichstag ein. Hitler und seine braune Brut schienen unwiderstehlich.

Während des Wahlkampfes hatte Hitler in Duisburg, Gladbeck und Bochum gesprochen. Offenbar war es ihm nicht gelungen, die Menschen des Reviers zu überzeugen. Trotz höherer Wahlbeteiligung fuhr die NSDAP in 15 von 17 Städten des Ruhrgebiets Verluste ein.

Renata kämpfte ihren aufwallenden Zorn nieder, als Rubinstein ihr ungewohnt kleinlaut gestand, er habe das Krankenhaus in Essen aufgesucht, um sich ein Bild von ihrer zukünftigen Wirkungsstätte zu verschaffen. Doch als er ihr berichtete, der Klinikchef sei ein Nazi, der sie zudem verdächtigte, Juden nahezustehen, schlug ihre Wut um.

„Mit solchen Spießgesellen möchte ich nichts zu tun haben!" Sie sah ihren Begleiter gewollt streng an. „Aber das weiß ich selbst. Ich brauche keinen Vormund." – „Entschuldige, Renata …" Sie legte ihm die Hand auf den Arm.

„Ich brauche dich als Freund. Da bist du unverzichtbar." Rubinstein nahm ihre Hand in die seine und drückte sie fest. Er hatte Trost nötig. Bislang war es ihm gelungen, seine Augen vor der Gefahr des Nazismus zu verschließen. Er hielt die Braunen für einen Pöbelhaufen, der einem Derwisch namens Hitler folgte. Möglicherweise, ja höchstwahrscheinlich waren unter seinen Patienten auch Nazis. Einige Männer trugen Braunhemden. Rubinstein hatte sich nicht darum gekümmert. Er war überzeugt, der braune Spuk würde ebenso schnell wieder verschwinden, wie er gekommen war. Erst die Begegnung mit dem Klinikchef in Essen hatte Rubinstein das volle Ausmaß der Gefahr erkennen lassen, die er durch aufmerksame Zeitungslektüre längst hätte sehen müssen. Der Hass der Nazis war unversöhnlich. Und seine Träger waren keineswegs allein Radaubrüder. Der Arzt begriff, dass die Nazipartei für die deutsche Demokratie eine tödliche Bedrohung darstellte, aber insbesondere für die Juden, auch wenn sie sich – wie Rubinstein – nicht um ihre Religion scherten.

Renata war, anders als Rubinstein, kein politischer Kopf. Aber sie war eine sensible Frau. Unter der Leitung eines Naziarztes zu arbeiten, kam für sie nicht in Frage. Sie spürte Rubinsteins Angst und wusste, dass der Pate jetzt Ermutigung statt Tadel brauchte. „Die Menschen werden sich auf Dauer nicht von diesen Rattenfängern an der Nase herumführen lassen." – „Das habe ich bis gestern auch geglaubt, Renata. Aber ich fürchte, dass die meisten ebenso wie wir ihre Augen vor dem Unheil verschließen, bis es zu spät ist."

Rubinstein hatte alle Illusionen verloren. Und die weitere Entwicklung gab seinen Befürchtungen Recht. Die demokratischen Systemparteien standen unter dem ständigen Trommelfeuer ihrer Feinde. Bereits im Herbst 1931 hatten sich Hitlers Nazis mit der reaktionären Deutschnationalen Volkspartei des heimtückischen Verlegers Alfred Hugenberg sowie den rechten Wehrverbänden wie dem Stahlhelm zur „Harzburger Front" zusammengeschlossen. Gemeinsames Ziel war die restlose Beseitigung der Demokratie. Hugenbergs Zeitungen hetzten die Bevölkerung systematisch gegen das „Weimarer System" auf. Die Kommunisten schlossen Zweckbündnisse mit den Nazis, mit deren SA-Stürmen ihre Roten Frontkämpfer-Trupps sich unterdessen blutige Straßenschlachten lieferten. Die sozialdemokratische preußische Minderheitenregierung ließ sich ohne Gegenwehr von dem allein von Hindenburg in seiner Position gehaltenen, unfähigen Reichskanzler Franz von Papen aus dem Amt jagen. Ungeachtet der Tatsache, dass die preußische Regierung unter Ministerpräsident Braun und ihr Innenminister Severing über 70 000 loyale Landespolizisten gebot, und obwohl Millionen Gewerkschaftsmitglieder vor allem in den Fabriken, Zechen und Städten des Reviers bereitstanden, für den Erhalt der demokratischen Landesregierung zu streiken oder Widerstand zu leisten, räumten die Demokraten lautlos ihre Machtpositionen in Staat und Gesellschaft.

Im Herbst schienen sich die Dinge zum Besseren zu wenden. Bei der Reichstagswahl im November büßten die Nazis mehr als zwei Millionen Stimmen ein. Hitler drohte abermals mit Selbstmord. Doch seine Gegner konnten sich wieder nicht einigen. Der Anfang Dezember von Hindenburg zum Reichskanzler berufene General Kurt von Schleicher versuchte zunächst, ein breites Bündnis gegen Hitler zu organisieren. Die Allianz sollte von linken Kräften der NSDAP über Sozialdemokraten, Gewerkschafter bis hin zu Bürgerlichen und Deutschnationalen reichen. Doch die Herren wollten sich trotz der von allen endlich erkannten Gefährlichkeit des Nazichefs nicht auf eine tragfähige Verbindung einigen. Unterschiedliche Interessen und Eitelkeiten wogen schwerer als die Angst vor Hitler und die Erkenntnis, dass die Lage der Bevölkerung unerträglich geworden war. Anfang 1933 waren mehr als sechs Millionen Menschen arbeitslos gemeldet. Viele hungerten und waren auf Mahlzeiten aus öffentlichen Küchen angewiesen.

Auch im Revier war die Situation ziemlich aussichtslos. Die allgemeine Wirtschaftsflaute in Deutschland und in ganz Europa zwang die Bergwerksgesellschaften, den Kohleabbau weiter zu drosseln. Das bedeutete für viele Zechen die Stilllegung. Die Kumpels wurden auf die Straße gesetzt. Trotz der großen Arbeitslosigkeit blieben die Erfolge der Nazis im Ruhrgebiet im Vergleich zum übrigen Reich relativ bescheiden. Zwei Faktoren standen hier dem schier schrankenlosen Popularitätsgewinn der Nazis, den sie vor allem in Norddeutschland, in Ost-Elbien und in Ostpreußen zu verzeichnen hatten, entgegen: Katholizismus und die Organisation großer Teile der Arbeiterschaft in Gewerkschaften und der SPD. Obgleich die NSDAP im katholischen München und Oberbayern entstanden war, gelang es ihr hier, wie später im Rheinland bis 1933 – solange die Demokratie funktionierte – nie, die Dreißig-Prozent-Hürde zu überwinden. Das Zentrum (in Bayern die Bayerische Volkspartei) organisierte den politischen Anspruch des Katholizismus. In Bayern wie im Rheinland dominierten katholische Landesregierungen und Oberbürgermeister. In Köln beispielsweise lenkte seit 1917 der Zentrumspolitiker Konrad Adenauer die Geschicke der Stadt. Adenauer war zugleich Präsident des Preußischen Staatsrats. 1930, nach dem Scheitern der Regierung Hermann Müller, galt Adenauer als Favorit für das Amt des Reichskanzlers. Doch Reichspräsident Hindenburg lehnte die Ernennung des selbstbewussten Demokraten ab. Lieber berief er den ihm ergebenen Bücklingsbürokraten Brüning zu seinem Vollzugskanzler.

Die Städte des Ruhrgebietes wurden zumeist von sozialdemokratischen Bürgermeistern regiert. Anfang der 30er Jahre taten sie alles, um das Elend in ihren Gemeinden zu lindern. Das war nicht viel mehr, als die Not zu verwalten, Speisung und Unterkünfte für die Arbeitslosen zu organisieren. Immerhin, viele Menschen spürten, dass die Politiker an sie und nicht nur an ihre Posten und Funktionen dachten. So blieben die Wahlergebnisse der SPD im Revier auch in der großen Depression stabil. Dies hatte die Partei nicht zuletzt den Gewerkschaften zu verdanken. Die Arbeitnehmerorganisationen kümmerten sich nicht nur um Beschäftigungsbelange der Mitglieder, vielmehr versuchte die ADAG in Verhandlungen mit den Arbeitgebern, wo immer es ging, Entlassungen zu vermeiden – ein in einer als zunehmend depressiv empfundenen Gesamtwirtschaftslage fast aussichtsloses Unterfangen. Doch gelegentlich, wie etwa im Steinkohlebergbau des Reviers, gelang es, die Unternehmer zumindest von radikalen Stilllegungsmaßnahmen abzuhalten. Das Argument war, ein Potenzial für einen neuen Aufschwung zu erhalten. Die Arbeitgeber ließen sich die Zugeständnisse mit Lohnminderungen honorieren, so dass die Einkommen auch jener sanken, die noch eine feste Anstellung hatten.

Daneben betreuten die Gewerkschaften ihre Mitglieder auch politisch. Das hieß vor allem, sie für die Verteidigung des demokratischen Staates zu gewinnen. Denn nur, so lautete der Grundgedanke, in einer freien demokratischen Gesellschaft konnten die Arbeitnehmer ohne Furcht für ihre Rechte eintreten. In Diktaturen, einerlei ob im faschistischen Italien oder in der kommunistischen

Sowjetunion, gaukelte die Propaganda zwar ein Arbeiterparadies vor. Tatsächlich aber waren die Beschäftigten dort lediglich ein Spielball der jeweiligen Zwangsherrschaft. Die kommunistischen und nazistischen Arbeitnehmerorganisationen versuchten dennoch massiv, die Arbeiter für sich zu gewinnen. Nur im kommunistischen Arbeiterparadies beziehungsweise in der deutschen Volksgemeinschaft könnte die Beschäftigung den ihr zustehenden Platz einnehmen, trommelten die jeweiligen Claqueure. Dank der Aktivitäten der ADAG-Gewerkschaften gelang es, die Arbeiter größtenteils für die Unterstützung des demokratischen Systems zu mobilisieren.

Anders war es mit den Arbeitslosen. Sie verloren mit ihrem Einkommen auch ihr Selbstbewusstsein, was wiederum die Demokratie schwächen konnte. Die Beschäftigungslosen machten nicht zuletzt die demokratischen Parteien für ihr Elend verantwortlich, vor allem die SPD, die es in einem Dutzend Jahren an der Regierung nicht fertiggebracht hatte, die Rechte und Lebensbedingungen der Arbeiter zu sichern. Da wurden viele empfänglich für die Hetze und die Verschwörungspropaganda der braunen und kommunistischen Trommler. „Enteignet die Kapitalisten!", „Die Juden sind unser Unglück!", hetzten die Radikalen. Wichtiger aber war den Arbeitslosen, dass die Nazis und die Kommunisten die Enttäuschten aus ihrer Lethargie rissen und sie in die Gemeinschaft der SA-Stürme und der Rotfrontkämpfertrupps aufnahmen. Dort waren die Männer mit Propagandaarbeit und, „spannender" noch, mit Saal- und Straßenschlachten beschäftigt. Da vergaß man schnell die Werte der Demokratie.

Ende 1932 verlor auch Otto Bialo seine Arbeit. Die Zahl der Kumpels auf Shamrock wurde nochmals verringert, um die Existenz des Bergwerks zu erhalten. Otto war zornig. Länger als zwanzig Jahre hatte er seine Knochen für die Grube hingehalten. Er war während der Arbeit verschüttet worden, hatte im Weltkrieg malocht bis zum Umfallen, alle Modernisierungsmaßnahmen mitgetragen. Seine Kameradschaft hatte stets außergewöhnlich gute Abbauergebnisse erzielt. Er war ein anerkannter Bergmann. Den Worten der Grubenleitung, dass seine „Freistellung nur zeitweiliger Natur" sei, schenkte er keinen Glauben. „Rausgedrückt wie ein Stück Scheiße", wütete er. Wie sollte er fortan Frau und Kinder durchbringen? Und gleichzeitig die Miete für sein Haus aufbringen? Otto wollte mit seinem Vater sprechen. Wenn der Alte und Helene wieder einzogen und sich an Miete und Haushalt beteiligten, würde man es leichter haben. Doch Otto kannte die Sturheit seines Vaters. Der Alte würde lieber verhungern, als seinen Sohn als neues Familienoberhaupt anzuerkennen und bei ihm in Untermiete zu logieren.

Während Otto noch mit sich rang, ob er den eigenen Stolz überwinden, den Vater aufsuchen und an dessen Vernunft appellieren sollte, tauchte sein Bruder auf. Kurt trug eine akkurat gebügelte SA-Uniform mit frisch gewichsten Stiefeln. An seinem Kragen blitzten Rangabzeichen. Er sei Scharführer, erklärte der Gast. Sein Sturm suche kampferprobte deutsche Bergmänner: „Damit wir endlich das ganze Gesocks, Juden, Kapitalisten und Ausbeuter, davonjagen und die Macht in Deutschland übernehmen." – „Und was hab ich davon? Gebt ihr mir Arbeit?", wollte Otto wissen. „Selbstverständlich!" – „In meinem Pütt?" – „Sobald wir die Macht im Reich erkämpft haben", schnarrte Kurt. Otto sah seinen schmächtigen Bruder verächtlich an. Kurt erinnerte ihn an den kleinen Klumpfuß Goebbels. Der Naziobertrommler hatte außer leeren Worten wenig zu bieten. Und nun kam sein eigener Bruder daher und erzählte den gleichen Tinnef. „Mach, dass du rauskommst, du aufgeblasener Zwerg", herrschte er Kurt an.

Waren alle deutschen Politiker nichts weiter als Phrasendrescher, fragte sich Otto. Der Einzige unter ihnen, der jemals mit seiner Hände Arbeit sein Geld verdient hatte, war der Kommunist Ernst Thälmann. Doch der rote Teddy war lediglich eine

Marionette des russischen Diktators Stalin. Der Oberkommi beschimpfte die Sozis als Sozialfaschisten und kungelte eher mit den Nazis. Zum Kotzen! Da hielt Otto sich lieber an seinen Vater. Der war zwar wie sein Freund Rubinstein ein biederer Sozialdemokrat, aber kein Lump.

Renata ahnte, dass sie sich auf lange Jahre der Entbehrung einstellen musste. Selbst der früher notorisch optimistische Rubinstein hatte angesichts der Wirklichkeit sein Vertrauen verloren und war in Lethargie verfallen, die der Stimmung der meisten Deutschen entsprach. Sich in dieser Zeit auf ein langwieriges Studium einzulassen, ohne die Mittel zu haben, es zu finanzieren, erschien Renata verantwortungslos. Sich auf die Hilfe der arbeitslosen Familie zu verlassen oder von dem angeschlagenen und rasch alternden Rubinstein Zuwendungen zu erwarten, war geradezu unverschämt. Ihre Pflicht war vielmehr, ihrerseits die Menschen zu unterstützen, denen sie am meisten zu verdanken hatte. Also bewarb sich Renata immer wieder um eine Einstellung als Krankenschwester. Sie war entschlossen, auf jedes reelle Angebot einzugehen. Doch die Offerten blieben weiterhin aus. Da entschloss sich Renata, Dr. Rubner, auf dessen Station sie als Schülerin oft in den Ferien ausgeholfen hatte, persönlich aufzusuchen. Dr. Rubner war äußerst angetan, als er die aparte junge Frau in ihrem schicken Kostüm sah. Zuletzt war sie ihm als emsiger Backfisch aufgefallen, dessen unermüdliche Energie und ständige Fragen ihm noch im Gedächtnis waren. Nein, ihr Bewerbungsschreiben sei nie zu ihm gedrungen. Er versicherte Renata, dass er sich für sie einsetzen würde. Weitere Wochen vergingen, und Renata blieb ohne Nachricht. Sie war schon dabei zu glauben, Dr. Rubner habe nur leere Versprechungen gemacht oder seinen Einfluss überschätzt. Doch Ende Dezember kam ein Schreiben des Evangelischen Krankenhauses. Ab 1. Februar 1933 sollte Renata in der Kinderabteilung eine in Rente gegangene Kollegin vertreten. Renata war erleichtert. Glücklich sogar. Die Arbeit auf der Kinderstation hatte sie sich immer gewünscht. Das neue Jahr versprach eine Wende zum Guten.

Unterdessen war rasch deutlich geworden, dass der Versuch des Reichskanzlers von Schleicher, Hitler durch ein breit aufgestelltes Bündnis politisch zu isolieren, gescheitert war. Die Nazis scharten sich nach kurzem Zögern wieder um ihren Führer. Daraufhin plante Schleicher einen Staatsstreich, durch den die NSDAP verboten werden sollte. Doch da machte Hindenburg nicht mit. Der Reichspräsident verachtete Hitler als einen politischen Emporkömmling. Er verspottete den Erznazi als „böhmischen Gefreiten" und erklärte, er könne es „vor Gott und seinem Gewissen nicht verantworten", Hitler zum Kanzler zu machen. Doch der Druck der Deutschnationalen, der Nationalsozialisten und der rechten Hetzpresse auf den 85-jährigen Reichspräsidenten wuchs. Schließlich gab Hindenburg nach und ernannte Hitler zum Kanzler einer Koalitionsregierung, in der die Rechte um Vizekanzler Franz von Papen eine deutliche Mehrheit hatte. Der überhebliche Papen glaubte, Hitler „eingerahmt" zu haben und ihn kontrollieren zu können. Doch noch am gleichen Abend zeigten Hitler und seine Bewegung, wer fortan die Macht in Deutschland in Händen hielt. Zehntausende SA-Leute marschierten vor den Augen ihres Führers in einem gewaltigen Fackelzug durch das Brandenburger Tor in Berlin.

Hitler verkündete, dies sei „die entscheidende deutsche Revolution in tausend Jahren". In gewisser Weise hatte er recht. Die Nazis waren entschlossen, mit eisernem braunem Griff die Freiheit zu erwürgen und alle demokratischen Parteien und die ihnen unliebsamen Menschen und Ideen aus Deutschland „hinauszufegen". „Wenn wir die Macht haben, dann werden wir sie nie wieder aufgeben. Es sei denn, man trägt uns als Leichen aus unseren Ämtern heraus", prophezeite Joseph Goebbels.

Nazi-Griff nach der Kohle
1933–1938

Viele im Revier wollten die Machtübernahme der Nazis nicht widerspruchslos hinnehmen. Vor allem die Kommunisten, deren Führung in ihrer Kurzsichtigkeit zur Spaltung der Arbeiterschaft beigetragen und damit den Vormarsch der Nazis ermöglicht hatte, begriffen, dass die Reichskanzlerschaft Hitlers eine tödliche Gefahr für die Arbeiter und insbesondere für sie selbst bedeutete. Als die Entscheidung gefallen war, begehrten sie auf. Noch am selben Tag, am 30. Januar 1933, organisierte die KPD Demonstrationen in zahlreichen Ruhrgebietsstädten. Am 31. Januar versuchten junge Kommunisten in Herne, die Auslieferung bürgerlicher Zeitungen und des Naziblattes „Völkischer Beobachter", die den Regierungsauftrag Hitlers vom Vortag meldeten, gewaltsam zu verhindern. Ein schierer Verzweiflungsakt, der bewies, dass man sich weigerte, die Wirklichkeit zur Kenntnis zu nehmen. Am selben Tag kam es beim Vertragspartner der Hibernia, den Flottmann-Werken, in denen unter anderem Presslufthämmer, Gesteinsbohrmaschinen und Schüttelrutschen produziert wurden, zu blutigen Schlägereien zwischen Naziarbeitern und der nationalsozialistischen Bergbauorganisation auf der einen sowie kommunistischen Arbeitern auf der anderen Seite. Erst nach Intervention der Werksleitung gelang es, die raufenden Männer zu trennen.

Die Nazis hatten durch die Regierungsübernahme in Berlin Oberwasser und wollten dies sogleich ihre Gegner spüren lassen. Bereits am 2. Februar überfielen SA-Schläger in Herne die Geschäftsstelle der sozialdemokratischen „Freien Presse". Mit vereinten Kräften gelang es Redakteuren und Angestellten, die Horde wieder hinauszuwerfen. Doch die Braunen ließen sich ihre Hochstimmung nicht rauben. Wiederum zwei Tage später veranstaltete die SA nach Berliner Muster einen Fackelmarsch durch das nächtliche Herne. Der Zug der hundert Schläger war kümmerlich. Doch immer mehr Opportunisten ließen sich beeindrucken und fanden ihren Weg zur Nazipartei und zur SA. Das spornte die Sturmtrupps zu neuer Aktivität an. In den kommenden Wochen lauerten SA-Schläger immer häufiger Sozialdemokraten auf und droschen mit Peitschen und Gummiknüppeln auf sie ein.

Adolf Hitler warb mit aller Macht um die Zustimmung der Bevölkerung. Bereits am 1. Februar kündigte der NS-Chef „große Jahrespläne" an, mit deren Hilfe die Not der deutschen Arbeiter und Landwirte behoben werden würde. „Binnen vier Jahren muss der deutsche Bauer der Verelendung entrissen und die Arbeitslosigkeit überwunden sein", tönte Hitler. Die Bevölkerung war zunächst skeptisch. Doch mit einem Bündel von Maßnahmen sorgte die neue Regierung dafür, dass aus Worten Taten wurden. Zunächst aber konzentrierten sich Hitler und seine Paladine auf die vollständige Eroberung der Macht – im ganzen Land.

Deutschland brodelte. Es herrschte Wahlkampf. Die Nazis waren, wie Hitler verkündete, „felsenfest" entschlossen, das deutsche Volk mittels einer Welle einschüchternder Gewalt und Dauerpropaganda zu nötigen, den Braunen durch einen überzeugenden Zuspruch das Mandat für eine Diktatur zu verleihen. Wieder einmal sahen die bürgerlichen Parteien dem Treiben der Nazis tatenlos zu. Doch Kommunisten und Sozialdemokraten waren entschlossen, durch Präsenz in der Öffentlichkeit und Widerstandshandlungen den Gegnern der Nationalsozialisten Mut zu machen. Die Deutschen sollten sich nicht kampflos den Nazis unterwerfen. Die Menschen spürten: Die unerträglich ansteigende Spannung musste sich entladen. So geschah es.

Am 27. Februar brannte der Reichstag in Berlin. Hitler war flugs zur Stelle und schwor brüllend Rache an den Kommunisten, denen der Brand zur Last gelegt wurde. Er werde sie alle „aufknüpfen" lassen und sie „mit Stumpf und Stiel ausrotten". Nach vorbereiteten Plänen wurden Kommunisten verhaftet und eingesperrt, ihre Parteibüros zerstört, die Zeitungen beschlagnahmt. Dies geschah „ganz legal" aufgrund einer vorbereiteten Notverordnung der Regierung zum „Schutz von Volk und Staat". Die inszenierte Empörung Hitlers und das gezielte Vorgehen von Polizei und SA macht es wahrscheinlich, dass die Nazis selbst das Feuer im Parlamentsgebäude gelegt hatten, um ein Alibi für neue Gewaltaktionen zu erhalten. Später wurde als Täter ein geistesgestörter holländischer Kommunist präsentiert und zum Tode verurteilt. Kaum jemand aber glaubte, dass er der alleinige Brandstifter war.

Die von Hindenburg genehmigte „Notverordnung" legitimierte überall im Reich den Naziterror gegen Kommunisten und Sozialdemokraten. Wochen zuvor hatten noch die Linken die Städte des Reviers dominiert, jetzt kontrollierte die SA überall die Straßen. Allenthalben wehten blutrote Fahnen, in deren Mitte das Hakenkreuz prangte. SA-Kohorten zogen auch in Herne mit knallendem Schritt über die Plätze. Die braunen Horden grölten ihr Horst-Wessel-Lied von der marschierenden SA, die sich die Straße unterwarf. Am meisten ärgerte sich Renata allmorgendlich auf dem Weg ins Krankenhaus über die selbstzufriedenen Visagen der SA-Männer und Parteizeichenträger, die ständig „Heil Hitler!" brüllten. Am liebsten hätte sie die aufgeblasenen Kerle zurechtgewiesen. Aber ihr Vater hatte sie gewarnt. „Leg dich nicht mit dem Gesindel an. Die schrecken auch nicht davor zurück, eine Frau zu schlagen."

Renata folgte der Mahnung. Sie wollte nicht durch einen unnötigen Streit ihre neue Stelle gefährden. So ging es damals vielen Deutschen. Man nahm Rücksicht und ließ die Nazis gewähren.

Die Einschüchterungskampagne der Nazis hatte Erfolg. Allerdings nicht in dem von Hitler und den Nazis gewünschten Ausmaß. Bei den Reichstagswahlen am 5. März 1933 baute die NSDAP mit knapp 44 Prozent ihre Position als größte Partei weiter aus. Selbst in den „roten" Städten Herne und Wanne-Eickel wurde die NSDAP erstmals stärkste Partei. Aber ebenso wie im Reich verfehlten die Nazis deutlich die absolute Mehrheit. Hitler schäumte vor Wut. Doch er ließ sich nicht von seinem Griff nach der schrankenlosen Macht abhalten. Am 23. März beschloss der Reichstag mit überwältigender Mehrheit das „Ermächtigungsgesetz". Allein die Sozialdemokraten wagten Widerspruch. Ihr Parteivorsitzender Otto Wels rettete zumindest die Ehre der Partei, als er im Parlament den Nazis die Stirn bot. Die Abgeordneten der anderen bürgerlichen Parteien aber knickten im vorauseilenden Gehorsam vor den Nazis ein und stimmten für das Ermächtigungsgesetz. Fortan konnte die Regierung, also Hitler, jedes Gesetz und jede Maßnahme ohne Zustimmung des Reichstags erlassen. Damit wählten die Parlamentarier Adolf Hitler zum Diktator Deutschlands.

Hitler und seine Nazis verloren keine Zeit. Die Regierung beschloss ein „Gesetz zur Gleichschaltung der Länder mit dem Reich". Dabei stimmten die deutschnationalen Minister der eigenen Entmachtung zu. Nun hatten die Nazis freie Bahn. Überall im Reich machten sich SA und SS daran, die bürgerlichen Regierungen und Bürgermeister aus dem Amt zu jagen und die Naziregentschaft der Gauleiter zu installieren. In Köln wurde der Zentrumspolitiker Konrad Adenauer, der 16 Jahre der Stadt vorgestanden hatte, von rüden SA-Rabauken aus seinem Bürgermeisterbüro geworfen. Nicht anders erging es allen Nichtnazis in den deutschen Städten. In Preußen übernahm Hermann Göring das Amt des Innenministers. Damit gewannen die Nazis das Kommando über die Polizeikräfte im größten deutschen Land. Umgehend ließ er die Geheime Staatspolizei, Gestapo, aufbauen. Das Sicherheitsorgan war in Preußen Göring unterstellt und hatte die Aufgabe, alles zu verfolgen, auch mit Gewalt, was das NS-Regime als politisches Vergehen definierte. Im Münchener Polizeipräsidium wurde der konturlose SS-Chef Heinrich Himmler Präsident. Er unterwarf sich zunächst die politische Polizei Bayerns, dann die der anderen deutschen Länder mit Ausnahme Preußens.

Am 6. März pflanzten SA-Männer auf dem Herner Rathausturm die Hakenkreuzfahne auf. Der Oberbürgermeister der Stadt verständigte umgehend die Polizei. Die Fahne sei sofort zu entfernen, ordnete er an. Doch seine Anweisung prallte an einer Mauer der Feigheit ab. Die SA, mit Karabinern bewaffnet, hatte vor dem Rathaus Stellung bezogen. Die erwünschte Wirkung trat ein: Die städtische Polizei war derart eingeschüchtert, dass sie den Befehl des Stadtobersten nicht ausführte. Die Naziflagge flatterte weiter auf dem Rathaus.

Die Nazis ließen ihre politischen Gegner nicht im Zweifel darüber, wie sie in Zukunft mit ihnen umzugehen gedachten. In den Wochen vor den Kommunalwahlen, die für den 12. März 1933 angesetzt waren, terrorisierten die braunen Banden ihnen unliebsame Kontrahenten. In der Nacht zum 11. März wurden in Herne führende Sozialdemokraten aus ihren Betten gezerrt, verhaftet und während des Tages vor der Wahl im Gefängnis festgehalten. Parteivertreter wie Wähler waren gleichermaßen verschreckt – die Kommunalwahlen brachten den Sozialdemokraten und mehr noch den Kommunisten schlechtere Ergebnisse als bei den Reichstagwahlen Anfang März 1933.

Ihren Einzug ins Herner Rathaus inszenierten die uniformierten Nationalsozialisten mit dem ihnen üblichen Pomp, begleitet von Marschmusik und wehenden Fahnen. Die Stadtverordnetensitzung wurde per Lautsprecher auf den Rathausplatz übertragen, wo sich einige tausend Menschen eingefunden hatten. Sogleich stellten die Nationalsozialisten den Antrag, Adolf Hitler und Paul von Hindenburg das Ehrenbürgerrecht der Stadt zu verleihen sowie ausgewählte Straßen und Plätze nach führenden Nationalsozialisten umzubenennen. Was folgte, war typisch für ganz Deutschland: Die Mitglieder der katholischen Zentrumspartei stimmten den Anträgen zu, da sie eine Auseinandersetzung mit den Politrabauken vermeiden wollten, Sozialdemokraten waren aus Protest der Versammlung ferngeblieben, die Kommunisten, die in den Stadtrat gewählt worden waren, waren verhaftet oder untergetaucht. Die Nazis hatten dem Oberbürgermeister nicht vergessen, dass er wenige Tage zuvor ihre Flagge nicht auf seinem Rathaus hatte wehen lassen wollen. Noch in der ersten Sitzung wurde er abgesetzt. Nachfolger wurde ein Parteigenosse.

Allenthalben rissen SA-Männer und Parteibonzen, die sogenannten Goldfasane, die Ämter an sich. Ende April war ganz Deutschland fest im Griff der Nazis. Alle übrigen Parteien und Organisationen wurden in den folgenden Monaten verboten oder mussten sich selbst auflösen. Dabei verstand es die NS-Führung, durch populäre Maßnahmen Zustimmung in der Bevölkerung zu gewinnen. So wurde der 1. Mai, der Feiertag der internationalen Arbeiterbewegung, zum gesetzlichen Staatsfeiertag erklärt. Sozialdemokraten und Gewerkschaften hatten seit einem halben Jahrhundert vergeblich dafür gekämpft. Die Nazis waren entschlossen, alle Kräfte, die nicht zur NS-Bewegung gehörten, auszuschalten. Am nächsten Tag wurden die Gewerkschaften aufgehoben. Ihre Häuser, Einrichtungen, Zeitungen, ihr Vermögen wurden eingezogen und der von der Hitler-Partei kontrollierten, am 10. Mai 1933 gegründeten Deutschen Arbeitsfront zugeschlagen.

Die braunen Herrschaften begnügten sich nicht damit, ihre Feinde zu beseitigen und sich selbst an der Macht einzurichten. Hitler und die NS-Führung hatten darüber hinaus klare Vorstellungen, wie und wohin sie die deutsche Volkswirtschaft lenken wollten – in rücksichtslose Raubkriege. Dazu mussten die deutschen Streitkräfte gewaltig aufgerüstet werden. Bereits am 3. Februar weihte Hitler in einer Geheimrede die Führung der Reichswehr in seine Kriegspläne ein. Die Waffenproduktion würde Arbeitsplätze schaffen, die Wirtschaft ankurbeln und auf diese Weise die Arbeitslosigkeit beseitigen.

Das nötige Geld für dieses Rüstungsprojekt beschaffte der neue Reichsbankpräsident Hjalmar Schacht. Der Finanzmann und einstige Vater der Rentenmark, der sich stets seriös gebärdete, erfand ein windiges Geschäft. Er ließ durch die Metallurgische Forschungsgesellschaft Wechsel in Höhe von Hunderten Millionen Mark ausstellen. Mit diesen ungedeckten Krediten wurde das Rüstungs-, Beschäftigungs- und Kriegsprogramm der NS-Regierung finanziert. Der Bevölkerung wurde das gewaltige Schuldenprogramm vorenthalten. Dem Kaputtsparer Brüning folgte der Pump- und Kriegskanzler Hitler.

In der Öffentlichkeit freilich gab sich Adolf Hitler als Freund des Friedens und Fürsorger der Arbeiterschaft. Noch vor der Reichstagwahl im März war das Reinhardt-Programm in Gang gesetzt worden. Mit Reichsmitteln wurde überall in Deutschland die Infrastruktur erneuert. Häuser wurden saniert, Eisenbahnstrecken repariert, was der Wirtschaft zugute kam. Besondere Aufmerksamkeit erregte der Bau neuer Autobahnen. Die Pläne für die Schnellstraßen lagen seit Jahren in den Schubladen. Allein die Nazis besaßen die Tatkraft, sie zu verwirklichen und damit Hunderttausende wieder in Brot und Arbeit zu setzen. Dass dies mit geschuldetem Geld geschah und die Autobahnen späteren Kriegszwecken dienen sollten, interessierte nur wenige. Hauptsache, es geschah etwas gegen die Beschäftigungslosigkeit.

Die neue Reichsregierung kümmerte sich auch um die Industrie und um Deutschlands wichtigsten Rohstoff, die Kohle. Die Zechengesellschaften, die von der Weltwirtschaftskrise besonders hart gebeutelt wurden und ihren Abbau drastisch zurückschrauben, eine Reihe von Gruben stilllegen und Hunderttausende Kumpels auf die Straße setzen mussten, erfuhren besondere Unterstützung durch die Regierung des Reichs und die von Hermann Göring geführte preußische Regierung. Mit den Geldern präparierte man die Gruben wieder für einen höheren Abbau. Damit wurden die Grundlagen für die zukünftige Aufrüstung gelegt. Wiederum entstanden neue Arbeitsplätze.

Auf dem Rückweg von einem Krankenbesuch zu seiner Praxis passierte Rubinstein die Bahnhofstraße. Zwischen den Häusern war ein Transparent gespannt: „Volksgenossen! Seid deutschbewusst! Kauft nicht in jüdischen Geschäften!" Vor dem Textilgeschäft Levy & Comp. standen zwei SA-Posten mit umgehängten Schildern: „Deutsche! Kauft nicht bei Juden!" Auf die Schaufenster war mit weißer Ölfarbe „Jude" geschmiert. Rubinstein wollte wie die meisten Fußgänger dem Impuls der Feigheit folgen und den Vorfall übersehen. Doch dann siegte seine Aufrichtigkeit. Der Arzt wandte sich an einen SA-Mann und fragte ihn, was er da tue. „Heute werden im ganzen Reich jüdische Geschäfte boykottiert!" Rubinstein zwang sich zu einem Lächeln und fragte erneut: „Heute?" – „Jawohl!" – „Am 1. April? Ist das ein schlechter Aprilscherz?" Das Gesicht des SA-Mannes lief rot an. „Was erlauben Sie sich?", brüllte er. Sein Kamerad, der aufmerksam zugehört hatte, trat näher. Er musterte Rubinstein von Kopf bis Fuß. „Bist wohl selbst ein Jud? Saujud!", rief er. „Ja, ich bin Jude. Und ich bin Arzt. Und ich habe noch nie im Leben Menschen boykottiert …" – „Halt deine freche Judenschnauze!" Der SA-Mann packte Rubinstein an den Barthaaren und schüttelte ihn kräftig. „Sonst gebe ich meinen Boykott auf und breche dir deine morschen Knochen …" Er ließ mit einer Geste, die Widerwillen ausdrücken sollte, von seinem Gegenüber ab und trat dem älteren Mann mit seinem Stiefel so kräftig ins Gesäß, dass dieser unter dem Gelächter seines Kameraden auf das Straßenpflaster fiel. „Lass dir das eine Lehre sein, Itzig", höhnte der SAler.

Rubinstein erhob sich mühsam und ergriff seine Arzttasche. Er biss sich auf die Lippen, so fest, bis er den Geschmack seines Blutes spürte. Bloß keine Angst und schon gar keine Tränen zeigen, befahl er sich. Diese Genugtuung wollte er der Bande nicht bereiten. Rubinstein begrub das Geschehene in seinem Gedächtnis. Er erzählte niemandem davon. Doch seit diesem Tag wusste er, dass die Naziherrschaft keine Episode war. Sie würde Deutschland und speziell den Juden zum Verhängnis werden.

Leopold und Helene Bialo nahmen den vollbeladenen Möbelwagen kaum wahr, der während ihres kleinen Abendspaziergangs Mitte Juni in Richtung Rathausplatz an ihnen vorbeibrauste. Das Paar sprach über Renata. Beide waren traurig, dass sie nun ihre Pläne, Ärztin zu werden, nicht mehr verfolgen konnte. Aber eine Stellung im Herner Krankenhaus war allemal sicherer. Außerdem gestanden beide einander, dass sie Renata gerne in ihrer Nähe wussten. Helene blieb stehen. Sie zog die Luft prüfend durch die Nase. „Hier brennt doch was, Leo", wandte sie sich an ihren Mann.

Sie liefen rasch weiter. Auf dem Rathausplatz loderte ein Feuer. Vom Möbelwagen warfen junge Männer in SA-Uniformen Bücher in die Flammen. „Was machen die denn da? Die können doch nicht einfach …", empörte sich Helene. „… die Schriften von Erich Kästner, Thomas Mann, Heinrich Mann, Erich Maria Remarque, Kurt Tucholsky …", grölte ein SA-Mann und schmiss die Bände in hohem Bogen ins Feuer. „… die kenn ich doch von der Ortsvereinsbibliothek …", murmelte sie. „Komm, Helene, hier passiert etwas Schlimmes." Leo nahm den Arm seiner Frau und zog sie von dem barbarischen Spektakel fort.

Ende Juli erhielt Otto Bialo durch einen SA-Boten eine Vorladung zum „umgehenden Erscheinen in der Leitung der Reichsarbeitsfront, Herne". Der Bote hatte die Anweisung, den arbeitslosen Bergmann persönlich zu begleiten. Das machte Otto Angst. Er hatte sich in der Vergangenheit wiederholt abschätzig über die Nazis geäußert, sie zuweilen als „Faschisten" und „Kapitalistenknechte" beschimpft. Nach der Machtübernahme waren eine Reihe kommunistischer Kollegen von der SA verdroschen worden, zwei, Max Egger und Christof Koslowski, wurden verhaftet. Bialo hatte ein flaues Gefühl.

Von der Vorderfront des früheren Gewerkschaftshauses wehte nunmehr die Hakenkreuzfahne. An der Pforte wurde Bialo von zwei baumlangen SA-Männern empfangen, die die Hacken ihrer braunen Reitstiefel zusammenschlugen und „Heil Hitler!" brüllten. Der ältere von ihnen bellte:

„Otto Bialo! Habe den Auftrag, Sie zu unserem Reichsarbeitsfrontführer zu eskortieren." Die Beklemmung des Bergmanns wuchs. Er befürchtete ein scharfes Verhör, wenn nicht gar Schläge. Ehe er sich's versah, wurde Bialo ins Büro des ehemaligen Gewerkschaftsvorsitzenden geschafft, die Tür schloss sich hinter ihm. Er war allein, wartete, hatte Angst. Während Otto auf das Hitler-Porträt in SA-Uniform starrte, das über dem Schreibtisch hing, überlegte er sich eine Ausredestrategie. Er habe nie etwas gegen die Nazis gehabt. Das übliche Geschimpfe nur. Da wurde die Tür aufgerissen. Mit zackigen Schritten stürmte Kurt Bialo in SA-Uniform auf den Gast zu, riss den rechten Arm hoch, schrie: „Heil Hitler!" Dann senkte er die Hand und streckte sie Otto entgegen. Der drückte die weiche Rechte des Bruders. Kurt genoss die Verblüffung Ottos. „Ja, mein Lieber! Das letzte Mal hast du mich aus deinem Haus geworfen." Kurts Augen blitzten listig hinter seinen Brillengläsern. Ehe Otto ein Wort herausbringen konnte, fuhr Kurt bereits fort: „Längst verziehen! Wir Nationalsozialisten mussten in unserer Kampfzeit so manchen Schlag einstecken. Selbst in meiner, ich meine, in unseren Familien. Das tat besonders weh. Und die zahllosen Opfer der Kameraden. Von Albert Schlageter bis Horst Wessel. Das hat uns hart gemacht. Wir kennen keine Gnade! Wir werden unsere heilige Mission rücksichtslos zu Ende führen."

Otto hörte seinem Bruder verblüfft zu. Kurt quatschte routiniert wie ein kleiner Joseph Goebbels. Er war zum Politfunktionär geworden. Dieser Nichtsnutz! Doch nun saßen er und seine Dummgesellen an den Hebeln der Macht. Und sie nutzten diese skrupellos. Otto hasste seinen Bruder, der ihn herzitiert hatte, um dem Älteren seine neue Macht zu demonstrieren.

Kurt sah zu dem Größeren auf. Sein Blick versprach nichts Gutes. Nach einer Pause fuhr er fort: „Wie gesagt, Otto, ich habe dir deine verbohrte Haltung von einst verziehen – du warst ja wie viele Kumpels vom bolschewistischen Judenpack verhetzt. Damit ist jetzt Schluss!" Kurt schrie. „Schluss! Schluss! Schluss! Ein für alle Mal! Deutschland ist erwacht. Der deutsche Arbeiter nimmt sein Schicksal endlich in die eigene Hand. Dafür haben wir die Reichsarbeitsfront aufgebaut. Künftig wird es nur noch einen deutschen Willen geben. Und den gibt uns unser Führer vor, Adolf Hitler!"

Kurt marschierte aufgeregt hin und her. Schließlich blieb er vor Otto stehen und teilte ihm unvermittelt mit, er habe durchgesetzt, dass dieser wieder in seiner alten Funktion als Hauer und Kameradschaftsführer auf seiner Zeche eingesetzt werde. „Ich will hoffen, dass du mein Vertrauen nicht enttäuschst, Otto! Politische Sabotage oder Defätismus werde ich, wird die Partei nicht dulden. Dann wirst du uns von unserer rauen Seite kennenlernen. Und die ist nicht angenehm. Glaube mir!" Erneut flog ein machtbewusstes Lächeln über Kurts Züge.

Otto machte sich niedergeschlagen auf den Heimweg. Am liebsten hätte er diesen feigen Zwerg zu Brei gehauen. Aber Otto war Familienvater. Er musste an Frau und Kinder denken. Und an seinen Beruf als Bergmann. Den er liebte wie sein Leben. Nach einer Weile an der frischen Luft legte sich seine Anspannung. Otto fasste einen Gedanken, der seine Haltung in den folgenden Dutzend Jahren bestimmen sollte: Die Nazis waren Schweine, doch eines musste man ihnen lassen, sie wussten, anders als die wohlmeinenden, aber zerstrittenen Demokraten, die Macht zu nutzen. Und: Sie kümmerten sich darum, dass die Menschen Arbeit hatten. Sogar sein aufgeblasener Bruder Kurt vergaß die Existenzsicherung von Otto und dessen Familie nicht. Viele Deutsche dachten damals ähnlich wie Otto Bialo. Die Tatkraft der Nazis beeindruckte die Menschen.

Otto war erlöst, dass er wieder Arbeit und ein festes Einkommen hatte. Auf Shamrock bemerkte er, dass man auch hier den neuen Herrschaftsverhältnissen Tribut zollte. Die Werkszeitung der Hibernia ging mit der Zeit. Ab der ersten Novemberausgabe änderte sich das Symbol der Bergwerksgesellschaft. Wo früher ein schlichtes Siegel gewesen war – Schlägel und Eisen mit dem „Shamrock", dem Kleeblatt –, prangte nun ein grimmig dreinblickender Adler. In seinen Klauen trug er Schwert und Blitz, auf seiner Brust strahlte das Hakenkreuz. Das alte Siegel war in den unteren, kleineren Teil des Wappens verbannt. Zur Erläuterung las Otto: „So hat die Bergwerksgesellschaft, alle, die bei der Hibernia tätig sind, die Verpflichtung, Vorkämpfer zu sein für ein neues Deutschland, das nur noch vom nationalsozialistischen Geist erfüllt ist." Otto verzichtete darauf, die Lektüre seiner ihm gegenüber sitzenden Frau zu kommentieren.

Mit Genugtuung nahm Otto hingegen wahr, dass sich bei der Hibernia und auf ihren Zechen das allgegenwärtige „Heil Hitler" als Gruß nicht durchgesetzt hatte. Die Bergleute grüßten einander nach wie vor mit dem vertrauten „Glück auf!"

Otto Bialos Söhne Heinrich und Emil waren nun elf und vier Jahre alt. Maria dachte an ein weiteres Kind. Im Mai 1934 brachte sie ein Mädchen zur Welt, Lilian. Denn Maria Bialo schwärmte wie Millionen Deutsche von dem englisch-deutschen Filmstar Lilian Harvey, die gemeinsam mit Willy Fritsch das Traumpaar des deutschen Kinos war.

Renata arbeitete unterdessen das zweite Jahr in der Kinderabteilung des Evangelischen Krankenhauses in Herne. Sie fühlte, dass ihre Entscheidung, sich nicht auf ein langwieriges Medizinstudium eingelassen zu haben, richtig war. Die tagtägliche Beschäftigung mit kranken Kindern verschaffte ihr Genugtuung. Sie fühlte mit ihren kleinen Patienten. Besonders zu den Säuglingen war Renata hingezogen. Die Neugeborenen spürten offenbar die Herzenswärme der Schwester. Sie wurden auf ihrem Arm ruhiger. Stationsarzt Wefers, ein sogenannter Märzgefallener, wie alte Nazis jene im März 1933 zur NS-Partei übergelaufenen Opportunisten verspotteten, war von Renatas hingebungsvollem Eifer beeindruckt. „Sie sind die geborene deutsche Mutter, Schwester Renata. Sie sollten schleunigst heiraten und deutsche Kinder in die Welt setzen." – „Das will ich gerne tun, Herr Doktor. Aber mir ist noch nicht der rechte Mann, pardon, der rechte deutsche Mann begegnet." – „Sie sollten sich genauer umsehen." Renata blickte dem Arzt direkt in die Augen und schüttelte lächelnd den Kopf. „Glauben Sie mir, Herr Doktor, ich gucke mir alle genau an. Haargenau! Aber ich kann keinen finden …" – „Vielleicht …", warf Wefers ein, ehe Renata fortfuhr: „Nein, keinen. Jedenfalls niemand, den ich so gern auf den Arm nehmen möchte wie meine kranken Kinder hier." – „Ich bin gesund …" – „… aber viel zu groß, Herr Doktor. Jedenfalls passen Sie in keines der Bettchen hier."

Renata mochte die neuen Herren Deutschlands nicht. Das martialische Getue, vor allem der Hass der Nazis gegen Juden, Kommunisten, Gläubige, Demokraten, ja, gegen alle, die nicht ihrer braunen Volksgemeinschaft angehören wollten oder durften, stieß sie ab. Doch zugleich musste sie zugeben, dass die Versprechen der Nazis, sie würden sich um die deutschen Frauen und Familien kümmern, keine leeren Worte waren. Die Kinderstation des Krankenhauses bekam mehr Mittel, sie wurde erweitert und erhielt moderne Apparate.

Renata hatte sich mit Annemarie Lenk, einer Geburtshelferin der Klinik, angefreundet. Als die mit ihrer Familie nach Lüneburg umzog, schlug sie Renata als ihre Nachfolgerin vor. Nach einigem Zögern ging Renata auf die Offerte ein. Zwar mochte sie die hochschwangeren Frauen, fürchtete aber, den Schmerzen und den Schreien der werdenden Mütter und dem Blut, das während des Geburtsvorganges vergossen wurde, nicht gewachsen zu sein. Doch als Renata Annemarie erstmals bei einer Geburt assistierte, war sie sogleich gefesselt. Der Anblick neuen Lebens, das aus dem Schoß der Mutter in die Welt gepresst wird, nahm Renata gefangen und ließ sie ihr Lebtag nicht mehr los. Nacht für Nacht träumte sie von „ihrer" ersten Geburt. Annemarie spürte die Faszination Renatas. Sie hatte geahnt, dass die Geburtshilfe das Richtige für ihre kinderliebe, energische Kollegin sein würde. Renata war hingerissen: „Das ist wie für mich gemacht. Das ist mein Beruf." Mit Annemaries Unterstützung wurde Renata immer öfter im Kreißsaal eingesetzt. Sie war glücklich mit ihrer neuen Tätigkeit, bei der sie täglich etwas lernte. Keine Geburt glich der anderen, jede Mutter war anders, und jedes neue Menschenkind war ein Geschenk, nicht nur für die Mutter, auch für Renata als junge Geburtsschwester. Renata wusste, was sie zu tun hatte: Sie meldete sich bei der Hebammenlehranstalt der Westfälischen Landesfrauenklinik in Bochum an.

Ende Juni 1934 befand sich das Revier im Siegestaumel. Am 17. Juni hatte sich Schalke 04 mit 5:2 gegen die SV Waldhof Mannheim im Düsseldorfer Rheinstadion in das Finale um die deutsche Fußballmeisterschaft geschossen. Eine Woche später ruhten die Hoffnungen erneut auf Ernst Kuzorra – einst Kumpel auf Consolidation in Gelsenkirchen – und Fritz Szepan. Würden die beiden mit ihrem legendären Schalker Kreisel, den kurzen, direkten Pässen, den Meistertitel ins Revier holen? Ein Jahr zuvor waren die Königsblauen mit 0:3 Fortuna Düsseldorf unterlegen.

Die Menschen im Pott fieberten an ihren Volksempfängern mit der Mannschaft, die im Berliner Poststadion gegen den 1. FC Nürnberg angetreten war. Kurz vor Abpfiff der zweiten Halbzeit gelang es Kuzorra, liebevoll auch „Clemens" genannt, den Ball mit einer steilen Flanke im feindlichen Tor zu versenken: 2:1 für die Gelsenkirchener Elf! Kuzorra brach ohnmächtig zusammen; er litt unter einem Leistenbruch, dessen Operation er wegen des Turniers immer wieder verschoben hatte. Schmerz hin, Glück her: Schalke 04 war deutscher Meister. Die Gelsenkirchener bereiteten den Siegern bei ihrer Ankunft am Bahnhof einen triumphalen Empfang. Die „Gelsenkirchener Allgemeine" lobte, dass die Schalker „dem Namen der vielverrufenen Stadt solche Ehre heimbrachten". Ein blau-weiß angestrichenes Schwein flitzte beim Triumphzug durch die Straßen. Schalke im Glück.

Anders als seine Schwester war Kurt Bialo von der neuen Zeit begeistert. Der Führer hatte ein tausendjähriges deutsches Reich unter dem Zeichen des Hakenkreuzes versprochen. Und Kurt hegte keinen Zweifel, dass Adolf Hitler seine Verheißung wahr machen würde. Zunächst hatte er sein Wort gehalten und die mehr als fünfzig Parteien, die nur Zwietracht säten, anstatt die Volksgemeinschaft zu stärken, aus Deutschland „hinweggefegt".

Im Reich galt nunmehr allein „der Wille des Führers". An die Spitze der Gaue und Körperschaften setzte er ihm ergebene Parteigenossen, die Deutschland wieder nach vorne brachten. Wie Kurt. Er betrachtete sein Wirken als Leiter der Reichsarbeitsfront in Herne, wie der Führer und seine Paladine das ihre, als „heilige Pflicht". Seit der Machtübernahme war es ihm gelungen, mehreren tausend Männern wieder Arbeit zu verschaffen. Die meisten Werktätigen wurden zunächst für einfache Aufgaben wie Straßen- und Häuserbau, Erd- und Waldarbeiten in der Umgebung eingesetzt. Hauptsache, die Männer kamen in Arbeit. Kurt konnte beobachten, wie die zuvor hoffnungslosen Männer sich durch ihre Tätigkeit veränderten und als deutsche Volksgenossen zu fühlen begannen. Die Arbeit trieb ihnen die kommunistischen Flausen aus dem Kopf. Jedenfalls wagte es keiner, öffentlich bolschewistische Propaganda zu äußern. Da waren Partei, SA und Polizei unerbittlich.

Als erste Maßnahme im Amt machte Kurt Bialo eine SA-Einheit von hundert Mann zu Hilfspolizisten. Das hatte der Polizei Beine gemacht. Zuvor waren die Polizisten ein sozialistischer Verein gewesen, in Herne wie in ganz Preußen. Nun führten allenthalben SA- und SS-Kameraden das Kommando über die Polizeipräsidien. Auch in Herne. Hier hatte ein SA-Mann das Sagen. Der Bürgermeister war selbstverständlich ebenfalls Parteigenosse, ebenso wie Gauleiter Josef Terboven in Essen. Unter Parteigenossen und SA-Kameraden wurden die Stadt und das Revier schnell „auf Vordermann" gebracht. Kurts Arbeit fand Anerkennung bei höherer Stelle. Am 30. Januar 1934, ein Jahr nach der Machtübernahme, wurde er zum Obersturmführer befördert. Dabei hob der Gruppenführer Kurts Verdienste hervor und betonte, er habe ihn „für höhere Aufgaben im Auge". Bialo brannte vor Ehrgeiz. Der Dienst an der Reichsarbeitsfront war wichtig, und er erledigte die Aufgabe gewissenhaft. Doch Kurts Herz schlug wie das aller Kameraden fürs Militär. Adolf Hitler selbst hatte die SA eine Truppe rauer Krieger genannt.

An der Spitze der SA stand Stabschef Ernst Röhm, ein alter Haudegen. Gemeinsam mit Adolf Hitler hatte Röhm bereits 1923 in München für die NS-Revolution gekämpft. Nach der Machtergreifung hatten Hunderttausende SA-Männer die Demokraten aus ihren Stellungen geworfen und den Staat für Adolf Hitler und die Partei erobert. Röhm war zum Dank von Hitler zum Minister ohne Geschäftsbereich ernannt worden. Im folgenden Jahr hatte Röhm alle nationalen Wehrverbände, etwa den Stahlhelm, der SA angeschlossen. Nun zählte die Sturmabteilung mehr als vier Millionen Kämpfer, jeder fünfte deutsche Mann zwischen 18 und 50 Jahren war Mitglied der SA.

Röhm und seine Führung bebten vor Tatendrang. Ihr nächstes Ziel waren die Streitkräfte. Der frühere Frontoffizier Röhm hielt die Reichswehrführung für einen Haufen bornierter Monokelträger. Er wollte die 100 000 Mann kleine Reichswehr in seinem SA-Millionenheer aufgehen lassen und dessen Führung übernehmen. „Der graue Reichswehr-Fels muss im braunen SA-Meer untergehen!", tönte Röhm. So wäre er Deutschlands, ja Europas mächtigster Militär geworden. Die Reichswehrgeneräle fürchteten ihre Marginalisierung durch Röhm und intervenierten beim Kanzler. Adolf Hitler war nominell auch Führer der SA. Tatsächlich aber kommandierte Röhm die Sturmabteilung. Hitler beargwöhnte die Rivalität seiner braunen Landsknechte und entschied sich zur brutalen Tat.

Der Führer schickte seine SA im Juni in die Ferien. Ende des Monats wurde am bayerischen Tegernsee ein Treffen mit der SA-Führung vereinbart. Zuvor weilte Hitler im Revier. In Essen nahm er als Trauzeuge an der Hochzeit von Gauleiter Josef Terboven teil. Von der Ruhrmetropole flog Hitler im Morgengrauen des 30. Juni schnurstracks nach München. Dort nahm ihn eine

Abordnung der Reichswehr in Empfang. In Begleitung von Armee und SS begab sich Hitler nach Bad Wiessee, wo er Röhm und seine Männerfreunde mit vorgehaltener Pistole festnahm. Der Stabschef und seine SA-Spezis wurden kurz darauf von der SS hingerichtet. Gleichzeitig machten in ganz Deutschland Greifkommandos der SS Jagd auf die SA-Führung. Allenthalben wurden Kommandeure der Sturmabteilung umgebracht. Hitler und SS-Chef Himmler nutzten das Blutbad, um alte persönliche Rechnungen zu begleichen, die nichts mit der SA zu tun hatten. So wurde in Berlin Hitlers Vorgänger als Reichskanzler, General Schleicher, in dessen Wohnung erschossen. Als Schleichers Frau sich schützend vor ihren Mann warf, wurde auch sie umgebracht. Generäle, Politiker, Nazigrößen, die Hitler nicht passten, wurde ermordet. Hitler begründete sein Mordkomplott mit einem bevorstehenden Putsch der SA. Davon aber konnte keine Rede sein. Röhm war Hitler bis zuletzt ergeben.

Der greise Reichspräsident Hindenburg gratulierte Hitler ausdrücklich zu dessen Art und Weise, Ordnung zu schaffen. Die Reichswehrführung war erleichtert. Hitler hatte das Militär vom Albdruck der SA-Rabaukentruppe befreit. Dafür nahmen die Generäle eine staatliche Mordaktion in Kauf, die sie nach Kräften unterstützt hatten. Die wahren Sieger aber waren die kalten Totschläger der SS unter dem Kommando Heinrich Himmlers, die fortan systematisch die Kontrolle über den Sicherheitsbereich, das Militär und schließlich große Teile der Volkswirtschaft an sich reißen sollten.

Im deutschen Bürgertum herrschte Erleichterung über die Entmachtung der SA, deren Schlägertrupps gefürchtet gewesen waren. Die SA-Männer waren vielen deutschnationalen Bildungsbürgern, die Hitlers antidemokratischen Kurs durchaus teilten, zu pöbelhaft. Dass die Beseitigung ihrer Führung und anderer Persönlichkeiten durch skrupellose Killer im Auftrag Hitlers staatlich sanktionierte Morde waren, wollte man nicht wahrhaben oder nahm es in Kauf. Hauptsache, man war die „SA-Landplage" los. Den Preis dieser kriminellen Toleranz sollte die deutsche Gesellschaft bald zahlen.

Zutiefst erschrocken hörte Kurt Bialo die Nachricht von der „Ausrottung dieser Pestbeule", wie Adolf Hitler „Röhm und seine Putschistenbande" nannte. Der SA-Obersturmführer war überzeugt, dass sein Führer Opfer einer Intrige geworden war. Die SA war die treueste Garde Adolf Hitlers. Während der langen Jahre der Kampfzeit hatten zahllose Kameraden ihr Leben für den Führer hingegeben. Kurt selbst hatte nie gezögert, jedem Befehl Hitlers blind Folge zu leisten. Und nun sollte die SA ein Haufen Verbrecher sein? Ernst Röhm war Adolf Hitlers ergebenster Streiter! Doch wenn der Führer ihn des Verrats beschuldigte, dann hatte er seine Gründe. Auf jeden Fall, das begriff Kurt sogleich bei der Lektüre der Parteizeitung, des „Völkischen Beobachters", sah Hitler offenbar die SA-Führung als eine Putschistenclique an, die „bis auf das rohe Fleisch ausgebrannt" werden musste. Das bedeutete, dass auch er als treuer Soldat bei Adolf Hitler unter Verdacht stand. Er schwebte in Lebensgefahr.

Bialo geriet in Panik. Seine SA-Uniform, bislang der Ehrenrock des Führers, stempelte ihn zum Freiwild. Kurt musste schleunigst seine braune Tracht loswerden. Im Amt besaß er keine Zivilklamotten. Kurt rannte aus seinem Büro. Auf der Straße hatte er das Gefühl, alle Passanten starrten auf seine SA-Uniform. Kurt riss sich seine Krawatte vom Kragen. Doch mitten in der Bewegung hielt er inne. Damit machte er sich erst recht verdächtig. Der SA-Offizier versuchte, seine flatternden Nerven unter Kontrolle zu bekommen, einen kühlen Kopf zu bewahren. Er brauchte Zivilkleidung. Also ab nach Hause. Nein! Womöglich wartete da bereits ein Greifkommando auf ihn. Er musste woanders hin. Zu Otto. Vor einem Jahr erst hatte Kurt die Lebensgrundlage des

Bruders und seiner Familie gesichert, indem er Otto in seine alte Stelle eingesetzt hatte. Doch Otto war ein Schlappschwanz, er würde ihn ebenso im Stich lassen wie sein marxistischer Vater. Bei seinen SA-Kameraden Schutz zu suchen, war glatter Selbstmord. Freunde besaß Kurt keine. Mangels Zeit – das ganze Leben nur Dienst. „Undank ist der Welt Lohn!"

Wohin? Renata? Seine Schwester steckte mit dem Judendoktor unter einer Decke. Das war's! Rubinstein! Der Jude hatte ihm schon einmal auf der Flucht geholfen. Kurt hatte nichts gegen Juden. Schon gar nichts gegen Rubinstein persönlich. Und beim Juden würde man ihn als verdienten Parteigenossen zuletzt suchen.

Samuel Rubinstein hatte Mühe, seine Verblüffung zu verbergen, als Kurt Bialo im derangierten SA-Rock in sein Sprechzimmer stürmte. Als dieser rief: „Herr Doktor, Sie müssen mir helfen!", besann sich Rubinstein auf seine Morgenzeitung. Kurti hatte Angst. Unwillkürlich musste Rubinstein auflachen. Die braune Schlägerbande fürchtete sich, weil ihr Führer und seine SS-Spießgesellen Jagd auf sie machten. Was gingen ihn die internen Kämpfe der Nazilumpen an? Sollten sich die Verbrecher doch gegenseitig die Schädel einschlagen. Dennoch hatte er Mitleid mit der angstbebenden Kreatur vor ihm. Als Sozialist und als Mensch hatte er die Pflicht, seinem Nächsten zu helfen. Unterließ er dies, dann war er nicht besser als die Nazis. So gewährte der jüdische Arzt Samuel Rubinstein dem SA-Offizier Kurt Bialo erneut Asyl und Schutz.

Nach drei Tagen normalisierte sich die Situation. Die SA-Hexenjagd wurde abgeblasen. Der Führer ernannte Viktor Lutze zum neuen Stabschef seiner Sturmabteilung. Die SA war kein politischer Machtfaktor mehr. Als Propaganda- und Mobilisierungstruppe allerdings blieb sie erhalten.

Nach einem anonymen Kontrollanruf wagte sich Kurt Bialo wieder ins Amt. Zuvor gelobte er Rubinstein erneut „immerwährende Dankbarkeit". Die Reichsarbeitsfront in Herne wurde nunmehr von einem grauen Parteifunktionär geleitet, gewiss ein „Märzgefallener" oder gar ein früherer Gewerkschafter, der sich bei den Goldfasanen lieb Kind gemacht hatte. Kurt Bialo wurde zu seinem Stellvertreter degradiert. Er hatte sich um ältere Arbeitslose zu kümmern. Verbittert beschimpfte er sich als Altenpfleger.

Renatas Qualifikation als Schwester in der Geburtshilfe wurde bald allgemein anerkannt. Ihre Arbeit im Kreißsaal war sicher und fachkundig. In ihrer Hebammenausbildung in Bochum, die sie neben der Arbeit absolvierte, machte sie rasche Fortschritte. Entscheidend aber war Renatas seelische Kraft und die offensichtliche Freude an ihrer Arbeit. Auf diese Weise war sie fähig, den Gebärenden ihre Angst zu nehmen. Obgleich es nicht zu ihren unmittelbaren Aufgaben gehörte, kümmerte sich Renata oft auch um den weiteren Weg der Neugeborenen in der Säuglingsstation. Dies galt besonders für kranke Kinder. Der Leiter der Geburtshilfe lobte Renata wiederholt, was sie einerseits mit Genugtuung erfüllte, denn Dr. Hartmann war ein hervorragender Gynäkologe, doch andererseits war es der Schwester peinlich, denn die meisten ihrer Kolleginnen arbeiteten länger als sie in der Abteilung.

Im Herbst 1935 bat der Arzt Renata in sein Sprechzimmer. Es gab Tee und Kekse, und Hartmann hob erneut ihre „hervorragende Berufstätigkeit" hervor. Sie sei „eine deutsche Frau, wie der Führer und wir alle uns die deutsche Frau wünschen". Renata kannte die neuen Floskeln und wartete auf das, was ihr der Arzt mitteilen wollte. Tatsächlich bot Dr. Hartmann Renata an, fortan als Stationsschwester die Geburtshilfe zu betreuen. Ihre Vorgängerin, Fräulein Sommer, müsse abgelöst werden. Weshalb, wollte Renata wissen. Hartmann redete eine Weile um den heißen Brei herum, ehe er den Grund nannte. „Fräulein Sommer ist Halbjüdin. Wir haben das bislang hingenommen. Aber jetzt bleibt uns nichts übrig, als uns von Fräulein Sommer zu trennen. Sie kennen ja die Nürnberger Gesetze."

Renata wusste Bescheid. Auf dem Reichsparteitag in Nürnberg hatten die NSDAP und der dort versammelte NS-Reichstag Gesetze beschlossen, die Juden ihrer staatsbürgerlichen Rechte beraubten, und gleichzeitig ein „Gesetz zum Schutze des deutschen Blutes und der deutschen Ehre" verabschiedet. Nach diesem „Blutschutzgesetz" wurden Ehen und jede berufliche, sexuelle und persönliche Beziehung zwischen Juden und „Staatsangehörigen deutschen oder artverwandten Blutes" verboten.

Samuel Rubinstein rechnete mit dem Schlimmsten. Dass die Nazis es wagen würden, ihren Hass in staatliche Gesetze zu gießen, erschütterte ihn zutiefst. Rubinstein zog sogleich die Konsequenzen und schloss seine Arztpraxis. Vergeblich hatte Renata versucht, ihn von dieser voreiligen Entscheidung abzuhalten. „An das Tausendjährige Reich glauben selbst die Nazis nicht. Der braune Spuk wird bald vorbei sein, Samuel." – „Vielleicht." Rubinstein blickte Renata traurig an. „Wahrscheinlich hast du Recht. Die Nazibarbarei wird keine tausend Jahre dauern, nicht einmal hundert. Aber selbst wenn die Hitlerei nur noch zehn Jahre anhält, ist es für mich zu spät. Ich bin 62. In zehn Jahren bin ich über siebzig. In diesem Alter fängt man nicht mehr von vorne an." – „Es wird schneller verschwinden. Ich will es so!", tönte Renatas volle Stimme. – „Ich auch. Aber das reine Wollen nützt wenig. Das Gros des Volkes ist mit Hitler zufrieden. Die Nazis sitzen fester denn je im Sattel. Sie haben tatsächlich Erfolge vorzuweisen. Hitler hat die Arbeitslosigkeit fast ganz beseitigt. Das ist den Leuten wichtig, nicht die Demokratie oder die Menschenrechte, für die wir Sozialdemokraten jahrzehntelang gekämpft haben."

Renatas Trost und Überredungsversuche blieben vergeblich. Rubinstein würde seine neue Praxishelferin, Fräulein Klösgen, entlassen müssen, denn Juden durften keine Hausangestellten beschäftigen, die jünger als fünfzig waren. Renatas Angebot, ihn zu unterstützen, lehnte der Arzt lächelnd ab. „Ein wenig jünger als fünfzig bist du mit deinen 29 ja wohl?!" – „Ich möchte nicht deine Hausangestellte sein, sondern selbständige Mitarbeiterin …" Rubinstein ließ sich nicht überzeugen. Und Renata musste sich eingestehen, dass er realistisch dachte. Seine Praxis ernährte keine zwei Personen. Und es war nur eine Frage der Zeit, wann die Nazis ihm und anderen jüdischen Ärzten die Ausübung ihres Berufes, zumindest aber die Behandlung „arischer Patienten", untersagen würden.

Rubinstein vertraute Renata an, er gedenke sein Leben spät, aber hoffentlich nicht zu spät, gründlich zu ändern. Der Arzt wollte in der Praxis eines jüdischen Kollegen in Essen mitarbeiten. In der Stadt gebe es eine größere jüdische Gemeinde, folglich auch ausreichend jüdische Patienten „und Hypochonder, wozu nicht wenige unserer Leute neigen". Wieder musste Rubinstein lächeln.

Als „unsere Leute" galten ihm auch über Jahrzehnte hinweg seine sozialdemokratischen Parteigenossen. Doch die Nazis hatten die SPD nach 1933 gebrochen. Ihre Spitzenpolitiker wurden eingesperrt, manche landeten im Konzentrationslager, wie der kämpferische Kurt Schumacher. Das Gros der Genossen ging in die innere Emigration. Wie Samuel Rubinstein. Die politische Niederlage seiner Partei, die Verzweiflung über die Situation seiner deutschen Heimat und die Auswegslosigkeit des eigenen Lebens warfen Rubinstein unversehens wieder auf seine Wurzeln zurück, vor allem auf sein Judentum. Als Jugendlicher hatte er sich von der Religion seiner Väter entfernt. Er glaubte nicht an Gott, sondern an den Sozialismus. Die Genossen, vor allem aber seine Patienten, waren seine Familie geworden. Nach dem Verbot der SPD und dem Niedergang seiner Praxis suchte der ältere Mann zunehmend die Nähe des Judentums. Ohne seinen Gottesglauben wiederzufinden, ging er immer öfter in die Synagoge in der Hohenzollernstraße. Das Gotteshaus aus dem Jahre 1911 galt als eine der schönsten deutschen Synagogen. Das prächtige Bauwerk zeugte vom einstigen Reichtum der jüdischen Gemeinde Hernes. Die Synagogenfenster zeigten kunstvolle Bleiverglasung. Das Eichenportal war mit Bronze beschlagen. In der Vorhalle des mächtigen Gebäudes plätscherte Wasser in einen Marmorbrunnen. Die blau-gelbe Glaskuppel erzeugte Lichteffekte, die an den Tempel in Jerusalem erinnern sollten.

Eine Synagoge ist nicht nur ein Ort des Gebets. Sie ist das Zentrum einer jüdischen Gemeinde. Hier werden neben religiösen Festen auch gesellschaftliche Feiern wie Hochzeiten, Beschneidungen, Jubiläen abgehalten. Religionsunterricht wird erteilt und hilfsbedürftige Menschen betreut. Zunächst ging Rubinstein an den Hohen Feiertagen, am Neujahrs- und dem Versöhnungsfest, bald auch an jedem Sabbat in die Synagoge. Er verstand die althebräischen Gebete aus der Thora, der fünf Bücher Mose, nicht. Doch Samuel Rubinstein fühlte sich den anderen Synagogenbesuchern nahe. Es waren zumeist ältere Männer wie Rubinstein, die Frauen saßen nach orthodoxer jüdischer Tradition auf der Galerie. Die jüngeren Gemeindemitglieder verließen immer häufiger ihre von den Nazis beherrschte Heimat, in der sie keine Zukunftsperspektive sahen. Das gemeinsame Schicksal unter dem Naziregime ließ die Juden wieder enger zusammenrücken.

Renata musste an ihren Paten Rubinstein denken. Zorn stieg in ihr auf. Sie blickte in das lächelnde Gesicht ihres Stationsarztes. „Das kommt nicht in Frage!", rief Renata. Vergeblich bemühte sie sich, ihre Aufregung zu beherrschen. Ihre Stimme vibrierte, als sie fortfuhr: „Sie wissen, wie sehr ich meinen Beruf liebe …" – „Eben darum, Schwester Renata …" – „… doch ich denke nicht daran, einer Kollegin die Arbeit wegzunehmen!" – „Unglücklicherweise ist Fräulein Sommer Halbjüdin." – „Nein! Unglücklicherweise sind die Nazis am Ruder. Für die nicht der einzelne

Mensch zählt, sondern seine Rasse. Wie beim Vieh." – „Schwester Renata!" Hartmann hob seine Stimme. „Wir sind nicht dazu da, unsere Regierung zu kritisieren." Seine Worte versetzten Renata in hellen Zorn. „Sie sind Arzt. Sie haben geschworen, jedem Menschen zu helfen. Nie zu schaden …" – „Das Gesetz …" – „… ist unmenschlich!" – „Ich erlaube nicht, dass Sie die Gesetze des Reiches schmähen, Fräulein Bialo!" – „Die Nazigesetze widersprechen dem hippokratischen Eid, den auch Sie geleistet haben. Sie müssen sich entscheiden. Zwischen Ihrer Pflicht als Arzt und Ihrer Anbiederung an die Nazis …" – „Jetzt ist es genug!" Hartmann sprang auf. „Verlassen Sie augenblicklich mein Zimmer!"

Nach einem längeren Spaziergang an der frischen Luft gewann Renata wieder ihre Ruhe zurück und überdachte ihre Lage. Mit ihrer Unbeherrschtheit hatte sie Erika Sommer nicht geholfen. Hätte sie stattdessen die Offerte angenommen, Stationsschwester zu werden, hätte sie eventuell für die Kollegin etwas tun können. Vielleicht würde der Arzt ihre Entschuldigung annehmen? Nein! Diese Ausrede für die eigene Feigheit, den eigenen Opportunismus und Egoismus gebrauchte heutzutage jeder, um sich bei den Nazis anzubiedern. Auf diese Weise ergab sich ganz Deutschland Hitlers Willen.

Renata wollte nicht ebenso handeln. Eine Entschuldigung beim Stationsarzt wäre eine Lüge. Hartmann war charakterlos, hatte aufgehört, wie ein Arzt zu handeln. Renata war entschlossen, ihre heftigen, aber wahren Worte nicht zurückzunehmen. Sie hielt inne. Wenn sie konsequent sein wollte, musste Renata die Klinik verlassen. Sie liebte ihre Arbeit. Sie wollte weiterhin Kinder betreuen. Aber auf ehrliche Weise.

Mit zwei Flaschen Rotwein suchte Renata am Abend Samuel Rubinstein auf. Sie erzählte ihm von ihrer Entscheidung, ihre Arbeit im Krankenhaus zu beenden. Fortan würde sie sich auf ihre Hebammenausbildung in Bochum konzentrieren. In der Lehranstalt hatte man Renata bedeutet, dass aufgrund ihrer Erfahrung und ihres Geschicks ihr ein Jahr der dreijährigen Ausbildung erlassen werden könnte. Bis dahin musste sie noch ein Dreivierteljahr überbrücken. Es wurde eine lange Nacht. So fröhlich sollte Renata ihren Paten Samuel Rubinstein nie wieder erleben.

In Deutschland herrschte Aufbruchstimmung. Nach dem Tod von Reichspräsident Hindenburg im August 1934 amtierte Hitler als Reichskanzler und Staatsoberhaupt. Soldaten und Beamte wurden nunmehr auf Hitler persönlich eingeschworen. Der Eid der Wehrmacht, wie die Reichswehr seit März 1935 hieß, lautete: „Ich schwöre bei Gott diesen heiligen Eid, dass ich dem Führer des deutschen Reiches und Volkes, Adolf Hitler … unbedingten Gehorsam leisten … und jederzeit für diesen Eid mein Leben einsetzen werde."

Die Rückkehr der Saar ins Reich wurde gefeiert. Der Versailler Vertrag hatte 1919 das Saarland zum Mandatsgebiet des Völkerbundes erklärt. Im Rahmen der Reparationsleistungen wurde Frankreich die Verwaltung des wirtschaftlich wichtigen Landes und seiner Kohlezechen überlassen. Am 13. Januar 1935 – auch das hatte der Völkerbund dekretiert – konnten die Menschen der Saar darüber abstimmen, ob sie fürderhin zu Frankreich oder zu Deutschland gehören oder den Status quo erhalten wollten. Das Deutsche Reich entfachte eine mächtige Propaganda. Das Motto „Deutsch ist die Saar immerdar" fand überwältigende Zustimmung. 90,8 Prozent der etwas über eine halbe Million Wahlberechtigten stimmten in freier Wahl für die Zugehörigkeit zu Deutschland. Adolf Hitler verstand es, diesen Erfolg auf sein Konto zu verbuchen. Am 1. März 1935 erfolgte der „Anschluss" des neuen Gaus Saarland an das Deutsche Reich. Es war kein Votum für den Hitlerstaat, aber zumindest dessen Tolerierung. Die Wiedereingliederung des Saargebiets stärkte Deutschlands Volkswirtschaft. Das Land besaß Schwerindustrie und Kohlegruben.

Große Teile des deutschen Bürgertums und das Offizierskorps waren froh, dass anstelle der „undisziplinierten, egoistischen" Demokratie nunmehr alleine der Wille des Führers ausschlaggebend war. Im März 1935 wurde die allgemeine Wehrpflicht wieder eingeführt, die Marine erhielt in Abstimmung mit England moderne Kriegsschiffe, und die Luftwaffe wurde unter dem Kommando Hermann Görings, der ein Jahr später praktischerweise auch für den wirtschaftlichen Vierjahresplan verantwortlich war, aus dem Boden gestampft. Die gewaltige Aufrüstung trieb den Stahlverbrauch und damit auch den Bedarf an Steinkohle enorm in die Höhe. Die Stahlproduktion an der Ruhr vervierfachte sich im Laufe weniger Jahre. Entsprechend stieg auch der Abbau von Steinkohle im Revier. 1936 wurden an der Ruhr 107 Millionen Tonnen Steinkohle gefördert. Drei Jahre später holten die Kumpels bereits mehr als 130 Millionen Tonnen Kohle aus dem Berg – das waren weit mehr als doppelt so viel wie sechs Jahre zuvor, als die Nazis an die Macht kamen.

Die Kohle diente nicht nur der Waffenproduktion. Die Reichsregierung förderte nach Kräften den Ausbau der Verkehrswege sowie die Errichtung öffentlicher Bauten. So wurde die Arbeitslosigkeit nach nur drei Jahren Naziherrschaft beseitigt. Sechs Millionen Beschäftigte, oft Familienväter, hatten wieder ein regelmäßiges Einkommen und eine sinnvolle Aufgabe. Ihr Geld belebte den Konsum. Die Volkswirtschaft boomte. Hitler führte das Reich von Triumph zu Triumph. Nach einem Nichtangriffspakt mit Polen und dem Abschluss eines deutsch-britischen Flottenabkommens befahl Hitler im Frühjahr 1936 der Wehrmacht den Einmarsch in das entmilitarisierte Rheinland. Die deutschen Truppen wurden mit Jubel empfangen. Die Freude ging quer durch die Bevölkerung. Nicht nur Nazis waren erleichtert, dass damit der Deutschland aufgezwungene Vertrag von Versailles ausgelöscht war.

Im August fanden in Berlin die Olympischen Spiele statt. Die Nazis zelebrierten das Sportereignis zur gewaltigen Propagandaschau für ihr Regime. Und die Sportler ließen sich von den Nazis bestechen. Die bekannteste war die Fechterin Helene Meyer, die bereits Deutschland verlassen hatte und im Ausland lebte. Die Athletin nahm als Mitglied der deutschen Olympiamannschaft an den Spielen teil und errang die Silbermedaille. Für ihre Leistung wurde die Hakenkreuzfahne aufgezogen. Unterdessen litten hunderttausende politische Gegner und Juden unter Haft und Unterdrückung. Doch die große Mehrheit nahm dies schicksalsergeben hin. Viele Deutsche ließen sich wie die Jüdin Helene Meyer von den Naziherrschaften verführen und bestechen. Helene Meyer durfte nach den Spielen in ihr sicheres amerikanisches Exil zurückkehren. Die meisten Nazigegner und Juden aber wollten oder konnten ihre deutsche Heimat nicht verlassen.

Die tatkräftige Beseitigung der Arbeitslosigkeit und der Gewinn an internationalem Ansehen, den das Land unter Hitler einfuhr, ließen viele Deutsche die Schattenseiten des Naziregimes übersehen. Die meisten wollten den Juden oder den Sozialdemokraten nichts Böses antun. Doch sie nahmen die Entrechtung der Minderheiten ebenso hin wie die Ausschaltung aller oppositionellen Gruppen. Die nationale Depression, die das Land seit dem Weltkrieg gefangengehalten hatte, war verflogen. Hitlers aufgeregte Energie übertrug sich auf die Stimmung in Deutschland, ja auf Europa. Nichts und niemand schien sich dem Willen des Diktators entgegenstellen zu können. Die Erfolge ließen den Führer auch außenpolitisch in die Offensive gehen.

Adolf Hitler, der aus dem österreichischen Flecken Braunau am Inn stammte, war seit seiner Jugend Alldeutscher. Das heißt, er erstrebte die Vereinigung aller deutschen Länder und Stämme. Österreich wurde seit Anfang der dreißiger Jahre von einer klerikalen Diktatur regiert. Die Sozialisten wurden unterdrückt, ihr

Aufstand 1934 brutal zusammengeschossen. Seither hassten die österreichischen Arbeiter das Regime in Wien. Die Nazis hatten die Feindschaft vieler Österreicher gegenüber der Diktatur für einen Putsch nutzen wollen. Im Sommer 1934 ermordeten österreichische SS-Männer Kanzler Engelbert Dollfuß. Doch das klerikale Regime blieb an der Macht – nicht zuletzt, weil es unter dem Schutz des italienischen Faschisten Mussolini stand. Trotz Diktatur herrschte in Österreich ein gewisses Mindestmaß an persönlicher Sicherheit und Freiheit, wenn man sich nicht aktiv gegen die Regierung stellte. So wurde die Alpenrepublik zum Asyl vieler deutscher Flüchtlinge. Die Unabhängigkeit Österreichs erzürnte Hitler. Im Frühjahr 1938 erpresste er den österreichischen Kanzler Kurt Schuschnigg, sich Deutschland zu unterwerfen. Nach einer fingierten Bitte der österreichischen Nazis marschierte die Wehrmacht im Nachbarland ein. Die deutschen Soldaten wurden überall von der Bevölkerung bejubelt. In Wien proklamierte Adolf Hitler unter dem Beifall Hunderttausender „den Anschluss (seiner österreichischen) Heimat an das Deutsche Reich". Dies wurde in einer Volksabstimmung triumphal bestätigt.

Hitler verkündigte öffentlich, Deutschland habe nunmehr keine territorialen Ansprüche mehr. Das oberste Ziel seiner Politik sei der Friede. Als Leopold Bialo diese Botschaft an seinem Volksempfänger vernahm, meinte er zu Helene: „Es gibt bald Krieg." – „Aber Leo, der Führer hat doch Frieden gelobt …" – „Eben! Hitler ist ein notorischer Lügner. Wenn er Frieden verspricht, bedeutet das Krieg."

Bialo behielt recht. Schon im November 1937 hatte Hitler die Generalität der Wehrmacht aufgefordert, den Krieg operativ vorzubereiten. Dies war konsequent. Denn bereits Tage nach seiner Ernennung zum Reichskanzler Anfang 1933 hatte Hitler der Führung der Streitkräfte reinen Wein eingeschenkt. Und auch die enorme Aufrüstung signalisierte eine Vorbereitung zum

Krieg. Nun, Ende 1937, gab Hitler dem Generalstab den Befehl, konkrete Angriffspläne auszuarbeiten. Da er ein militärisches und ethisches Desaster vorhersah, trat Generalstabschef Ludwig Beck im darauffolgenden Sommer von seinem Posten zurück. Hitler fand andere willige Helfer für seine Kriegspläne. Kaum hatte Hitler Österreich verdaut, da erhob er im Sommer 1938 Anspruch auf das deutschsprachige Sudetenland. Die Nazipartei der Egerländer inszenierte Unruhen. Hitler drohte mit dem Einmarsch in die Tschechoslowakei. Die Welt hielt den Atem an. Großbritanniens friedenswilliger Premierminister Neville Chamberlain reiste nach Deutschland, um Hitler zu einem Kompromiss zu überreden. Diese Demutsgeste stachelte Hitlers Angriffslust weiter an. Er drohte erneut mit Krieg, sollte die Tschechoslowakei ihm nicht freiwillig das Sudetenland abtreten. Damit es nicht zum Waffengang kam, für den seine Armee nicht gerüstet war, schlug Italiens Diktator Mussolini eine Friedenskonferenz vor. So pilgerten Europas führende Staatsmänner im September 1938 in die Hauptstadt von Hitlers Bewegung zur „Münchner Konferenz". Um den Führer zu beschwichtigen, warfen die Regierungschefs der Demokratien Großbritannien und Frankreich das Sudetenland in Hitlers Rachen. Das Opfer sollte ihn davon abhalten, die Tschechoslowakei anzugreifen.

Am Ende der Konferenz verkündete Premier Chamberlain „Frieden für unsere Zeit". Die Massen in ganz Europa jubelten. Ihnen steckte der Schrecken des Weltkriegs noch in den Knochen. Adolf Hitler dagegen schäumte im Kreise seiner Vertrauten vor Wut. Die anbiedernde Beschwichtigung der britischen und französischen Politiker hatte ihn um seinen Krieg gebracht. Besonders zürnte Hitler der deutschen Bevölkerung. Er wünschte sich ein Volk stahlharter, kriegslüsterner Kämpfer. Stattdessen freuten sich die Deutschen ebenso wie die anderen Menschen Europas über die Vermeidung des Krieges. Schlimmer noch, die

Münchener Bevölkerung bejubelte die demokratischen Politiker des Westens und sang im Chor: „Monsieur Daladier, komm ans Fenster her, und auch du, Mr. Chamberlain, sei so fein und lasst den Frieden rein."

Tatsächlich aber hatte Hitler bei seiner Erpressungspolitik sein wahres Gesicht gezeigt. Neville Chamberlain nannte Hitler im britischen Kabinett einen „kleinen bösartigen Köter". Auf Druck des Premierministers beschloss die Regierung in London ein rasches Aufrüstungsprogramm, um in dem heraufziehenden Krieg gegen Hitlers moderne Wehrmacht bestehen zu können. Öffentlich verkündete Hitler wieder einmal, die wichtigste Mission seiner Politik sei die Erhaltung des Friedens. Viele Menschen, die während der Sudetenkrise den Ausbruch eines neuen Weltkriegs befürchtet hatten, waren bereit, Hitler zu glauben. Der Führer, so meinten sie, wäre in der Lage, Deutschlands Interessen ohne Krieg zu vertreten und seine Ziele friedlich zu erreichen. Doch die erpressten Siege besänftigten Adolf Hitler keineswegs. Die Triumphe stachelten vielmehr die Angriffslust des Diktators noch stärker an.

Pogromnacht
1938

Den Anlass für die nächste Gewaltorgie der Nazis lieferte ein Anschlag in Paris. Dort erschoss Anfang November ein junger Jude, dessen Eltern nach Polen deportiert worden waren, einen deutschen Diplomaten. Das Attentat kam der Naziführung gerade recht. Am Abend des 9. November 1938 gab Goebbels in Absprache mit Hitler die Anweisung zu landesweiten „spontanen" Ausschreitungen gegen die Juden. Im ganzen Reich stürmten SA-Trupps jüdische Gotteshäuser und legten Feuer in den Gebäuden. Jüdische Geschäfte, Kaufhäuser, Wohnungen wurden zertrümmert, die Waren und Einrichtungsgegenstände geraubt oder in Brand gesteckt. Allenthalben wurden Juden misshandelt, angespuckt, zu Tausenden verhaftet; mehrere Dutzend Menschen wurden erschlagen. Wegen der Glassplitter, die überall erzeugt wurden, gingen die Vorgänge als „Reichskristallnacht" in den Volksmund ein. Juden sollten verstärkt zur Auswanderung veranlasst werden. 1939 wurde in Berlin die „Reichszentrale für die jüdische Auswanderung" etabliert.

Schreie und Geklirr rissen Samuel Rubinstein aus seiner Abendlektüre. Erschrocken trat er ans Fenster. Die Straße vor dem Haus ruhte in herbstlich-nebliger Verschlafenheit. Doch in der Ferne nahm der Lärm zu. Angst stieg in Rubinstein hoch. Er eilte zur Wohnungstür und verriegelte sie. Während er den

Schlüssel zweimal umdrehte, wurde er sich seiner Situation bewusst. Er war dabei, den Rest an Würde zu verlieren, den er sich trotz der widrigen Umstände, die sein Leben mittlerweile bestimmten, bislang bewahrt hatte. Du bist Arzt, sagte er sich, du hast deine Pflicht, Menschen in Not zu helfen, immer erfüllt. Das darfst du nicht wegen deiner kümmerlichen Angst aufgeben. Mit fahrigen Bewegungen packte er seine Arzttasche. Während Rubinstein aus dem Haus eilte, erkannte er die Lächerlichkeit seines Tuns. Er klammerte sich an die ärztliche Pflicht als Lebensethos, während er von der Gesellschaft, zumindest deren politischer Führung, als Jude ins Abseits gestoßen wurde.

In der Bahnhofstraße sah Rubinstein, wie SA-Männer die Scheiben jüdischer Läden zertrümmerten. Kaum an der Macht, hatten die Nazis bereits im April 1933 versucht, jüdische Geschäfte zu boykottieren. Nun, fünfeinhalb Jahre später, fühlten sie sich stark genug, ihrer Zerstörungswut freien Lauf zu lassen, Läden zu demolieren und Waren zu rauben. Was Rubinstein noch mehr erschütterte als die tobenden und stehlenden SA-Kerle, war, dass sich auch Nichtuniformierte an den Plünderungen beteiligten. Was war in seine braven deutschen Landsleute gefahren, die tagtäglich ihre Arbeit gewissenhaft verrichteten und in ihrer Freizeit Tauben züchteten, fröhlich sangen und ihre Schrebergärten bestellten? Was ließ gewöhnliche Menschen ihre Hemmungen verlieren und zu gemeinen Dieben werden? Rubinstein sah in die verzerrten Gesichter der Leute, die Waren aus den Schaufenstern rissen und davonschleppten. Der Fluch war das Naziregime, welches die Niedertracht im Menschen, die Gier, die Gewalt immer wieder verherrlichte und zum Hass aufrief. Rubinstein trat unwillkürlich vor, wollte die Verhetzten packen, das Schlechte aus ihren Herzen und Köpfen schütteln.

Da herrschte ihn ein SA-Offizier an: „Was wollen Sie hier?" – „Den Wahnsinn, die Unmenschlichkeit beenden", wollte Rubinstein ihm entgegnen. Doch er hörte sich mit rauer Stimme sagen: „Ich bin Arzt. Ich möchte helfen ..." – „Hier gibt's nichts zu helfen. Die SA braucht keine Hilfe!"

Während der Sturmmann sein Gegenüber misstrauisch ansah, begann Rubinstein zu zittern. Gott, flehte er, lass ihn nicht erkennen, dass ich Jude bin, und mich nicht schlagen! Endlich befahl der braune Uniformierte: „Verschwinde!" Rubinstein zwang sich weiterzugehen. Rastlos trieb er durch die Straßen der Innenstadt. Er klammerte sich an seine Arzttasche. Aus allen Richtungen gellten Schreie. Der alte Mann wusste nicht, wohin. Beißender Rauch drang ihm in die Nase. Die Schreie gingen in Gegröle und heiseres Singen über. Als Rubinstein in die Hohenzollernstraße einbog, steigerte sich der Lärm. Seine Synagoge, zu der er erst durch die Nazis gefunden hatte, stand in Flammen, angezündet von ebenjenen Nazischergen. Thorarollen wurden aus den Fenstern geworfen. SA-Leute, in deren verschwitzten Gesichtern sich das Feuer widerspiegelte, trampelten darauf herum. Andere schleuderten schwarz gebundene Gebetbücher in die Gosse. Ein Kerl in brauner Uniform stieß mit seinem Stiefel die Bände zu einem Haufen und goss Benzin darauf. Dann warf er ein brennendes Streichholz hinein. Eine gleißende Stichflamme schoss empor. Rauch, Trauer, Angst und Zorn trieben Tränen in Rubinsteins Augen. Von Entsetzen gepackt, wandte er sich ab und lief weiter ohne Ziel durch die Stadt.

Irgendwann wurden ihm Furcht, Erschütterung, Kälte und Müdigkeit zu viel. Rubinstein wollte nach Hause gehen, blieb aber stehen. Seine Angst steigerte sich zur Panik. Auch die Überlegung, er sei schon alt und praktiziere nicht mehr, vermochte nicht, seinen Schrecken niederzuringen. Als Jude und Sozialdemokrat war er sicherlich bei der Gestapo registriert. Wohin? SPD-Genossen mochte er nicht gefährden, schon gar nicht Leo und Helene Bialo. Renata wohnte zur Untermiete. Kurt. Ihr Bruder hatte seit der Röhmaffäre seine Position längst gefestigt. Seine SA-Brüder waren heute wieder oben auf. Eine innere Stimme warnte Rubinstein. Kurt war Nazi. Als solcher war er zum Judenhass verpflichtet. Doch Rubinstein unterdrückte den Gedanken. Ihm fehlte die Kraft, die ganze Nacht durch die Stadt zu irren. Und morgen? Rubinstein fürchtete das Tageslicht. Sich dann zu verbergen war kaum möglich. Er musste jetzt handeln. Die Hoffnung auf ein Versteck überwog seine Vorsicht.

Vor Kurt Bialos Haus zögerte der Arzt. Wieder packte ihn die Angst. Was tue ich, wenn seine SA-Kameraden bei ihm sind? Die lenkten gerade den „Volkszorn" und plünderten dabei. Rubinstein musste seinem Glück vertrauen. Er fand Bialos Namen auf dem Klingelschild und läutete. Nach einer Weile ertönte der Türsummer. Jetzt gab es kein Zurück mehr. Mechanisch stieg der Flüchtige die Treppe hinauf.

Kurt Bialo stand im offenen Hemd an der Wohnungstür. Bei Rubinsteins Anblick weiteten sich seine Augen. Er legte den Zeigefinger an die Lippen. Zischte „Schscht" und zog den späten Gast in die Wohnung. Gerettet!, jubelte es in Rubinstein. Dann sah er Kurts entsetzte Augen und merkte, dass Bialo ihm auf dem Flur den Zugang zur Wohnung versperrte. „Sind Sie vollständig übergeschnappt, Rubinstein?", flüsterte der Hausherr. „Ausgerechnet heute Nacht zu mir zu kommen?" – „Ich weiß nicht wohin", keuchte Rubinstein. „Still! Ich auch nicht. Hier können Sie jedenfalls nicht bleiben! Wenn man Sie bei mir erwischt, bin ich geliefert. Dann geht's ab ins KZ. Ich! Sie müssen weg, Rubinstein. Sofort!" Kurt packte den Alten am Ärmel.

„Ich habe Sie auch versteckt, Kurt." Bialo lief rot an. „Willst du mich erpressen, Jude? Mach, dass du rauskommst. Sonst rufe ich die Gestapo!" Kurt schubste Rubinstein vorwärts, riss die Tür auf und drückte ihn hinaus. „Hau ab! Sofort! Sonst mach ich ernst!"

Resigniert schlurfte Rubinstein in seine Straße. War das deutsche Volk verrückt geworden? Oder gleichgültig, dass es derartige Unmenschlichkeit gewähren ließ? Auch du zitterst vor

Angst. Hättest du den Mut gehabt, einen Flüchtigen zu verstecken? Selbst vor dem Nazipack?, fragte er sich. Ja. Er hatte seinerzeit Kurt Bialo vor den gleichen SA-Schergen verborgen. Und jetzt hatte ihn ebenjener Feigling hinausgeworfen und ihn obendrein als Jude beschimpft.

Vor seinem Haus tauchte eine Frau aus der Dunkelheit auf. Sie lief auf ihn zu und fiel ihm schluchzend um den Hals. „Samuel! Ich habe Todesängste um dich ausgestanden!" Rubinstein würgte seine Tränen herunter. Dann murmelte er: „Du weißt doch: Unkraut vergeht nicht." – „Das Unkraut treibt heute sein Unwesen in unserer Stadt." Renata nahm Rubinstein seine schwere Arzttasche ab, mit der anderen griff sie nach seiner kalten Hand. „Komm, Samuel. Ich mach uns einen Tee. Und dazu einen Schnaps." Sie führte ihn zur Haustür. Dort blieb er stehen.

„Das geht jetzt nicht, Renata. Du kannst nicht mitkommen. Du gefährdest dich. Du weißt ja. Die Nürnberger Gesetze zum Schutz der deutschen Blutes …" – „Die Nürnberger Gesetze können mich mal. Du bist mein …" Renata suchte nach einem passenden Wort, das ihr aber nicht einfiel. Schließlich drückte sie dem Mann einen Kuss auf die Wange und führte ihn ins Haus. In dieser Nacht schlief Renata mit Samuel Rubinstein. Nicht aus erotischem Begehren, ja, nicht einmal aus Trotz gegenüber den Nürnberger Rassegesetzen, sondern weil sie spürte, dass sie dem angstvollen, alten Mann so am nächsten war, ihm so am besten seine Furcht nehmen konnte.

Während Rubinstein in ihren Armen schlummerte wie ein kleiner Junge an der Brust seiner Mutter, zermarterte sich Renata den Kopf, ob sie dem Freund raten sollte, Deutschland den Rücken zu kehren. Doch welches Land war bereit, einen 65-jährigen Juden aufzunehmen, der nur deutsch sprach? Hier hatte er wenigstens sie und ihren Vater als Freunde, und das Naziregime würde nicht ewig währen. Dessen war sie sich ganz sicher. Renata blickte auf die gelösten Züge ihres Schützlings und fuhr ihm zart über das schüttere Haar.

Maloche für Hitlers Krieg
1939–1945

Im März 1939 marschierte die Wehrmacht in Prag ein. Deutsche Truppen überrannten die „Resttschechei" und besetzten damit erstmals ausländisches Gebiet. Hitler unterzeichnete auf der Prager Burg den „Erlass über das Reichsprotektorat Böhmen und Mähren". Das öffnete der Welt die Augen. Die demokratischen Politiker in London und Paris mussten sich eingestehen, dass Hitlers Friedensreden Ablenkungsmanöver gewesen waren, um seine Eroberungsgelüste zu tarnen. Hitlers nächstes Opfer stand bereits fest: Polen. Obgleich er selbst 1934 ein Friedensabkommen mit Warschau geschlossen hatte, wollte der NS-Diktator Polen zur Aufgabe des Danziger Korridors, der Deutschland von Ostpreußen trennte, nötigen. Um Polen den Rücken zu stärken, vereinbarten Großbritannien und Frankreich Beistandsabkommen mit Warschau. Ein Einmarsch in Polen würde unweigerlich zu einem Krieg mit Frankreich und England führen. Hitler zögerte. Er fürchtete einen Zweifrontenkrieg, der bereits im Ersten Weltkrieg zu Deutschlands Niederlage geführt hatte.

Von dieser Angst wurde der Naziherrscher durch seinen kommunistischen Kollegen Josef Stalin befreit. Zwar hassten Nazis und Kommunisten einander, doch ihr Misstrauen und ihre Feindschaft gegenüber der Demokratie war noch größer. Stalin, um dessen Beistand die Westmächte seit Hitlers Anspruch auf Polen buhlten, ließ Berlin insgeheim wissen, dass er zu einem Arrangement mit Deutschland bereit wäre. Hitler ging sofort auf die Offerte der Sowjets ein. So entsandte er im August 1939 seinen Außenminister Ribbentrop zu Geheimverhandlungen nach Moskau. Die Diktaturen wurden sich schnell einig. Die Sowjetunion und das Deutsche Reich schlossen einen offiziellen Nichtangriffspakt. In einem geheimen Zusatzprotokoll wurde die Möglichkeit einer „Vierten Polnischen Teilung" skizziert und die Interessensphären beider Diktatoren etwa im Baltikum abgegrenzt. Im Moskauer Kreml trank Stalin auf das Wohl Hitlers. „Ich weiß", tönte er, „dass das deutsche Volk seinen Führer liebt" – in dessen Konzentrationslagern Kommunisten zu Tode gefoltert wurden. Der Nazi Ribbentrop wiederum vertraute seinem Tagebuch an, im Kreise Stalins und seiner Führungsriege fühle er „sich wohl wie unter alten (NS-)Parteigenossen".

Nachdem Hitler das braune Reich dermaßen gegen einen Angriff der Roten Armee gesichert hatte, befahl er seinem Heer, den Feldzug gegen Polen vorzubereiten. Drohungen aus London und Paris blieben ebenso vergeblich wie Vermittlungsversuche Schwedens, an denen selbst Hermann Göring beteiligt war. Hitler erteilte den Befehl zum Angriff auf Polen. Im Morgengrauen des 1. September 1939 überschritten deutsche Truppen die Grenzen. Hitler hatte seinen Krieg. Da er Ultimaten aus London und Paris, unverzüglich seine Truppen aus Polen zurückzuziehen, nicht beachtete, erklärten Großbritannien und Frankreich Deutschland zwei Tage später den Krieg. In Europa gingen einmal mehr die Lichter aus. Doch anders als 1914 wussten die Menschen nun, 25 Jahre später, aus eigener Erfahrung um die Grauen des Krieges. In Deutschland wie allenthalben in Europa herrschte niedergedrückte Stimmung. Hitlers Getöse vor dem Reichstag: „Seit 5:45 Uhr wird zurückgeschossen. Und jetzt wird Granate mit Granate vergolten", und schmetternde Marschmusik konnten den Menschen ihre Angst nicht nehmen. Trotzdem folgten die Deutschen Hitler in seinen Angriffskrieg.

Die polnischen Soldaten leisteten tapferen Widerstand, doch mit ihren veralteten Waffen – teilweise kämpften sie noch mit Lanzenreitern gegen Panzer an – wurden sie Opfer der modern ausgerüsteten Wehrmacht. Deutsche Panzertruppen und Kampfflugzeuge walzten und bombten den Widerstand der polnischen Einheiten nieder. Bereits nach zwei Wochen stand die deutsche Armee vor Warschau. Gleichzeitig marschierten sowjetische Truppen gemäß dem geheimen Zusatzprotokoll des Hitler-Stalin-Paktes in Ostpolen ein. Wehrmacht und Rote Armee zerschnitten das Land, Polen musste kapitulieren. Nach nur 17 Tagen war der Krieg beendet. Polen hatte aufgehört zu existieren. Die Sowjets annektierten Ostpolen. Das Gleiche taten die Nazis mit den westlichen Provinzen des Landes. Sie wurden deutsche Gaue.

Die nach dem Ersten Weltkrieg von Deutschland abgetrennten schlesischen Gebiete wurden wieder dem Reich zugeschlagen. Die dortigen Kohlezechen wurden ebenso wie die sudetendeutschen Gruben 1941 in die „Reichsvereinigung Kohle" eingegliedert. So hieß die Selbstverwaltung privater deutscher Bergbauunternehmen, die allerdings formal der Aufsicht des Reichswirtschaftsministeriums unterstand. Die Polen wurden ins „Generalgouvernement" vertrieben, wie die besetzten Gebiete von den Nazis genannt wurden. Die Juden pferchte man in eigene Ghettos. Sie hatten Zwangsarbeit für die Deutschen zu leisten. Polnische Kriegsgefangene wurden teilweise nach Deutschland deportiert, wo sie ebenfalls Zwangsarbeit verrichten mussten. Eine Reihe von ihnen landete im Revier; nicht nur Bergleute wurden genötigt, als Zwangsarbeiter unter Tage zu schuften.

Der rasche Sieg der Wehrmacht wurde in Deutschland mit Erleichterung, teilweise mit Jubel aufgenommen. Adolf Hitler schien immer mehr Menschen unbezwingbar. Anders als 1914 war der Krieg in weniger als drei Wochen erfolgreich beendet. Durch den Nichtangriffspakt mit Russland hatten Franzosen und Engländer trotz ihrer Kriegserklärungen es nicht riskieren wollen, das Reich militärisch zu attackieren. Die Armeen der Wehrmacht und der Alliierten lagen einander untätig gegenüber. Sie hatten sich hinter dem Westwall beziehungsweise der Maginotlinie verschanzt. Selbst als die Wehrmacht durch den Krieg in Polen im Osten gebunden war, hatten Briten und Franzosen nicht gewagt, Deutschland im Westen in den Rücken zu fallen. Die Kriegserklärungen Englands und Frankreichs wurden von deren Bürgern und Soldaten als „Schwindel" verhöhnt. Nach dem Triumph über Polen hofften die Menschen in Deutschland und in Westeuropa, dass der sogenannte Sitzkrieg im Westen bald ein Ende haben würde. Dazu passte, dass ein Teil der deutschen Reservisten wieder demobilisiert wurde. Adolf Hitler verstand es, die allgemeine Friedenssehnsucht der Europäer für seine Propaganda zu nutzen. Er appellierte an die Regierungen Großbritanniens und Frankreichs, den Krieg zu beenden – und Deutschland seine polnische Kriegsbeute verdauen zu lassen.

Ebendies wollten Paris und London unter allen Umständen verhindern. Denn die Hinnahme der deutschen Okkupation Polens war trotz Hitlers allzu bekannter Friedensheucheleien eine Einladung an den Diktator, seine Eroberungspolitik fortzusetzen. Doch da es am Rhein ruhig blieb, die siegreichen Soldaten teilweise heimkehrten und Hitler sowie sein Propagandaminister Goebbels ihren Friedenswillen beteuerten, wollten viele Deutsche ihnen glauben.

Nicht alle waren so naiv. Gläubige Christen, Demokraten, Gewerkschafter begriffen, dass die Unmenschlichkeit und Aggressivität der Nazis auf Dauer nur Krieg und Zerstörung nach sich ziehen würden. Die meisten verhielten sich passiv oder beschränkten sich wie Renata darauf, Menschen in Not heimlich zu helfen. Einzelne aber besaßen den Mut, das übermächtig erscheinende Naziregime aktiv zu bekämpfen.

Der schwäbische Schreinergeselle Georg Elser war ein solcher Mann. Er war nicht besonders gebildet, gehörte keiner Partei an. Doch Elser begriff, dass Hitler Deutschland ins Verderben stürzen würde. Um dies zu verhindern, fuhr Elser nach München und bereitete allein auf sich gestellt einen Anschlag gegen Hitler vor. Der Handwerker bastelte eine Höllenmaschine und deponierte sie in einer Säule des Bürgerbräukellers, in dem Hitler alljährlich am Vorabend des 9. November zu seinen alten Nazikämpfern sprach. Auch am 8. November 1939 hielt Hitler an diesem Brauch fest. Wie von Elser geplant, ging die Bombe hinter Hitlers Rednerpult vierzig Minuten nach dem Beginn der Ansprache hoch. Eine mächtige Explosion zerstörte den Saal. Etliche Menschen starben, andere wurden verletzt. Adolf Hitler nahm keinen Schaden. Er hatte den Ort entgegen seiner Gewohnheit bereits nach einer halben Stunde verlassen.

Die Nazis glaubten wie üblich an eine internationale Verschwörung. Doch als Georg Elser bei seiner Flucht gefasst wurde, stellte sich heraus, dass er tatsächlich allein, ohne fremde Hilfe, mit seinem Anschlag beinahe Erfolg gehabt und die Menschheit von Hitler befreit hätte. Doch nun wurde der Schreiner nach schwerer Folter ins KZ gesperrt, wo ihn die SS kurz vor Ende des Krieges ermordete.

Ende 1939 schien sich das Leben in Deutschland zu normalisieren. Doch der Schein trog. Denn die boomende Volkswirtschaft war ein indirektes Zeichen für die Fortsetzung des Krieges. Die Kohleproduktion erreichte dank der Einbeziehung der schlesischen Kohlegruben einen neuen Rekord. 238 Millionen Tonnen Steinkohle wurden abgebaut. Dies war die Voraussetzung für eine erhebliche Produktionssteigerung in der Stahl- und in der Schwerindustrie. Hergestellt wurden vor allem Waffen: Kanonen, Panzer, Flugzeuge, Gewehre, Munition. Neben der Kohle war dazu Eisenerz nötig. Das meiste Erz kam aus Schweden. Das Land war neutral und lieferte den Rohstoff sowohl an die Alliierten als auch an Deutschland. Im Gegensatz zu Deutschland aber waren die Briten nicht auf schwedisches Erz angewiesen. Sie konnten ihre Rohstoffe aus Kanada und den USA beziehen. Die britische Royal Navy, die die Weltmeere beherrschte, sicherte die Erztransporte über den Atlantik.

Bei Kriegsbeginn 1939 war Winston Churchill Erster Lord der Admiralität und damit Herr der britischen Marine. Hitlers zähester Gegner plante durch die Besetzung der eisfreien norwegischen Häfen Deutschland von seinen wichtigsten Roheisenzufuhren abzuschneiden. Doch Hitler wollte ihm zuvorkommen. Anfang April 1940 liefen die ersten deutschen Flottenverbände nach Dänemark und Norwegen aus. Dänemark kapitulierte bereits nach einem Tag. In Norwegen dagegen lieferten sich Einheiten der Wehrmacht und ein britisches Expeditionskorps zähe Kämpfe. Besonders erbittert waren die Gefechte vor dem Hafen Narvik nördlich des Polarkreises. Schließlich gewann die Wehrmacht die Oberhand. Norwegen und die britischen Truppen kapitulierten Anfang Juni. Auch dieser erneute Sieg stärkte Hitlers Prestige. Die meisten deutschen Soldaten waren von der militärischen Führungsqualität ihres Oberbefehlshabers überzeugt.

Adolf Hitler nutzte dieses Vertrauen umgehend aus. Am 10. Mai gab er den Befehl zum „Fall Gelb", den Westfeldzug. Panzerdivisionen der Wehrmacht überrannten die neutralen Niederlande, Belgien und Luxemburg. Verbände der Luftwaffe bombardierten mit bis dahin nicht gekannter Wucht die holländische Hafenstadt Rotterdam. Als die deutschen Truppen die Küstenlinie besetzten, kapitulierten die drei Staaten. Nunmehr schwenkten die Wehrmachtseinheiten nach Süden gegen Paris. Gleichzeitig durchbrachen deutsche Armeen am Mittelabschnitt die bis dahin als uneinnehmbar gegoltene Maginot-Befestigungslinie der Franzosen.

Stolz hielt Otto Bialo seinen neugeborenen Sohn im Arm. Mit fünfzig Jahren war er noch einmal Vater geworden. Glücklich lächelte er Renata an, die dem Kleinen auf die Welt geholfen hatte. Otto beugte sich zu seiner Frau hinunter: „Schau, Maria, wie schön er ist …" Dem gestandenen Bergmann kamen die Tränen. „Ich habe dem Führer ein Kind geschenkt …", murmelte Maria. Renata zeigte der Schwägerin einen Vogel.

Einige Tage später machte Leopold dem Säugling seine Aufwartung. Obwohl Maria ihren Schwiegervater nicht besonders mochte, gestattete sie ihm, das Baby auf den Arm zu nehmen. Ungeschickt hielt Leo das Bündel. „Wie heißt es denn?", fragte er. „Dreimal darfst du raten", entgegnete Maria kess, „Adolf natürlich …" Leopold hätte fast seinen jüngsten Enkel fallen lassen. Er unterdrückte den Impuls, Maria anzuschreien, ob sie den Verstand verloren habe. Als er sich gefasst hatte, schlug Leopold vor: „Wie wäre Friedrich als zweiter Name?" – „Wie Friedrich wer?", fragte die Wöchnerin. „Na, wie – Friedrich der Große …" – Bialo bat Friedrich Ebert, den er eigentlich als Namenspatron im Sinn gehabt hatte, insgeheim um Vergebung – „… der Preußenkönig. Auch ein großer Feldherr …" – „Ach so? Ja, dann. Meinetwegen auch noch Friedrich", meinte Maria. Leopold sah auf den Kleinen in seinem Arm. Für diesen zweiten Namen wirst du deinem Großvater noch einmal sehr dankbar sein, kleiner Friedrich, dachte er bei sich.

Mit Beginn der deutschen Westoffensive löste Winston Churchill in London Neville Chamberlain als britischen Regierungschef ab. Chamberlain musste einsehen, dass seine Beschwichtigungspolitik gegenüber Hitler vergeblich gewesen war. Diese Enttäuschung hatte den friedenswilligen Politiker zermürbt. Winston Churchill dagegen barst vor Energie. Er kündigte unbeugsamen Widerstand gegen Nazideutschland an. Kaum im Amt, flog Churchill nach

Paris und versuchte, die Gallier mit seiner Zuversicht und seinem Kampfeswillen anzustecken. Doch die Franzosen hatten bereits resigniert. Ihre Armee brach an allen Fronten zusammen. Schon am 14. Juni konnte die Wehrmacht Paris kampflos besetzen. Eine Woche später kapitulierte Frankreich. Der Waffenstillstand wurde im Wald von Compiègne im selben Eisenbahnwaggon unterzeichnet, in dem die Deutschen 1918 ihre militärische Niederlage besiegelt hatten. Vor der Zeremonie klatschte sich Hitler auf die Schenkel und tanzte geradezu vor Freude.

Der Jubel in Deutschland kannte keine Grenzen. In weniger als sechs Wochen hatte man den Erzfeind niedergerungen und die Schmach des verlorenen Weltkriegs gerächt. Unter Hitlers Führung hatte sich das Deutsche Reich innerhalb weniger Jahre von einer gedemütigten Nation zur beherrschenden Macht Europas emporgeschwungen. Die Hakenkreuzfahne wehte vom Nordkap bis nach Italien, von der Küste Frankreichs bis zur russischen Grenze. Das faschistische Italien unter dem theatralischen Diktator Benito Mussolini war Deutschlands engster Verbündeter, in Spanien herrschte General Franco, den Hitler und Mussolini in den Sattel gezwungen hatten, und die Sowjetunion machte mit den Nazis gemeinsame Sache und unterstützte sie mit Rohstoff- und Lebensmittellieferungen. Hitler war der mächtigste Herrscher in der deutschen Geschichte. Feldmarschall Keitel pries Adolf Hitler als „Größten Feldherrn aller Zeiten", was Nazigegner im Stil der NS-Abkürzungsvorliebe zu „Gröfaz" verballhornten. Doch so dachten und äußerten sich nur wenige. Die überwiegende Mehrheit feierte Adolf Hitler als politische Lichtgestalt, die Deutschland soziale Sicherheit und nationale Würde zurückgegeben, ja es zur erstrangigen Macht geführt hatte.

Im Augenblick des Sieges gab sich Hitler bescheiden. An Großbritannien richtete er einen letzten Friedensappell. Doch Winston Churchill dachte nicht daran, in Hitlers Offerte einzuschlagen. Denn der Brite hatte Hitler als menschenverachtenden und kriegsbesessenen Diktator durchschaut. Da London nicht sogleich auf Hitlers Friedensdiktat einzugehen bereit war, befahl dieser die Luftschlacht um England zu beginnen, mit dem Ziel, die Luftherrschaft als Voraussetzung für eine Invasion zu erringen. Zunächst beschränkten sich die deutschen Kampfbomber auf strategische Ziele: Häfen, Fabriken, Militäranlagen. Bald folgten Bombardements gegen die Zivilbevölkerung. Zehntausende Engländer wurden Opfer des Luftkrieges, vor allem in London, aber auch in anderen Städten. Besonders hart wurde das Städtchen Coventry getroffen. Die deutsche Propaganda verhöhnte die Briten und versprach ihnen, die Luftwaffe werde bald ganz England „coventrieren", das heißt in Schutt und Asche legen.

Doch tatsächlich erwies sich rasch, dass Görings Fluggeschwader unfähig waren, die Luftherrschaft über Großbritannien zu erringen. Die wendigen britischen Jagdflugzeuge, besonders die Spitfires und Hurricanes, holten die schwerfälligen deutschen Maschinen vom Himmel. Im Herbst 1940 gaben Hitler und Göring das ganze Unternehmen klammheimlich auf – auch wenn Goebbels' Propaganda weiterhin die Devise „Auf, auf gegen Engeland" in den Äther blies. Damit wurden auch die Pläne zur Eroberung der Insel beerdigt. Fast niemand in Deutschland wollte damals wahrhaben, dass dies die erste Niederlage des siegesbesoffenen Dritten Reiches war.

Im Winter besuchte der sowjetische Außenminister Molotow Berlin. Dabei geriet man sich über die Aufteilung Osteuropas in die Haare. Russland und Deutschland wollten sich beide Rumänien mit dessen für die Kriegführung wichtigen Ölquellen einverleiben. Für Hitler, der bereits in seiner Programmschrift „Mein Kampf" von der Zerstörung der „bolschewistischen" Sowjetunion und der „Eroberung von Lebensraum im Osten" schwadroniert hatte, kam der Zwist mit Moskau gerade recht.

Das gab dem Diktator Gelegenheit, einen seit langem geplanten Vernichtungsfeldzug gegen die UdSSR vorzubereiten.

Heinrich Bialo war Bergmann in der dritten Generation seiner Familie. Heiner liebte das Leben im Pütt. Schon als kleiner Junge hatte er seinen Vater Otto am Zechentor abgepasst, manches Mal war er auch hindurchgeschlüpft und auf den Kohlehalden herumgetollt. Der Geruch von Kernseife und Kohlenstaub auf den Wangen des Vaters, dem er einen Gutenachtkuss gab, entzückte Heiner. Interessiert betrachtete der Kleine die schwarzen Narben auf Ottos Rücken, wenn der sich am Bottich in der Küche wusch. Er fragte seinen Vater, warum die Schrammen schwarz waren. „Da unten ist es so heiß, da arbeitest du besser ohne Hemd. Man verletzt sich schon mal am Berg und an der Kohle. Und wenn die Wunde dann zugeht, bleibt sie schwarz vom Staub", erläuterte Otto.

Heiner lauschte andächtig, wenn Opa Leo und sein Vater fachsimpelten. Und an Geschichten, die unter Tage handelten, konnte Heiner sich nicht satt hören. Anders als sein jüngerer Bruder Emil, der sich nicht entscheiden konnte, ob er Dampferkapitän oder Lokomotivführer werden wollte, stand für Heinrich immer fest: Ich werde Bergmann. Das hatte er bereits als Sechsjähriger während einer Barbarafeier verkündet. Die Familie tat Heiners Ankündigung als kindisches Gerede ab, ausgelöst durch die fröhliche Feststimmung zu Ehren der Schutzpatronin der Bergleute. Heiner begann laut herzusagen:

Ein Bergmann will ich werden
Das ist ein Stand auf Erden
Geachtet weit und breit.
So ist mein ganzes Streben
In meinem jungen Leben …

Der Knirps wusste nicht weiter. Die Familie lachte und wandte sich wieder ihrer Unterhaltung zu. Nur Großvater Leo nahm das entschlossene Blitzen in den Augen seines ältesten Enkels wahr. Der hat einen Willen wie seine Großmutter, meine selige Anna, dachte Leo bei sich. Er wird machen, was er sich vornimmt.

Leo und Heiner sollten recht behalten. Auch das ständige Genörgel seiner Mutter zeigte bei Heinrich keine Wirkung. „Immer der Dreck – überall Dreck. Auf der Wäsche, an den Fenstern, im Haus. Dieser fiese Staub. Der Ruß. Die schwarze Luft. Wann sehen wir mal den Himmel? Du kannst putzen, schrubben, waschen … Und jeden Tag Angst, ob Vati nach Schicht wieder raufkommt …", jammerte Maria Bialo. Heiner versuchte, die vorwurfsvollen Blicke, die sie dabei dem Vater zuwarf, zu übersehen.

Weder Otto noch Großvater Leopold hatten Heinrich zugeredet, Bergmann zu werden. Doch als sie erkannten, dass der Junge durch nichts von seinem Vorhaben abzubringen war, stimmten die Männer zu. Insgeheim waren sie stolz auf Heiner, der ihre berufliche Tradition in die nächste Generation tragen würde. Mit knapp 15 Jahren schloß Heinrich die Schule ab. Nach einer Eignungsprüfung legte er als Bergjungmann auf der Zeche Friedrich der Große in Herne an. Die ersten Wochen verbrachte er in der Anlernwerkstatt. Die nächsten zwei Jahre würde er als Jungknappe im Übertagebetrieb arbeiten. Begeistert berichtete der Junge von seiner Tätigkeit. Leo und Otto verstanden schnell, dass sich bei der Ausbildung der angehenden Kumpels einiges geändert hatte seit den Tagen, als sie als Knappen angeheuert hatten. Leopold hatte sich sein Handwerk weitgehend selbst beigebracht, seine Kollegen vor Ort genau beobachtet, es ihnen nachgetan und versucht, ihre Fehler zu vermeiden. Otto hatte ein wenig mehr Anleitung erfahren, doch diese war ausschließlich praktischer Art gewesen.

„Bergmann ist jetzt nämlich ein richtiger Lehrberuf", verkündete Heinrich wichtig. Dabei durchlief der Junge all die Stationen, die auch Großvater und Vater vertraut waren. Von der

Hängebank und der Lampenstube ging's an das Leseband, von dort in die Kohlenwäsche. Dazu hatte Heinrich jede Woche vier Stunden Unterricht in der bergmännischen Berufsschule. Neben Bergbaukunde und Werkstattkunde stand auch Fachzeichnen auf dem Lehrplan. Heinrich lernte rasch und eifrig. Besonders im Fachrechnen tat er sich hervor. Ein Lehrer erzählte von einer Bergakademie in Freiberg. Dort konnte man studieren, und gut im Rechnen zu sein war dafür sicher eine prima Voraussetzung. Bis zum Bergassessor und weiter konnte man es dann bringen. Heinrich war entschlossen, dieses Ziel zu erreichen.

Nach zwei Jahren über Tage war es endlich so weit. Heinrich durfte vor Kohle. Knapp 17 war er, als er das erste Mal einfuhr. Der Berg sollte Heinrich nicht mehr loslassen. Anders als seine Kumpels, deren freches Mundwerk schnell verstummte, wenn sich das Gatter des Fahrkorbes schloss und der Anschläger das Signal gab, liebte Heinrich die rasende Reise hinab in die Nacht. Die Gerüche, der Wind, der einem Wassertropfen ins Gesicht blies, das Rattern des Fahrkorbs und das Sausen des Luftzugs hatten Heinrich sofort begeistert. Vor Ort dann, wenn er mit einer kleinen Kameradschaft gehen durfte, verebbte der Lärm langsam, als sie an den Schrämmmaschinen und Schüttelrutschen vorbei waren und in einen neuen Streb vorstießen, den die Zimmerhauer mit Holzstempeln gerade abstützten. Und die Kohle selber, das uralte Gestein, funkelte wie schwarzes Gold, wenn der Hauer die ersten Brocken aus der dunklen Wand herausgeschlagen hatte.

Heinrich stellte sich auch vor Ort geschickt an, und der Oberhauer lobte ihn: „Streng dich an, und du bist bald einer von uns." Das sagte Heiner zu: Lehrhauer werden, einen dreimonatigen Hauerkurs absolvieren und dann gutes Geld verdienen. Das war wichtig, denn Heinrich hatte sich verliebt. Zu Hause behielt er das wohlweislich für sich. Auf das Gezeter der Mutter konnte er verzichten, auf das Gebrüll des Vaters ebenso. Nur seiner Tante Renata, die anders war als der Rest der Familie, hatte sich der junge Mann anvertraut. Nur den Namen der angebeteten Person wollte Heinrich nicht nennen.

„Geht miteinander aus, so viel ihr wollt und lustig seid, Heiner. Aber bind dich nur nicht zu früh", riet Renata. Heinrich schwieg. Seine Tante fuhr fort: „Wer weiß, vielleicht gehst du ja doch noch nach Freiberg an die Bergakademie. Und in Sachsen sollen hübsche Mädchen angeblich auf Bäumen wachsen …" Heinrich feixte, um sogleich einen Seufzer auszustoßen: „Akademie wäre spitze. Aber Sachsen ist halt schrecklich weit weg. Von … und von euch natürlich …"

Nach dem Willen Adolf Hitlers sollte Heiner sich bald sehr viel weiter weg von daheim wiederfinden. Am 22. Juni 1941 überfiel die deutsche Wehrmacht die Sowjetunion. Der Angriff war von langer Hand vorbereitet worden. Doch Hitler hatte immer wieder gezögert – mehr als ein Dutzend Mal war der Einmarsch verschoben worden. Mit Beginn der Offensive gegen Russland brach auch für die Bergleute des Reviers ein neues Kapitel an. Während die Kumpels bislang weitgehend von der Wehrpflicht verschont geblieben waren, wurde nun unter den „Soldaten vor Kohle", wie sie die NS-Propaganda bislang gepriesen hatte, Grenadiere rekrutiert. Auch Heinrich Bialo flatterte ein Gestellungsbefehl ins Haus. Als Leo Bialo von der bevorstehenden Einberufung seines Enkels erfuhr, brachen sich seine Wut und Verzweiflung Bahn.

„Wann ist endlich Schluss mit dem gottsverdammten Morden?", schrie Leopold. Seine Frau legte die Finger auf die Lippen: „Nicht so laut, Leo!" – „Wann endlich? Noch ein zweites Kind im Krieg verlieren – das halte ich nicht aus …" Leo stützte den Kopf in die Hände und schluchzte auf. Helene legte ihm beruhigend die Hand auf den Arm: „Schau, Leo, was der Führer anpackt, gelingt. In vier Wochen ist der Russe kaputt und der Heiner daheim. Dann ist alles wieder gut …"

Leo hob den Kopf. Ein Blick in das Gesicht ihres Mannes ließ Helene verstummen. In Leos bleicher Mine loderten seine vom Kohlestaub der Jahrzehnte schwarzgeränderten Augen wie Feuer. „Nichts – nichts wird jemals wieder gut werden!"

Eine gewaltige deutsche Streitmacht hatte die Sowjetunion ohne Vorwarnung überfallen. Drei Millionen deutsche und verbündete Soldaten marschierten nach Osten. Sie wurden begleitet von 3600 Panzern, 600 000 Fuhrwerken, ebenso vielen Pferden. 7000 Artilleriegeschütze schossen den Angreifern den Weg frei, 2500 Kampfflugzeuge zerstörten einen Großteil der sowjetischen Luftwaffe am Boden und unterstützten danach die Bodentruppen, die mit Panzerkeilen tief in russisches Gebiet vordrangen. Adolf Hitler hatte nun selbst einen Zweifrontenkrieg begonnen, vor dem er stets gewarnt hatte. Doch die deutschen Siegesmeldungen überschlugen sich. Bereits Ende September wurde die ukrainische Hauptstadt Kiew 1000 Kilometer hinter der Grenze erobert. Bis dahin waren mehr als 600 000 Rotarmisten in deutsche Kriegsgefangenschaft geraten. In den deutschen Wochenschauen sahen die Kinogänger unaufhaltsam voranstürmende Landser. Dies war jedoch nur die Oberfläche. Was tatsächlich geschah, war grauenvoll.

Bereits während der Vorbereitung des Feldzuges schwor Hitler die Generäle der Wehrmacht auf einen Vernichtungskampf gegen den Bolschewismus ein. Auf den Fersen der vorrückenden Wehrmacht folgten die Einsatzgruppen der SS. Ihre Aufgabe: Vernichtung der Juden und Ermordung aller, die sie für Kommunisten hielten. Allein in der Schlucht Babi Yar bei Kiew ermordeten die Einsatzgruppen nach der Eroberung der Stadt innerhalb von drei Tagen mehr als 33 000 Juden. Der Vernichtungskrieg gegen Russland bot Hitler und seinen SS-Schergen Heinrich Himmler und Reinhard Heydrich die Gelegenheit zum systematischen Völkermord an den Juden Europas, den man sprachlich als „Endlösung der Judenfrage" tarnte. Die exakte Planung dieses

Verbrechens erfolgte am 20. Januar 1942 auf der Wannseekonferenz in Berlin. Dort beschlossen Vertreter der Reichsregierung und der SS die Deportation aller europäischen Juden nach Polen, wo sie in Vernichtungs- oder Sklavenlagern wie Auschwitz, Treblinka, Sobibor umgebracht wurden.

Für gefangengenommene Rotarmisten galt eine andere Anordnung. Während die Politkommissare gemäß einem Befehl Hitlers und der Wehrmachtsführung sogleich erschossen wurden, wurden die meisten russischen Kriegsgefangenen in Arbeits- und Konzentrationslager oder als Zwangsarbeiter in deutsche Industriebetriebe gepresst. Auch in viele Zechen. Eine wichtige Rolle spielten die Gruben des Reviers. Allerdings mussten hier nie KZ-Sklavenarbeiter schuften. Aufgrund der hohen Kriegsverluste an der Ostfront sah sich die Wehrmacht gezwungen, immer mehr Facharbeiter aus kriegswichtigen Betrieben abzuziehen. Darunter Hunderttausende Bergleute. Ihre Stellen wurden mit Zwangsarbeitern, hauptsächlich russischen Kriegsgefangenen, besetzt. An Menschen mangelte es dabei nicht. Während des Krieges im Osten gerieten über fünf Millionen Rotarmisten in deutsche Gefangenschaft. Millionen von ihnen verhungerten in Auffang- und Konzentrationslagern, Hunderttausende wurden dort umgebracht. Andere wurden zur Sklavenarbeit in Unternehmen gezwungen, die privat betrieben wurden, jedoch an Konzentrationslager angegliedert waren. Wie die Steinkohlezeche Andreasschächte unweit des KZs Auschwitz. Mangelnde Hygiene, ungenügende Kost und die hohen Arbeitsnormen ließen die meisten dieser Sklavenarbeiter an Unterernährung, Krankheiten oder Erschöpfung sterben. Kriegsgefangene, die im Reich, vor allem in Rüstungsbetrieben und Steinkohlegruben, schuften mussten, hatten mit den gleichen Mängeln zu kämpfen. Russische Zwangsarbeiter in deutschen Zechen litten wegen ihrer schmalen Rationen ständig Hunger. Ihre Ausrüstung war schlechter als die der deutschen Kumpels. Wie während des Weltkrieges (1914–18) waren die meisten russischen Gefangenen Bauernburschen oder ungelernte Arbeiter, vom Bergbau hatten sie keine Ahnung. Das kostete sie mehr Aufwand. Sie hatten große Mühe, die hohen Arbeitsanforderungen zu erfüllen. Dies brachte gelegentlich deutsche Kumpels gegen sie auf. Hinzu kamen sprachliche Hürden. Bei der gefährlichen Arbeit unter Tage ist Verständigung von lebenswichtiger Bedeutung. Die Russen und andere Zwangsarbeiter lebten in dauernder Angst. Auf diese Weise entstanden und vertieften sich Auseinandersetzungen. Die einen versuchten, wo sie konnten, die Zwangsarbeiter zu kujonieren. Die anderen bedauerten „die Russen" und steckten ihnen, obgleich dies streng verboten war, heimlich Essen zu.

Auch Otto tat dies. Maria wunderte sich, warum ihr Mann immer größere Portionen von Dubbeln verlangte. Otto wollte es ihr nicht sagen, denn es hätte sofort Zank gegeben. Seine Frau klagte ohnehin über die zunehmend einseitige Ernährung und die Rationierungen der Lebensmittel. Maria sollte sich gefälligst um die Kinder kümmern und ihn in Ruhe lassen, anstatt ständig zu versuchen, ihn von den Ruhmestaten ihres Führers zu überzeugen. Zu Marias Gewäsch musste sich Otto auch noch das Geschwätz von Emil anhören. Sein Sohn war begeistertes Mitglied des Jungvolks. Der Pimpf schwärmte ständig von seinen Abenteuern bei Zeltnächten, von Klampfenklang, Lagerfeuern, Sportwettbewerben und Mutproben. Emil hatte es bereits zum Oberhordenführer gebracht. Natürlich quasselte der Zwerg auch die politischen Parolen nach, die ihm im Jungvolk eingeblasen wurden. Emil faselte von der „Volksgemeinschaft", zu deren würdigem Mitglied er erzogen würde. Nazipropaganda aus dem Mund eines Kindes zu hören, widerte Otto besonders an.

Otto half den Russen, wo er konnte. Wenn er sah, dass Zwangsarbeiter von Kumpels schikaniert oder gar geschlagen wurden, geriet er in Rage, das wussten alle. Auf diese Weise herrschte in seinem Schacht ein auskömmliches Miteinander. Wobei es Otto keineswegs entging, dass mancher Zwangsarbeiter ihm, nur weil er ein Deutscher war, am liebsten den Schädel eingeschlagen hätte. Insgesamt aber war die Zusammenarbeit mit den Zwangsarbeitern aus dem Osten unumgänglich, denn ihre Arbeitskraft war entscheidend für das Funktionieren der Steinkohlegruben. So malochten Ende 1941, ein halbes Jahr nach Beginn des Russlandfeldzuges, 6000 Ostarbeiter auf deutschen Zechen. Ein Jahr später hatte sich ihre Zahl bereits fast verzwanzigfacht. Nun schufteten mehr als 104 000 Russen in den hiesigen Gruben. Zwölf Monate später waren es mehr als doppelt so viel, 222 538 Menschen. Das war ein Viertel der Gesamtbelegschaft. Die angespannte Kriegssituation und der Zwang zu immer höheren Abbauleistungen, um die Ansprüche der Rüstungsindustrie zu befriedigen, machte den massiven Einsatz von Zwangsarbeitern aus Osteuropa notwendig. Immer neue sowjetische Kriegsgefangene, aber auch Zivilisten aus Polen und Russland mussten in deutschen Fabriken und Gruben arbeiten. Bereits im März 1944 malochten mehr als 300 000 „Russen" auf deutschen Zechen, ihr Anteil der Belegschaft war damit auf fast 40 Prozent gestiegen.

    Samuel Rubinstein verriegelte die Wohnungstür von innen. Er verließ seine vier Wände nur noch, wenn es unbedingt notwendig war. Die Lebensumstände des Arztes waren immer beschwerlicher geworden. Nach den Nürnberger Gesetzen hatten die Nazis die Schlinge um die Juden beständig enger gezogen. Systematisch hatten sie die Hebräer an den Rand der deutschen Gesellschaft gedrängt, sie mit Einschränkungen gequält und ihnen mit Verboten das tägliche Leben schwer gemacht. Bereits im September 1938 war jüdischen Ärzten die Approbation entzogen worden. Einigen von ihnen wurde gestattet, sich als sogenannte Krankenbehandler um ihre maladen Mitjuden zu kümmern. So war auch Samuel immer wieder nach Essen gefahren, um dort in der Gemeinde Sprechstunden abzuhalten und einem jüngeren Kollegen bei der Patientenbetreuung zu helfen. Doch die meisten jüdischen Ärzte hatten keine Existenzgrundlage mehr.

Seit Januar 1939 mussten jüdische Männer ihrem Vornamen den Namen „Israel" hinzufügen, Frauen hatten sich fortan zusätzlich „Sara" zu nennen. Bald darauf, nachdem ihre Reisepässe mit einem „J" gestempelt worden waren, wurde den deutschen Juden die Ausreise aus Deutschland verboten. Ab September 1941 waren alle Juden, die älter als sechs Jahre waren, gezwungen, den gelben Stern zu tragen. Damit waren sie vor aller Augen gebrandmarkt. Samuel Rubinstein erfuhr viel Zuwendung – dankbare frühere Patienten, die sich von den Nazis ihren Anstand nicht verbieten ließen, grüßten und unterhielten sich mit ihm auf offener Straße und steckten ihm Kleinigkeiten zu. Auch sein alter Genosse und Freund Leopold Bialo ließ sich nicht davon abbringen, den Doktor zu besuchen und mit ihm spazieren zu gehen. Trotzdem empfand Samuel Rubinstein jeden Ausflug als ein Spießrutenlaufen.

Rubinstein blätterte in einem seiner alten Gebetbücher. Er war nicht bei der Sache. Seine Gedanken schweiften immer wieder zu einer amtlichen Mitteilung, die auf dem Tisch am Fenster lag. Darin wurde Samuel „Israel" Rubinstein aufgefordert, sich mit einigen wenigen Habseligkeiten bei einer Adresse in der Bahnhofstraße einzufinden. Danach würde man zu einer Sammelstelle in Dortmund gebracht werden. Von dort sollte die Reise, die „Umsiedlung", wie in der Benachrichtigung stand, nach Riga gehen. Samuel Rubinstein war entschlossen, diese Fahrt nicht anzutreten.

Kurt packte einen halben Laib Brot, eine Dose Wurst und zwei Handvoll Kaffeebohnen, die er zuvor in eine braune Papiertüte gefüllt hatte, in seine Aktentasche. Er zögerte kurz, dann rollte er einen abgetragenen Pullover zusammen und stopfte ihn ebenfalls in die Mappe. Gleich nach Anbruch der Dunkelheit machte er sich auf den Weg. Kurt war keineswegs dagegen gewesen, dass seine Parteigenossen den Juden einen kräftigen Denkzettel verpassten. Obwohl er gegen seinen ehemaligen Lehrherrn Carl Levy eigentlich nichts hatte. Und gegen den alten Doktor Rubinstein schon gar nicht. Dennoch hatte Kurt mitgemacht, als damals am 1. April 1933 zum Boykott nicht nur jüdischer Geschäfte, sondern auch der Ärzte aufgerufen worden war. Die Kristallnacht war nach Kurts Geschmack zu rabaukenhaft abgelaufen. Dass nun die Juden abends nicht mehr aus ihren Häusern durften, dass sie keine Kleiderkarten mehr erhielten und in Geschäften nur noch zu bestimmten Zeiten einkaufen durften – wenn die Schlangen riesig und die Regale schon leergefegt waren –, das empfand Kurt als übertrieben. Ohne ein Sterbenswörtchen zu irgendjemandem zu sagen, hatte Kurt ein paar rationierte Lebensmittel gehamstert. Den Pullover konnte er entbehren.

Die Januarnacht war kalt. Kurt eilte zu Rubinsteins Haus. Beide Wohnungsfenster waren erleuchtet. Kurt konnte Stimmen hören. Hatte der alte Doktor etwa Besuch? Kurt verspürte keine Lust, mit den Fressalien wieder nach Hause zu gehen. Also lief er die Treppe zu Rubinsteins Wohnung hinauf. Zwei Nachbarn – die Tür zu ihrer Wohnung stand offen – waren damit beschäftigt, einen Tisch aus Rubinsteins Wohnung zu tragen. Ihre Frauen kramten in den wenigen Habseligkeiten des Arztes. „So spät noch umräumen?", versuchte Kurt zu scherzen. „Wohin zieht denn der Doktor?" – „Der zieht nirgendwo mehr hin ..." Der Mann fuhr sich mit der Hand über die Kehle. Eine der Frauen trat hinzu. „Tabletten hatter genommen – na ja, war ja mal Dokter ... Pillenvorräte hatter gehortet. Und unsereins kriegt kaum mal wat zum Schlafen ..." – „Da liegt ein Schrieb. Umsiedlung ... Sie wissen ja ... Aber die Reise war ihm wohl zu weit", grinste ihr Mann. Neben dem Brief lag ein schwarz gebundenes jüdisches Gebetbuch. Kurt nahm es kurz in die Hand, legte es wieder weg. Gibt bloß mächtig Ärger, wenn man mich damit erwischt, dachte er bei sich. „Ja, denn guten Abend", krächzte er und lief die Treppen hinunter. Die kalte Luft ohrfeigte sein glühendes Gesicht. Kurt heulte Rotz und Wasser.

Im Herbst 1941 standen deutsche Truppen vor Moskau. Da setzte der russische Winter ein. Die Temperaturen fielen auf mehr als 30 Grad unter dem Gefrierpunkt. Zehntausende deutsche Soldaten erfroren, denn Hitler und die Wehrmachtsführung hatten im Sommer mit einem Blitzkrieg gerechnet, der weniger als drei Monate dauern würde. Daher hatte man es für unnötig gehalten, die Grenadiere mit Winterkleidung auszurüsten. Die Rote Armee trat im Dezember zum Gegenangriff an. Nur unter hohen Verlusten auf deutscher Seite konnte die Offensive schließlich zum Stehen gebracht werden.

Da eröffnete Japan mit dem Überfall auf den US-Stützpunkt Pearl Harbor den Krieg im Pazifik. Das lieferte Hitler den Vorwand, seinerseits Amerika den Krieg zu erklären. US-Präsident Roosevelt hasste Hitler und sein Naziregime. Doch die isolationistische Stimmung in Amerika hatte es dem Präsidenten unmöglich gemacht, Deutschland anzugreifen. Nun aber gab Hitler Roosevelt freie Hand. Hitler hatten seinen europäischen Waffengang zu einem Weltkrieg ausgeweitet. Die USA als mächtigste Industrienation stellten ihre Wirtschaft auf Rüstungsproduktion um und intensivierten ihre Waffenlieferungen an Russland und Großbritannien.

Die enormen Verluste des Vorjahres – mehr als eine Million Landser waren gefallen oder schwer verwundet – hielten Hitler nicht davon ab, die Wehrmacht im Frühsommer 1942 in eine neue Offensive zu treiben. Ziel waren dieses Mal die Erdölfelder in der südlichen Sowjetunion. Der Feldzug verlief ähnlich wie im Vorjahr. Nach beeindruckenden Anfangserfolgen kamen die Angriffsspitzen der Wehrmacht im einsetzenden Winter zum Stehen. Im

Herbst begannen die Diktatoren Hitler und Stalin mit Hilfe ihrer Armeen eine Prestigeschlacht an der Wolga. Anfang Februar 1943 kapitulierte die in Stalingrad eingeschlossene 6. Deutsche Armee unter Feldmarschall Paulus. Mehr als 90 000 Landser wanderten in sowjetische Kriegsgefangenschaft. 146 000 deutsche Soldaten waren gefallen. Hitler, der seit Dezember 1941 das Heer kommandierte, war direkt für die Niederlage verantwortlich.

Einsichtige Zeitgenossen begriffen, dass nach der Katastrophe von Stalingrad der Krieg für Deutschland verloren war. Doch Propagandaminister Goebbels nahm die deutsche Niederlage zum Anlass für einen fanatischen Durchhalteappell. Im Berliner Sportpalast rief er vor Tausenden jubelnden Anhängern die Bevölkerung zum „totalen Krieg" auf: „… wenn nötig, totaler, radikaler, als wir ihn uns heute überhaupt vorstellen können." Dabei drohte Goebbels mit drakonischen Maßnahmen gegen alle „Drückeberger und Schieber" und betonte die Absicht der Ausrottung des Judentums. Goebbels' Propagandashow blieb nicht ohne Erfolg. Sie bestärkte überzeugte Nazis und schlichte Gemüter in ihrem Glauben an den Endsieg.

Wer noch nicht bereit war, nach Goebbels' Weisung „zehn, zwölf und – wenn nötig – vierzehn und sechzehn Stunden täglich zu arbeiten und das Letzte für den Sieg herzugeben … wenn der Führer es befiehlt", dem machten die Nazis erhöhte Leistung mit Geld schmackhaft, das stetig an Wert verlor. So erhielten 1943 die Kumpels eine Lohnerhöhung von satten 10 Prozent. Die Kriegswirtschaft war knapp kalkuliert. Woher nehmen und nicht stehlen? Die Nazis taten genau dies: Der Lohnaufschlag wurde dadurch finanziert, dass die Abgaben an die Arbeitslosenversicherung nicht geleistet wurden. Die Auswirkungen dieser betrügerischen Finanzpolitik sollten die Kumpels Jahre später empfindlich zu spüren bekommen. Nach dem Krieg sorgten leere Knappschaftskassen für ein böses Erwachen.

Maria Bialo ließ sich selbst nach der Katastrophe von Stalingrad nicht in ihrer Treue zum Führer erschüttern. An Kumpels mit ähnlicher politischer Naivität und ihre Angehörigen wandte sich die Werkszeitung der Zeche Friedrich der Große, auf der Heiner einst angelegt hatte. In einem Leitartikel behauptete das Blatt: „Die Glut der Hölle von Stalingrad härtet den Sieges- und Arbeitswillen der Heimat." Als Maria ihrem Mann die Zeilen vorlas, geriet Otto in Rage.

„Scheißblatt!", tobte er. „Der Kerl, der so einen Dreck schreibt, sollte so lange in Russland frieren, bis er zur Vernunft kommt." – „Adolf Hitler wird uns zum Sieg führen wie immer …", widersprach ihm Maria. „An diesen Mist glaubt nicht mal mehr mein Nazibruder Kurt. Dein Führer wird uns in den gleichen Schlamassel reinreiten, wie es das Militaristengesindel schon 1918 getan hat!" – „Na hör mal, Otto …" – „Nein, jetzt hörst du zu! Du dumme Gans! Mich interessiert keine Hölle von Stalingrad. Da haben wir nichts zu suchen. Und so ein blasser Schreiberling hat davon keinen Schimmer. Auch nicht vom Arbeitswillen in der Heimat. Ich hab die Hackfresse nie im Pütt gesehen. Mich interessiert nur mein Sohn. Mein Bruder Heinrich ist schon im Weltkrieg fürs Vaterland verheizt worden. Das genügt mir. Ich will, dass mein Heiner lebend nach Haus kommt. Sonst gar nichts. Und dein Hitler und seine Generäle sind die gleichen Versager wie der Kaiser, Hindenburg und sein Lumpenpack!", brüllte Otto.

Heinrich hatte Glück. Er überlebte Stalingrad. Nach der Kapitulation der 6. Armee geriet er ebenso wie sein Kommandeur in Gefangenschaft. Mit einem entscheidenden Unterschied: Während der Feldmarschall ins warme Quartier chauffiert wurde, marschierte Heinrich Bialo in einer unendlichen Schlange gefangener Landser durch das tiefverschneite Russland. Zu essen gab es fast nichts. Zehntausende starben auf dem langen Marsch in Stalins Lager. Auch Heinrich quälte ständiger Hunger. Doch sein zäher Wille und die robuste Konstitution des Bergmanns ließen ihn die Strapazen des Wintermarsches überstehen. Heinrich kämpfte nicht um den Endsieg, sondern um sein Leben.

Stalingrad war der Wendepunkt des Krieges. Von nun an verlor die Wehrmacht eine Schlacht nach der anderen. Auch an den übrigen Kriegsschauplätzen zog sich die Schlinge um das Nazireich immer enger zu. Im Herbst 1942 war das Afrikakorps in der Panzerschlacht von El Alamein in Ägypten unterlegen. Kurz danach landete ein amerikanisches Armeekorps in Afrika. Wieder entschieden die gut ausgerüsteten GIs den Krieg. Gemeinsam mit der britischen Armee betraten sie im Sommer 1943 Sizilien. Daraufhin setzten die Italiener ihren Diktator Mussolini ab, wechselten die Fronten und erklärten Hitler im Oktober den Krieg.

Derweil ereilten die Furien des Krieges Deutschland. Hitler und Göring hatten schon während des spanischen Bürgerkrieges (1936–1939) die Luftwaffe als Terrorinstrument gegen ihre Feinde eingesetzt. Im Luftkrieg ließ Hitler immer wieder Wohngebiete und strategische Ziele bombardieren. Gleichzeitig gaukelten die Nazis der Bevölkerung vor, Deutschland sei vor feindlichen Luftangriffen sicher. Doch bereits 1938 hatten die Engländer einen Ruhr-Plan ausgearbeitet, der mögliche Bomberangriffsziele wie Bahnknotenpunkte, Stahlwerke, Kokereien und Elektrizitätswerke an Rhein und Ruhr nannte. Die Briten wollten das industrielle Rückgrat von Nazideutschland aus der Luft brechen.

Luftwaffenchef Hermann Göring schwadronierte, er wolle Meier heißen, wenn es ein feindliches Flugzeug schaffen sollte, Deutschland zu bombardieren. Ab 1940/41 durfte Göring sich getrost so nennen. Doch das wahre Ausmaß der Katastrophe begann erst 1943 deutlich zu werden, als mehrere hundert britische Bomber Hamburg angriffen. Die Brand- und Sprengbomben richteten verheerende Schäden an. Feuerstürme tobten durch die Hafenstadt.

Ab 1943 war das Ruhrgebiet das zentrale Ziel der anglo-amerikanischen Luftangriffe. Das Revier war das Herz der deutschen Rüstungsindustrie. Es lag relativ nahe bei den Fliegerhorsten der britischen Insel, von wo die immer größeren Bomberverbände gegen Deutschland starteten.

Renata wurde durch Fliegeralarm aus der Lektüre ihres vielfach gelesenen Anatomiebuches aufgeschreckt. Für einen kleinen Augenblick spielte sie mit dem Gedanken, diesmal das Signal nicht zu beachten. Doch schließlich überwogen Angst und Lebenswille. Sie raffte sie sich auf, packte das Buch – nichts war öder, als stundenlang ohne Lektüre im Luftschutzkeller zu hocken – in ihre Tasche, in der sie immer ein Fläschchen Desinfektionsmittel und Verbandszeug mit sich trug. So konnte sie Verletzte schnell an Ort und Stelle versorgen. Renata lief in die Küche, schnappte sich die Thermosflasche und goss das Wasser, das eben gekocht hatte, hinein. Zum Teebrühen war nun keine Zeit mehr – die Sirene heulte mit auf- und abschwellendem Ton: Hauptalarm. Renata eilte die menschenleere Straße entlang zum Luftschutzkeller. Dort war der uniformierte Luftschutzwart gerade dabei, die Tür zu verschließen. Renata schlüpfte rasch noch hindurch.

„Es sind doch immer wieder dieselben! Sie sind nicht allein auf der Welt, Fräulein. Auch für Sie gelten die ehernen Regeln der Pünktlichkeit wie für alle anderen Volksgenossen …", blaffte er. „Zeit für eine kleine Belehrung haben wir noch, was?", konterte Renata. „Sie, Fräulein, hören Sie mal …" – „Pünktlich wie ein deutscher Schäferhund!" Renata lief die Treppe zum Luftschutzraum hinab. Noch ehe sie unten angekommen war, ertönte ein gellender Schrei. Renata ahnte, was dieser bedeutete: Eine Frau lag in den Wehen. Ein Blick in den Luftschutzraum gab Renata recht. In einem Kreis standen die Menschen hilflos um eine junge Frau, die am Boden kauerte und laut jammerte. Neben ihr stand ein kleines Kind und heulte: „Mutti, Mutti!"

Draußen jagte die Flak dröhnend ihre Geschosse in den Nachthimmel. Renata atmete einmal tief durch. „Ich bin Hebamme." Sie sah die Erleichterung in den Gesichtern der Männer und Frauen. „Tragt sie in die Ecke dort hinten – vorsichtig, hört ihr", wies Renata zwei Männer an. „Bettet sie dort hin. Ihr anderen macht einen Vorhang aus der Decke dort. Und wer eine Thermosflasche mit heißem Wasser hat, gibt sie mir. Und du", wies sie ein junges Mädchen an, „du kümmerst dich um das Kind. Sing, erzähl – dir fällt schon was ein. Lenk es ab."

Jeder tat wie geheißen. Renata kniete sich neben die Frau. Die zwang ein Lächeln in ihr schweißüberströmtes Gesicht. „Danke. Es geht schnell bei mir, hab ja schon eins", hauchte sie. „Na, dann brauchen Sie mich ja gar nicht", lächelte Renata. „Trotzdem machen wir das jetzt zusammen." Das schmerzverzerrte Gesicht unter ihr kündigte eine neue Wehenwelle an. Renata tupfte der jungen Frau den Schweiß von der Stirn. „Wir fangen an! Hören Sie mir zu und machen Sie, was ich sage. Wir kriegen das gut hin. Fest durchatmen … Wie heißen Sie eigentlich?" – „Herthamarie. Herthamarie Graf." – „Ich heiße Renata. Renata Bialo." – „Renata. Auch ein schöner Name …", ächzte Herthamarie. „Na, wenn's jetzt gleich ein Mädchen ist, dann können Sie ja überlegen …"

Ganz weit weg nahm Renata das Dröhnen der Flugzeugmotoren wahr. Jetzt mussten sie direkt über der Stadt sein. „Schön atmen – und ein und aus …" Eine ältere Frau trat hinter den Deckenvorhang zu Renata. Sie hatte eine Thermosflasche und eine Schüssel in der Hand und ein paar saubere Handtücher unter den Arm geklemmt. „Na, wie isset?", fragte sie. „Kommt ihr klar?" Renata nickte und dankte der Frau, die hinter dem Vorhang verschwand. Sie wandte sich wieder der Gebärenden zu. „Bald ist's geschafft", munterte Renata die junge Frau auf, „jetzt wieder. Ein und aus …"

Es krachte ohrenbetäubend. Die Wände des Kellers bebten und wankten, von der Decke rieselten Staub und kleine Steinbrocken. Ganz in der Nähe musste es einen Volltreffer gegeben haben. Die Menschen schrien und weinten. Ob die werdende Mutter derart erschrak oder das kleine Lebewesen unter britischer Luftherrschaft in sein Leben treten wollte, wusste Renata nicht. Die Geburt ging mit einem Mal flugs vonstatten.

„Schauen Sie: ein prächtiger kleiner Kerl. Seine sechs Pfund wiegt der bestimmt. Und gesund ist er auch." Renata hob den Säugling hoch, dass seine Mutter ihn sehen konnte. „Gut haben Sie das gemacht!" – „Sie haben mir sehr geholfen, Renata. Danke", flüsterte die junge Mutter. „Wie soll er denn heißen? Haben Sie schon einen Namen?" – Die Wöchnerin lächelte versonnen:

„Baldur Benito. Schön, nicht?" Renata wusste nicht, ob sie lachen oder wütend werden sollte. Der Kleine konnte einem in der Seele leidtun. Ein Leben lang würde er sich wegen dieser Namen hänseln lassen müssen, die bald – da war Renata sich sicher – kein Mensch mehr in den Mund nehmen wollte. Doch es war nicht an ihr, der Mutter politische Ratschläge und Belehrungen zu erteilen, was die Namensgebung anbelangte. Renata hatte ihren Part in Baldur Benitos Leben gespielt, indem sie ihm hineingeholfen hatte.

Draußen heulte die Sirene ihren gleichbleibend hohen Dauerton. Entwarnung. Die Leute standen auf und packten ihre Utensilien zusammen. Renata rief nach dem Luftschutzwart. „Das Fräulein Extrawurst, sieh an …" Renata unterbrach ihn: „Sobald Sie rauskönnen, laufen Sie los und holen Sanitäter. Und zwar zack, zack! Die Frau und der Säugling müssen schnell ins Krankenhaus, verstanden?" – „Jawoll."

Der Wart drehte sich um und verschwand. Prompt steckte die ältere Frau ihren Kopf durch den improvisierten Vorhang. „Na, allet dürsch?", fragte sie. Renata wies mit dem Kopf auf das Bündel in ihrem Arm. „Ein Junge." – „Wie heißt et denn?" Renata verbot sich ein Grinsen „Baldur – und Benito." – „Wat? Dat arme Wurm. In so 'ner Nacht auf de Welt geplumpst – und denn so 'nen Namen. Is denn de ganze Menschheit verrückt geworden?" Renata lächelte und zuckte mit den Schultern.

Leopold Bialo hatte eine unruhige Nacht verbracht. Mehr als er dies Helene und sich selbst eingestand, brauchte er seine Frau an seiner Seite, um Frieden zu finden. Ihr heiteres, sanftes Wesen und ihre zupackende Art hatten Leopold die Gefährtin immer mehr ans Herz wachsen lassen. Seit Rubinsteins Tod war Leopold vereinsamt. Der jüdische Arzt war sein Genosse, sein einziger Wegbegleiter und Ratgeber über viele Jahre hinweg gewesen. Niemand kannte ihn so gut wie Samuel. Nicht einmal die eigenen Kinder oder seine Frau. Und Anna war nun auch schon bald vier Jahrzehnte tot. Helene wusste, dass Leopold sie am liebsten stets um sich hatte. Doch der Mann ihrer Schwester hatte einen Schlaganfall erlitten. Johanna war vollkommen hilflos, und so hatte Helene ihr versprochen, nach Essen zu kommen, sie zu unterstützen und nach dem Rechten zu sehen. „Übermorgen bin ich wieder da", verkündete Helene. „Sonntag, 7. März – streich's gleich im Kalender an", meinte sie scherzhaft zu ihrem Mann. Er wusste, dass sie an diesem Tag Geburtstag hatte.

Am frühen Abend des 5. März 1943 erhoben sich über vierhundert Flugzeuge des Bomber Command der Royal Air Force in die Lüfte über den britischen Inseln. Eine Stunde später wurde Leopold durch das Heulen der Luftschutzsirenen aufgeschreckt. Er lugte durch die Verdunklung. Es war nichts zu sehen. In der Ferne donnerten Flakgeschütze. Jeder Bombenangriff, so glaubte Leo, brachte das Ende des Krieges ein Stück näher. Ohne es zu ahnen, dachte Leopold ähnlich wie Winston Churchill, der im Mai 1942 im Radio verkündet hatte, dass die Deutschen sich beim Anblick ihrer brennenden Städte endlich darauf besinnen sollten, dass das verbrecherische Hitlerregime ihr Land ins Elend stürzte. Die Entzauberung des Tyrannen sei der erste Schritt zu seinem Fall.

Gegen neun Uhr abends flog eine zweimotorige britische Mosquito über Essen. Sie warf „Christbäume" ab, Zielmarkierungen als Orientierung für das nachfolgende Bombergeschwader. Die Angriffspunkte in Essen waren klar definiert: Man wollte die Krupp-Werke in Essen-Frohnhausen und Essen-Altendorf unweit des Stadtzentrums zerstören.

In der Nacht vom 5. auf den 6. März 1943 wurde Essen rund eine Stunde lang mit mehr als 1000 Tonnen Spreng- und Brandbomben bombardiert. Über vierhundert Zivilisten fielen dem Angriff zum Opfer, mehr als dreitausend Häuser, viele in der Essener Innenstadt, wurden zerstört. Auch die Krupp-Werke erlitten empfindliche Schäden.

Im ersten Morgengrauen schaltete Leo den Volksempfänger ein. „... feindliche Bomberverbände haben in der vergangenen Nacht die Essener Innenstadt bombardiert ..." Leo lief in den kalten Vorfrühlingsmorgen hinaus. So schnell ihn seine Beine trugen, rannte er zu Renatas Wohnung und hämmerte an ihre Tür. Kurz darauf öffnete die Tochter im Morgenrock. „Vater, so früh? Was ist?" Sie zog den bebenden Leopold in die Wohnung. „Du klapperst ja vor Kälte. Wo ist deine Jacke ..." – „Mir ist nicht kalt. Die Nacht ist Essen bombardiert worden. Und Helene ist doch dort. Ich fahr hin ... nach ihr suchen ..." Renata durchfuhr ein eisiger Schrecken. Mit gepresster Stimme sagte sie: „Du bleibst hier, Vater. Ich fahre."

Renata hastete zum Herner Bahnhof. „Wolln Sie nich wat Schöneres fürn Ausflug nehmen, Fräulein?", fragte der Schalterbeamte. „Da hat et nämlich mächtich geknallt heut Nacht ..." Renata schüttelte den Kopf.

Sie bahnte sich einen Weg vom Essener Hauptbahnhof in die Frohnhauser Straße. Trampelpfade führten über Trümmerberge. Menschen waren dabei, Steine beiseite zu schaffen, nach Angehörigen und Habseligkeiten zu suchen. Manche kritzelten mit Kreide Namen und Adressen auf die Ruinen ihrer früheren Häuser. Vom Haus in der Frohnhauser Straße, in dem Helenes Schwester mit ihrer Familie wohnte, stand noch die linke Hälfte. Renata schöpfte Hoffnung. Im Eingang hockte ein älterer Mann. Renata fragte ihn nach Familie Donner. Der Alte zuckte mit den Schultern. „Die sin alle in den Keller da drüben. Selbst gesehen …", berichtete er. „Und …?!" – „Da hattet reingehauen, sach ich ihnen. Da lebt keine Maus mehr."

1944 waren fast alle oberirdischen Industrieanlagen des Ruhrgebietes durch Bomben beschädigt. Neben den Hochöfen, in denen Stahl produziert wurde, hatten es die alliierten Bomberverbände auf die Förderanlagen des Bergbaus abgesehen. Die Kohle wurde tief unter der Erde abgebaut, da war man vor Bombenangriffen sicher. Das nützte aber wenig, wenn Förderturm, Stromzufuhr, Schornsteine und Transportanlagen zerstört worden waren. Es hob ein wahnwitziger Wettlauf an zwischen Angriff und Zerstörung sowie Abwehr und Wiederaufbau. Flakgeschütze, die zunehmend von Jugendlichen bedient wurden, und deutsche Abwehrjäger konnten die stets größeren Bomberflotten, die nach der alliierten Invasion Frankreichs im Juni 1944 auch von französischen Stützpunkten aus aufstiegen, in immer geringerem Maße bekämpfen.

Die Bomberverbände beschränkten sich nicht darauf, Industrie- und Rüstungsbetriebe anzugreifen. Sie bombardierten immer heftiger Innenstädte und Wohnviertel der Arbeiter, zunehmend auch mit Brandbomben. Auf diese Weise sollte der deutschen Bevölkerung eingehämmert werden, dass der Krieg unwiderruflich verloren war und alle Anstrengungen, den Kampf fortzusetzen, vergeblich bleiben würden. Mehr als eine halbe Million Menschen bezahlte diese unbarmherzige Strategie mit ihrem Leben. Die meisten davon waren Deutsche, aber auch viele Zwangsarbeiter, denen der Zugang zu Luftschutzkellern zumeist verwehrt war, kamen im Bombenhagel um, verbrannten bei lebendigem Leibe oder wurden verschüttet. Doch die Rechnung der Alliierten ging nicht auf. Denn der Bombenterror schweißte die Menschen in trotziger Verzweiflung zusammen. Auch die schlimmsten Zerstörungen der Rüstungsbetriebe konnten die Waffenproduktion nicht einschränken. Im Gegenteil. Der Rüstungsausstoß stieg trotz zunehmender Bombenangriffe bis Ende 1944 stetig an. Ein Großteil der Waffenschmieden wurde unter die Erde verlagert. Auch dort kamen neben den deutschen Beschäftigten immer mehr Zwangsarbeiter aus ganz Europa zum Einsatz.

Besonders wichtig für die Fortführung des Krieges war auf deutscher Seite neben der Kohleförderung auch die Kohlehydrierung zur Kraftstoffgewinnung. Das aufwendige und kostenintensive Verfahren hatten die deutschen Chemiker Friedrich Bergius und Matthias Pier bereits in den 20er Jahren entdeckt und gemeinsam mit Ingenieuren zur Serienproduktion entwickelt. Die Hibernia war hierbei ihren Konkurrenten weit voraus. Früh hatte man auf die Benzingewinnung aus Kohle gesetzt und entsprechend investiert. 1935 wurde der Bau einer Anlage zur Steinkohleverflüssigung beschlossen; in Gelsenkirchen wurde die „Hydrierwerk Scholven AG" gegründet. Bereits 1936 sprudelte hier der erste aus Steinkohle gewonnene Kraftstoff. Zu Kriegsbeginn wurde das Scholvener Werk zur Tarnung mit Camouflagematten überzogen, zudem wurde ein Scheinwerk errichtet, um potenzielle Luftangreifer zu täuschen.

Während der ersten Kriegsjahre waren kaum Hydrierwerke gebaut worden. Zunächst vertraute man auf einen raschen „Endsieg" durch Blitzsiege. Erst die kritische Situation an der Ostfront und der Verlust der rumänischen Erdölfelder ab 1944 zwang das Rüstungsministerium unter Albert Speer, beschleunigt Hydrierwerke zur Benzingewinnung aus dem Boden zu stampfen. Die Kraftstofffabriken wurden in Zechennähe, also wiederum im Revier, erbaut. Die kriegswichtigen Betriebe zogen vermehrte alliierte Bombenangriffe auf sich.

Bis 1943 arbeitete die Anlage in Scholven mit Gewinn. Ein Grund hierfür war ein Garantievertrag mit dem Reich. Scholven stellte oktanreiches Benzin für Flugzeugmotoren her. Trotz beständiger Bombardierung arbeitete man unverdrossen an Weiterentwicklungen. Doch im Juli 1944 wurde Scholven von 800 Bomben getroffen. Der Betrieb musste eingestellt werden. Daran konnten auch Rüstungsminister Albert Speer und der Reichsbeauftragte für Kohle, Paul Pleiger, durch ihren Besuch des zerstörten Werkes nichts ändern.

Die Anstrengungen der Naziführung waren jedoch keineswegs ausschließlich auf die Vermeidung der militärischen Niederlage konzentriert. Hitler, Himmler und ihre Helfer fanden noch ausreichend Zeit, den Völkermord an den Juden zu beschleunigen. 1944, in einer Zeit schwerer Abwehrkämpfe an der Ostfront, in der jeder Waggon für den Nachschub gebraucht wurde und man jeden waffenfähigen Mann in den Kampf schickte, beeilte sich die SS nach der Besetzung Ungarns im März, die Juden des Landes in Viehwaggons in die Vernichtungslager in Polen zu transportieren und dort umzubringen. Die Regierungen der Vereinigten Staaten und Großbritanniens waren durch ihre Geheimdienste darüber informiert. Jüdische Organisatoren baten die Alliierten, die Zufahrtswege nach Auschwitz und in die anderen Todeslager zu bombardieren, um das Morden zumindest zu verzögern. Doch Washington und London weigerten sich. Stattdessen befahlen sie ihren Bombern vermehrte Luftangriffe gegen deutsche Städte. Die SS wiederum setzte Tausende ihrer Männer für den Judenmord ein und blockierte damit dringend benötigten Nachschub für die Ostfront.

Auch bei der Rüstungsproduktion ließen sich Hitler und sein Minister Speer eher von Rachegelüsten treiben. Statt die Herstellung von Abwehrjägern zu forcieren, um die Luftangriffe der Alliierten gegen die deutsche Front, gegen Industrieanlagen und die Zivilbevölkerung zumindest einzudämmen, ließ die Führung Vergeltungswaffen produzieren. Die Flugbombe V1 und die Rakete V2 – V für Vergeltung – verbreiteten zwar vor allem in London Angst und Tod, militärisch aber blieben sie ohne Wirkung.

Seit dem Ende ihrer Beziehung zu Ernst Alt hatte Renata euphorische Gefühle Männern gegenüber eingefroren. Mit ihnen ausgehen, sich amüsieren, den Hof machen lassen – all dies tat Renata gerne und genussvoll. An Verehrern mangelte es der dunkelhaarigen Frau mit den strahlend blauen Augen und den aparten Zügen nicht. Durch ihr munteres Wesen und ihre natürliche Eleganz nahm sie nicht wenige Verehrer für sich ein. Doch umgekehrt gelang es keinem Kandidaten, Renatas Herz zu gewinnen.

Dazu trauerte Renata um Helene, die sie sehr geliebt hatte. Helene war ihr Freundin, Vertraute und Mutter in einem gewesen. Die einzige Frau in Renatas „Männerwelt", die ihr in Freude und Sorge immer beigestanden hatte. Helenes Tod in der Essener Bombennacht hatte nicht nur in Leos Leben eine furchtbare Lücke gerissen.

Doch Renata verharrte nicht in Melancholie. Sie zwang sich, unter Leute zu gehen. Bei einem Tanzabend in der „Heimlichen Liebe" hoch über dem Essener Baldeneysee lernte Renata anlässlich einer Sonnwendfeier Karl-Wilhelm Bothe kennen. Renata war auf den ersten Blick angetan von dem großen, breitschultrigen Mann mit den rotblonden Haaren. Auch Karl-Wilhelm gefiel die junge Frau. Zielstrebig ging er auf Renata zu und forderte sie zum Tanz auf. Auch Vater und Mutter haben sich beim Tanzen kennengelernt, kam ihr in den Sinn. Liebe auf den ersten Blick sei es gewesen, hatte Otto einmal berichtet. Der wusste es noch von der Mutter. „Woran denken Sie?", lächelte Karl-Wilhelm seine Tanzpartnerin an. „Ach – an nichts …", murmelte Renata. Sie merkte, dass sie rot wurde. „Schade", lachte ihr Gegenüber.

Renata spürte seine rechte Hand starr und kühl an ihrer Hüfte liegen. Sie warf einen verstohlenen Blick darauf. Eine Prothese in einem hellbraunen Lederhandschuh! „Souvenir vom Frankreich-Feldzug", grinste Karl-Wilhelm. „Auch solche Wunderwerke der Technik haben wir dem Gröfaz zu verdanken ..." Der Mut zu dieser Verächtlichmachung Hitlers imponierte Renata.

Karl-Wilhelm Bothe war der Sohn eines Lehrers aus Koblenz. Er hatte in Heidelberg Medizin studiert und sich anschließend zum Anästhesisten ausbilden lassen. Zurzeit arbeitete er in einem Heimatlazarett in Gelsenkirchen. Nach seiner schweren Verletzung bei einem Gefecht während des Durchbruchs der Maginotlinie 1940, die zur Amputation des rechten Unterarmes führte, hatte Karl-Wilhelm große Angst gehabt, nicht mehr in seinem Beruf tätig sein zu können. Mit eisernem Willen übte er mit der Prothese und entwickelte rasch große Geschicklichkeit damit. Seine Erfahrung als Narkosearzt und sein Engagement ließen ihn schnell eine neue Stelle finden.

Bald waren Renata und Karl-Wilhelm unzertrennlich. Wann immer es ihnen möglich war, besuchten sie einander in Herne oder Gelsenkirchen. Da beider Wohnungen klein waren, verbrachten sie viel Zeit draußen. Sie machten Ausflüge ins Sauerland, ausgiebige Spaziergänge an der Ruhr, wo sie oft in dem beliebten Ausflugslokal „Zur zornigen Ameise" einkehrten. Karl-Wilhelm und Renata lachten viel miteinander und schmiedeten Zukunftspläne. Eine gemeinsame Wohnung, drei Zimmer, eine Reise nach Italien – Karl-Wilhelm hatte Anfang der dreißiger Jahre Rom besucht und schwärmte davon – „sobald der Scheißkrieg endlich vorbei ist", versprach er.

Als er drei Monate nach ihrer ersten Begegnung Renata fragte, ob sie ihn heiraten wolle, sagte sie spontan ja. „Obgleich ich ein Krüppel bin ...?" Es war einer der Momente, in denen Karl-Wilhelm seine aufgeräumte Stimmungsmaske fallen ließ und Unsicherheit zeigte. „Dreimal Ja! Dich würd ich immer nehmen", jubelte Renata. „Und dann Kinderlein dazu – eins, zwei, drei … aber da müssen wir uns ranhalten, denn ganz taufrisch sind wir auch nicht mehr, Frau – bald – Bothe", scherzte Karl-Wilhelm. „Drei kleine Füchse, was?", strahlte Renata und zauste den rotblonden Schopf des Geliebten.

Renatas Glück wurde getrübt durch die Sorge um ihren Vater. Seit Rubinsteins Selbstmord und Helenes Tod hatte sich Leopold Bialo ganz zurückgezogen. Seine kleinen Enkel Lilian und Adolf wollten ihn nicht mehr besuchen, da der Großvater sie vielfach allzu rau angeherrscht hatte. Mit seiner Schwiegertochter Maria hatte Leopold nie viel anfangen können. Das beruhte auf Gegenseitigkeit. In seiner Angst um seinen ältesten Sohn Heinrich wollte Otto Streit zu Hause vermeiden und lud daher den Alten so selten wie möglich ein. Und Kurt hatte seinem Vater den Hinauswurf vor vielen Jahren nie verziehen.

Allein Renata wollte Leopold von Zeit zu Zeit sehen. Die Tochter wusste sehr wohl, dass die Ruppigkeit und die Verschlossenheit ihres Vaters von seiner Schwermut herrührten. Auch plagten Leopold gesundheitliche Beschwerden. Das Atmen fiel dem alten Kumpel oft schwer, er litt unter quälendem Husten und konnte manche Nacht nur noch im Sitzen schlafen. Die Jahrzehnte vor Kohle forderten ihren Tribut von der Lunge des Steigers Leopold Bialo. Auch sein Augenlicht hatte im Lauf der Jahre nachgelassen. Zudem litt Leo unter Nystagmus. Hervorgerufen hatte das chronische Augenzittern der ständig schräg nach oben gerichtete Blick bei der Arbeit unter Tage.

Renata kümmerte sich um den Vater, sooft sie konnte. Sie versuchte, die kleine Wohnung, die nach Helenes Tod heruntergekommen war, einigermaßen in Schuss zu halten und den Vater mit den spärlich gewordenen Lebensmitteln zu versorgen. Eines Freitagnachmittags auf dem Heimweg von einer Wöchnerin wollte Renata dem Vater Gesellschaft leisten und ein wenig Ordnung in seiner Stube schaffen. Sie hatte etwas Kaffee aufgetrieben, dazu ein halbes Brot und Marmelade. Als sie in die Wohnung trat, spürte Renata, dass etwas nicht stimmte. Sie fand den Vater, der sonst immer korrekt angezogen in seinem Sessel im Wohnzimmer saß, im Schlafanzug auf dem Küchenboden liegen. „Vater, was ist denn passiert?" Renata lief zu ihm hin. „Ich bin ausgerutscht … auf den nassen Kacheln …", ächzte Leopold. Ein Blick auf sein verdrehtes Bein machte Renata klar, dass sich ihr Vater bei dem Sturz den Oberschenkelhals gebrochen hatte.

Renata versorgte Leopold, so gut sie konnte, und ließ ihn ins Krankenhaus bringen. Sie wusste, dass er nicht mehr alleine würde leben können, wenn er aus dem Hospital zurückkehrte. Sie verschwieg dies dem Vater. Noch am gleichen Abend suchte Renata Otto und Maria auf, um zu beraten, was mit Leopold nach dessen Genesung geschehen sollte. Kaum hatte sie geschildert, wie sie den Vater aufgefunden hatte, unterbrach Maria sie: „Damit du es nur gleich weißt, Renata, hierher kann der Alte nicht kommen. Ich hab lange genug unter ihm gelitten und will mit dem Muffkopp nichts mehr zu tun haben. Dauernd das Miesepetergesicht … und wie er die Kinder anraunzt …" Renata blickte zu ihrem Bruder. Otto zuckte mit den Schultern, während sein Weib sich ereiferte: „Soll sich doch seine geliebte SPD um ihn kümmern. Bei der ihrer Arbeiterwohlfahrt kommt er schon unter!" – „Wo lebst du eigentlich, Maria?", zürnte Renata. „Die SPD und die Arbeiterwohlfahrt gibt es doch längst nicht mehr. Verboten von deinen sauberen Nazis …" – „Hör mal …", keifte Maria zurück. Otto hob hilflos die Hände. „Nazissc und Feigling! Ihr könnt mich alle beide!", schnauzte Renata. Auf dem Nachhauseweg wusste sie, was sie zu tun hatte.

„Ich nehme Vater zu mir", verkündete Renata ihrem Karl-Wilhelm beim kargen Abendessen am folgenden Tag. „Er braucht mich jetzt. Und mit dem Laufen hat er's hier auch einfacher. Keine Treppen, Parterre …" – „Und ich?", erkundigte sich Karl-Wilhelm. „Du passt auch noch rein. Platz ist in der kleinsten Stube", lachte Renata. „Hör mal, Renata, solche Dinge kannst du doch nicht einfach über meinen Kopf weg entscheiden …" – „Sei bitte nicht gekränkt, Karl. Nur so geht's." – „Was geht und was nicht, habe noch immer ich zu entscheiden, Renata", dozierte Karl-Wilhelm: „Wir haben andere Pläne!" Karl-Wilhelm verspürte keinerlei Neigung, mit dem alten herrschsüchtigen und mürrischen Bergmann unter einem Dach zu leben. Der zudem ihre Zweisamkeit empfindlich stören würde.

Trotz der Enttäuschung über den Egoismus ihres Verlobten versuchte Renata ihn für ihr Vorhaben zu gewinnen: „Unsere Pläne haben doch mit Vater nichts zu tun …" – „O doch, meine Liebe! Bei dreien ist einer zu viel. In diesem Falle allemal!" Karl-Wilhelm räusperte sich: „Da wirst du wählen müssen, Renata. Entweder dein Vater – oder ich …" Das Paar beendete schweigend das Abendbrot.

Ende 1944 war der Krieg in seine Endphase getreten. Russische Truppen drangen nach Ostpreußen ein. Dabei vergewaltigten Rotarmisten Frauen, der Propagandaapparat des Joseph Goebbels posaunte die Meldung davon an die Front und in die Heimat, um den Widerstandswillen der Soldaten und den der Menschen in Deutschland anzufachen. Das führte bei der Zivilbevölkerung zur Panik. Mehr als zehn Millionen Menschen, hauptsächlich Frauen, Kinder und Alte, flohen vor den Soldaten Stalins in den Westen. Gleichzeitig mit ihren russischen Verbündeten erreichten britisch-amerikanische Truppen deutschen Boden. Aachen war die erste deutsche Großstadt, die von den westlichen Armeen erobert wurde. Deutschland war verloren. Die Fronten wurden im Westen, Osten und Süden von den alliierten Armeen unaufhaltsam vorgeschoben. Die anglo-amerikanischen Kampfflieger errangen die uneingeschränkte Luftherrschaft. Sie nutzten diesen Vorteil zu gezielten Angriffen auf Produktionsstätten, vor allem aber bombardierten sie Orte, die wie Würzburg, Hildesheim und Dresden keine militärische Bedeutung besaßen. Die Städte des Reviers wurden fast alle in Schutt und Asche gelegt. Bei den Luftangriffen kamen nochmals Hunderttausende Zivilisten ums Leben, darunter viele Flüchtlinge aus dem Osten, die hier Zuflucht gesucht hatten. In den letzten Kriegsmonaten machten alliierte Tiefflieger Jagd auf alles, was sich auf deutschen Straßen bewegte. Sie trugen Tod und Verderben mutwillig in unterschiedliche Gruppen. Einerlei, ob es sich dabei um Soldaten auf dem Rückzug, Flüchtlinge aus dem Osten oder KZ-Häftlinge handelte, die auf Todesmärschen ins nächste Lager getrieben wurden.

Zuletzt zwangen die Nazis Kinder und Greise in den Volkssturm. Notdürftig mit Panzerfäusten ausgerüstet, sollten sie die Galgenfrist des Hitlerreiches verlängern. Ende April 1945 erreichten russische Verbände die Reichshauptstadt. Berlin wurde eingekesselt und sturmreif geschossen. Hitler versuchte ein letztes Mal, die „Rote Flut" zum Halten zu bringen. Als er einsehen musste, dass dies vergeblich war, beschimpfte er das deutsche Volk als Versager und brachte sich und seine soeben angetraute Geliebte Eva Braun um. Propagandaminister Joseph Goebbels und dessen Frau folgten dem Beispiel – nachdem sie ihre Kinder ermordet hatten. Erst jetzt kapitulierten die deutschen Kommandeure bedingungslos. Am 8. Mai 1945 fand der Zweite Weltkrieg in Europa ein Ende. Mehr als fünfzig Millionen Menschen, die meisten von ihnen Zivilisten, waren tot.

Energie für den Wiederaufbau
1945–1949

Der Krieg endete für Deutschland mit dem totalen Zusammenbruch. Anders als im Ersten Weltkrieg hatte die Bevölkerung es nicht fertiggebracht, die kriegslüsterne Herrschaft abzuschütteln und so die ärgsten Zerstörungen zu vermeiden. Millionen Deutsche waren auf die eine oder andere Weise in die Verbrechen des Regimes verstrickt. Die Städte glichen Ruinenfeldern. Die überirdischen Industriekerne, die Bahnhöfe und Infrastrukturanlagen waren nahezu vollständig zerstört. In Essen und Bochum waren mehr als die Hälfte der Wohnhäuser zerbombt oder ausgebrannt. In Dortmund lagen zwei Drittel der Stadt in Trümmern. Nicht anders sah es in Gelsenkirchen aus. Duisburg war dem Erdboden gleich. Doch Tod, Zerstörung, Schutt, Hunger, Verzweiflung waren nicht imstande, dem Dasein ein Ende zu setzen. In den Trümmern wuchs neues Leben. Kinder wurden geboren. In den Kellern der Krankenhäuser, in den wenigen zumindest teilweise erhalten gebliebenen Kreißsälen kamen Säuglinge zur Welt wie ehedem. Auch in den Wohnungen der nicht zerstörten Häuser und in den Nissenhütten, den Notunterkünften aus Wellblech, die überall aus dem Boden gestampft wurden.

Renata hatte nach der Kapitulation mehr zu tun als zuvor. Im letzten Kriegsjahr hatte die Angst vor dem Tod und speziell die

Furcht, ohne Lebensspur aus der Welt zu scheiden, viele Eltern dazu veranlasst, Nachkommen zu zeugen. Nun kamen die Kinder zur Welt. Die Väter waren oft gefallen oder in Gefangenschaft geraten, und die Mütter mussten alleine mit ihrer Brut zurechtkommen. Renata lief von Wohnung zu Wohnung. Die hygienischen Bedingungen waren zum Teil erschreckend. Die Menschen besaßen nicht genug Geld für ein paar Kohlen, um sich das wenige Essen kochen oder auch nur heißes Wasser für die Geburt bereiten zu können. Glücklicherweise war es Frühjahr, so dass nicht geheizt werden musste. Am wichtigsten aber war, dass mit dem Tod Hitlers und der Kapitulation der Wehrmacht der Krieg vorbei war. Man musste keine Angst mehr haben. Weder vor den Bluthunden der Gestapo noch vor den tödlichen Fliegerbomben.

Renata konnte ohne Furcht durch die Häuserblocks und Straßen zu den Wohnungen und Notunterkünften eilen. Da die Menschen wenig oder gar kein Geld besaßen, versuchte die Hebamme, wenigstens Naturalien von ihnen zu erlangen, die sie auf dem Schwarzmarkt gegen Nahrung eintauschen konnte. Am liebsten wäre es ihr gewesen, wenn alle Kindeseltern Bäcker oder Fleischer gewesen wären, denn sie musste auch noch ihren Vater versorgen, der nach seinem Unfall bei ihr lebte. Da nutzte ihr ein alter silberner Beißring, auf dessen Anhänger „Glück auf!" graviert war, wenig. Dankbare junge Eltern hatten ihn Renata in Ermangelung eines anderen Geschenkes überreicht.

Im November 1945 wurde die Hebamme in das Haus eines Metzgers gerufen. Dessen Frau brachte ohne Komplikationen einen gesunden Knaben zur Welt. Kein Wunder, die Kindsmutter war wohlgenährt. Der Metzgermeister ließ sich nicht lumpen. Er entlohnte Renata mit einer Blut- und einer Leberwurst. Jede, so der stolze Handwerksmeister, wiege eineinhalb Kilogramm. Die Blutwurst schmeckte hervorragend, sie hatte reichlich Speckwürfel und war mit Majoran und Thymian gewürzt. Selbst der für gewöhnlich mürrische Leopold Bialo genoss die Scheiben. Die verhältnismäßig gute Laune des Vaters hatte ihren Grund auch in zwei Glas Schnaps. Renata hatte die Leberwurst gegen den Branntwein und ein Paar Nylons auf dem Schwarzmarkt eingetauscht.

Dabei war sie unverhofft ihrem Bruder begegnet. Kurt, der noch Monate zuvor in brauner SA-Kluft täglich in die Reichsarbeitsfront marschiert war, hatte nun einen englischen Trenchcoat über einen gutgeschnittenen Zweireiher geworfen. Der ehemalige Nazifunktionär handelte mit englischen und amerikanischen Zigaretten und Whisky. Als Kurt Renata entdeckte, lief er auf sie zu und herzte die Schwester. Sogleich wollte er ihr eine Schachtel Lucky Strike zustecken. Doch Renata wich zurück und fragte Kurt erbost, ob er sich nicht schäme. „Wofür? Ohne ein Wort des Dankes haben sie mich nach zwölf Jahren aus dem Amt geworfen. Nachdem ich Tausenden wieder zu Arbeit und Brot verholfen habe. Aber davon will heute niemand mehr was wissen ... stattdessen beschimpfen sie mich als Nazi." – „Das warst du ja auch!" – „Am Anfang. In der Kampfzeit. Jung und idealistisch. Aber spätestens nach dem Röhm-Putsch 34 hatte ich mich innerlich abgewandt." – „Für einen Abgewandten hast du eine ordentliche Karriere gemacht, Kurti." – „Im Gegenteil, Schwesterlein. Ich bin zum stellvertretenden Arbeitsführer degradiert worden. Dennoch habe ich ausgeharrt und meine Pflicht getan. Nur um den Volksgenossen helfen zu können, wo immer es ging." – „Bei Dr. Rubinstein ging es nicht. Der war kein Volksgenosse, nur Jude. Aber um sich bei ihm zu verstecken, war er dir gut genug ..."

Die Erinnerung an den Freund ließ Renatas Zorn gegen ihren Bruder auflodern. „Ich wollte ihm ja helfen. Aber wenn mich die Gestapo dabei entdeckt hätte, wäre ich geliefert gewesen." – „Feige Ratte!" – „Renata, mäßige dich!" Kurts Stimme nahm einen schneidenden Ton an. „Und sei nicht selbstgerecht! Auch du warst nicht in der Lage, Rubinstein davor zu bewahren, Veronal zu schlucken. Wenn er nur noch ein paar Jahre durchgehalten hätte …" – „Samuel sollte am nächsten Tag deportiert werden!" – „Er hätte überleben können. Zahllose andere haben das auch geschafft …" – „Samuel wäre ermordet worden wie sechs Millionen … Von deinesgleichen! Du warst ein Nazi! Durch und durch!"

Kurt Bialo war Renatas Geschrei peinlich. Die Leute blickten sich nach ihnen um. Aufsehen war Gift für das Schwarzmarktgeschäft, es lockte die Polizei an – zumindest die Gendarmen, die nicht bestochen worden waren. So sah sich Kurt veranlasst, seine Schwester wiederum energisch zu ermahnen: „Renata! Vorbei ist vorbei! Jeder macht mal Fehler. Ich will nicht ausschließen, dass ich in meinem Idealismus manche Schattenseite unserer Bewegung nicht sehen wollte. Aber das ist alles Schnee von gestern. Jetzt geht es darum, unsere Zukunft zu meistern." – „Auf dem Schwarzmarkt?" – „Du bist auch hier." – „Ich habe für Vater Schnaps besorgt …" Kurt sah unaufgefordert in ihre Tasche und schüttelte seinen Kopf. „Doch nicht diesen Fusel!", rief er. „Ich organisiere dir einen eins a Scotch." – „Behalt dein Zeug. Wenn Vater erfährt, dass der Schnaps …" – „Scotch!" – „… von dir ist, schlägt er mir die Flasche um die Ohren." – „Sozi bleibt Sozi. Da helfen keine Pillen." Kurt schüttelte lächelnd seinen Kopf. „Schon gar keine braunen", konterte seine Schwester.

„Hör endlich mit dem Politschwindel von gestern auf, Renata. Lass uns ein neues Kapitel aufschlagen. Übrigens, ich führe auch amerikanische Nylons." Kurt senkte seine Stimme. „Und ganz kesse Damenwäsche." Renata trat einen Schritt zurück. „Du Schwein!", rief sie. „Ihr stürzt die ganze Welt in den Krieg, bringt Millionen Menschen um. Dann schlagt ihr ohne ein Wort der Reue das nächste Kapitel auf und verhökert Schnaps und Weiberklamotten. Morgen würdest du wieder mit Kanonen handeln!" – „Das habe ich nie getan. Deutschland hat genug vom Krieg. Jetzt machen wir Geschäfte!"

Renata erzählte ihrem Vater nichts von der Begegnung mit Kurt. Auch nicht ihrem älteren Bruder, als dieser ihr und ihrem Vater zwei Eimer Kohle für die kalten Herbsttage vorbeibrachte. Vor allem Otto war nicht gut auf Kurt zu sprechen. Er gab ihm die Schuld am Tod seines Sohnes Heinrich. In der Benachrichtigung der Wehrmacht hatte es geheißen, Heinrich werde nach „heldenhaftem Kampf" im Kessel von Stalingrad vermisst. Das klang endgültig. Als Maria damals meinte, man dürfe die Hoffnung nie aufgeben, riss ihrem Mann der Geduldsfaden. „Ihr Nazis glaubt so lange an den Endsieg, bis der letzte Landser verreckt ist! Wie lange, denkst du, kann es ein Mensch ohne Essen bei 40 Grad minus aushalten? Sollen sie doch den Göring nach Stalingrad schicken. Das fette Schwein würde nicht frieren. Stattdessen sitzt der Drecksack im Warmen und schickt unsere Kinder in den Tod!" – „Sei ruhig!", mahnte seine Frau. „Wenn man dein Geschrei hört und dich anzeigt, sperrt man dich ein oder noch schlimmer." – „Dann verrecke ich genauso wie mein Sohn für deinen Führer."

Im Stillen hatte auch Otto auf ein Lebenszeichen seines Kindes gehofft. Doch als der Krieg vorbei war und Nachfragen beim Suchdienst des Roten Kreuzes ohne Antwort blieben, schwand bei Otto Bialo die letzte Zuversicht. Umso mehr steigerte sich sein Hass auf die Nazis, die den Krieg angezettelt hatten.

Die Arbeit spendete Otto Bialo Trost und lenkte ihn ab. Im Krieg waren die Zechen durch den Raubbau stark heruntergekommen. Nichts wurde investiert. Unausgebildete Kriegsgefangene und Zwangsarbeiter hatten hier gearbeitet, denen jede bergmännische Erfahrung fehlte. Auf Sicherheit war nicht geachtet worden. Hauptsache, die Produktion war auf vollen Touren gelaufen. Immer mehr Steinkohle musste gehauen werden für den Sieg im totalen Krieg, an den unter den Kumpels, abgesehen von einigen verblendeten Nazis, nach Stalingrad und spätestens nach der alliierten Invasion im Westen keiner unter Tage mehr glaubte.

Doch im Vergleich zu anderen Industriezweigen war der Bergbau noch glimpflich davongekommen. Die Schachtanlagen hatten wenig Schaden genommen, anders als die meisten überirdischen eisenverarbeitenden Betriebe. Zerstört waren dagegen die meisten Kokereien, Brikettfabriken und Förderanlagen über Tage.

Mutigen Menschen im Revier war es zu verdanken, dass eine letzte Anordnung Hitlers nicht befolgt wurde. Da der Führer das deutsche Volk nicht wert erachtete, zu überleben, ließ er den „Nero"-Befehl ergehen. Im Deutschen Reich sollten alle Versorgungseinrichtungen zerstört werden, „die sich der Feind für die Fortsetzung seines Kampfs nutzbar machen kann". Dazu gehörten auch die Kohlezechen an der Ruhr. Gauleiter und Reichsverteidigungskommissare sollten die einzelnen Zerstörungen anordnen. Martin Sogemeier, Geschäftsführer der Reichsvereinigung Kohle, wollte mit allen Mitteln diesen Irrsinn verhindern. So suchte er Paul Pleiger auf, der als Generaldirektor der Hermann-Göring-Werke beim braunen Regime angesehen war. Wie Sogemeier Pleiger überzeugte, wurde nicht bekannt. Doch am folgenden Tag hatte Pleiger alle führenden Personen des Revierbergbaus in den Stollen einer Ruhrzeche zusammengerufen. Er verbot ihnen, Nazifunktionären Sprengstoff auszuhändigen, und hinderte sie somit am Zerstörungswerk. Pleiger war der Sohn eines Bergmanns; zumindest am Ende siegte bei ihm der Verstand über Parteitreue.

Bald nach der Besetzung des Reviers und der Kapitulation begannen die Instandsetzungsarbeiten der Kohlewerke. Das Ruhrgebiet gehörte zur britischen Besatzungszone, und die Engländer waren daran interessiert, die Steinkohleförderung rasch wieder anlaufen zu lassen. Winston Churchill wollte zunächst gemäß dem Plan des amerikanischen Finanzministers Henry Morgenthau die Industrieproduktion des Reviers ebenso wie die des restlichen Deutschland stilllegen und demontieren lassen. Dies hätte das Ende des Ruhrgebiets als Herz der deutschen Industrie bedeutet. Doch Churchill konnte sich mit seinem Vorhaben nicht durchsetzen, denn bereits im Juli 1945 wählten die Briten ihren Kriegspremier ab – in Washington wurde unterdessen Morgenthau von dem seit Februar 1945 amtierenden Präsidenten Truman entlassen. Damit war das Vorhaben, Deutschland zu deindustrialisieren, gestorben. Die neue britische Labourregierung unter Führung von Clement Atlee wollte die deutsche Kohleförderung wieder ankurbeln, um das schwarze Gold in die vom Krieg verwüsteten Staaten Europas zu exportieren. Noch Ende Juli 1945 etablierte sich in Essen die britische „Norddeutsche Kohlenkontroll"-Behörde. Sie beschlagnahmte alle deutschen Zechengesellschaften in der britischen Besatzungszone.

So erging auch ein Schreiben der „North German Coal Control" an die Bergwerksgesellschaft Hibernia: Alle wichtigen Unterlagen waren bei der Kontrollbehörde zu deponieren. Über Eigentumsverhältnisse, Aktienkapital im In- und Ausland, Gesellschaftsverträge und dergleichen wurde Offenlegung verlangt. Die Zechenleitungen durften ohne Erlaubnis des britischen Hauptquartiers keine Sitzungen einberufen, die sich mit Themen wie Aktien, Inhaberverhältnissen, Kapital, Obligationen und Gläubigern befassten. Auch durften keine Ernennungen ausgesprochen werden. Die Bitte zweier Betriebsratsvorsitzender der Zechen Möller und Rheinbaben, einen Gesamtbetriebsrat für die Hibernia-Zechen bilden zu dürfen, wurde abschlägig beschieden.

Die Amerikaner und Briten waren sich über das zukünftige Schicksal der deutschen Kohleunternehmen noch nicht einig. Zunächst dachten sie an eine Enteignung. So berichtete die Londoner „Times" am 12. Dezember 1945: „Die deutschen Besitzer sind endgültig zu enteignen. Sie werden keine Entschädigungszahlungen erhalten." Begründet wurde dies mit der Verstrickung der Unternehmer in die Verbrechen des NS-Regimes. Auf Anweisung der britischen Besatzungsbehörden wurde nur Wochen nach der Kapitulation die Förderung auf Shamrock und anderen Gruben wiederaufgenommen. Auch die Zusammensetzung der Belegschaft änderte sich. Kurz vor der Kapitulation im Mai waren knapp die Hälfte der Bergleute im Revier Zwangs- oder Fremdarbeiter. Nach Kriegsende kehrten diese Menschen zurück in ihre Heimatländer. So stand im Frühsommer 1945, als die Gruben wieder die Förderung aufnahmen, nur noch die Hälfte der Belegschaft zur Verfügung. Die deutschen Kumpels, die zuletzt vom Kriegsdienst verschont worden waren, waren in der Regel über vierzig Jahre, die meisten zwischen fünfzig und sechzig. Kurz, die deutsche Belegschaft, die den Kohleabbau in den abgewirtschafteten Bergwerken wiederaufnahm, war stark überaltert.

Auch Otto Bialo hatte bereits mehr als fünfzig Jahre auf dem Buckel. Er war, ähnlich wie sein Vater nach dem Ersten Weltkrieg, ein überaus wertvolles menschliches Kapital für die Zeche. Otto war ein erfahrener Bergmann, ein geschickter Hauer und, was nach 1945 besonders zählte, politisch unbelastet. Man wusste, dass Bialo die Nazis nicht ausstehen konnte. Darüber hinaus kam Otto gut mit seinen Kumpels aus, was ihn in der Hitlerzeit vor Denunziationen bewahrt hatte. Die fachliche, menschliche und politische Qualifikation prädestinierte Bialo zu einer Führungsposition, und so beförderte die Zechenleitung ihn noch im Sommer 1945 zum Steiger.

Die Reduzierung der Belegschaft, ihre Überalterung und nicht zuletzt der Mangel an brauchbarem technischem Gerät begrenzten zunächst das Förderpotenzial. 1945 wurden lediglich 33,4 Millionen Tonnen Steinkohle im Revier abgebaut – so wenig wie zuletzt 1860. Doch langsam, aber stetig gelang es, die Förderung hochzufahren. Kohle war damals mehr wert als Gold. Sie verhinderte, dass die Deutschen im ersten eiskalten Nachkriegswinter und in der nicht weniger frostigen Jahreszeit 1946/47 erfroren. Gleichzeitig aber war die Steinkohle der Stoff, der den industriellen und damit volkswirtschaftlichen Wiederaufbau des zerstörten Landes befeuerte. Und das, obgleich noch ein Jahr nach Kriegsende die westlichen Alliierten keine klaren Vorstellungen von der zukünftigen Struktur der deutschen Kohlewirtschaft besaßen. Die Anglo-Amerikaner wollten die deutsche Stahlproduktion auf 36 Prozent des Vorkriegsniveaus beschränken. Dies hätte eine massive Verringerung der Steinkohleförderung des Reviers nach sich gezogen. Die französische Regierung wiederum drängte zunächst darauf, das Ruhrgebiet zu internationalisieren. Das Vorhaben zielte darauf ab, die industrielle Vormachtstellung Deutschlands in Europa zu beenden.

Allen politischen Querelen zum Trotz ging die Instandsetzung der Revierzechen weiter voran. Die Abbauzahlen kletterten nach oben. 1946 wurden im Revier über 50 Millionen Tonnen Steinkohle gefördert, im Folgejahr stieg die Zahl auf 66 Millionen Tonnen. 1948 sollten es bereits über 80 Millionen Tonnen sein. Die entscheidende Leistung, die Kohleförderung wieder in Gang gesetzt und fortwährend erhöht zu haben, erbrachten die Kumpels. „Der Bergmann trägt eine schwere Last. Er trägt das deutsche Volk auf seinen Schultern und verdient eine bevorzugte Behandlung", betonte der Kommandeur der britischen Besatzungszone, Sir William Sholto Douglas, am 2. Oktober 1946 auf der Eröffnungssitzung des von der Militärregierung ernannten nordrhein-westfälischen Landtages und versprach: „Wir alle werden dafür sorgen, dass der Bergmann diese Behandlung auch bekommt."

Mehr noch als die Alliierten wussten die Deutschen, dass alle auf die Bergleute angewiesen waren. Die Energie der Kohle speiste die Kraftwerke und lieferte so den Strom, um das Alltagsleben auf einem Minimalstandard zu halten. Elektrizität war aber auch die Voraussetzung für den Wiederaufbau der Schwerindustrie. Eisen- und stahlverarbeitende Werke waren direkt auf Steinkohlelieferungen angewiesen. Und schließlich drängten die Briten auf den

Export von Steinkohle. Die erzwungenen Kohleausfuhren wurden mit 10,5 Dollar je Tonne abgerechnet, das war deutlich weniger als die Hälfte des Weltmarktpreises, der damals zwischen 25 und 30 Dollar lag. Auf diese Weise gingen der britischen und der amerikanischen Zone 200 Millionen Dollar Devisen verloren.

Im Herbst 1945 sah es für die deutschen Bergleute, welche die Last des Kohleabbaus trugen, nicht eben rosig aus. Die tägliche Arbeitszeit unter Tage wurde zwar um eine Dreiviertelstunde verkürzt, doch dies geschah ohne vollen Lohnausgleich, so dass die Kumpels mit einem geringeren Verdienst auskommen mussten. Zudem musste auch die Knappschaft, also die Sozialversicherung der Bergleute, ihre Leistungen einschränken, da die Nazis die Kassen geplündert hatten, um die Rüstung und den Krieg zu finanzieren. Die Mittellosigkeit der Knappschaften führte zu Rentenkürzungen und geringeren Versicherungsleistungen, was langfristig die Verarmung der ganzen Region nach sich ziehen würde. Als Otto Bialo von den leeren Knappschaftskassen erfuhr, geriet er außer sich vor Wut: „Um alles haben die einen beschissen, die Nazidreckschweine. Um Jahre unseres Lebens. Unsere Kinder haben sie in den Tod getrieben. Die Zechen haben sie ausgequetscht und verrotten lassen. Und nun dürfen wir's auch noch ausbaden, dass sie in unsere Kasse gegriffen haben, um ihre Scheißrüstung zu finanzieren!" Die Kameradschaft hatte Mühe, den aufgebrachten Steiger zu beruhigen.

Die Lebensmittelversorgung des Reviers war seit 1944 durch Kriegseinwirkung immer dramatischer geworden. Diese Mängel blieben zunächst auch nach dem Ende des Waffengangs bestehen. Die Menschen im Revier hungerten. Auch die Bergleute hatten nicht genug zu essen. Unterernährte Kumpels aber waren nicht voll leistungsfähig. Die britische Besatzungsmacht bemühte sich, die Mängel zu beheben, um die Volkswirtschaft in ihrer Zone – und die Kohlezwangsexporte – wieder auf Touren zu bringen.

Bald bekamen die Bergarbeiter tägliche Rationen von 4000 Kalorien, dies galt in einer Zeit, in der das Gros der Bevölkerung mit 800 bis 1000 Kalorien auskommen musste, als „Luxusernährung". Darüber hinaus wurden die Löhne der Kumpels um 20 Prozent angehoben, gleichzeitig stiegen auch die Knappschaftsrenten. Im Dezember 1946 führten der deutsche Industrieverband Bergbau und die Zechenverwaltungen ein Punktesystem ein, das Lohn- und Ernährungsleistungen regelte. Die Zuteilung der Punkte war unabhängig von der Förderleistung an den Lohn gekoppelt. Fehlschichten hatten einen Punkteabzug zur Folge, was zu verminderten Schnaps- und Tabakzuteilungen führte. Das Punkteprämiensystem berechtigte zum Empfang von Gütern, die die Menschen im Revier seit Jahren entbehren mussten, wie Speck, Bohnenkaffee, Zigaretten, Zucker, Branntwein. Diese Fressprivilegien machten die Arbeit unter Tage wieder zum begehrten Beruf. Zudem wurden bald die Löhne angehoben. Vor allem kräftige junge Männer, vielfach Fabrikarbeiter oder Kriegsheimkehrer, legten wieder auf den Zechen an.

Die Lohn- und Essensprivilegien der Kumpels führten gelegentlich aber auch zu Spannungen mit der übrigen Bevölkerung, die in den ersten Nachkriegsjahren chronisch an Unterernährung litt. Vor allem Schwangere, stillende Mütter und Kinder hatten unter ungenügender Ernährung zu leiden. Hinzu kam der Mangel an Heizmaterial im Winter. Jeder, der einen Bergmann in der Familie hatte, schätzte sich glücklich, gelegentlich ein Stück Speck oder einen Eimer Kohle erbetteln zu können. Geschäftemacher und die Vermögenden behalfen sich auf den Schwarzmärkten. Kurt Bialo und seine Schwarzmarktkumpane bereicherten sich ordentlich an der Not der Menschen. Die Habenichtse, die Schwachen und die Ehrlichen dagegen hungerten. Die Kirchen erlebten tagtäglich die Not der Bevölkerung. Der Kölner Erzbischof Josef Frings begnügte sich nicht damit, das Leiden der Menschen zu beklagen

– er entschloss sich, ihnen tatkräftig Mut zu machen. In seiner Silvesterpredigt des Jahres 1946 rechtfertigte der Kirchenfürst die Entwendung von Kohle aus Güterzügen. Damit bewies der Priester seine Verantwortung. In der Not waren das Durchkommen und die Versorgung der eigenen Familie wichtiger als eines der Zehn Gebote. Das „Fringsen" wurde zu einem bleibenden Begriff für die Menschen im Rheinland und im Revier und trug nicht wenig zur Beliebtheit des späteren Kardinals bei. Doch kleine Diebereien und gelegentliche Almosen konnten die allgemeine Not der Bevölkerung nicht nachhaltig lindern.

Der Mann mit den angegrauten Schläfen redete unentwegt auf Renata ein. Mehrfach entschuldigte er sich für „die Umstände, die wir Ihnen jetzt machen, Fräulein Bialo". Eigentlich war erst in vier bis sechs Wochen mit der Niederkunft seiner „Verlobten", wie er eingestand, gerechnet worden.

„Da hätten wir natürlich noch vorher geheiratet", rechtfertigte sich die Quasselstrippe. „Ich bin nämlich erst vor acht Monaten aus dem Krieg gekommen. War noch beim Engländer … Und dann, als ich nach Hause gekommen bin …"

Renata fragte sich, warum die „werdenden Väter" immer so viel reden mussten. Statt Ruhe und Zuversicht auszustrahlen und ihren Frauen Mut zu machen, erzählten sie unentwegt von ihren Heldentaten. Hier waren alle gleich: Bergmann, Metzger, Lehrer, Beamter, Zechendirektor. Hoffentlich verschont er mich wenigstens mit der noch nie da gewesenen Geschichte der Zeugung seines Kindes, dachte Renata.

„So, da sind wir. Das Haus der Schwiegereltern. Na ja, fast. Wir haben ja noch nicht …" – „Es ist gut, Herr Krüger", beschied Renata. „Schlafzimmer im ersten Stock?" Der nervöse Mann nickte. „Die Mutter meiner Frau, also meiner …"

„Bitte, Herr Krüger!" – „… hat schon alles vorbereitet. Aber nun wollen wir doch alleine sein, nicht …" Er öffnete die Tür zum

Schlafzimmer. Renata hörte ein leises Schluchzen. „Ilsekind, das Fräulein Hebamme ist da." Renata drängte an dem Mann vorbei. Sie registrierte erleichtert, dass „Ilsekind" erheblich jünger war als der angehende Herr Vater. Den sie prompt aus dem Zimmer komplimentierte. „Sie warten jetzt am besten unten, Herr Krüger. Wenn wir Sie brauchen, dann rufen wir." Friedhelm Krüger erbleichte und verschwand durch die Tür.

Renata wandte sich ihrem Schützling zu. Dicke Tränen kullerten über das pausbäckige Gesicht der jungen Frau. „Sie brauchen keine Angst zu haben, Fräulein Ilse. Ich habe das schon viele hundert Mal gemacht – und Sie sind jung und kräftig. Nun brauchen wir nur Mut ..." – „Davor fürcht ich mich ja nich ...", presste Ilse heraus, „... es ist nur ..." Eine einsetzende Wehe nahm Ilse den Atem zum Weitersprechen.

Nach einer Stunde kamen die Kontraktionen regelmäßig. Renata, die ihren Schützling längst eingehend untersucht hatte, munterte Ilse auf. „So, jetzt geht's bald los. Umso schneller haben wir es hinter uns." Ilse lächelte gequält. „Und dann ..." – „Und dann sind Sie und Ihr Friedhelm glücklich mit Ihrem Kind." Ilse schloss die Augen.

Eine halbe Stunde später war das Köpfchen des Kindes zu sehen. „Oh", entfuhr es Renata. „Is was nich in Ordnung?", ächzte die Gebärende. „Doch. Alles wunderbar. Gleich haben wir's."

Kurz darauf war das kleine Mädchen auf der Welt. Das Kindchen strampelte heftig und stieß einen lauten Schrei aus. Die würde sich durchsetzen im Leben, wusste Renata. Sie hatte bei ihren vielen Geburten die Erfahrung gemacht, dass die ersten Minuten oft viel über die Persönlichkeit des kleinen Menschen verrieten. Renata trennte die Nabelschnur durch. „Schwatt?", fragte Ilse plötzlich. Renata nickte und lachte. „Ein kleines Mädchen. Ihre Haut ist ganz schön dunkel ... Schau her." Renata hob das Neugeborene hoch. „Der Friedhelm, mein Verlobter, ist nämlich nicht ..." – „Das denk ich mir", lachte Renata. „Das ist der Sam", flüsterte Ilse. „Der war als Soldat mit seiner Armee hier … ein ganz Netter ist der, und so ein schöner Mann …", Ilse unterdrückte einen Schluchzer, „… und nach Amerika wollt er mich holen … aber da war dann der Friedhelm wieder da … und da konnt ich doch nich …"

Das Produkt der untersagten, dessen ungeachtet praktizierten deutsch-amerikanischen „Fraternisation" stieß erneut einen kräftigen Schrei aus. Es klopfte zaghaft an der Tür.

„Darf ich meinen Sohn sehen?", räusperte sich Friedhelm Krüger. „Eine Tochter haben Sie, Herr Krüger. Schauen Sie, was für ein prächtiges kleines Mädchen. Und Ilse geht es auch gut. Herzlichen Glückwunsch!", erwiderte Renata. Friedhelm Krüger trat einen Schritt näher und lächelte unsicher in Richtung des Bündels, das Renata im Arm hielt. „Nett. Sagen Sie, sind die immer so dunkel am Anfang?"

Renata zögerte. „Kommt ganz darauf an. Kann auch sein, dass sie noch dunkler wird." Renata und Ilse warfen sich einen verschwörerischen Blick zu.

In den kalten Wintern der ersten Nachkriegsjahre war Kohle das deutsche Lebenselixier. Die Revierkumpels erwarben sich in dieser Zeit den Ruf als Retter des Landes. Viele Politiker und Privatleute, die damals auf die Arbeit der Bergleute angewiesen waren, schworen ihnen ewigen Dank. Doch Dankbarkeit ist eine schnell verderbliche Ware.

Im Frierwinter von 1946 auf 1947 brachen die Eisenbahnverbindungen und damit die Lebensmittelversorgung der Bevölkerung wiederholt zusammen. Die Menschen hungerten. In den Städten des Reviers wurden die Tagesrationen wochenlang auf 800 Kalorien heruntergefahren. Dennoch schmolzen die geringen öffentlichen Lebensmittelvorräte hinweg. Im Frühjahr 1947 kam es in Essen zu Hungermärschen. Die Menschen demonstrierten ihr Leid und ihre Unterernährung. Sie forderten die Militärregierung zum raschen Handeln auf. Doch in Großbritannien herrschte damals ebenfalls Hunger. Auch dort mussten die Lebensmittel rationiert werden.

Im März fanden allenthalben im Ruhrgebiet Hungerproteste statt. Auch in Herne gingen die Menschen auf die Straße, um die überlebensnotwendige Versorgung einzufordern. Die Arbeiter, unter ihnen die Kumpels, schlossen sich mit Streiks an. Mehr als eine Million Werktätige im Revier traten in den Ausstand. Am 3. April 1947 befanden sich 300 000 Bergleute auf 120 Zechen im Streik. Die mächtige Demonstration zeigte endlich Wirkung. Ausländische Hilfslieferungen, vor allem aus den Vereinigten Staaten, kamen in Gang. Millionen von CARE-Paketen erreichten Deutschland. Die Menschen konnten sich endlich satt essen. Viele zum ersten Mal seit Jahren. In den Schulen wurden Kinderspeisungen ausgegeben, vor allem die Quäker-Mahlzeiten, die von amerikanischen Christen gespendet wurden, waren für unzählige Schüler eine Erlösung.

Der verlorene Angriffskrieg, die Untaten der Nazis, die Hinnahme, ja die Zusammenarbeit vieler Unternehmer mit dem NS-Regime, vor allem aber das Elend der Nachkriegsjahre ließen die meisten Bergleute eine Vergesellschaftung der Gruben befürworten. Bei einer Urabstimmung unter den Revierkumpels im Jahr 1946 sprachen sich 89,6 Prozent gegen eine Steigerung der Produktion im Bergbau aus, wenn nicht zugleich dessen Sozialisierung begonnen würde. Für die Profite der Zechenbarone mochten die Kumpels nicht länger malochen. Der Wunsch nach einer Vergesellschaftung der Bergwerke, ja der gesamten Montanindustrie, war damals weit verbreitet. Die Politik schloss sich den Forderungen der Bergleute an. Der nordrhein-westfälische Landtag unterstützte in einer gemeinsamen Erklärung aller Fraktionen die Pläne der Bergleute. Auch der Vorsitzende der CDU in der britischen Zone, Konrad Adenauer, stimmte der Resolution zu. Kurz zuvor hatte sich die Christlich Demokratische Union der britisch-amerikanischen Bizone in ihrem Ahlener Programm zur Sozialisierung der Schwerindustrie und des Bergbaus bekannt.

Die latente Unterernährung der Bevölkerung und die ungeklärten Besitzverhältnisse in der Schwerindustrie spiegelten sich auch im Ergebnis der ersten Wahlen zum nordrhein-westfälischen Parlament am 20. April 1946 wider. Dabei heimsten die Kommunisten mit ihrem klaren antikapitalistischen Programm, dem Versprechen, die Löhne kräftig zu erhöhen und die Menschen ausreichend zu ernähren – wie dies geschehen sollte, verrieten sie nicht –, eine beachtliche Zustimmung ein. Zur Glaubwürdigkeit der Kommunisten trug bei, dass die Bergwerke in der sowjetischen Besatzungszone (SBZ) verstaatlicht wurden. „Die anderen reden nur davon, wir tun es!", lautete die Parole der KPD. So gaben schließlich 14 Prozent der Wähler der KPD ihre Stimme. In Bochum kamen die Kommunisten auf knapp ein Drittel des Wählervotums. Stärkste Partei wurde die CDU mit mehr als 37 Prozent. Während die SPD sich mit 32 Prozent zufrieden geben musste. Die Sozialdemokraten hatten es schwer, sich gegen die radikalen Kommunisten zu behaupten. Denn auf der Gegenseite machte ihnen die CDU ebenfalls mit antikapitalistischen Parolen die Wähler streitig. Dass die SPD anders als die Kommunisten in der Weimarer Republik stets die Freiheit verteidigt und im Gegensatz zum Zentrum 1933 gegen das Ermächtigungsgesetz gestimmt hatte, das die Nazidiktatur legalisierte, half ihr 15 Jahre später wenig. Die Menschen lebten und dachten in der Gegenwart. Viele schenkten ihr Vertrauen wie zuvor jenen, die die größten Versprechungen machten, ohne nach ihrer Glaubwürdigkeit zu fragen.

Im Juni 1948 trat in den Westzonen ohne Vorankündigung die Währungsreform in Kraft. Jeder Bundesbürger erhielt als Startkapital den Betrag von 40 DM. Die alten Reichsmark (RM) wurden im Verhältnis zehn zu eins zusammengeschmolzen. Nun verlor so mancher nach der Inflation von 1923 zum zweiten Mal seine Ersparnisse. Allzu viele waren es dieses Mal aber nicht, denn durch die Kriegszeit und die Mangeljahre danach waren die meisten gezwungen gewesen, ihren Sparstrumpf anzubrechen, um nicht zu verhungern. Und die Vermögenden hatten aus der Inflation der 20er Jahre gelernt und ihre Gelder in Sachwerten und Firmenbeteiligungen angelegt.

Barmittel besaßen in den Nachkriegsjahren vor allem Schwarzhändler. Kurt Bialo kam mit einem blauen Auge davon. Zwar waren seine 30 000 Reichsmark nur noch 3000 D-Mark wert. Andererseits hatte er seinen neuen Lastwagen auf Pump gekauft. Der 20 000 RM-Kredit schmolz auf 2000 DM Verbindlichkeit zusammen. Am ärgerlichsten für Kurt war, dass sein geheimes Warenlager, zumeist Whisky, Zigaretten und seit neuestem kostbare Stoffe wie Seide und Kamelhaar, erheblich an Wert eingebüßt hatte. Die Luxusgüter waren teuer, aber nunmehr im regulären Verkauf erhältlich. Händler und Kunden hatten von Anbeginn Vertrauen in die D-Mark, deren Stabilität zum Markenzeichen Westdeutschlands werden sollte.

Die vollen Auslagen der Geschäfte überzeugten Kurt, dass die Zeit des Schwarzmarktes endgültig passé war. Die Ladenbesitzer hatten zuvor die Waren gehortet, um sie unter dem Tisch zu Wucherpreisen loszuschlagen. Adolf Hitler hätte mit diesen Schacherern kurzen Prozess gemacht, wusste Kurt. Doch die Nazizeit war vorbei. Aufgrund der Siegerjustiz hatte Bialo sein Amt verloren. Sich entnazifizieren zu lassen war unter seiner Würde, obgleich er damals so manchem Juden geholfen hatte, etwa dem sozialdemokratischen Arzt Samuel Rubinstein. Doch davon wollte jetzt niemand etwas wissen. Nicht einmal seine stets besserwisserische kleine Schwester Reni. Die widrigen Umstände hatten Kurt genötigt, sich auf dem Schwarzmarkt zu verdingen. Obgleich er es dabei mit Kriminellen und anderen Halunken zu tun hatte, war

Kurt gezwungenermaßen ein erfolgreicher Kaufmann geworden. Nun, nach dem Zusammenbruch seiner Schwarzmarktkarriere, musste er sich eine neue Existenz aufbauen.

Kurt Bialo besaß bereits eine klare Vorstellung von seiner Zukunft. Da ihm die Rückkehr in ein Staatsamt verwehrt blieb, musste er sich weiterhin als Kaufmann verdingen. Sein Kamerad Arnold Hörke hatte die Gewinne aus seinen Schwarzmarktgeschäften sowie einen größeren Bankkredit genutzt, eine Elektromotorenfabrik zu erwerben, die zuvor für die Luftwaffe gearbeitet hatte. Hörke stellte die Produktion umgehend auf die Herstellung von Staubsaugern um. Als ehemaligem SS-Funktionär schien es Hörke jedoch unklug, seinen Namen vollständig ungeschützt zu Markte zu tragen. Daher hatte er Bialo angeboten, sich mit 10 Prozent an seiner Firma zu beteiligen und den Vertrieb zu übernehmen. Im Gegenzug sollte Kurt seinen von jeglichen Naziuntaten freien Ruf zur Verfügung stellen.

„Ich habe mich bereits um unser Vertreter- und Händlernetz gekümmert", erklärte Hörke. „Da haben wir ideale Bedingungen. Es gibt unzählige alte Kameraden aus SS und SA, deren soldatische Leistungen heute in den Dreck getreten werden und denen die Bonner Republik eine Anstellung verwehrt. Da suchen wir uns welche zu günstigen Kosten heraus. Damit helfen wir unseren Kameraden und machen ein prima Geschäft."

Bialo schlug sogleich ein. Und so gründeten die alten Kameraden die „Hörbia"-Haushaltsgerätefabrik. Dank Kurt Bialos Organisations- und Verkaufstalent, auch sein großes Lieferauto tat gute Dienste, sowie der zuverlässigen Geräte wurden „Hörbia"-Staubsauger rasch zum Umsatzschlager. Der Erfolg half Kurt, sich mit seinem Schicksal auszusöhnen. Innerhalb weniger Jahre hatte die Vorsehung ihn vom grundlos verfemten Staatsdiener zum erfolgreichen Unternehmer aufsteigen lassen, der kraft seiner harten Arbeit daran mitwirkte, Deutschland und der eigenen Person zu neuem Wohlstand zu verhelfen.

Die Stabilität der D-Mark gründete vorwiegend auf der weitsichtigen Politik der westlichen Alliierten, vor allem der Vereinigten Staaten. Aus der kontraproduktiven Politik der Siegermächte nach dem Ersten Weltkrieg, die Weimarer Republik mit Milliarden Petitionsforderungen zu überziehen und auf diese Weise den deutschen Revanchismus zu fördern, hatten die Westalliierten nun die Lehre gezogen, Deutschland nicht niederzudrücken, sondern zum Partner einer Friedensordnung zu machen. Konsequent empfahl die Londoner Schuldenkonferenz von 1948 die wirtschaftliche Integration der westlichen Besatzungszonen in Westeuropa, die Ausarbeitung einer demokratischen Verfassung und eine internationale Kontrolle des Ruhrgebietes. Dies bedeutete de facto die Spaltung Deutschlands. Denn Moskau nötigte nunmehr ihre Besatzungszone, das kommunistische Staatssystem zu übernehmen. Die westlichen Zonen dagegen begaben sich auf den Weg der freien Marktwirtschaft und der Demokratie.

Einen Monat nach der Währungsreform im Juni 1948 legten die Westmächte den deutschen Politikern ihrer Besatzungsbereiche die Einberufung einer verfassungsgebenden Versammlung nahe. Im September trat erstmals der Parlamentarische Rat in Bonn zusammen. Er bestand aus 65 von den Ländern der westlichen Besatzungszonen gewählten Abgeordneten. Sie machten den CDU-Vorsitzenden Konrad Adenauer zu ihrem Präsidenten. Der betagte ehemalige Kölner Bürgermeister hatte diese politische Schlüsselstellung durch eine List erlangt. Um in die Position des CDU-Chefs zu kommen, hatte Adenauer sein Alter ins Feld geführt. Er sei bereits 72, und sein Arzt habe ihm angesichts seiner fortgeschrittenen Lebenszeit lediglich erlaubt, noch ein Jahr in der Politik aktiv zu sein. Der füchsische Adenauer kannte seine Kollegen. Einen Übergangskandidaten mit beschränkter Dauer ins Amt zu wählen, versprach den potenziellen Rivalen in absehbarer Zeit die Aussicht, die begehrte Spitzenposition selbst zu erlangen. So nutzte Konrad Adenauer sein Alter als Hebel zur Erlangung der angestrebten Ämter, zunächst als Vorsitzender der CDU, danach als Präsident des Parlamentarischen Rates.

Unterdessen trieben die Westmächte die Etablierung eines unabhängigen souveränen demokratischen Staates energisch voran. Im April 1949 wurde die Militärregierung aufgelöst, die bis dahin die Geschicke Westdeutschlands gelenkt hatte. An ihre Stelle traten die Hohen Kommissare der Vereinigten Staaten, Großbritanniens und Frankreichs. Vier Wochen später wurde das „Bonner Grundgesetz" vom Parlamentarischen Rat akzeptiert und von allen westlichen Bundesländern mit Ausnahme Bayerns ratifiziert. Am 23. Mai 1949 trat das Grundgesetz in Kraft – auch in Bayern. Noch war die Bundesrepublik nicht souverän, denn nach wie vor galt das Besatzungsstatut, das den westlichen Alliierten Mitwirkungsrechte im politischen Prozess Westdeutschlands einräumte – das Gleiche traf noch stärker auf die sowjetische Besatzungszone zu: 1949 wurde die Deutsche Demokratische Republik gegründet.

Auch in der Ruhrbehörde behielten sich die Westmächte Kontrollrechte vor. Zunächst war die Demontage deutscher Industrieanlagen durch das Besatzungsstatut legitimiert. Die Sowjetunion machte in ihrer Zone von dieser Form der Entschädigung reichlich Gebrauch. Die Westmächte dagegen nutzten dieses Recht kaum. Sie fürchteten die feindselige Reaktion der deutschen Bevölkerung. In den wenigen Fällen, in denen Industrieanlagen demontiert wurden, leisteten vor allem die in den Werken Beschäftigten passiven Widerstand. Insgesamt blieb die Demontage in Westdeutschland ohne nachhaltige Konsequenzen. Weniger als 8 Prozent der Industrieanlagen wurden abgebaut. Dabei wurden durch Ungeschicklichkeit und Sabotage wertvolle Teile der Ausrüstung beschädigt oder zerstört. So überwog bei der Demontage der Schaden den Nutzen. Daher wurden diese Reparationsmaßnahmen stillschweigend begraben.

Wirtschaftswunder-Kumpels
1949–1955

Im August 1949 fanden die Wahlen zum ersten Bundestag statt. Die CDU gewann die Abstimmung mit 139 Abgeordneten knapp vor der SPD mit 131 Mandaten. Konrad Adenauer wurde mit einer, seiner eigenen, Stimme Mehrheit zum Bundeskanzler gewählt. Wiederum mögen dessen innerparteiliche Widersacher darauf spekuliert haben, der mittlerweile 73-Jährige werde nur kurze Zeit die Regierung führen. Eine Illusion, wie sich bald erwies. Denn Adenauer blieb 14 Jahre im Amt. Er war ein führungsstarker Kanzler. Sein erstes Ziel war, Deutschlands politische und wirtschaftliche Selbständigkeit zu sichern. Anders als sein stärkster politischer Rivale, der SPD-Vorsitzende Kurt Schumacher, den die Nazis jahrelang in Konzentrationslagern gemartert hatten, wollte Konrad Adenauer sich nicht in eine Konfrontation mit den Westalliierten hineintreiben lassen. Im Gegenteil. Der Kanzler strebte danach, Deutschland als zuverlässigen politischen und wirtschaftlichen Partner ins westliche Bündnis einzubinden und auf diese Weise die westdeutsche Souveränität in Wohlstand und Demokratie zu erreichen. Diese Strategie empfand Kurt Schumacher, der auf eigenständige deutsche Interessen pochte im Sinne einer nationalen Einheit in einer freiheitlich-demokratischen Verfassung, als Anbiederung. Daher beschimpfte er Adenauer im Bundestag als Kanzler der (West-)Alliierten. Doch der Regierungschef ließ sich von solchen emotionalen und populistischen Ausbrüchen nicht beirren. Bereits im November 1949 vereinbarte die deutsche Regierung mit den Besatzungsmächten das Petersberger Abkommen. Dieser Vertrag sah eine Erweiterung der deutschen Souveränität und eine gleichzeitige stärkere Integration der Bundesrepublik in die westlichen Organisationen vor.

Der leidenschaftliche Zivilist Konrad Adenauer wusste genau, dass der entscheidende Durchbruch zur Gleichberechtigung Deutschlands nicht mit dem Florett diplomatischer Abkommen zu erzielen war. Dazu brauchte es in einer Welt, die immer stärker von der Konfrontation von Sowjetkommunismus und US-Kapitalismus geprägt wurde, des militärischen Säbels. Nach dem Angriff kommunistischer Truppen Nordkoreas auf den westlich beherrschten Südteil des Landes schlug der Kalte Krieg 1950 in eine heiße, offene, bewaffnete Auseinandersetzung um. Die Amerikaner versuchten, den Kommunismus global „einzudämmen". Dazu benötigten sie Soldaten. Auch deutsche. Vergessen war das Versprechen des ehemaligen US-Generals Eisenhower, sein Arm möge verdorren, wenn er zulasse, dass jemals ein Deutscher wieder ein Gewehr in die Hand bekäme. Nun drängte Washington Bonn, deutsche Grenadiere in den Dienst der freien Welt zu stellen und eine deutsche Verteidigungstruppe als Gegengewicht zu den Grenztruppen der DDR, der späteren Kasernierten Volkspolizei, zu schaffen. Adenauer kam dem Ansinnen der Amerikaner nur zu gern nach – und verlangte dafür seinen Preis: die deutsche Souveränität. Obgleich in Deutschland die große Mehrheit der Bevölkerung genug von Aufrüstung und Krieg hatte und eine große Koalition von Kommunisten über Sozialdemokraten, Gewerkschaften, Arbeitern bis hin zu den Kirchen und vielen Bürgern die Wiederbewaffnung vehement ablehnte, war Konrad Adenauers Politik gerade auf dieses Ziel ausgerichtet.

Im Revier war der Widerstand gegen die Wiederbewaffnungspläne der Bundesregierung besonders erbittert. Die Bergleute hatten erleben müssen, wie ihre Kumpels und Angehörigen an der Front verheizt wurden. Otto Bialo schäumte vor Wut, als er vernahm, dass im Oktober 1950, nur kurze Zeit nach der Verabschiedung des Gesetzes gegen die Wiederaufrüstung, das von allen Parteien getragen wurde, das Amt Blank eingerichtet wurde, das die Aufstellung einer deutschen Armee vorbereiten sollte. „Meinen Heiner haben die Kriegsteufel vor Stalingrad in den Tod getrieben. Und jetzt sollen die gleichen Offiziere, die dem Adolf seine Verbrecherkriege geführt haben, wieder neue Rekruten für ihre Feldzüge opfern! Womöglich wollen sie meinen Fritz, wenn er achtzehn ist, zu den Waffen rufen. Die Älteren haben sie schon verheizt. Nie und nimmer, diese Saubande!", tobte Otto. Seine Frau Maria teilte in dieser Frage ausnahmsweise die Meinung ihres Mannes, auch wenn sie sich nicht so drastisch ausdrückte wie er. Zwar hatte Maria lange für Adolf Hitler geschwärmt. Doch seit ihr Sohn in Russland im Kampf für Führer, Volk und Vaterland vermisst wurde, hatte ihr Enthusiasmus für alles Militärische deutlich nachgelassen. „Ehe sie meinen Adolf" – die Eltern riefen Adolf-Fritz jeweils nur mit einem Teil seines Namens – „ins Militär schicken, wähle ich noch SPD!" – „Wenn du das tust, dann herrscht in Deutschland Revolution."

Doch die Revolution hatte es schon immer schwer gehabt in Deutschland. Die Deutschen waren mitunter missmutig und zürnten ihren Politikern, wenn diese gegen ihre Meinung entschieden. Zum Umsturz aber konnten sie sich nicht aufraffen. Der erfahrene Konrad Adenauer kannte seine Bürger, wusste um ihre Ablehnung der Wiederbewaffnung, wahrscheinlich teilte er sogar klammheimlich die antimilitaristische Stimmung seiner Landsleute und ihre nun tiefsitzende Kriegsfurcht. Doch schwerer wog für den Machtpolitiker die Chance, Deutschland rasch ein großes internationales Gewicht zu verschaffen. Dieses war, das wusste Adenauer, Voraussetzung für wirtschaftliche Prosperität durch ungestörten Export und politische Stabilität. Daher betrieb der Bundeskanzler ungeachtet aller Ängste in Deutschland und im Ausland sowie der nicht abreißenden Proteste der Bevölkerung konsequent die Wiederaufrüstung. Noch im Oktober 1954 vereinbarte die Bundesregierung mit den Staaten des Westens in den Pariser Verträgen eine gemeinsame Verteidigungspolitik. Bonn verpflichtete sich zum Verzicht auf atomare, biologische und chemische Waffen. Im Gegenzug wurde Westdeutschland Mitglied des europäisch-atlantischen Verteidigungsbündnisses, der NATO. Bereits im November 1955 wurden 101 Rekruten der neuen deutschen Armee, der Bundeswehr, vereidigt.

Als kühl kalkulierender Machtpolitiker zementierte Konrad Adenauer seine nach Westen orientierte Wiederbewaffnungspolitik durch Absicherung nach Osten. Im Sommer desselben Jahres war der Bundeskanzler nach Moskau gereist, um dort in zähen Verhandlungen mit Ministerpräsident Bulganin und KP-Chef Chruschtschow die Freilassung der letzten deutschen Kriegsgefangenen in Russland zu erreichen, die dort noch zehn Jahre nach dem Ende des Weltbrandes festgehalten wurden. So kehrten im Herbst 1955 knapp hunderttausend ehemalige deutsche Soldaten von einst über drei Millionen Landsern zurück, die von der Roten Armee gefangen worden waren. Zu ihnen zählten auch 5000 der 90 000 Männer, die bei Stalingrad in sowjetische Kriegsgefangenschaft geraten waren.

Robuste Physis und ein stählerner Überlebenswillen hatten Heinrich Bialo die Kriegsgefangenschaft überstehen lassen. Nach einer Odyssee, die ihn durch zahllose sibirische Gefangenenlager und Strafkolonien geführt hatte, landete er 1946 im Bergwerk von Workuta nördlich des Polarkreises. Draußen sank im Winter das Thermometer unter 50 Grad minus. Die kurzen Sommer waren wegen der Mückenschwärme für die Menschen unerträglich.

In der primitiven Zeche retteten ihn die gediegene Fachkenntnis eines deutschen Bergmanns sowie die von ihm rasch erlernte russische Sprache. Dadurch wurde Heinrich für die Zechenleitung doppelt unentbehrlich, was mit einer Schwerarbeiterration belohnt wurde. So überlebte er trotz der unmenschlichen Arbeitsbedingungen unter Tage, des harten Klimas am Boden und der ungenügenden Hygiene alle Belastungen.

Kurz vor Weihnachten 1955 tauchte Heinrich, hager und mit Zahnlücken, aber körperlich gesund bei seinen Eltern in Herne auf. Seine Mutter erlitt einen Schock und konnte tagelang nicht sprechen. Otto Bialo dagegen weinte hemmungslos vor Glück. Nachdem sich der Vater gefasst hatte, rief er seine Familie zu sich, damit sie an seiner Freude teilhaben sollte. Allein sein Vater Leo fehlte, der kurz nach der Währungsreform gestorben war.

Am späten Vormittag des 25. Juni 1948 lief Renata zwischen zwei Hausbesuchen schnell in die gemeinsame Wohnung, um nach dem Vater zu sehen. Das von ihr hergerichtete Frühstück stand unberührt auf dem Küchentisch. Renata klopfte an die Tür des Vaters. Als keine Antwort kam, ergriff sie die Angst. Sie trat ins Zimmer. Leopold lag im Bett auf dem Rücken. Renata wusste sofort, dass er tot war. Sie flüsterte: „Vater", und strich ihm sanft über das Gesicht. Seine Züge waren gelöst.

Krankheit und Einsamkeit hatten Leopold zunehmend geplagt. Es fiel ihm schwer, den eigenen physischen Verfall hinzunehmen. Den einst kräftigen und kerngesunden Mann plagten neben Altersbeschwerden seine Bergmannslunge, seine schlechten Augen und seine Gelenke. Oft schweiften seine Gedanken zu seinem Freund und Genossen Samuel Rubinstein. Leopold erinnerte sich an ihre zahllosen Gespräche. Wie wenig hatte die Welt von heute noch mit der von damals gemein! Der Gedanke, dass er seinen Enkel Heinrich, auf den er als Bergmann so stolz gewesen war, nie mehr wiedersehen würde, stürzte Leopold in

Verzweiflung. Er dachte an seinen zweiten Sohn Heiner, den er vor über dreißig Jahren ebenfalls im Krieg verloren hatte. Wurden die Menschen nie gescheit?

Die letzten Jahre seines Lebens hatte der alte Bergmann an der Seite seiner einzigen Tochter verbracht. Seinen Ältesten, Otto, der unter der Fuchtel seiner Frau stand, hatte Leopold seit dem Weihnachtsfest nicht mehr gesehen. Und mit dem jüngsten Sohn Kurt Frieden zu schließen, konnte Leopold nicht über sich bringen. Das Kind, das er viele Jahre für den Tod seiner geliebten Anna verantwortlich gemacht hatte und dem er daher seine Liebe nicht schenken konnte, war ihm zum nächsten Menschen geworden. Auch wenn Leopold dies nicht über die Lippen kam, war er Renata dankbar, dass sie ihn davor bewahrt hatte, seinen Lebensabend in einem Altersheim für einstige Knappen zubringen zu müssen. Leopold war nicht verborgen geblieben, dass seine Anwesenheit die Beziehung zwischen Renata und dem einarmigen Arzt stark belastet hatte. Er war glücklich gewesen, als seine Tochter sich für ihn und nicht für den Verlobten entschied.

Renata schloss die Augen des Vaters.

Auch in Gedenken an seinen Vater hatte Otto, für alle überraschend, seinen Bruder Kurt zur Familienfeier zu Heiners Heimkehr eingeladen. Kurt sagte selbstverständlich zu. Standesgemäß ließ er sich mit dem Firmenwagen vorfahren und beschenkte die Hausfrau mit dem neuesten Modell des „Hörbia"-Staubsaugers. Den Männern setzte er ein Dutzend Flaschen Sekt vor und stieß mit ihnen munter auf die Versöhnung der Familie an. „Einmal muss Frieden herrschen! Selbst bei so einem verrückten Haufen wie bei uns. Nur schade, dass Vater das nicht erleben durfte", tönte der Unternehmer. „Vater hätte dir ins Gesicht gespuckt, du alter Nazi", stellte Renata trocken fest. „Das glaube ich nicht, Reni", erwiderte Kurt, „Papa hätte ich mit echtem französischem Schampus beglückt, nicht mit läppischem deutschem Sekt wie dich." – „Du glaubst wohl, dass du alle kaufen kannst. Selbst deinen toten Vater. Du widerst mich an", empörte sich Renata. Otto nahm seine wütende Schwester beiseite. Er wollte unter allen Umständen Zank vermeiden. Der jüngste Bruder, das war offensichtlich, stand wieder einmal auf der Sonnenseite des Lebens. Otto hoffte, dass Kurt Heiner nicht nur von seiner Zuversicht abgeben, sondern ihm auch eine Arbeit verschaffen würde. Daher wollte er es sich mit dem Bruder nicht verderben.

Heinrich Bialo hatte die physischen Strapazen der Jahre in Workuta gut überstanden. Rasch nach seiner Rückkehr legte er ein paar Kilo zu, und die blasse Haut seiner Wangen rötete sich. Doch Heiner war seltsam geworden. Darüber war sich die Familie ausnahmsweise einig. Er schrie und jammerte im Schlaf. Wenn er erwachte, wälzte er sich stundenlang herum und grübelte. Erinnerungen und Ängste plagten ihn. Er hockte tagaus, tagein apathisch in der Küche der Mutter und sprach kein Wort. Seine jüngeren Geschwister Emil, Lilian und Adolf-Friedrich gingen dem Sonderling aus dem Weg. Der Fremde flößte ihnen Furcht ein.

Heiner hatte sich nach knapp zehn Jahren Fronarbeit im Bergwerk von Workuta geschworen, nie mehr unter Tage zu arbeiten. Otto war über die Untätigkeit seines Sohnes verzweifelt. Bis Kurt ihm zusagte, Heiner unterzubringen. „Ist doch Ehrensache, Bruderherz. Ich lasse meinen Neffen nicht im Stich. Zumal es mit Deutschland wieder aufwärtsgeht." Kurt vertraute seinem älteren Bruder an, dass die bevorstehende Wiederaufrüstung ein „Bombengeschäft" würde. „Die Staubsaugerproduktion lagern wir nach Italien aus. Da sind die Itaker nicht schlecht. Und in Deutschland werden wir wie einst Elektromotoren und Hydraulik produzieren. Es wird nicht lange dauern, dann bauen wir wieder deutsche Panzer. Das Ami-Zeug taugt doch nichts. Dafür brauchen wir deutsche Fachleute. Da kommt mir mein Neffe gerade recht. Ich werde einen ganzen Kerl aus ihm machen. Einen deutschen Mann."

Otto unterdrückte sein Unbehagen. Er wusste, dass sein Sohn mehr noch als er die Schnauze voll hatte von Krieg und markigen Sprüchen. Doch im Moment brauchte er eine Stelle für Heiner. Das zählte mehr als politisches Geschwätz. Schließlich fand Kurt Bialo für Heiner tatsächlich einen Arbeitsplatz bei einer Gerüstfirma, wo er stets „den Himmel küssen" konnte.

Als Otto eines Tages bei seiner Rückkehr von der Morgenschicht Heiner unrasiert im Schlafanzug mit einer Flasche Schnaps antraf, platzte ihm der Kragen. „Mein Gott, Heinrich! Jetzt reiß dich endlich zusammen! Pack dein Leben an! Monate hast du hier herumgehockt. Warum bist du nicht auf Arbeit bei Onkel Kurt? Ich tret dir in den Hintern, dass du zur Tür rausfliegst …" Sein Sohn brach in Tränen aus. „Ihr versteht nichts, gar nichts …"

Otto wünschte, er könne seine Worte ungesagt machen. Hilflos beobachtete der Bergmann sein schluchzendes Kind. Seine Frau, die an der Tür gelauscht hatte, ließ Ottos Worten Taten folgen. Da sie „das Leid meines Sohnes nicht mehr mit ansehen" könne, warf Maria Heinrich kurzerhand mitsamt seiner armseligen Habe aus dem Elternhaus.

In seiner Not lief Heinrich zu Tante Renata. „Wo soll ich hin? Keiner will mich haben. Und ich halt's bei keinem aus. Wär ich nur in Russland verreckt …" Renatas Herz zog sich zusammen. „Heiner, du bleibst jetzt erst mal bei mir. Ich hab zwei Zimmer. Du kriegst das von Opa. Wir kommen zurecht miteinander."

Heinrich nahm das Angebot der Tante gerne an. Wann immer sie konnte, suchte Renata das Gespräch mit dem traumatisierten Neffen. Allmählich konnte Heiner über die jahrelangen Entbehrungen, über seine Todesangst reden. Renata wusste, dass der Neffe seinen Lebensmut wiederfinden würde. Ein erstes Anzeichen war, dass Heiner nach einem halben Jahr in Renatas

Obhut auf Graf Bismarck in Gelsenkirchen anlegte. Trotz seines Schwures hatte ihn der Berg nie losgelassen.

Kurt Bialo dagegen reüssierte als Rüstungsfabrikant. Denn 1956 wurde die Bundeswehr aufgebaut. Verantwortlich war Franz Josef Strauß, ein junger dynamischer Bayer, der einst in der Wehrmacht gekämpft hatte und nun zum Verteidigungsminister ernannt worden war. Mit Feuereifer machte er sich daran, die Bundeswehr als stärkste westeuropäische Armee aufzustellen. Bald störte sich der ehrgeizige Strauß daran, dass die Atomsprengköpfe der NATO unter amerikanischer Kontrolle blieben. Der Verteidigungsminister forderte, Deutschland solle unmittelbare Verfügungsgewalt über Kernwaffen erhalten. Dabei wurde Strauß vom Bundeskanzler unterstützt. Konrad Adenauer war der nationalistische Kurs von Franz Josef Strauß nicht ganz geheuer. Doch der greise Kanzler war überzeugt, die Kontrolle über die deutsche Politik behalten zu können. Das Machtkalkül Adenauers wurde von vielen seiner Landsleute nicht geteilt. Politiker, Gewerkschaften, Journalisten, Pastoren fürchteten einen neuen deutschen Militarismus.

Besonders kritisch beurteilten liberale Wissenschaftler den fortschreitenden Aufbau der Bundeswehr. 1958 appellierten Hunderte deutsche Professoren und Hochschullehrer an die Bundesregierung, auf die Produktion und den Einsatz von Massenvernichtungswaffen, speziell von Atombomben, zu verzichten. Doch Kanzler Adenauer und sein Verteidigungsminister Strauß forderten die Wiederaufrüstung. Dazu gehörte die Verlängerung des Wehrdienstes für Männer von zwölf auf 18 Monate im Sommer 1962. Den hitzköpfigen Verteidigungsminister ärgerte es mehr und mehr, dass Teile der Öffentlichkeit und der Presse sich mit dem Ausbau des Militärs nicht abfinden wollten.

Im Herbst 1962 schlug Strauß zurück. Aufgrund einer Anzeige des Verteidigungsministeriums erhob die Staatsanwaltschaft im Oktober Anklage gegen den „Spiegel". Das Nachrichtenmagazin hatte in einem Bericht über die Nato-Übung Fallex 62 der Bundeswehr und dem westlichen Bündnis nur „bedingte Abwehrbereitschaft" zugestanden. Diese Aussage und vor allem das Hintergrundwissen über das Manöver wurden von Strauß und auf dessen Initiative von der Staatsanwaltschaft als Landesverrat gewertet. Am 26. Oktober wurden die Redaktionsräume des „Spiegel" vom Polizeibeamten durchsucht. Conrad Ahlers, der Autor des Artikels, und „Spiegel"-Chefredakteur Rudolf Augstein kamen in Untersuchungshaft. Diese Maßnahmen riefen in ganz Deutschland einhelligen Protest hervor. Der „Spiegel" wurde dabei von allen demokratischen Presseorganen unterstützt, selbst von den Zeitungen des Axel Springer Verlages, mit denen das Hamburger Nachrichtenmagazin in einem ständigen Politstreit lag.

Kanzler Adenauer empörte sich im Parlament gar über einen „Abgrund an Landesverrat" durch den „Spiegel". Das kritische Echo der Öffentlichkeit steigerte sich, als deutlich wurde, dass Strauß den Bundestag belogen hatte. Der Druck der Bevölkerung und der Presse zwangen Strauß zum Rücktritt. Auch Konrad Adenauer musste die Konsequenzen ziehen. Die eigene Partei und ihr liberaler Koalitionspartner nötigten den hochbetagten Kanzler, sein Amt aufzugeben. Hinzu kam, dass die Wiederbewaffnung und die Aufstellung eines Heeres von knapp einer Viertelmillion westdeutscher Soldaten die DDR, die ihrerseits fast 200 000 Mann in der Volksarmee unter Waffen hielt, bereits ein Jahr zuvor, im August 1961, nicht hatte davon abbringen können, West-Berlin durch eine Mauer vom Ostteil der Stadt und ihrem Umland abzuschneiden und damit die Teilung Deutschlands zu vollenden.

Entscheidend war jedoch, dass in der sogenannten „Spiegel"-Affäre, die viel mehr ein Strauß-Skandal war, die westdeutsche Zivilgesellschaft ihr demokratisches Selbstbewusstsein und ihr Eintreten für die freiheitlichen Grundrechte demonstriert hatte. Damit war erstmals in der deutschen Geschichte der Obrigkeitsstaat überwunden worden. Stattdessen etablierte sich fortan in Deutschland eine demokratische Bürgergesellschaft. Die Konsequenzen wurden allenthalben spürbar. Konrad Adenauers bleibende Beliebtheit lag in dessen Verdienst begründet, die Bundesrepublik in das politische, militärische und damit das wirtschaftliche System des Westens integriert zu haben. Auf diese Weise wurde Westdeutschland in einen stabilen politischen Rahmen gebracht, der wiederum die Voraussetzung für die volkswirtschaftliche Prosperität war. Noch ehe die Bundesrepublik 1949 etabliert worden war, hatten die Westzonen amerikanische Wirtschaftshilfe im Rahmen des Marshallplans erhalten, dem sogenannten Europäischen Wiederaufbauprogramm. Durch seine unzweideutige prowestliche Außenpolitik sorgte Adenauer dafür, dass die Bundesrepublik weiterhin großzügig von den Vereinigten Staaten unterstützt wurde.

Das Herz des Aufbaus war indessen die 1951/52 ins Leben gerufene Montanunion Belgiens, der Niederlande, Luxemburgs, Frankreichs, Italiens und der Bundesrepublik. Ursprünglich war die Gemeinschaft für Kohle und Stahl vom französischen Außenminister Robert Schuman angeregt worden, der als Elsässer die wechselseitigen Ängste von Franzosen und Deutschen vor dem jeweiligen Erzfeind kannte. Schumann wusste, dass der Abbau der deutsch-französischen Feindschaft die Voraussetzung eines stabilen Friedens und Wohlstands in Europa war. Die Montanunion sollte die Wirtschaftskraft der deutschen Kohle- und Stahlunternehmen kontrollieren helfen. Tatsächlich aber eröffnete die Gemeinschaft der deutschen Stahlindustrie den europäischen Markt. 1957 wurde in Rom die Europäische Wirtschaftsgemeinschaft (EWG) gegründet. Zunächst umfasste sie nur die sechs Mitglieder, aus denen bereits die Montanunion bestanden hatte.

Das gemeinsame Ziel war, sukzessive alle Zollhindernisse zwischen den Partnerländern abzubauen. Der auf diese Weise entstehende gemeinsame europäische Markt erwies sich rasch als Motor der deutschen Industrie, die zuvor weitgehend auf das nationale Wirtschaftsgebiet beschränkt gewesen war.

Konrad Adenauer und sein Wirtschaftsminister Ludwig Erhard wussten um die Abhängigkeit der deutschen Volkswirtschaft von der Steinkohle. Allein die Kohle verschaffte der Bundesrepublik in unumschränktem Maße Zugang zu einem Energieträger und zugleich zu einem unverzichtbaren Rohstoff der Eisen- und Stahlproduktion sowie der chemischen Industrie. Als Kölner verstand der Bundeskanzler die Bedeutung des Ruhrgebiets als Kohle- und Stahlrevier. Daher verfügte Adenauer seit Anbeginn seiner Amtszeit als Regierungschef, dass alle Belange der Steinkohle und des Ruhrgebiets in letzter Instanz von ihm bestimmt wurden.

Deutschlands Volkswirtschaft hing in den Nachkriegsjahren am Tropf der Steinkohle wie ein nach einer schweren Operation sich erholender Patient am Schlauch einer Bluttransfusion. Das fette schwarze Blut aus dem Boden des Reviers wurde durch den Schweiß und das Können der Bergleute zu Tage gefördert. Die Kohle gab dem ausgemergelten Land und seiner Wirtschaft die Energie, die es zu seiner Genesung benötigte.

Kohle war auch der Treibstoff für den Wiederaufbau des zertrümmerten Deutschland. Das brachte die Konjunktur in Gang. Sie geriet in rasche Fahrt durch außenpolitische Ereignisse, etwa durch den seit 1950 tobenden Koreakrieg. Der bewaffnete Konflikt, der auf westlicher Seite vor allem durch die Armee der Vereinigten Staaten ausgetragen wurde, zwang die USA zur Einfuhr von Stahl, Maschinen und anderen Wirtschaftsgütern. Das eröffnete Chancen für die deutsche Exportwirtschaft. Innere Nachfrage und Ausfuhr sorgten so bereits Anfang der 50er Jahre für den ersten Nachkriegsboom der deutschen Volkswirtschaft. Das Herz des Aufschwungs war das Revier. Es schlug umso schneller, desto besser die Wirtschaft prosperierte, die immer mehr Kohle verbrauchte. Um den steigenden Energiebedarf decken zu können, wurden die Zechen modernisiert, der Abbau wo möglich automatisiert. Darüber hinaus teufte man fünfzig neue Tagesschächte. 37 Zechen wurden zu Zentralförderschachtanlagen verbunden. Mit Rossenray bei Essen und der Zeche Wulfen wurden zwei neue Großschachtanlagen abgeteuft, in denen von Anfang an mit modernsten Methoden Kohle abgebaut wurde.

Entscheidend waren jedoch nicht die Maschinen, sondern die Menschen, die sie bedienten. Die Zechengesellschaften und Politiker wussten, dass ohne die Kumpels und ihren nimmermüden Arbeitseinsatz nichts ging. So ließ die Deutsche Kohlebergbauleitung zwischen 1951 und 1954 90 000 neue Wohnungen für die Kumpels aus dem Boden stampfen. Die Wohnungen und vor allem die Häuser, in denen auch die Familie Otto Bialo lebte, wurden die „goldene Fessel" genannt. Durch sie, also durch Wohnraum zu günstigem Mietzins, sollten vor allem qualifizierte Bergleute an ihre Zeche gebunden werden. Darüber hinaus wurden die Gruben voll mechanisiert, um die harte körperliche Arbeit der Bergleute zu erleichtern und ihre Gesundheit zu schonen. Eine Staublunge, an der am Ende auch der zähe Leopold Bialo zugrunde gegangen war, durfte nicht länger ein zwangsläufiges Leiden bei den Kumpels sein.

Wegen der guten Bezahlung, des preiswerten Wohnraums und einer Reihe sozialer Vergünstigungen, vor allem aber wegen des hohen Ansehens der Bergleute konnten im ersten Jahrzehnt nach Kriegsende 800 000 Bergarbeiter neu eingestellt werden. Doch weder der verhältnismäßig hohe Lohn noch die Zusatzleistungen, ja nicht einmal das Prestige reichten aus, um die meisten von ihnen auf Dauer unter Tage zu halten. Weniger als ein Viertel der neu Eingestellten blieb in ihren Zechen. Die anderen gaben auf, weil sie der Arbeit unter Tage, der Hitze, der Feuchtigkeit, der Dunkelheit, dem ständigen Lärm und dem Staub, der körperlichen Anstrengung nicht gewachsen waren oder nicht über die nötigen handwerklichen Fertigkeiten und die Ausdauer verfügten. Jene aber, die in den Gruben blieben, taten es nicht nur des Geldes wegen – als Teppichhändler konnte man besser verdienen –, sondern weil sie die vielfältige und verantwortungsvolle Arbeit des Bergmanns gepackt hatte, weil sie gefesselt waren vom Anlegen ihrer Montur, dem irrwitzigen Herabsausen im Fahrkorb in die scheinbar bodenlose Tiefe. Weil sie die Kameradschaft und Zuverlässigkeit ihrer Kumpels nicht missen wollten, das lebenswichtige Sich-aufeinander-verlassen-Können. Vor allem aber, weil sie nie von der Sucht loskamen, Hunderte von Metern unter der Erdoberfläche in die Millionen Jahre alten jungfräulichen Flöze vorzustoßen, und sich ihres Könnens sicher waren, das schwarze Blut aus dem Berg zu schlagen, auf dessen Energie das ganze Land angewiesen war. Das Bewusstsein dieser Verantwortung war der Stolz des Bergmanns.

Doch aller Arbeitseifer der Kumpels reichte nicht aus, die dreifache Anforderung an die deutsche Steinkohle zu erfüllen: der Wiederaufbau im eigenen Land, die Produktion von Industriegütern für die Ausfuhr sowie die Zwangsexporte deutscher Kohle als Reparationsleistungen. Die Folge war eine Energiekrise, eine Verknappung in der Versorgung Deutschlands mit Strom und Heizkohle. Um die Auswirkungen des Engpasses zu verringern, ordneten die Behörden Stromsparmaßnahmen an. Das Licht in Schaufenstern und beleuchtete Reklametafeln mussten abgeschaltet werden. Der Eisenbahnverkehr – damals fuhren noch viele mit Kohle beheizte Dampflokomotiven – musste eingeschränkt werden. Privaten Haushalten wurde die Stromzufuhr täglich zwei Stunden gesperrt. Selbst die Kohlelieferungen für die Industrie wurden zeitweilig reduziert.

Die Sparmaßnahmen, besonders die zeitweisen Kürzungen der Kohlekontingente für Fabriken und Werke, kamen dem Bundeskanzler nicht ungelegen. Sie dienten Adenauer als Argument gegenüber den Hohen Kommissaren der Westalliierten, um die Einstellung der deutschen Kohlezwangsexporte zu erreichen. Andernfalls, so der Bundeskanzler, drohten weitgehende Betriebsbeschränkungen und Stilllegungen von Unternehmen der verarbeitenden Industrie. Trete nicht wenigstens eine Minderung der verordneten Kohleausfuhren ein, dann müssten die Produktionszeiten auf eine Fünf- oder gar eine Viertagewoche zurückgefahren werden – damals wurde in ganz Europa an sechs Wochentagen gearbeitet.

Die Energieknappheit zwang die Bergbaugesellschaften, selbst kleinste und wenig ertragreiche Kohlevorkommen auszubeuten. So wurden alte, kaum noch rentable Gruben und Stollen wieder aufgetan, man nahm Kleinstzechen erneut in Betrieb, qualitativ minderwertige Sammelkohle aus Abbränden, Zechenhalden und Kokslöschungen wurde zusammengekratzt. Diese Maßnahmen reichten jedoch, wie jedermann, vor allem der Regierung, bekannt war, nicht aus. Daher war das Kohleexportland Deutschland gezwungen, das schwarze Gold, das man ausgeführt hatte, für teure Devisen wieder aus dem Ausland zu reimportieren. Zudem musste man Heizöl, wenn auch in geringen Mengen, einführen. Diese faktisch erzwungenen Kohle- und Ölimporte führten zu einem Zahlungsbilanzdefizit, das mit dem fortschreitenden Wiederaufbau und entsprechend höherem Energieverbrauch ständig zunahm.

Um die Deckung des Handelsdefizits wurde gerungen. Finanzminister Fritz Schäffer regte an, neue Steuern zu erheben, die jedoch die aufblühende Konjunktur abzuwürgen drohten. Gewerkschaften und Geldinstitute dagegen, zuvorderst der Vorstandsvorsitzende der Deutschen Bank Hermann Josef Abs, wollten ihre Investitionen von der Steuer abschreiben. Schließlich einigten sich die Dachverbände der Wirtschaft auf freiwillige Maßnahmen, durch die der Energieverbrauch und das Außenhandelsdefizit zurückgefahren werden konnten.

Die beharrliche Revisionspolitik Adenauers und vor allem die weltpolitische Entwicklung sorgten dafür, dass die aufstrebende Bundesrepublik und ihre Volkswirtschaft von den Beschränkungen der Alliierten infolge des Krieges sukzessive befreit wurden. Da die Westmächte, allen voran die Vereinigten Staaten, um Deutschland als Bündnispartner warben, mussten sie das Land aus dem Besatzungsregiment in die Souveränität und Gleichberechtigung entlassen.

Erst im Juli 1951, fast sechs Jahre nach Ende des Weltkrieges, beendeten Frankreich und Großbritannien den Kriegszustand mit Deutschland, die USA zogen im Oktober nach. Ende des Jahres wurde das Ruhrstatut gelockert, das bis dahin das Revier der Oberhoheit der Westalliierten unterstellt hatte. Im Mai 1952 wurde der Deutschlandvertrag über die Beziehungen zwischen der Bundesrepublik Deutschland und den drei Westmächten unterzeichnet. Westdeutschland war nun frei, sein Schicksal selbst zu bestimmen. Bevölkerung und Regierung nutzten entschlossen die Gelegenheit. In Bonn verabschiedete der Bundestag das Investitionshilfegesetz. Auf diese Weise wurde eine Sondersteuer erhoben, deren Erträge dem Bergbau, der Eisen- und Stahlindustrie sowie der Energiewirtschaft zugute kamen. Das Gesetz lockerte die Preisbindung für Kohle. Wirtschaftsminister Ludwig Erhard hätte am liebsten die Preise völlig freigegeben. Doch eine große Koalition zwischen Gewerkschaften und Zechengesellschaften verhinderte dieses vernünftige Vorhaben des marktwirtschaftlich orientierten Ministers. Auf diese Weise blieb Kohle relativ teuer, obgleich durch die Beendigung der Zwangsexporte Deutschland nicht länger gezwungen war, die eigene Kohle für teure Devisen im Ausland zu kaufen und zurück ins Land zu bringen. Die stabil hohen Kohlepreise bescherten den Bergbaugesellschaften satte Erträge. Dies war nur möglich durch die Maloche der Bergleute. Um sie bei der Stange zu halten, wurden die Privilegien immer massiver. Das kostete Geld. Damals aber liefen die Geschäfte bestens, denn Deutschlands expandierende Wirtschaft war angewiesen auf ihr schwarzes Herzblut, die Kohle. Das funktionierte, solange Einfuhrzölle die deutsche Kohle vor billiger Importkohle abschirmten. Doch durch den Beitritt der Bundesrepublik zum internationalen Zoll- und Handelsabkommen GATT wurden die Weichen für einen Abbau der Grenzabgaben und damit eine spätere Einfuhr preiswerter Kohle gestellt.

Am 29. April 1952 segnete der Bundestag den Beitritt der Bundesrepublik zur Montanunion ab. So wurde die paritätische Mitbestimmung bei Kohle und Stahl für die Zukunft sichergestellt. Bis dahin war es ein weiter Weg gewesen. Bereits 1947 hatten die Engländer, die seit Sommer 1945 von der Labour Party regiert wurden, in den großen Eisen- und Stahlwerken ihrer Besatzungszone die gleichberechtigte Mitbestimmung eingeführt. Die Aufsichtsräte der Unternehmen waren mit fünf Vertretern der Arbeitnehmer und der Anteilseigner sowie einer neutralen Persönlichkeit besetzt. Darüber hinaus sollten die Beschäftigten durch einen Arbeitsdirektor in den Firmenvorständen vertreten sein. Als nach der Gründung der Bundesrepublik das Kabinett diese von den Briten durchgesetzte Regelung wieder abschaffen wollte, drohten die Gewerkschaften mit einem Generalstreik. Adenauer, der einen Arbeitskampf unter allen Umständen vermeiden wollte, um den wirtschaftlichen Aufschwung nicht zu gefährden und gleichzeitig die Stabilität der von ihm geführten Bundesregierung zu demonstrieren, erklärte sich schließlich bereit, die Mitbestimmung im Montanbereich zu akzeptieren. Dies machte den Beitritt der Bundesrepublik zur Europäischen Gemeinschaft von Kohle und Stahl möglich. Wieder einmal wurde die Bedeutung der Bergleute für die deutsche Volkswirtschaft deutlich.

Kohlekrisen
1955–1966

Die Kumpels rechtfertigten das in sie gesetzte Vertrauen durch die ständige Steigerung ihrer Arbeitsleistung. Jahr um Jahr wurden neue Förderrekorde gefahren. 1956 rangen die Revierkumpels den Flözen fast 125 Millionen Tonnen Steinkohle ab. In den Zeitungen wurde Ludwig Erhard, der Minister mit der Zigarre, als Vater des deutschen Wirtschaftswunders gepriesen. Der Politiker setzte mit seiner Förderung der freien Marktwirtschaft zwar die richtigen Signale. Erarbeitet aber wurde die Hochkonjunktur von Millionen Beschäftigten, die benötigte Energie holten die Bergleute aus dem Boden.

Steinkohle diente direkt als Befeuerung für die Elektrizitätswerke, die immer höhere Kapazitäten für das Wachstum der Industrie und den Wiederaufbau des Landes produzierten. Genau genommen aber war Kohle zu wertvoll, um ausschließlich verheizt zu werden. Denn das schwarze Gold war nicht nur unverzichtbar bei der Rohstahlerzeugung. Immer größere Bedeutung gewann die Kohle als Grundstoff für die sich rasch entwickelnde chemische Industrie. Die im Krieg zur Serienreife entwickelte Hydrierung der Kohle und ihre Umwandlung zu Benzin und anderen Treibstoffen war nach 1945 unwirtschaftlich geworden – dafür war Kohle zu teuer, vor allem zu schade. In der chemischen

Industrie aber wuchs die Bedeutung und damit der Verbrauch von Kohle von Jahr zu Jahr. Die zunehmende Einsicht in den Wert der Kohle und ihre vielfachen Verwendungsmöglichkeiten Mitte der 50er Jahre markierte paradoxerweise zugleich den Beginn ihrer Absatzkrise.

Der Abbau der deutschen Steinkohle ist aufgrund ihrer Lagerung in großer Tiefe trotz der in mehreren Jahrhunderten entwickelten und ausgefeilten Abbautechnik zwangsläufig teurer als die Förderung des Rohstoffes in Südafrika oder Australien, wo Kohle im Tagebau aus dem Boden geholt werden kann. Gleiches galt damals für Erdöl. Der flüssige Brennstoff sprudelte vor allem in Saudi-Arabien, am Persischen Golf und in Nordafrika vielfach ohne kostspielige Tiefenbohrungen aus der Erde. Ein Fass Rohöl, das sind 159 Liter, kostete damals weniger als 2 US-Dollar, unter 10 D-Mark also. Erheblich preiswerter als die Kohle, die aus den Tiefen des Ruhrgebiets oder des Saarlands zutage gefördert wurde.

Entscheidend für den Absatz der deutschen Steinkohle waren die volkswirtschaftlichen Rahmendaten. Durch die Mitgliedschaft der Bundesrepublik in der GATT-Handelsrunde sowie in der sich entwickelnden EWG, die bis 1970 alle Zölle abbauen wollte, waren die Bedingungen, unter denen Rohstoffe eingeführt werden konnten, langfristig vorgegeben. Da Deutschlands Wirtschaft aufgrund ihrer leistungsfähigen Exportunternehmen auf freien Zugang zum Weltmarkt angewiesen war, musste sie entsprechend ihren Partnern die Zölle senken. Dies bedeutete eine zunehmende Herausforderung für die deutsche Steinkohle. Je weiter aber die Einfuhrzölle fielen, desto billiger wurde zwangsläufig die mit geringerem Aufwand geförderte Importkohle.

Wurde den Zechen vor wenigen Jahren noch jedes Bröckchen Kohle aus der Hand gerissen, so wussten die Bergbaugesellschaften bald nicht mehr, wo sie ihr schwarzes Gold absetzen sollten. Noch 1957 lag nirgends Steinkohle auf Halde. Ein Jahr später aber waren bereits 12,3 Millionen Tonnen aufgetürmt, 10 Prozent der Fördermenge. Der zurückgehende Absatz der deutschen Steinkohle war nicht zuletzt das Ergebnis der Politik der Bundesregierung. Wirtschaftsminister Erhard tat alles, um der Industrie und den Haushalten Energie immer preiswerter zur Verfügung stellen zu können. Um die langfristigen volkswirtschaftlichen Konsequenzen kümmerte er sich nicht. So hatte Bonn bereits 1953 Heizöl von der Mineralölsteuer befreit. Drei Jahre später schaffte die Bundesregierung auch den Heizölzoll ab. Gleichzeitig wurde die Kontraktfrist für die Einfuhr von Kohle und Heizöl aus den Vereinigten Staaten verlängert. Diese neuen Maßnahmen zusammen genommen führten zu einer fortschreitenden Verbilligung ausländischer Kohle und eingeführten Erdöls in Deutschland. Um nicht gegenüber den immer preiswerteren Energieimporten stärker ins Hintertreffen zu geraten, verzichteten die deutschen Bergbaugesellschaften trotz steigender Abgaben, Betriebskosten und Löhne zunächst auf höhere Preise. Dies geschah auch, um sich das Wohlwollen der Regierung zu sichern. Doch bereits einen Tag nach der Bundestagswahl vom 15. September 1957, bei der Adenauers CDU im Verein mit ihrer bayerischen Schwesterpartei CSU die absolute Mehrheit gewann, erhöhten die Grubengesellschaften die Preise für Kohle und Koks um mehr als 10 Prozent. Diese Verteuerung gab wiederum Ludwig Erhard, der sich als Wächter der Preisstabilität verstand und mit diesem Image zum populärsten deutschen Politiker wurde, Gelegenheit, den Bergbaugesellschaften pathetische Vorwürfe zu machen: Sie seien „dem schicksalhaften Kampf der Bundesregierung, die (wirtschaftliche) Stabilität in Deutschland zu bewahren … in den Rücken gefallen".

Diese Aussage war eine kleine Dolchstoßlegende. Denn tatsächlich war Erhard durch die Erleichterung des Kohle- und Ölimports verantwortlich für die prekäre Lage der deutschen Zechen. Der Wirtschaftsminister hätte die Konsequenzen seiner liberalen Importpolitik für den einheimischen Bergbau erkennen und rechtzeitig gegensteuern müssen. Etwa durch eine Verlangsamung des Zollabbaus für Energieträger aus dem Ausland. Dies hätte in Kombination mit Strukturhilfen den deutschen Bergwerken Zeit gegeben, sich an den Konkurrenzdruck zu gewöhnen. Doch Ludwig Erhard hegte die Überzeugung, der Markt werde über Angebot und Nachfrage die Preise für Kohle von selbst regeln. Der Wirtschaftsminister bedachte dabei nicht genügend, dass die deutschen Zechen aufgrund ihrer hohen Produktionskosten einem ungezügelten Wettbewerb mit billigen Energieträgern aus dem Ausland nicht gewachsen waren. Auf der anderen Seite hatten sich viele Bergbauunternehmen auf ihren Lorbeeren der frühen Nachkriegsjahre ausgeruht, als Haushalte und Industrie auf die heimische Kohle angewiesen gewesen waren, um zu überleben und das zerstörte Land sowie seine Wirtschaft wiederaufzubauen. So hatte man es unterlassen, durch permanente Rationalisierungen, Arbeitsteilungen und wirtschaftliche Diversifizierungen den Kostendruck zu senken. Die Versäumnisse von Regierung und Bergbaufirmen führten ab Mitte der 50er Jahre zu einer zunehmenden Verschärfung der Strukturkrise im Steinkohlebergbau. Dies wurde an einem gnadenlosen Preiskampf und bald an dessen verheerenden Folgen sichtbar.

Schon war die US-Kohle um 8 D-Mark je Tonne billiger als die deutsche. Gleichzeitig wurde Heizöl, das den anderthalbfachen Heizwert der Steinkohle besitzt, zunehmend preiswerter angeboten. Es war nur eine Frage der Zeit, bis sich genügend Haushalte zusammenschlossen und die Investition aufbrachten, in ihren Häusern zentrale Heizungen zu installieren, die günstig mit Heizöl betrieben werden konnten. Derweil wurde amerikanische Kohle durch das ständige Absenken der deutschen Importzölle und durch immer günstigere Frachtraten von Jahr zu Jahr preiswerter auf dem hiesigen Markt angeboten. Mitte der 60er Jahre wurde eine Tonne amerikanische Steinkohle in Deutschland 13,60 D-Mark billiger als der deutsche Rohstoff angeboten. Das bedeutete den allmählichen Ruin des deutschen Steinkohlebergbaus.

Die Misere konnte jeder im Revier besichtigen: Die Kohlehalden wuchsen und wuchsen. Die Bergbaugesellschaften blieben auf ihren Produkten sitzen. Das einstige schwarze Gold verwitterte unter freiem Himmel zu unverkäuflichem Geröll. Die Kohleunternehmen mussten die Notbremse ziehen. So wurde am 22. Februar 1958 auf den Zechen Rosenblumendelle in Mülheim, Alter Hellweg in Unna, Dahlhauser Tiefbau in Bochum und Katharina sowie Theodor Heinrich in Essen die erste Feierschicht gefahren. 16 000 Kumpels durften erstmals nicht unter Tage zur Maloche. Dies war nicht zuletzt das Ergebnis einer mangelnden Planung von Seiten der Wirtschaftsverbände und der Politik. So hatte noch zu Jahresbeginn die Hohe Behörde der Montanunion die Bergbaugesellschaften Europas aufgefordert, den jährlichen Kohleabbau um 40 Millionen Tonnen hochzufahren! Hochgefahren wurden indessen lediglich die Halden. Bereits im April 1958 konnten 13 Prozent der Steinkohleförderung nicht abgesetzt werden. Die Kohleberge wuchsen weiter. Die strukturelle Absatzkrise verlangte nach raschen Gegenmaßnahmen. Da von allen Seiten jahrelang kostbare Zeit vertan worden war, waren die Konsequenzen besonders schmerzlich. Bereits Ende 1958 wurden die ersten Kumpels entlassen. Es waren meist junge Bergleute, die man wenige Jahre zuvor mit guten Löhnen und günstigen Sozialleistungen in die Gruben gelockt hatte. Viel mehr Kumpels waren dagegen von der notgedrungen wachsenden Zahl der Feierschichten betroffen. Diese unbezahlten Arbeitsausfälle summierten sich zu insgesamt drei Millionen Arbeitstagen. Dies bedeutete für die Bergleute einen Verdienstausfall von 63 Millionen D-Mark.

Die Bundesregierung begriff, dass sie nicht länger tatenlos dem Verfall des deutschen Steinkohlebergbaus, der die Grundlagen des Wirtschaftswunders geschaffen hatte, zusehen konnte. Ein weiteres Abwarten würde die Bergbauunternehmen ruinieren und damit Hunderttausende Bergleute um ihre Arbeit und ihre Lebensgrundlage bringen. Der erfahrene Bundeskanzler erkannte, dass sein Kabinett langfristig handeln musste, um nachhaltigen Schaden vom Bergbau und damit von der deutschen Wirtschaft abzuwenden. Auf einer Krisensitzung zwischen Regierung, Arbeitnehmervertretern und Unternehmern versprach Adenauer, dass die Bundesregierung alles tun werde, um die Kohle nicht der Willkür des Heizöls auszuliefern. Die Versprechungen sollten den Bergleuten Mut machen, praktische Taten aber würden ausbleiben. Dies machte auf der gleichen Sitzung Wirtschaftsminister Erhard deutlich, der vor einer „Kohlehysterie in Deutschland" warnte. Und betonte: „Das, was sich in Deutschland abspielt, ist das Ergebnis organischer Entwicklungen, die nicht auf Deutschland beschränkt sind." Der Wirtschaftsminister gab sich überzeugt, dass sich gleiche Wettbewerbsbedingungen zwischen Kohle und Öl herstellen ließen, und bewies damit, das grundsätzliche Strukturproblem nicht erkannt zu haben oder erkennen zu wollen.

Warnungen hatte es genug gegeben. So hatte der Chef der Industriegewerkschaft Bergbau, Heinrich Gutermuth, gemahnt: „Der westdeutsche Steinkohlebergbau steht vor besonders schweren Problemen. Hier wirkt sich nicht nur der Konjunktureinbruch aus. Es zeichnen sich vielmehr seit einiger Zeit strukturelle Veränderungen ab." Ein Jahr später sollte Gutermuth auf einer Massenkundgebung zu drastischeren Worten greifen: „Ein wirtschaftliches Stalingrad bereitet sich vor ... eingekesselt sind dieses Mal treue Bergleute, die in dieser Stunde nach dem Zusammenbruch ausgehungert und verelendet zu ihrem Volke standen und von der Kohle her den Aufstieg der Wirtschaft ermöglichten ... Verraten und verkauft auf internationalen Kohle- und Energiemärkten."

Anstatt auf diese Mahnungen zu hören, zog es der Wirtschaftsminister vor, die Situation als augenblickliches Konjunkturtief gesundzubeten, und versäumte es daher, die Zukunft des Bergbaus durch nachhaltige Strukturmaßnahmen sicherzustellen. Tatsächlich hätten Politik, Unternehmen, Presse und Öffentlichkeit gut daran getan, die Krise als Umbruchsignal der Volkswirtschaft und Gesellschaft zu begreifen und mit entsprechenden langfristigen Maßnahmen auf die unvermeidlichen Veränderungen zu reagieren.

Dabei waren die Zeichen der Zeit leicht zu erkennen. So begann das Abteufen der Großschachtanlage Wulfen in Dorsten ab 1956, als die Kohlekrise nicht mehr zu übersehen war. Ursprünglich sollte die Zeche den Namen „Ludwig Erhard" tragen. Mitte bis Ende der 50er war das Ansehen des Politikers als Vater des Wirtschaftswunders unbestritten. Doch nichts ist von Dauer im Leben. Als die Schächte 1963 ihre Endteufe erreicht hatten und die Anlage in Betrieb ging, war der Sturz Ludwig Erhards, der mittlerweile Bundeskanzler geworden war, absehbar. 1966 musste er wegen einer verlorenen Landtagswahl und wachsender innerparteilicher Kritik zurücktreten. So beließ man es bei den geographisch orientierten Namen Wulfen 1 und Wulfen 2.

Unterdessen war die Krise an der Ruhr offenkundig. Spät machte sich das Land Sorgen über die Krankheit seiner wirtschaftlichen Herz-Lungen-Gefäße, die Zechen des Steinkohlebergbaus. Die Gewerkschaft IG Bergbau, die seit Jahren davor gewarnt hatte, dass ein Abbau der Zollschrauben ohne flankierende Hilfen für den deutschen Bergbau unweigerlich zu einem Zechensterben führen würde, entwickelte ein eigenes Konzept zur „Neuordnung des deutschen Steinkohlebergbaus". Das Programm wurde im Juni 1958 auf dem Gewerkschaftstag in München den Delegierten und der Öffentlichkeit vorgestellt. Darin wurde unter anderem die Bildung eines Rates für Energie und Kohlewirtschaft gefordert, der alle Maßnahmen koordinieren sollte. Da einzelne Zechen und Bergbaugesellschaften in dieser Krise keine Überlebenschancen hatten, verlangte die IG Bergbau den Zusammenschluss der Zechen zu einer Einheitsgesellschaft, die wiederum in Gemeineigentum überführt werden sollte. Doch noch verschlossen einzelne Bergbaugesellschaften und die Bundesregierung ihre Augen vor den Folgen der absehbaren Entwicklung.

Am 30. September 1958 wurde die letzte Schicht auf Lieselotte in Bochum-Bellenkamp verfahren. Neun Monate später war endgültig Feierabend auf dem Großbergwerk Thyssen 4/8 in Duisburg-Heiderich. Von da an ging es Schlag auf Schlag. Eine Schachtanlage nach der anderen musste stillgelegt werden. Um dieser Entwicklung, die den deutschen Steinkohlebergbau auszulöschen drohte, entgegenzuwirken, wurde im Februar 1959 die „Notgemeinschaft deutscher Steinkohlebergbau" gegründet. Sie war ein Krisenkartell der vier betroffenen Reviere: Ruhr, Aachen, Niedersachsen und Saarland. Die Notgemeinschaft ging unverzüglich mit praktischen Maßnahmen ans Werk. Zunächst wurden die Einfuhrverträge für US-Kohle abgelöst, also aufgekauft. Dabei wurden amerikanische Exporteure, Reedereien, deren Schiffe die Kohle transportierten, und deutsche Kohlehandelsgesellschaften, die das US-Gut einführten, finanziell entschädigt. Nicht nur die amerikanischen Minen und die deutschen Händler machten dabei Gewinne – auch die deutschen Verbraucher, Haushalte und die Industrie. Ihnen wurde die deutsche Kohle zu gleichen Preisen angeboten wie zuvor das amerikanische Exportgut. Die Ablöseaktion kostete viel Geld, insgesamt 351 Millionen D-Mark. Bis zum April 1960 wurden mit staatlichen Mitteln die langfristigen Lieferverträge für US-Importkohle beglichen. Diese faktische Bestechung der amerikanischen Kohleexporteure war aber auf Dauer keine Lösung. Vor allem half sie nicht gegen die zunehmenden Öleinfuhren. Daher beschloss die Bundesregierung im August 1959, alle Heizölsorten mit einer Verbrauchersteuer von 30 D-Mark pro Tonne zu belasten. Es dauerte länger als ein halbes Jahr, ehe sich der Bundestag dazu aufraffte, die neue Steuer zu verabschieden.

Die zusätzliche Verteuerung konnte indessen den Siegeszug des Heizöls in Deutschland nicht aufhalten. Das Öl war im Kellertank leicht zu lagern. Die Heizung konnte per Knopfdruck betätigt werden. Das wussten auch Prominente zu schätzen. Selbst Konrad Adenauer ließ die Heizung seines Hauses in Rhöndorf bei Bonn auf Ölfeuerung umstellen; denn, so gab er vor, es sei ihm nicht möglich gewesen, jemanden zu finden, der seine Koksheizung betreue und die anfallende Asche wegschaffe. Tatsächlich ging der Bundeskanzler, ebenso wie Millionen Bundesbürger, den bequemen und billigeren Weg des importierten Heizöls. Auf Kosten der einheimischen Kohle.

Die IG Bergbau hatte schon seit langem auf die unvermeidlichen Umstellungen hingewiesen. Niemand wollte Deutschland durch hohe Einfuhrzölle isolieren und so die deutschen Exporte, ja die ganze Volkswirtschaft lähmen. Doch ohne Unterstützungsmaßnahmen der öffentlichen Hand konnte die einheimische Steinkohleförderung nicht am Leben erhalten werden. Und ohne nationale Energieproduktion konnte die wirtschaftliche Unabhängigkeit nicht gewahrt bleiben. Auch war die Erhaltung der Zechen für die deutsche Industrie, die Maschinen und technisches Gerät für den Bergbau herstellte, unverzichtbar. Nur vor Ort, in den einheimischen Gruben, die aufgrund ihrer Tiefe und ihrer komplizierten geologischen Gegebenheiten die höchsten Ansprüche an die Fördertechnik stellten, konnten leistungsfähigste Abbaumaschinen entwickelt werden.

Die Kumpels waren entschlossen, den Untergang ihrer Zechen nicht tatenlos hinzunehmen. Schließlich waren sie seit mehr als einem Jahrhundert die Lokomotiven der deutschen Industrie. Das gesellschaftliche Bild der Bergleute hatte sich in der Nachkriegszeit erheblich verändert. Denn seit Mitte der 50er Jahre warben die Gruben systematisch auch ausländische Arbeitskräfte an, um der wachsenden Nachfrage nach deutscher Steinkohle gerecht zu werden. Durch den Eisernen Vorhang, die Abkapselung der kommunistisch regierten Staaten einschließlich der DDR, fiel Polen als traditionelles Reservoir fleißiger Arbeitskräfte aus. So orientierte man sich in den 50er Jahren von Osten nach Süden um. Im Dezember 1955 schlossen Deutschland und Italien ein „Abkommen über die Anwerbung und Vermittlung von Arbeitskräften". Kurz darauf wurden in Verona und Neapel Anwerbestellen eingerichtet. In ihren Broschüren versprachen die Unternehmen aus dem Norden ein „vita nuova", ein neues Leben, in Germania. Damals herrschte vor allem im Süditalien hohe Arbeitslosigkeit, so dass viele ehrgeizige junge Männer der Einladung willig Folge leisteten. In den nächsten Jahren kamen rund zwei Millionen „Gastarbeiter", wie man damals sagte, nach Deutschland. Die Tüchtigsten malochten rasch unter Tage im Revier. Allein in Bochumer Zechen arbeiteten bald 1200 Italiener. Doch das reichte noch nicht, und so warben deutsche Arbeitsämter und Unternehmen, unter ihnen Bergwerksgesellschaften, bald in ganz Südeuropa um Gastarbeiter. In Spanien, Portugal, Jugoslawien und Griechenland wurden neue Arbeitskräfte rekrutiert. Arbeitswillige Menschen zogen in den Norden, um in Deutschland ihr Glück zu machen. Indem sie dort durch ihre Arbeitskraft die wirtschaftliche Entwicklung vorantrieben.

Einer von ihnen war Giuseppe Brandi. Der Italiener stammte aus dem Örtchen Rovella in den Bergen des Picentini nahe Neapel und wurde als vierter Sohn des Dorfschmiedes geboren. Mit 18 Jahren sah er keine Zukunft in seinem Geburtsort. So ging er nach Neapel. Doch in der wunderschönen Stadt fand Giuseppe lediglich Gelegenheitsarbeit als Küchengehilfe. Tatsächlich musste er in einer Trattoria von morgens bis nachts die Drecksarbeit leisten. Toiletten putzen, Abfall wegschleppen, Töpfe und Pfannen schrubben. Als Putzfrau war sich Giuseppe zu schade. Er wollte Arbeit wie ein Kerl, um sich einen Vespa-Motorroller leisten, ein hübsches Mädchen heiraten und mit ihr eine Familie gründen zu können. Als Giuseppe von seinem Chef verlangte, ihn wenigstens als Hilfskoch anzustellen und ihm dafür einen festen Lohn zu zahlen, setzte der Padrone den frechen Bauerntölpel umgehend an die Luft. Der Rauswurf kam Giuseppe gerade recht. Am nächsten Tag meldete er sich im deutschen Arbeitsbüro und saß bereits am Abend im Nachtzug nach Deutschland. Das war im März 1956.

Zunächst bekam Giuseppe eine Anstellung als Hilfslagerist in einem Dortmunder Kaufhaus. Das langweilte ihn schnell. Auch die Unterbringung missfiel ihm. Zu acht hausten er und seine Mitbewohner in einem Zimmer. Ständig gab es Zank. Der eine schnarchte, der andere war krank, der dritte heulte vor Heimweh, der Nächste wollte nachts Radio hören. Man stritt sich über die Benutzung der Toiletten, über alles und jedes. Giuseppe hatte den ewigen Knatsch satt. Seine Arbeit war eintönig. Er erwog, in seine Heimat zurückzukehren. Doch im Süden gab es kaum Brot zu verdienen, und in den reichen Städten des Nordens würde er als „Mafioso" verlacht werden. Da hörte er von einem Landsmann, dass im Bergbau dringend Arbeitskräfte gesucht würden. „Das ist aber eine Arbeit für ganze Kerle. Nicht für Waschweiber oder Friseure", prahlte Enrico. „Wie viel zahlen sie?", wollte Pepi wissen. Als er die Lohnhöhe erfuhr, stand sein Entschluss fest. „Ich bin dabei!" – „Dir wird die neapolitanische Sonne fehlen", warnte ihn der Bekannte. „Keine Sorge, das Geld wird mein Herz erwärmen."

Giuseppe reifte rasch zum Bergmann. Der Schmiedssohn war kräftig wie ein Stier, besaß handwerkliches Geschick und eine rasche Auffassungsgabe. Schnelle Fäuste kamen hinzu. Als ihn ein deutscher Kumpel als „Itaker" beschimpfte, schlug ihm Giuseppe kräftig auf die Nase. Damit verschaffte er sich Respekt bei den Kollegen. Ein Kumpel überredete Giuseppe, mit ihm in der Freizeit im Boxverein zu trainieren. Der Faustkampf stärkte das Selbstwertgefühl des Italieners, gab ihm Gelegenheit, andere Sportsfreunde kennenzulernen, und zwang ihn, die Sprache zu erlernen und sich besser in seiner deutschen Umgebung einzuleben. Doch Arbeit, Geld und Sport genügten Giuseppe nicht. Auch der neue Motorroller verlor rasch seine Faszination. Giuseppe blieb unruhig. Er wusste warum. Seine sechs Geschwister in Italien waren alle verheiratet. Bis auf seine jüngste Schwester hatten sie bereits Kinder. Auch Giuseppe war ein Mann. Es verlangte ihn nach einer Frau. Seine Eltern mahnten ihn, nach Italien zurückzukehren und ein Mädchen aus dem Nachbarort zu heiraten. Doch der Bergmann wollte seine Arbeit und seine Existenz in Deutschland nicht aufgeben.

Da lernte Pepi, der mittlerweile 23 Jahre alt war, eine reizende deutsche Signorina kennen. Lilian hatte ihre Friseurlehre im „Salon Rosemarie" in der Baumstraße absolviert. Die junge Frau träumte davon, in einem Dortmunder Schönheitssalon, den sie mit einer Kollegin besichtigt hatte, eine Stelle zu bekommen. Lilian sah atemberaubend aus: Sie hatte eine schlanke Figur, blonde Locken, blaue Augen, war stets guter Laune, und – Giuseppe gestand es sich ein – ihr Busen sah selbst unter ihrem Pullover vielversprechend aus. Anfangs war der Verehrer, der wenig Erfahrung mit Frauen besaß, sehr zurückhaltend. Doch die fröhliche Lilian nahm Giuseppe rasch seine Schüchternheit. Die jungen Leute verliebten sich Hals über Kopf. Giuseppe war entschlossen, Lili zu heiraten, doch die Blondine zierte sich. Sie wollte das Leben und besonders die Freuden der Liebe zunächst ohne Trauschein genießen. Das kam für den katholischen Süditaliener nicht in Frage. Lilian musste einsehen, dass sie Giuseppe verlieren würde, wenn sie nicht zustimmte, seine Frau zu werden. Dennoch zögerte Lilian. Sie liebte ihre Freiheit. Es kam zu einem heftigen Streit zwischen dem Paar – und zu einer leidenschaftlichen Versöhnung. Nach einigen Wochen fühlte Lili, dass sie schwanger war. Der

Hausarzt bestätigte ihren Verdacht. Wenn sie Giuseppe davon erzählte, würde er sogleich auf einer Hochzeit bestehen. Nicht die Ehe als solche, sondern die Endgültigkeit der Entscheidung versetzte Lilian in Panik. So verabredete sie sich mit ihrer Tante. Lili war überzeugt, dass Renata sie aus ihrer misslichen Lage befreien würde.

„Nein, niemals!", beschied Renata mit fester Stimme. „Ich bin dazu da, Leben auf die Welt zu helfen, und nicht, es zu verhindern." – „Bitte, Tante Reni", flehte Lilian, „nur das eine Mal …" – „Nein, Lili, ich mach das nicht."

Lilian überlegte kurz. Sie verkniff sich die patzige Bemerkung, dass sie genauso gut woanders hingehen könne mit ihrem Anliegen. Stattdessen wollte sie Renatas Herz erweichen. Lilian vergoss einen Sturzbach von Tränen. Ganz die hysterische Mutter, lächelte Renata in sich hinein. Doch Lilian, der leichtsinnige, lebenslustige Vogel, der jetzt wie ein Häufchen Elend vor sich hin schluchzte, tat Renata leid.

„Lili, ich bleibe dabei. Aber ich habe eine Idee …" Lilian schnäuzte sich laut. „Du kriegst euer Baby – und ich nehm es und ziehe es groß …"

Lilian war verblüfft, doch ihre Züge hellten sich sofort auf. „Das würdest du für mich tun, liebste Tante Reni?" – „Ja, für dich, für Giuseppe – und für mich. Endlich kann ich mal ein Kind behalten …", lachte Renata. „Das ist toll! Da hab ich jetzt keinen Ärger und dann das Fratz nicht am Hals. Danke, liebste beste Tante", jubelte Lilian, umarmte Renata und flatterte davon.

Renata atmete tief durch. Sie hatte soeben einen gewaltigen Schritt aus einer spontanen Entscheidung heraus getan. Heinrich, dessen Lebensmut allmählich zurückgekehrt war, wohnte noch immer bei ihr. Und nun sollte ein Säugling dazukommen. Ach was, wischte Renata ihre Bedenken zur Seite, so ein kleines Kerlchen bringt Leben und Freude in unser Zuhause. Das wird

Heiner und mir guttun. Und außerdem warten wir erst mal ab, was Lili sagt, wenn sie das Baby im Arm hält.

Renatas kleine Wohnung war auch ein Treffpunkt für Heiners Brüder. Lilian hingegen schaute nur in Notfällen vorbei. Emil und Adolf-Fritz hatten sich dem älteren Bruder dank Renatas Vermittlung wieder angenähert. Heiner war eben ein bisschen sonderbar. Die Brüder nahmen's hin und schwatzten von Mädchen und ihrer Arbeit.

Emil hatte kurz nach Kriegsende auf Vermittlung seines Onkels Kurt eine Lehre als Kraftfahrzeugmechaniker begonnen. Er war schnell zum Autonarren geworden, hatte die Lehrjahre absolviert, seine Gesellen- und Meisterprüfung abgelegt. Nun träumte Emil von einer eigenen Werkstatt und einer Ford-Niederlassung. Im Kölner Werk hatte er schon vorgesprochen, und die Sache sah günstig aus.

In seiner Freizeit kickte Emil bei Westfalia Herne. Er war ein leidenschaftlicher Anhänger des Clubs. „Passt nur auf", prophezeite Emil. „nächstes Jahr nimmt der Herberger Tilkowski, Benthaus und Pyka in die Nationalelf." – „Und dann werden wir wieder Weltmeister, was?", ulkte Heiner.

Adolf-Fritz, der sich mittlerweile Friedrich A. nannte, gab vor, die Zeichen der Zeit erkannt zu haben. „In der chemischen Industrie liegt die Zukunft", dozierte der junge Mann, der in Krefeld bei Stockhausen eine Lehre als Chemielaborant absolvierte. Friedrich berichtete ausführlich von den Vorzügen des Flockungsmittels Praestol, das in Kohleaufbereitungs- und Kläranlagen eingesetzt wurde. „Recht so", grummelte Heiner, „wir machen den Dreck, ihr putzt ihn weg." Doch Friedrich A. hatte andere Pläne. Nach dem Ende der Ausbildung wollte er das Abitur machen und Ingenieur werden.

Durch die Liebe zu Lilian hatte Giuseppe Brandis Leben endlich eine klare Perspektive gewonnen. Er würde eine Familie gründen wie seine Geschwister und in Deutschland eine Existenz aufbauen. Zwar sträubte sich Lilian noch ein wenig. Doch so waren die Frauen nun mal, glaubte Giuseppe zu wissen. Er würde ihr die Flausen schon austreiben. Und wenn erst einmal Bambini da waren, hätte sie dazu ohnehin keine Zeit mehr. Das Gespräch mit Renata hatte Lili ihrem Pepi wohlweislich verschwiegen.

In die Arbeit würde sich der Bergmann noch mehr hineinhängen. Sonderschichten fahren, um genug Geld zu verdienen. So hätte er schnell die Summe zusammen, die als Anzahlung für ein Häuschen nötig war. Dann würde er seinen Bruder Fausto, der keine vernünftige Arbeit in Napoli fand, samt Frau und Kindern zu sich holen. Gemeinsam würden die Geschwister hart arbeiten und sich dann selbständig machen. Giuseppe träumte von einem eigenen Ristorante.

In diese euphorische Phase des Pläneschmiedens drangen beunruhigende Nachrichten zu Giuseppe und seinen Kumpels. Nach der Stilllegung von Lieselotte in Bochum machten immer mehr Zechen dicht. Das durfte nicht sein. Und nur weil die Politiker billige Kohle und Öl ins Land ließen. Wollten sie Deutschland ruinieren? Giuseppe, Heiner und ihre Kollegen beschlossen, den hohen Herren in Bonn kräftig die Leviten zu lesen.

Am 26. September 1959 marschierten mehr als 60 000 Kumpels aus dem Revier nach Bonn, um den Politikern die Rote Karte zu zeigen. „Sicherheit statt Chaos", forderten die Bergleute. Sie kamen in Knappenuniformen und in Straßenanzügen. Sie gemahnten an die Zusagen, die ihnen einmal gemacht worden waren: „Adenauer versprach: Keine Entlassungen", war auf einem Transparent zu lesen. „Tut was für euer Geld!", riefen die Bergleute, „sonst müsst ihr selbst die Kohlen aus der heißen Erde holen." Sechs Stunden lang marschierten sie durch Bonn. In die Regierungsbannmeile wurden sie nicht vorgelassen. Die Kumpels wollten die Deutschen wachrütteln. Ihre machtvolle Veranstaltung sollte neben den Politikern auch Unternehmern, vor allem aber der Bevölkerung deutlich machen, dass die Zukunft des Reviers, ja Deutschlands als Industriestandort auf dem Spiel stand. Eine aktive Energiepolitik und nachhaltige dynamische Wirtschaftsmaßnahmen waren notwendig, um den Steinkohlebergbau am Leben zu erhalten und damit die ökonomische Grundlage der ganzen Region, ja der deutschen Montan- und Chemieindustrie.

Die Bergbaugesellschaften reagierten auf die Herausforderungen. Der Betrieb in den Zechen wurde systematisch modernisiert, das heißt weiter mechanisiert. Die Presslufthämmer, die Jahrzehnte zuvor einen revolutionären technischen Durchbruch im Bergbau eingeleitet, und unzähligen Hauern mit ihren Stößen Gelenke, Armmuskeln und Nerven geschädigt hatten, wurden nunmehr durch moderne Kohlehobel und ausgefeilte Schrämmmaschinen ersetzt.

Doch auch das beste technische Gerät blieb ein Automat. Ihm fehlte das Auge des Bergmanns und vor allem dessen Erfahrung. Auf diese Weise förderten die leistungsfähigen modernen Maschinen viel mehr taubes Gestein als zuvor die Hauer mit ihrer Handarbeit. Das abgebaute Material musste über Tage gelagert werden. Und so entstanden gerade im Emschergebiet riesige Halden. Dies wurde bereits damals, Jahrzehnte vor Gründung der Grünen, als Verschandelung der Landschaft beklagt.

Viel gravierender waren indessen die langfristigen ökologischen Schäden der veränderten Abbaumethoden. Der Bruchversatz hinterließ große Hohlräume unter Tage und verursachte an der Oberfläche Bergschäden in nicht gekanntem Ausmaß. Bis dahin trieb man möglichst kleine Stollen in den Berg. Zunächst sollten lediglich die von Pferden gezogenen Loren darin Platz finden, später die Förderbänder. Die ab den Sechzigern verwendeten Schrämmmaschinen mussten raumgreifend eingesetzt werden. Nachdem sie das Flöz samt Berg weggefräst hatten, blieben

Stollen zurück, die zu großvolumig waren, um verfüllt werden zu können. Die nachhaltigen Schäden treten bis heute auf.

Die Hilfe, die die Bundesregierung dem deutschen Steinkohlebergbau angedeihen ließ, kostete viel Geld. Es waren Steuermittel. Daher wurden sie nur sparsam eingesetzt. Dies bedeutete, dass nur die ertragreichsten Zechen auf Dauer überleben konnten. Kleinere Gruben und jene, in denen sich die modernen rationalen Fördermethoden nicht anwenden ließen, mussten eine nach der anderen ihren Betrieb einstellen. Die Bergwerksgesellschaften schickten ältere Kumpels frühzeitig in Rente. Jüngere, tüchtige Kollegen kamen in anderen Zechen unter oder sie fanden Beschäftigung in neuen Firmen. Andere wurden umgeschult. So konnten vielfach persönliche Härten bei den direkt Betroffenen gedämpft werden. Doch die Tatsache blieb bestehen, dass mit jeder geschlossenen Zeche tausende Arbeitsplätze unwiderruflich verlorengingen.

Bis 1968 wurden insgesamt 78 Bergwerke im Revier stillgelegt. Das entsprach 54 Prozent der Förderkapazität, die noch ein Jahrzehnt zuvor bestanden hatte. Damals, Mitte der 50er Jahre, war die Ruhrsteinkohle Deutschlands Lebensblut gewesen. Doch nunmehr glaubten blasse Theoretiker und Ökonomen ohne Weitblick, die deutsche Kohle sei lediglich ein Luxusartikel. Böse Stimmen bezeichneten sie gar als „Anachronismus, der sich selbst überlebt hat wie Kerzenlicht". Diese Schlaumeier vergaßen dabei die langfristigen volkswirtschaftlichen und gesellschaftlichen Konsequenzen. Die erste unmittelbare Folge war der Verlust von 320 000 Arbeitsplätzen in weniger als einer Dekade.

Unterdessen boomte die Konjunktur. Es herrschte in fast jeder Branche Mangel an gutausgebildeten Arbeitskräften. Daher hatten die Bergleute, deren Tüchtigkeit, handwerkliche Fähigkeiten und Zuverlässigkeit allenthalben bekannt waren und geschätzt wurden, keine Schwierigkeit, in anderen Unternehmen unterzukommen, falls ihre Gesundheit nicht während der jahrelangen harten Maloche unter Tage zu sehr gelitten hatte. Noch im Mai 1962 hatte Wirtschaftsminister Ludwig Erhard vor dem Bundestag „die ehrliche Versicherung" abgegeben: „Wir wollen unsere Wirtschaftspolitik im Ganzen so orientieren, dass sie bei eigenen Anstrengungen ihren Absatz mit 140 Millionen Tonnen (Steinkohle) wird behaupten können."

Heiner Bialo aß mit seinem Bruder Emil Eisbein mit Sauerkraut in einer Gastwirtschaft. Als er Auszüge aus Erhards Ansprache in den Abendnachrichten hörte, schlug er mit der Faust auf den Tisch: „Die Regierung lässt uns fallen. Die Kumpels haben ihre Schuldigkeit getan! Und weg damit!" Emil sah ihn ungläubig an und meinte, der Wirtschaftsminister habe doch soeben das Gegenteil behauptet. Da tippte sich Heiner an die Stirn. „Du musst noch viel lernen, kleiner Bruder. Wenn einer es nötig hat, vor dem Parlament Selbstverständliches zu bestätigen, dann kommt mir das so vor wie ein Ehemann, der nach 50 Ehejahren behauptet: Olle, ich bleib dir treu! Dann weiß seine Frau, dass er sie betrügt und bald abschieben wird. Und genau das wird die Regierung mit uns Bergleuten tun." – „Seit der Kriegsgefangenschaft hast du einen Verfolgungswahn, Heini. Du siehst überall Gespenster." – „Im Gegenteil. Die harte Zeit hat mich gelehrt, hinter die Worte zu gucken und zu verstehen, was sie wirklich bedeuten. Sonst wär ich in Russland nicht durchgekommen."

Der Bundeskanzler sollte bald Gelegenheit haben, mit den Kumpels auf Tuchfühlung zu gehen. Trauriger Anlass war ein Grubenunglück im niedersächsischen Lengede. Am 24. Oktober 1963 war ein Klärteich der Eisenerzgrube eingebrochen. Eine halbe Million Kubikmeter schlammiges und brackiges Wasser schoss in die Grube und überflutete die Stollen. 129 Menschen waren eingeschlossen. Fast 80 von ihnen konnten sich über Wetterbohrlöcher retten. Weitere Kumpels wurden in den nächsten Tagen geborgen. Doch für die restlichen Männer unter Tage schien jede Hilfe zu spät.

Das Rettungsgerät wurde bereits abgebaut. Nur ein erfahrener Hauer ließ nicht locker: Er war sich sicher, dass im „Alten Mann", den abgebauten Hohlräumen im Erzgestein, noch Überlebende ausharrten. Weitere Bohrungen machten tatsächlich elf Kumpels ausfindig, die in einer kleinen Höhle eingeschlossen waren. 14 Tage nach dem Unglück konnten die entkräfteten Männer mit einer Rettungskapsel, der Dahlbuschbombe, ans Tageslicht gebracht werden. Man sprach vom „Wunder von Lengede".

In aller Welt verfolgten die Menschen an ihren Fernsehgeräten die spektakuläre Rettungsaktion. Auch Familie Bialo klebte einträchtig am Bildschirm. Sie jubelten alle, als der erste Kumpel in der Rettungsbombe nach oben gehievt wurde. Die Kamera schwenkte auf den Bundeskanzler.

„Seht ihr, der hat die Bergleute nicht vergessen, der tut was für euch Kumpels", jauchzte Emil. Heiner lachte bitter: „Du bist ein einfältiger Vogel, Emilchen. Der ist doch nur vor Ort, um ins Fernsehen zu kommen." – „Warum musst du nur immer alles so schwarz sehen?", fragte Emil den älteren Bruder, „Jetzt wissen die Menschen doch wieder, wie wichtig der Bergbau ist. Alle interessieren sich dafür." – „Träumer", erwiderte Heiner.

Heinrich Bialo sollte recht behalten. Zwei Jahre später, im November 1965, der „Dicke" hatte Adenauer als Bundeskanzler abgelöst, nahm Erhard die von ihm abgegebene Fördergarantie für die deutsche Steinkohle zurück. Dabei hatte die Bundesregierung erst im Mai das sogenannte 1. Verstromungsgesetz verabschiedet, das „der Förderung der Verwendung von Steinkohle in Kraftwerken" galt. Doch nun „empfahl" der Kanzler den Bergwerksgesellschaften, sich den neuen Absatzbedingungen anzupassen. Die Förderung sollte auf ein Niveau von 128 Millionen Tonnen zurückgefahren werden. Durch Rationalisierungsmaßnahmen und Subventionen des Bundes sollte der deutsche Steinkohlebergbau stabilisiert werden. Dies war eine gutgemeinte, doch unverbindliche Absichtserklärung. Die Zusage mit beschränkter Haftung war überdies nur zu halten, solange die Konjunktur boomte. Doch Mitte der 60er Jahre geriet die wirtschaftliche Aufwärtsfahrt ins Stottern. Die Zeche mussten die Zechen zahlen, wie Heiner und seine Kumpels unkten. Nun ging die Stilllegung der Gruben stetig weiter. Doch anders als in Zeiten des ungebremsten Aufschwungs konnten sich die betroffenen Bergleute nicht länger darauf verlassen, automatisch Maloche in anderen Gruben zu finden.

Am 30. September 1966 wurde Graf Bismarck in Gelsenkirchen dichtgemacht. Heiner war einer der letzten Bergleute, die im Fahrkorb das einstige „Flaggschiff des Reviers" verließen. Anschließend schrubbte er sich in der Kaue den Kohlenstaub aus den Poren. Die Kumpels auf Bialos Schicht gaben vor, dass die beißende Seife ihnen die Tränen in die Augen trieb. Heiner wusste es schlechter.

„Erst setzen die den Tobias, den letzten Grubengaul auf Blumenthal, aufs Altenteil. Und jetzt uns", versuchte Heiner zu scherzen. Doch keinem war zum Lachen zumute. Als die Kollegen ihn aufforderten, das „vorläufige Ende" kräftig in der Stammkneipe zu begießen, winkte Bialo müde ab. Das sinnlose Dasein in der russischen Kriegsgefangenschaft hatte ihm jedes Selbstmitleid ausgetrieben und ihn gelehrt, unsentimental seine Lage einzuschätzen. Der Steinkohlebergbau in Deutschland würde überleben, da war er sich sicher. Sonst verlor das Land seine schwarze Energiereserve und wurde erpressbar. Doch wenn selbst eine Vorzeigezeche wie Bismarck nicht mehr betrieben werden konnte, dann würden noch weitere Gruben gezwungen sein, dichtzumachen. Heiner Bialo war 44 Jahre alt. Der Bergmann wollte nicht in wenigen Jahren ein weiteres Mal vom Ende einer Grube betroffen werden. Dann wäre er bereits um die fünfzig, „altes Eisen, Schrottzeug", für das niemand mehr Verwendung hätte. Heiner war entschlossen, sich eine neue, zukunftssichere Maloche zu suchen.

Sein Bruder Emil riet ihm, sich bei Onkel Kurt zu verdingen. Der Geschäftsmann suche eine Vertrauensperson. Doch Heiner wollte mit dem „alten Faschistenkopp" nichts zu schaffen haben. Emil versicherte ihm, der Onkel habe mit Politik „nichts mehr am Hut. Der denkt doch nur noch ans Geld. Er sagt selbst, dass er früher Nationalsozialist gewesen sei und heute wie ein alter Jude schachere." – „Das heißt, er ist noch immer ein Arschloch", winkte Heiner ab. Emil verstand das nicht. „Wieso? Er sagt doch selbst, dass er ein Jude ist ..." – „Weil er immer noch denkt, dass alle Juden schachern – wie er."

Renatas Vermutung hatte sich als richtig erwiesen. Ihr Angebot, Lilians Baby großzuziehen, wurde nie in Anspruch genommen. Giuseppe war außer sich vor Freude gewesen, als er von Lilians Schwangerschaft erfuhr. Als guter Katholik bestand er auf einer sofortigen Hochzeit. Lilian willigte schließlich ein. Mittlerweile hatten sich zu Pepis und Lilis Erstgeborenem Mario noch die Zwillinge Carlo und Carla gesellt.

Nach der Unterredung mit Emil beschloss Heiner, noch bei seiner Schwester vorbeizuschauen. Er wollte ein wenig mit den Kindern spielen, um sich abzulenken. Als er bei den Brandis ankam, lagen die Kleinen schon im Bett. Giuseppe war über die Schließung von Bismarck aufgebracht.

„Das is die Tod von deutsche Bergbau!", lamentierte er in einem fort. „Ich gehe zurück nach Italia!" – „Aber ohne mich und die Kinder!", hielt Lilian dagegen. „Ich bin eine Revierpflanze. Mich bringen keine zehn Pferde in dein Abruzzenkaff." – „Nicht Abruzze, Picentini." – „Mir doch egal. Ich bleibe im Pott!", beharrte seine Frau. Heiner ging das Gezänk auf den Geist. Ihn interessierte viel mehr, wie sein Schwager in Italien sein Geld verdienen wollte. „Ich mache auf Trattoria ..." – „Was ist das?" – „Eine Ristorante. Pizza, Pasta, Dolci ..." – „Mach das doch hier. In Herne!"

Giuseppe sah Heiner fragend an. Sein Bruder Fausto könne nicht nach Deutschland kommen, weil dessen Sohn Domenico an Asthma litt. „Allein kanne ich nicht." – „Dann mach ich mit! Den Iwan hab ich überstanden, da werd ich mit dir Makkaroni auch noch fertig." – „Wenn du noch einmal viel schlechte über mich sprichst, haue ich dir auf dein dumm Schnauze!", raunzte Giuseppe. Heiner mochte seinen temperamentvollen Schwager, doch dessen Ehrpusseligkeit reizte den Bergmann mitunter zur Provokation.

„Kein Makkaroni? Dann eben Spaghetti." Giuseppe machte seine Drohung wahr und versetzte dem Kumpel eine trockene Rechte ans Kinn. Heiner ging nach dem Schlag keineswegs in die Knie. Stattdessen drosch er zurück. Im Nu war eine Prügelei im Gange. Lilians Gezeter, sie sollten sich endlich wie Männer, nicht wie Rotzlöffel aufführen, die ihre Wohnzimmermöbel kaputt hauten und den Gummibaum umkippten, fruchtete nichts. Heiner und Giuseppe schlugen so lange zu, bis sie erschöpft, aber zufrieden mit der jeweils eigenen Kampfleistung voneinander abließen. Danach leerten die beiden eine Flasche Chianti und schmiedeten dabei den Plan für eine Pizzeria in Herne. Beide Männer waren dermaßen gefangen von ihrem Vorhaben, dass sie sich von Einwänden nicht im Geringsten erschüttern ließen.

Lilian monierte, sie wolle nicht die Frau eines Kneipiers sein. „Wer nichts wird, wird Wirt!" Und schon gar nicht denke sie daran, andere Menschen zu bedienen. Endlich wurde es Giuseppe zu dumm. „Basta, cara!", zischte er. Sein Ton verriet, dass er seine Entscheidung unwiderruflich gefällt hatte. Am folgenden Tag kündigte Giuseppe Brandi seine Stelle auf Shamrock. Er hatte fast ein Jahrzehnt unter Tage geschuftet. Dafür erwartete er im Gegenzug Beschäftigung. Als diese Perspektive nicht mehr gegeben war, erwachte die Sehnsucht erneut, sein Glück zu versuchen. Gemeinsam mit seinem dickschädeligen deutschen Schwager wollte er seinen Bambini eine Existenz aufbauen. Bialo und Brandi fanden nach kurzer Suche eine passende Lokalität. Die Bergleute zimmerten die Einrichtung in Tag- und Nachtschichten selbst, auch das Ruhebedürfnis der Nachbarn setzte ihrem Eifer kaum Grenzen. Auf diese Weise sparten sich Giuseppe und Heiner Geld und vermieden die Aufnahme eines Bankkredits. An die Wand malten die Jungunternehmer, beflügelt von reichlich Rosso, den Vesuv, komplett mit kräuselnden Rauchwölkchen; Giuseppe nach verklärter Erinnerung, Heiner nach einer Postkarte.

Am 1. Weihnachtstag, dem 25. Dezember 1966, eröffnete ihr „Ristorante Napoli" den Betrieb. Eine knappe Woche später feierte man bei freiem Bier und Vino ein rauschendes Silvesterfest mit vielen Raketen. Der Verkaufsschlager des Lokals waren die knusprigen Pizzen, gebacken in einem Holzofen, den Giuseppe in Neapel günstig erworben hatte. Bei dieser Gelegenheit war der Bergmann in die Kunst des Zubereitens von Pizza eingeweiht worden. Dank des schmackhaften und preiswerten Essens und der Zuvorkommenheit der beiden Wirte wurde deren Ristorante der Straßenfeger von Herne. Der Ruf der Pizzeria drang bis nach Eickel und Wanne.

Neue Wege im Revier
1966–1969

Am 26. Juni 1966 berichtete das Magazin „Monitor" direkt aus der Gaststätte „Zum Pütt" – die Sendeantenne war auf dem Förderturm der Zeche Shamrock installiert worden. Gerade war ein Streik abgewendet worden, die Krise aber, so konnten sich die Zuschauer an den Bildschirmen informieren, war keineswegs vorüber.

Die permanente Misere im Steinkohlebergbau war auch die Ursache für ergebnislose Tarifverhandlungen. Im Mai 1966 erklärte die Gewerkschaft die Gespräche für gescheitert. Sie sprach den Bergleuten aus dem Herzen. In der folgenden Urabstimmung votierten mehr als 90 Prozent der gewerkschaftlich organisierten Kumpels für einen Streik.

Im Vorfeld war als Streiktermin der 23. Juni 1966 festgelegt worden. Die Führung der IG Bergbau und Energie, IGBE, hatte aufgefordert: „Der Streik ist kein Kinderspiel, sondern harte Männersache. Für die Bergleute ist dieser Streik noch mehr: eine Existenzfrage. Wir wollen nicht ärmer werden. Auch Bergarbeiter und Bergbauangestellte haben einen Anspruch auf Beteiligung am sozialen Fortschritt."

Das amtierende Kabinett Nordrhein-Westfalens wollte unbedingt einen Arbeitskampf vermeiden. Auf Drängen der Düsseldorfer CDU-Regierung gab Bonn schließlich nach. In letzter

Minute wurde ein Kompromiss im Lohnstreit zwischen den Tarifpartnern vereinbart. Der Streik wurde abgeblasen. Der erste Vorsitzende der IGBE, Walter Arendt, mahnte die Kumpels, das Düsseldorfer Abkommen, immerhin eine vierprozentige Lohnerhöhung, zu akzeptieren. „Am Ende wird noch weniger stehen!", wusste Arendt. Die Bergleute sollten froh sein, einen derartigen Kompromiss in einer Zeit erreicht zu haben, in der 22 Millionen Tonnen Kohle auf Halde lagen.

Im Gegenzug verlangte die Bundesregierung ein „Stillhalteabkommen", das die Landesregierungen Nordrhein-Westfalens und des Saarlandes verpflichten sollte, bei weiteren Grubenstilllegungen von deutlicher öffentlicher Kritik abzusehen. Das Ansinnen war faktisch eine Kapitulationserklärung der Erhard'schen Wirtschaftspolitik.

Im Herbst 1966 trat Ludwig Erhard als Bundeskanzler zurück. Er hatte das Vertrauen seiner Partei und der Bevölkerung verloren, weil die Konjunktur stagnierte. In einer zunehmend komplexen Volkswirtschaft genügten schlichte Appelle an Arbeitnehmer und Konsumenten wie das Motto „Maßhalten" nicht länger. Erhard war nicht zuletzt gescheitert, weil er unfähig war, die Strukturkrise der Steinkohle zu überwinden, zumindest Auswege daraus aufzuzeigen. An Warnungen hatte es nicht gefehlt. Bereits Anfang 1965 wurde deutlich, dass durch das verlangsamte Wachstum und die zunehmende Einfuhr von Mineralöl die Nachfrage nach deutscher Steinkohle erneut nachließ. Um die sozialen Folgen zu mildern, hatte die IGBE Bundeswirtschaftsminister Schmücker aufgefordert, eine zusätzliche Woche bezahlter Betriebsferien durchzusetzen. Auf diese Weise wäre die Kohleförderung elegant gedrosselt worden. Schmücker lehnte das Ansinnen ab. Eine Alternative aber hatte der Minister nicht zu bieten.

So verschärften sich die Verhältnisse im Kohlebergbau weiter, was negative Auswirkungen auf die gesamte Wirtschaftssituation Deutschlands hatte. Die Lage ließ sich nur verbessern, wenn alle Seiten, Unternehmer, Gewerkschaften und der Staat, sich auf eine einvernehmliche Lösung einigten. Diesen Weg hatte die IGBE bereits im Sommer 1965 den Verbänden der Kohlegesellschaften vorgeschlagen: „Gemeinsam nach Lösungsmöglichkeiten für eine Neuordnung des Steinkohlebergbaus (zu) suchen." Bei den Gesprächen mit den Unternehmensverbänden brachte die Gewerkschaft die Vergesellschaftung der Bergwerke ins Spiel. Die Bundesregierung ging auf Vorschläge zu einem konzertierten Vorgehen jedoch nicht ein. Auch die Anregung des Vorstandsvorsitzenden der Rheinischen Stahlwerke, Werner Söhngen, zu einer „Bergbau-Einheitsgesellschaft auf privatrechtlicher Basis" wurde vom Bundeskanzler abgelehnt.

Im September 1966 erging das 2. Verstromungsgesetz zur „Sicherung des Steinkohleeinsatzes in der Elektrizitätswirtschaft". Dessen ungeachtet sollte Anfang November die Hibernia-Bergwerksgesellschaft, die ein Teil des bundeseigenen VEBA-Konzerns war, die Zeche Möller-Rheinbaben in Gladbeck schließen. Hibernia und IGBE hatten sich bereits auf einen Sozialplan geeinigt. Die Abmachung sah vor, alle Rheinbaben-Kumpels auf anderen Hibernia-Zechen unterzubringen. Dieser gutgemeinte Plan scheiterte schließlich dennoch – nicht zuletzt an der Kraft der Kirche. Die Pfarrer kannten die Stimmung und die Ängste der Bergleute und der übrigen Bevölkerung offenbar besser als die Politiker und Funktionäre. Die Kirchen organisierten Bittgottesdienste, bei denen die Gläubigen den Herrn anflehten und die Unternehmer energisch aufforderten, die Gladbecker Grube zu erhalten. Der seelische und der politische Druck waren schließlich so groß, dass der nordrhein-westfälische Ministerpräsident Franz Meyers in Bonn intervenierte, um die Schließung von Möller-Rheinbaben abzuwenden. Doch langfristig halfen weder Beten noch politische Intervention – Möller-Rheinbaben wurde 1967 stillgelegt.

Die politische Situation in Nordrhein-Westfalen, ja in ganz Deutschland befand sich nicht zuletzt aufgrund der orientierungslosen Wirtschaftspolitik der Regierung Erhard im Umbruch. Die Menschen wollten Veränderungen. Dies hatten sie bei den Wahlen im bevölkerungsreichsten Bundesland, Nordrhein-Westfalen, am 10. Juli 1966 deutlich gemacht. Dabei verfehlte die SPD mit 49,5 Prozent knapp die absolute Mehrheit der abgegebenen Stimmen. Dennoch bildeten CDU und Freie Demokraten zunächst die Regierung.

Doch die Signale der Zeit standen auf Wechsel. Die umfangreichen volkswirtschaftlichen und gesellschaftlichen Herausforderungen machten eine Zusammenarbeit der beiden großen Volksparteien notwendig. Am 1. Dezember 1966, nach dem Rücktritt Ludwig Erhards, wurde daher die große, schwarz-rote Koalition gebildet. An ihrer Spitze stand der baden-württembergische CDU-Politiker Kurt Georg Kiesinger. Wirtschaftsminister wurde der Volkswirtschaftsprofessor Karl Schiller, Finanzminister Franz Josef Strauß. Obgleich der schmächtige Sozialdemokrat Schiller und der robuste CSU-Chef Strauß äußerlich wie auch parteipolitisch unterschiedliche Welten repräsentierten, wussten beide, dass sie zum Wohl des Landes eng zusammenarbeiten mussten. So dauerte es nicht lange, bis man sie nach Wilhelm Buschs famosem Hundepaar „Plisch und Plum" nannte.

Der Wirtschafts- und der Finanzpolitiker des neuen Kabinetts begriffen, dass die nationalen Volkswirtschaften die zunehmende Verflechtung des Welthandels berücksichtigen mussten. Der Staat konnte sich nicht länger heraushalten, sondern musste zumindest regelnd eingreifen. Daher war eine der ersten Maßnahmen der neuen Regierung die Vorbereitung des Stabilitätsgesetzes. Mit dem „Gesetz zur Förderung von Stabilität und Wachstum" der Wirtschaft sollte der Konjunkturabschwung gebremst, die Preise stabilisiert und Vollbeschäftigung sowie angemessenes

Wirtschaftswachstum erreicht werden. Ein entscheidendes Instrument der neuen Wirtschafts- und Finanzpolitik war die Konzertierte Aktion (KA). Das Prinzip, Gespräche von Regierung, Arbeitgebern und Arbeitnehmervertretern abzuhalten, wie die Wirtschafts- und Sozialpolitik aufeinander abzustimmen sei, war bereits seit Jahren von Gewerkschaften und Unternehmerverbänden vergeblich vorgeschlagen worden. Nun griff die Bundesregierung endlich diese Anregungen auf.

Als die Konzertierte Aktion am 13. März 1967 erstmals in Bonn zusammentrat, hatte auch in Düsseldorf die Koalition gewechselt. Das sozialliberale Bündnis unter Ministerpräsident Heinz Kühn arbeitete eng mit der Bundesregierung zusammen, um die Wirtschaft des Reviers zu modernisieren und zugleich die Position der Steinkohle als primärem einheimischem Energieträger zu erhalten. Unterdessen entwickelte die Bundesregierung in Absprache mit der Konzertierten Aktion ein Drei-Phasen-Programm zur Anpassung und Gesundung des deutschen Steinkohlebergbaus, das Anfang Mai 1967 der Öffentlichkeit vorgestellt wurde. Im Mittelpunkt stand das Bestreben, durch koordinierte Maßnahmen die Absatzlage der heimischen Kohle zu stabilisieren, die Mineralölindustrie nachdrücklich zu freiwilligen Selbstbeschränkungsmaßnahmen zu bewegen und gleichzeitig eine Verbesserung der sozialen Situation der deutschen Bergleute sicherzustellen. Dazu zählten unter anderem zusätzliche Teilfinanzierungen der Feier- und Nachholschichten. Für dieses Vorhaben stellte der Bund 80 Millionen D-Mark zur Verfügung, die Länder würden nochmals 40 Millionen aufbringen müssen. Die Bergmannsprämie sollte in Zukunft gleichmäßig verteilt werden. Und schließlich würden die Abfindungszahlungen an ausscheidende Kumpels auf durchschnittlich 4000 bis 5000 D-Mark angehoben werden.

Gleichzeitig wurde deutlich gemacht, dass die Gesamtförderkapazitäten in den folgenden drei Jahren zurückgefahren werden sollten. Alle Beteiligten waren sich einig, dass der deutsche Steinkohlebergbau neu geordnet werden müsse, um zukunftsfähig zu bleiben. Doch um den Weg wurde gerungen. Die IGBE hatte bereits im Dezember 1966 einen Plan vorgelegt. Er sah vor, dass der Bund eine deutsche Ruhrkohlegesellschaft gründete. In diese Aktiengesellschaft sollte der gesamte bestehende Bergwerksbesitz eingebracht werden.

Die Unternehmerseite ließ sich mit ihrem Konzept länger Zeit. Im Juli 1967 präsentierten die Bergbaufirmen schließlich ihre Vorstellungen im Rheinstahlplan. Dieser sah eine zeitlich befristete Verpachtung des gesamten Bergwerksvermögens an eine Gesamtgesellschaft vor – davon ausgeklammert sollten lediglich die Kraftwerke sowie Boden- und Wohnungsbesitz bleiben. Wirtschaftsminister Karl Schiller erkannte Stärken und Schwächen der Unternehmerinitiative. Er kritisierte, dass es sich dabei um einen „skelettierten Bergbau" handele, „von dem alles Fett und Fleisch abgeschnitten ist", also die werthaltigen Kraftwerke und die Immobilien, von deren Erträgen die Unternehmen weiterhin profitieren wollten. Unter dem Strich aber beurteilte der Minister den Rheinstahlplan als „ein großartiges Zeichen unternehmerischer Initiative".

Schiller drängte die IGBE in intensiven Gesprächen, mit den Bergbaugesellschaften die Grundlinien einer Übereinkunft auszuloten. Denn der Minister sah, dass sowohl Gewerkschaften wie Unternehmen allmählich begriffen, dass der deutsche Steinkohlebergbau nur dann eine Chance hatte, wenn es gelang, die Zechen in einen gemeinsamen Konzern zusammenzuführen, der wiederum in enger Verbindung mit dem Staat stehen sollte, der über die volkswirtschaftlichen Steuerungsinstrumente verfügte. Vorbei war die Zeit, als Ludwig Erhard glaubte, der Entwicklung der Wirtschaft untätig zusehen zu können, weil sie ausschließlich von den Kräften des Marktes geregelt werden würde. Die vom jetzigen Wirtschaftsminister angeregten Verhandlungen zwischen Gewerkschaften und Unternehmensverbänden im Rahmen der Konzertierten Aktion gestalteten sich schwierig und nahmen viel Zeit in Anspruch. Schließlich ging es für beide Seiten um ihre Existenz. Den Beschäftigten um ihre Arbeit, den Unternehmern um ihren Besitz, also um die Sicherung der Lebensgrundlage der Tarifparteien. Die Gespräche führten schließlich zu einer Verständigung, denn beide Parteien waren aufeinander angewiesen. Das Dokument der Übereinkunft war das Bonner Papier vom 14. Juni 1968. Es sah – ausgehend vom Rahmen der KA – eine prinzipielle Vereinbarung zur Gründung einer Einheitsgesellschaft vor. So wurden die Grundlagen der späteren Ruhrkohle AG geschaffen.

Unterdessen hatte die Bundesregierung alles getan, um die Überlebensfähigkeit der deutschen Steinkohleförderung zu gewährleisten. Bereits am 24. Mai 1967 hatte das Kabinett ein Gesetz zur Anpassung und Gesundung des deutschen Steinkohlebergbaus verabschiedet. Neben der sozialen Verbesserung machte es auch deutlich, dass trotz modernster Technologien die deutsche Steinkohle international nicht konkurrenzfähig war. Im Gesetzestext wurde diese Konsequenz unverblümt angesprochen: Eine „geordnete Rückführung der Förderkapazität auf eine Größenordnung, die mit der dauerhaften Aufnahme des Marktes in Einklang steht", sei anzustreben. In einer Klausel des Gesetzes wurde bestimmt, dass Zechengesellschaften, die den Empfehlungen nicht Folge leisteten, das heißt, ihre Förderquoten, anders als vom Kohlekommissar angeordnet, nicht zurückschraubten, die staatlichen Subventionen, also Stilllegungsprämien, Steuervergünstigungen, Koks- und Kohlebeihilfen sowie Verstromungs- und Frachtprämien gestrichen bekommen könnten. Mit diesem Gesetz machte die Bundesregierung die Konzertierte Aktion und damit sich selbst als Finanzquelle zum Lenkungsgremium der Kohlepolitik, die sie im Einvernehmen mit Arbeitnehmervertretern und Unternehmensverbänden dirigieren würde.

Im Oktober 1967 veröffentlichte die IGBE ein Weißbuch zur wirtschaftlichen und sozialen Stabilität des Steinkohlebergbaus. Es war ein Dokument des Realitätssinns. Die IGBE erkannte, dass weitere Gruben stillgelegt werden mussten, um die Gesamtproduktion des Steinkohlebergbaus zu erhalten. Gleichzeitig machte die Gewerkschaft ihre Zustimmung zu Grubenschließungen von der Etablierung eines einheitlichen Konzerns für die deutsche Steinkohle abhängig: „Die Anpassung und Gesundung des deutschen Steinkohlebergbaus werden sicherlich zu weiteren Stilllegungen führen. Vorbedingung für irgendeine produktionsmäßige Anpassung durch Stilllegung ist die Errichtung einer Einheitsgesellschaft. Das heißt, bevor über die Stilllegung einer Schachtanlage entschieden wird, müssen jene Auswahlkriterien vorhanden sein, die nach ökonomisch-ganzheitlichen Gesichtspunkten erarbeitet sind. Das ist aber nur in einer Einheitsgesellschaft möglich."

Die Zeit drängte. Während in Dortmund am 21. Oktober Widerstand gegen die Stilllegung der Anlage Hansa laut wurde, demonstrierten zur gleichen Stunde Bergleute und Angehörige in Wanne-Eickel gegen Pläne, den Förderbetrieb auf Pluto einzustellen. Die Kumpels sahen darin keinen Sinn, da die Zeche erst vor kurzem mit modernstem technischem Gerät ausgestattet worden war und produktiv arbeitete. Die Bergleute befürchteten, dass die Schließung der modernsten Gruben ein Signal für das Todesurteil des gesamten deutschen Steinkohlebergbaus bedeuten könnte.

Statt der schwarzen Fahnen, die sie sonst als Symbol für das Zechensterben trugen, führten nun viele Protestler feuerrote Flaggen mit sich. Eine Reihe von Demonstranten stimmten die Internationale, das alte Kampflied der Arbeiter und Kommunisten, an: „Wacht auf, Verdammte dieser Erde …" Danach verstummte der Gesang. Die Empörten konnten den Text nicht. Nein, sie waren keine Kommunisten oder gar Revolutionäre – wann gab es Letztere je in Deutschland? Die Bergleute waren schlicht verzweifelt über das drohende Ende ihrer Arbeit. Wut erfüllte die Kumpels, die wussten, dass sie mit ihrer Knochenarbeit den Wohlstand der Nachkriegszeit erst möglich gemacht hatten. Die Demonstranten trauten den Gesprächen der Konzertierten Aktion nicht. Steckten Politiker, Gewerkschafter und Unternehmer unter einer Decke? Dienten diese Runden lediglich dazu, den Kumpels Sand in die Augen zu streuen?

Die Aufschriften der Transparente zeugten von dem Zorn und der Enttäuschung der Kohlearbeiter: „Kühn und Schiller – Zechenkiller". Seit Ende 1966 amtierte der Sozialdemokrat Heinz Kühn als nordrhein-westfälischer Ministerpräsident. Er bemühte sich, ebenso wie Karl Schiller, im Rahmen der KA um einen Gesamtplan zur Rettung des Steinkohlebergbaus. Das nahm Zeit in Anspruch. Diese Zeit aber besaßen die Bergleute nicht, deren Zechen stillgelegt werden sollten. Daher machten sie ihrer Empörung Luft. Der Protest hatte die erhoffte Wirkung. Politiker und Unternehmer mussten begreifen, dass es keinen Sinn hatte zu warten, bis ihre Sanierungsprogramme in allen Einzelheiten feststanden. Es musste vielmehr unverzüglich gehandelt werden, wenn man die Ungewissheit und die Ängste der Bergleute beheben wollte. Eine der sofortigen Maßnahmen war die Entscheidung der Gelsenkirchener Bergwerksaktiengesellschaft GBAG, ihre Stilllegungsentscheidung für Pluto und Hansa „in Erwartung einer bis zum Jahresende zu beschließenden Neuordnung des Ruhrbergbaus" auszusetzen. Der Bestand dieser Zechen wurde so für ein weiteres Jahrzehnt gesichert.

Trotz der Krise glaubten nicht wenige Kumpels mit ungebrochener Zuversicht an die Zukunft des deutschen Bergbaus. Einer von ihnen war der Hauer Anton Kraus, „Done" genannt. Kraus war das Urbild eines Bergmanns. Großgewachsen, stämmig, mit mächtigen Oberarmen, einem zotteligen Nietzsche-Schnauzer und festen Waden, die für jedermann sichtbar waren, denn Kraus trug, außer unter Tage, stets eine Lederhose. Das Beinkleid, das bis knapp über die Knie reichte, ließ den Bayern erkennen. Den Spott der „Preußen" – das waren ihm alle Nichtbayern, einerlei ob aus Alabama, Amalfi oder Bochum – quittierte er mit breitem Grinsen und zuweilen ätzendem Humor. Denn der Kraus Anton war kein Depp. Das verriet ein Blick in seine klugen dunkelbraunen Augen. Dones Lateinlehrer auf dem Penzberger Knabengymnasium hielt seinen Schüler für „blitzg'scheit". Der äußerlich so robuste Kraus hatte zwar die Statur eines Bären, doch die Seele einer Taube. Er wollte seinem Vater, einem kleinen Beamten, nicht jahrelang auf der Tasche liegen. Daher hatte er trotz der Bitten seiner Lehrer die höhere Schule nach der zehnten Klasse verlassen und eine Lehre als Bergmann angetreten.

Unter seinen rauen Kameraden war der „Studierte" zunächst nicht für ganz voll genommen worden. Denn der Done war zwar wie seine Kumpels ein Freund des Gerstensaftes, doch mochte er nicht jede Nacht in der Gastwirtschaft versaufen. Stattdessen las Kraus leidenschaftlich gern. Sein liebster Autor war der bayerische Volksdichter Oskar Maria Graf. Kraus kannte dessen Bücher fast auswendig. Daneben las er Werke der Weltliteratur, vor allem die alten Russen hatten es ihm angetan: Turgenjew, Gogol, Dostojewski, Tolstoi, Gorki und der jüngere Pasternak. In seiner Freizeit unternahm Kraus gerne Bergwanderungen. Nur bei den Maderln hatte der Done kein Glück. Zwar gefiel er so mancher jungen Frau, aber er war arg schüchtern. Als eine seiner Verehrerinnen es partout wissen wollte, nahm sie sich des Objektes ihrer Begierde so rabiat an, dass sie damit den feinfühligen Done paralysierte, woraufhin der Galan beschämt das Weite suchte. Er musste sich Gerüchte anhören wie „er sei kein richtiges Mannsbild net", was naturgemäß Kraus' Menschenscheu noch verstärkte.

Als Mitte der 60er Jahre die Stilllegung der Penzberger Zeche absehbar war und die Bergleute mit Prämien zur Aufgabe ihrer

Arbeit gedrängt wurden, war das für Kraus Anlass, seiner provinziellen Heimatstadt den Rücken zu kehren. Ihn zog es in die bayerische Metropole. Doch München geriet dem Done schnell zu einer großen Enttäuschung. Die Stadt war dem zugereisten Oberbayern zu fein aufpoliert. Die Häuser, die Geschäfte, vor allem die Menschen. Kraus verdingte sich zunächst als Ausfahrer, später als Kellner in Gastwirtschaften rund um den Viktualienmarkt.

„D' Leit red'n in Minka wie im Film, da is kein echtes Leben drin", stellte der Done fest. Am meisten aber fehlte Kraus die Arbeit unter Tage. Er sah ein: Ich bin ein Bergmann, und ich bleibe ein Bergmann bis zu meinem letzten Schnaufer. Damit war seine Entscheidung gefallen. Er kündigte seine Arbeit, räumte sein Zimmer und setzte sich nach dem Genuss von zwei Maß Bier noch am selben Abend in den Nachtzug nach Essen. Ausgeschlafen und voller Tatendrang fuhr der Done am folgenden Morgen in den Bahnhof der Revierstadt ein. Ihm gefiel es auf Anhieb im „preußischen" Ruhrgebiet. Die Städte waren rau und die Menschen geradeheraus, doch hilfsbereit, wenn es darauf ankam. Mit seiner Lederhose erregte Anton ein gewisses Aufsehen, doch im Pott gönnte man jedem Tierchen sein Pläsierchen. Niemand störte sich daran, dass der Bayer an seiner Lederhose hing. Eine persönliche Note eben wie sein Dialekt.

Der arbeitswillige und erfahrene Hauer fand bald eine Anstellung auf Shamrock. Done war glücklich. Verglichen mit seiner neuen Zeche mit vielen hundert Metern Teufe war die in Penzberg geradezu eine Spielzeuggrube gewesen. Und auch unter Tage herrschte bei allem Lärm, Staub und Hitze eine Kameradschaft, die dem Oberbayern guttat. Er schrieb begeisterte Briefe in seine Heimatstadt, doch seine Spezln hatten vom Bergbau genug und dachten nicht daran, ihre bayerische Heimat aufzugeben, um „auf Preiß'n" zu ziehen. Zumal sie aus der Presse erfuhren, dass auch das Revier von der Kohlekrise heimgesucht wurde.

Der altneue preußisch-bajuwarische Bergmann stürzte sich mit derartigem Elan in die Arbeit, dass er eines Tages nicht bemerkte, dass ein Haspelseil gerissen war und die Schrämmmaschine sich selbständig gemacht hatte. Sie raste nun mit voller Wucht den Streb entlang, Kraus, der mit dem Rücken zur Maschine arbeitete, wurde nur durch das beherzte Zugreifen seines portugiesischen Kumpels Luis Pereira rechtzeitig von dem zurücksausenden Hobel weggezerrt. Beide gingen zu Boden. Antons „Vergelt's Gott" wurde vom Lärm der riesigen dahinrasenden Maschine übertönt, seine Tränen waren vom Kohlestaub überdeckt. Nachdem sein Schreck nachgelassen hatte, stellte sich heraus, dass er sich beim Sturz einen Schienbeinbruch zugezogen hatte. Anton wollte sich nicht krankschreiben lassen. Das ließ seine Bergmannsehre nicht zu. Doch dem Steiger war Antons Verletzung nicht verborgen geblieben, und so wurde er, nachdem der Bruch ausgeheilt war, zu Turnübungen verdonnert, die von der Gesundheitsaufsicht der Zeche organisiert wurden. Kraus wehrte sich gegen die Weibergymnastik, doch sein Chef bestand darauf: „Ich brauche gesunde Kumpels, keine Krüppel." Widerwillig fügte sich der Bayer.

Wie Kraus befürchtet hatte, war die Übungsleiterin eine Frau. Freundlich, doch beharrlich bestand sie darauf, dass Anton ihren Anleitungen folgte. Da die Vorturnerin ansonsten sympathisch und bereits eine Dame von schätzungsweise Ende fünfzig war, wagte der Done sie zu fragen, wo sie diese Übungen erlernt habe. Da lachte Renata auf. „Sie sind der erste Bergmann, der sich traut, das zu fragen. Mein Beruf ist eigentlich Hebamme, da lernt man viele wichtige Bewegungen." – „Ich hoffe, dass ich nicht am End noch ein Kind zur Welt bringen muss", lächelte der Done. „Das glaube ich zwar nicht – aber wenn, dann helfe ich Ihnen dabei."

Renatas Lachen steckte Anton an. Beide fühlten sich voneinander angezogen. Renata linste auf seine Rechte und sah keinen Ehering. Das bedeutete bei einem hart arbeitenden Bergmann nicht viel. Immerhin auch kein Verbotszeichen. Wahrscheinlich bin ich ihm zu alt. Renata erschrak. Bald würde sie sechzig werden. „Sechzig Jahre", hatte einst Samuel Rubinstein gescherzt, „sind kein Alter, sondern ein Krankheitsbild." Vor dreißig Jahren hätte Renata diese Selbstironie belächelt, heute war sie selbst dieser Schwelle nahe. Doch sie fühlte sich keineswegs krank oder gar alt. Sie steckte voller Lebensmut und Neugier. Renata nahm sich vor, ihren Bayern näher kennenzulernen.

Ähnlich erging es Anton, dem Renata nicht aus dem Schädel ging. Fesch war sie mit ihren dunklen Haaren und den leuchtend blauen Augen. Sie gefiel ihm trotz ihres ein wenig fortgeschrittenen Alters. Die Frau war gescheit, hatte Humor und besaß menschliche Wärme. Sie sah auch ganz gut aus, frisch, gewiss kein Luder, das sich herumgetrieben hatte. Ja! Nein. Die Vorstellung, mit Renata zusammen zu sein, gefiel Anton Kraus. Doch sobald er daranging zu planen, wie er sie ansprechen sollte, verzagte er. Anton musste an seine vielen vergeblichen Bemühungen denken, Frauen, die ihm gefielen, näherzukommen. Diese demütigenden Erfahrungen wollte er nicht wiederholen. Statt sich länger zu martern, trank er sich mit drei Flaschen Bier bettmüde.

Seit Mitte der 50er Jahre war die Zahl der Hausgeburten stark zurückgegangen. Die niederkommenden Frauen vertrauten lieber der ärztlichen Rundumversorgung der Krankenhäuser und deren Apparatemedizin als der langjährigen Erfahrung von Hebammen. Renata liebte ihren Beruf, doch sie musste sich nach einer Tätigkeit umsehen, die sie neben ihrer Arbeit als Geburtshelferin ausüben konnte. Durch ihren Bruder Otto erfuhr Renata vom Sozialdienst der Hibernia. Seit geraumer Zeit unterhielt die Bergwerksgesellschaft diese Einrichtung, die Bergmannsfamilien mit Rat und Tat in fast allen Lebenslagen zur Seite stand.

Hier fand Renata bald ein reiches Betätigungsfeld. Während sie zunächst Frauen bei der Familienplanung, der Säuglings-

und Kinderhygiene sowie in Erziehungsfragen beriet, konnte sie bald ihr Lieblingshobby unterrichten: Renata erteilte den Frauen und Töchtern der Knappen Nähkurse. Diese Abende standen bei den Bergmannsdamen hoch im Kurs. Denn unter Renatas Anleitung wurde nämlich nicht nur geflickt und ausgebessert, nebenbei brachte ihnen die Lehrerin bei, wie man aus preiswerten Stoffen flotte Kleider nähen konnte.

Renata war erfolgreich und beliebt, so dass ihr neue Aufgaben anvertraut wurden. Bald kümmerte sich Renata auch um erkrankte und verunglückte Bergleute, die sie im Krankenhaus oder zu Hause aufsuchte. Sie informierte die genesenden Knappen über Bergmannserholungsheime, über gesunde Diätkost und zeigte ihnen gymnastische Übungen, mit deren Hilfe sie schneller wieder auf die Beine kamen. Die vielfältige Arbeit im Sozialdienst mit Menschen, denen sie Hilfe und Beistand leisten konnte, bereitete Renata viel Freude.

Anton Kraus musste sich zwingen, die nächste Rehabilitationsübung bei Renata nicht zu schwänzen. Schließlich siegte sein Pflichtgefühl über seine Schüchternheit. Renata spürte die Anspannung ihres Patienten. Fast wie eine Frau vor ihrer Niederkunft, stellte sie fest. Sie sah an seinen Augen, dass er sie mochte, doch zugleich war er ihr gegenüber gehemmt. Renata hatte in ihrem Leben so manchen Grobian und Egoisten durchlitten. Doch ein derart schüchterner Bursche wie Anton Kraus war ihr noch nicht begegnet. Sie wusste ihren Patienten mit besonderer Behutsamkeit zu behandeln – sonst würde er sich sogleich unter dem Panzer seiner Lederhose und seines Bayerntums verkriechen. Gleichwohl verlor die Hebamme und Sozialdienstlerin nicht ihr Ziel aus den Augen, Kraus für sich zu gewinnen.

Durch Renatas Feinfühligkeit und durch ihre offensichtliche Zuneigung überwand Anton schließlich seine Schüchternheit. So wurden Done und Renata ein Paar. Die späte Liebe bewahrte beide davor, ihr Glück leichtfertig aufs Spiel zu setzen. Die private Zufriedenheit verlieh Anton die seelische Sicherheit, an seinem Beruf festzuhalten, auch wenn einige ihn nicht mehr für zeitgemäß hielten. „Seit i di an meiner Seiten weiß, kann mir nix mehr passieren. Der Herrgott und du, ihr passt auf mich auf. Das macht den Kraus Anton stark." – „Nicht nur den Kraus Anton, sondern auch die Bialo Renata."

Unterdessen verschlechterte sich trotz der Anstrengungen von Regierung und Tarifpartnern in der Konzertierten Aktion und ungeachtet des Arbeitseinsatzes der Bergleute die Situation des Steinkohlebergbaues. Seit Januar 1966 hatten die Kumpels auf Shamrock gewusst, dass ihre Zeche stillgelegt werden würde. Am 27. Oktober 1967 wurde die Förderung auf Shamrock 1 und 2 offiziell eingestellt. Noch ein halbes Jahr lang sollte die Zeche „ausgeraubt", das heißt funktionstüchtige Maschinen und Gerätschaften geborgen werden. Die Schächte Shamrock 3 und 4 wurden mit der Anlage General Blumenthal durch einen Querschlag von über acht Kilometern Länge in 700 Metern Teufe verbunden. Doch dann ereignete sich eine Tragödie: Am 30. Oktober, dem letzten Betriebstag von Shamrock in Herne, geschah ein Grubenunglück. Vier Hauer wurden verschüttet. Die Männer waren sofort tot. Ihre Leichname konnten erst Monate später geborgen werden. Aus Respekt vor den toten Kumpels wurde die Fertigstellung des Querschlages zwischen Shamrock und General Blumenthal in aller Stille begangen.

Shamrock war eine der traditionsreichsten Zechen des Reviers. Mit dem Abteufen des ersten Schachtes war bereits 1857 begonnen worden. Der irische Bergbaupionier William Thomas Mulvany hatte mit seinen Zechen Shamrock und Hibernia, auf der die Kohleförderung 1858 aufgenommen wurde, dazu beigetragen, den Steinkohlebergbau zur leistungsfähigsten deutschen Rohstoffindustrie zu machen. 1873 hatte Mulvany die beiden Zechen für 16 Millionen Mark an das Berliner Bankhaus S. Bleichröder verkauft. Gleichzeitig war die „Aktiengesellschaft Hibernia und Shamrock, Bergwerksgesellschaft zu Berlin" gegründet worden, zu deren Aufsichtsratsvorsitzendem Mulvany gewählt wurde. Doch diese Zeiten des ungezügelten Aufbruchs waren lange vorüber.

Exakt 110 Jahre nach der Inbetriebnahme von Shamrock zeichnete Ministerpräsident Heinz Kühn in seiner Rede vor dem Bundestag am 9. November 1967 ein ungeschminktes Bild der Krise und ihrer weitreichenden Auswirkungen auf die Menschen und die Wirtschaft des Reviers: „Seit Jahren leben die Menschen des Ruhrgebietes mit der Kohlenkrise ... Nunmehr gibt es erstmals keine Möglichkeit zur Verlegung auf andere Zechen, und im Konjunkturabschwung gibt es auch keine Möglichkeit, andere Arbeitsplätze bereitzustellen ... Allein im Ruhrgebiet hängen jedoch über zwei Millionen Menschen unmittelbar oder mittelbar am Bergbau ... Es gibt zahlreiche Städte, bei denen der Anteil der Beschäftigten fünfzig bis fünfundsiebzig vom Hundert beträgt. Kein Wunder, dass in vielen Orten des Reviers gegenwärtig die Stimmung einer belagerten Stadt herrscht. Wenn die schwarzen Fahnen der Stilllegung an den Fördertürmen hochgehen, dann ist das so, als ob die weiße Fahne der Kapitulation über einer Stadt hochgeht. Das rührt an das Lebensgefühl aller Menschen dieser Städte."

Nach dieser Rede konnten Politik, Gewerkschaften und Unternehmer nicht zur Tagesordnung übergehen. Auch die Zeit langwieriger Konferenzen und halbherziger Beschlüsse war vorbei. Jetzt mussten endlich Taten folgen, um den deutschen Steinkohlebergbau und das Revier zu retten.

Karl Schiller war sich bereits 1966 bei seinem Antritt als Bundeswirtschaftsminister darüber im Klaren, dass rasch gehandelt werden musste. Daher hatte der Politiker bei den Verhandlungen der Konzertierten Aktion zur Eile gedrängt. Der Volkswirt wusste, dass man „notwendige Grausamkeiten" in Kauf nehmen musste, um den Bergbau zu sanieren. Zunächst einmal galt es, die Förderkapazitäten zurückzufahren. Dies wiederum bedeutete die Schließung von kleineren, weniger rentablen Zechen. Doch nur, wenn man diese Grausamkeiten planmäßig abstimmte und rechtzeitig beging, bestand Aussicht, den deutschen Steinkohlebergbau insgesamt am Leben zu erhalten. Nur auf diese Weise konnte es gelingen, Arbeit für Hunderttausende Bergleute und mindestens ebenso viele Beschäftigte in den Zuliefererindustrien zu erhalten. Genauso wichtig war, durch die Sanierung des Bergbaus die Wirtschaftskraft des Reviers zu stärken und so die Basis für neue Wirtschaftszweige zu legen. Doch diese Sanierungsmaßnahmen waren teuer, und gleichzeitig mussten Arbeitsplätze für die Kumpels geschaffen werden, die ihre Stellung in den Gruben verloren hatten. Das aber war nur in einer Phase wirtschaftlicher Blüte möglich.

Ruhrkohle AG
1969

1969 war ein Boomjahr. Die Wirtschaft florierte. Die Industrieproduktion stieg um 13 Prozent. Das Bruttoinlandsprodukt nahm um 8 Prozent zu. Der deutsche Steinkohlebergbau förderte mehr als 111 Millionen Tonnen. Aufgrund der guten Auftragslage vor allem in der Stahlindustrie konnten gut 120 Millionen Tonnen Kohle abgesetzt werden.

Diese Hochkonjunktur mit ihren starken Steuereinnahmen und der Vollbeschäftigung der Arbeitskräfte war das geeignete Umfeld zur Gründung der Ruhrkohle AG. Formal geschah dies am 27. November 1968. Fünf Wochen später, am 1. Januar 1969, nahm die Gesellschaft, deren Hauptgeschäftssitz in der Ruhrmetropole Essen war, ihre Tätigkeit auf. Seit diesem Tag führten die Gründungsgesellschaften die Schachtanlagen und weitere einzubringende Betriebe „im Namen und für Rechnung" der Ruhrkohle AG.

Bereits am 24. Februar wurde die Ruhrkohle AG ins Handelsregister eingetragen, kurz danach handelte man den Grundvertrag aus, der die Zusammenarbeit im Einzelnen regelte. Der erste Vorstandsvorsitzende der Ruhrkohle AG, Hans-Helmut Kuhnke, wusste um die Chancen, aber auch um die Risiken. Der von ihm geleitete Konzern war zum Erfolg verurteilt. Der Konzernchef machte sich keine Illusionen. „An der Wiege der Ruhrkohle AG standen viele Väter und Paten, die schließlich aus ganz unterschiedlichen Motiven dieses Kind gemeinsam aus der Taufe gehoben haben. Wird die Ruhrkohle AG ein Erfolg, so wird sie viele Väter haben. Bleibt sie aber ohne Erfolg, so wird sie eine Vollwaise sein."

Ein Misserfolg durfte sich nicht einstellen. Er hätte nicht nur für die betroffenen Bergleute das Ende ihres Berufes bedeutet und ihre Angehörigen in Mitleidenschaft gezogen. Das gesamte Ruhrgebiet, das industrielle Herz Deutschlands, wäre zum Niedergang verurteilt gewesen mit unabsehbaren Folgen für die deutsche Volkswirtschaft und die ganze Bevölkerung.

Die Bundesregierung und die Tarifparteien hatten bereits mit der Einrichtung der Konzertierten Aktion den Kurswechsel an der Ruhr eingeleitet. Die Gründung der Ruhrkohle AG war die Konsequenz aus dieser Strategie zur Sanierung des Steinkohlebergbaus. Erstmals akzeptierten die Bundesregierung und die Landesregierung Nordrhein-Westfalens, dass sie aktive Maßnahmen ergreifen mussten, um der Wirtschaft eine Perspektive zu eröffnen. Die Gründung der Ruhrkohle AG war jedoch keineswegs eine sozialpolitische Beruhigungspille oder eine Aktion zur Rettung einer Region, die wortwörtlich auf Kohle gebaut war. Durch die Zusammenfassung des Bergbaus gaben Deutschlands Politiker und Unternehmer vielmehr ihre Vorstellung der modernen Volkswirtschaft zu erkennen. Denn die Kohle war trotz global bedingter Energiepreisverschiebungen nach wie vor Deutschlands schwarzes Gold, die strategische Reserve, welche die Energieversorgung im Fall zukünftiger internationaler Krisen sicherzustellen hatte. Aufgabe der Ruhrkohle AG war, durch eine systematische Zusammenfassung der Zechen und ihre einheitliche Verwaltung sowie den gemeinsamen Absatz der Kohle die Zukunft der Steinkohle, des Reviers, aber auch des Industriestandortes Deutschland zu gewährleisten.

Am 18. Juli 1969 übertrugen 24 Bergbau-Altgesellschaften, die 75 Prozent der deutschen Steinkohle insgesamt förderten, mit der Unterzeichnung des Grundlagenvertrages ihr Bergbauvermögen einschließlich der darauf lastenden Schulden auf die Ruhrkohle AG. Bei den Altgesellschaften verblieben der umfangreiche Wohnbesitz, die Heime der Bergleute und ihrer Familien sowie die Bahn- und Hafenbetriebe vieler Bergbauunternehmen. Die Hibernia dagegen brachte auch ihre Hafen- und Bahnanlagen in die neue Dachgesellschaft ein. Im Gegenzug erhielten die Eigner Forderungspapiere in Höhe von insgesamt 2,1 Milliarden Mark, die eine 20-jährige Laufzeit besaßen und mit 6 Prozent verzinst wurden. Der Bund und das Land Nordrhein-Westfalen übernahmen die Bürgschaft für die Einbringungsforderung. Die Bergwerksgesellschaften statteten die Ruhrkohle AG mit einem Grundkapital von 600 Millionen D-Mark aus und verzichteten für die ersten 20 Jahre auf eine Gewinnausschüttung. Die Produktion der Ruhrkohle sollte sich fortan den Absatzmöglichkeiten anpassen.

Die Voraussetzung zur Schaffung der Ruhrkohle AG war nicht allein die Einsicht in die Notwendigkeit einer einheitlichen Förderung und Vermarktung der Kohle. Ebenso wichtig war die Bereitschaft aller Beteiligten zum Verzicht und zur Erbringung eigener Vorleistungen. Die Bergwerksgesellschaften trennten sich von ihrem Besitz und für die kommenden Jahrzehnte von dessen Erträgen, der Staat und das Land entschädigten sie dafür. Die Vertreter der Bergleute akzeptierten den Grundsatz einer Flexibilisierung der Kohleproduktion, was einen allmählichen Abbau der Arbeitsplätze bedeutete. Dies geschah keineswegs leichten Herzens. Hunderttausende Bergleute, deren Familien teilweise schon seit Generationen unter Tage Kohle aus dem Berg geschlagen und damit den Wohlstand des Reviers und Deutschlands erschuftet hatten, brachten erneut das höchste persönliche Opfer für die Gemeinschaft, indem sie Abschied von ihrem Beruf nahmen.

Anton Kraus hatte sich nach der Stilllegung von Shamrock nicht überwinden können, seine Arbeit aufzugeben. „I bin a Bergmo", erwiderte er auf Renatas Einwand, ob er es sich nicht anders überlegen wolle. „Solange noch Zeit ist. Wenn du aufhörst, bekommst du eine Abfindung. Das könnte die Grundlage für eine neue Existenz sein. Lass uns doch zusammen etwas aufbauen. Eine Praxis für Heilgymnastik vielleicht …" Anton nahm Renata zärtlich in den Arm. „Dein ‚vielleicht' hast du dir g'wiss lang überlegt. Aber des haut net hin. Wenn i jemanden in meine Pratzn nehm', den derdrück i." – „Mich derdrückst du ja auch nicht, Toni." – „Di hab i ja liab. Des is ganz was anderes." – „Du wirst dich auch an die Patienten gewöhnen …" – „Naa, weil i net will. Ich bin a Bergmo, und i bleib a Bergmo. Deshalb bin i nach Preiß'n gegangen, als unsere Grub'n in Penzberg zuag'macht hat. I bleib beim Berg", er sah die Geliebte zärtlich an und zog sie enger an sich, „und bei dir." Renata verstand, dass es zwecklos war, Anton überreden zu wollen, seinen Beruf aufzugeben.

Mit Hilfe langfristiger Lieferverträge wurde die Existenz des Ruhrkohle-Konzerns und damit die des Reviers für einen größeren Zeitraum gesichert. Die Hüttenvertretung des Konzerns verpflichtete die Altgesellschaften zur Abnahme und im Gegenzug die Ruhrkohle zur Lieferung des gesamten Kohlebedarfs der Eisenhütten auf zwanzig Jahre zu Preisen des freien Kohlemarktes. Diese Bestimmung versprach den Stahlproduzenten eine stabile Planungsbasis. Für die Ruhrkohle indessen bedeutete die Verpflichtung zur Lieferung der Kohle zu den billigen Weltmarktpreisen eine ständige Verlustquelle. Der Konzern wurde so zu einem Subventionsempfänger gemacht. Tatsächlich erzielte die Ruhrkohle AG in ihren ersten vier Geschäftsjahren bis 1972 Umsatzerlöse von 28 Milliarden Mark. Dem standen jedoch Aufwendungen von 30 Milliarden gegenüber. Den größten Posten bildeten Personalkosten, also hauptsächlich die Löhne der Bergleute.

Die Ruhrkohle AG übernahm 186 000 Beschäftigte, die meisten davon Kumpels. Auf ihren 52 Zechen förderte sie 94 Prozent der Steinkohle im Revier. Zu den Gründungszechen des Konzerns vom 1. Januar 1969 gesellten sich im August desselben Jahres auch die Bergwerke der Friedrich Krupp Hüttenwerke AG sowie die Rheinstahl Bergbau AG. Die Kommission der Europäischen Gemeinschaft in Brüssel hieß die Bildung der Ruhrkohle AG gut. Und so konnten die Altgesellschaften am 1. Dezember die Einbringungsverträge unterzeichnen. Die Ruhrkohle war zum Lebensstrom des Reviers geworden, in das mehrere Adern ihr schwarzes Blut spendeten. Neben den Bergwerken betrieb die Ruhrkohle 29 Kokereien mit einer Jahresproduktion von 26 Millionen Tonnen, fünf Brikettfabriken mit 2,1 Millionen Tonnen Ausstoß sowie 20 Zechenkraftwerke mit einer Gesamtleistung von 950 Megawatt.

Die Hibernia war von Anbeginn Teil der Ruhrkohle AG. Bereits 1968 wurde im Geschäftsbericht der Hibernia bedauert, dass die Selbständigkeit des Unternehmens zu Ende gehe. Doch die Fortsetzung der über hundertjährigen Bergbautradition sei nur zu gewährleisten, wenn die Zechen der Hibernia in dem Dachunternehmen Ruhrkohle von Anfang an eine zentrale Rolle spielten. Die Gruben der Hibernia waren auf dem neuesten Stand der Technik. Sie förderten 1968 über 7,8 Millionen Tonnen Kohle. Der Absatz war gewährleistet, so dass im Gegensatz zu anderen Zechen bei der Hibernia kaum Feierschichten gefahren werden mussten. Dies war neben der sachkundigen und harten Maloche der Bergleute auch das Verdienst der Firmenleitung. An ihrer Spitze stand seit 1952 Hans-Werner von Dewall. Die unternehmerische Leistung von Dewalls wurde allgemein anerkannt. Der Vorstandsvorsitzende hatte viel früher als die meisten seiner Kollegen anderer Bergbaugesellschaften erkannt, dass ein ausschließliches Verlassen auf die Steinkohleförderung in Zeiten der zunehmenden Globalisierung und der damit verbundenen Einfuhren billiger ausländischer Kohle die Hibernia verletzlich machte. Entsprechend sorgten von Dewall und sein Vorstand vor. Sie rationalisierten und modernisierten die Kohleförderung.

Bereits seit Beginn der Strukturkrise des Kohlebergbaus Ende der 50er Jahre hatte die Hibernia damit begonnen, ihre bestehenden Chemieanlagen auszubauen. Gleichzeitig errichtete die Hibernia Kraftwerke. Während andere Gesellschaften noch versuchten, neue Kohleabbaurekorde zu erzielen, konzentrierte sich die Hibernia darauf, einen möglichst hohen Anteil der in eigenen Zechen geförderten Kohle zu verstromen und unterdessen den Ausbau der eigenen Chemiesparte voranzutreiben. Diese Diversifikation trug rasch Früchte und machte das Unternehmen zunehmend unabhängig von den Schwankungen des Kohlepreises. Auf diese Weise betrug schon 1964, als auf den Zechen der Hibernia noch 9,6 Millionen Tonnen Steinkohle gefördert wurden, der Anteil der Kohle nur noch 20 Prozent des Gesamtumsatzes von 2,2 Milliarden Mark.

Zum Verdruss anderer Steinkohleunternehmen machte die Hibernia zunehmend auch Geschäfte mit Mineralölprodukten. Anders als in der Zeit vor und während des Krieges war das Hydrierungsverfahren, aus Kohle Benzin zu gewinnen, nunmehr zu teuer und daher bei den damals billigen Rohölpreisen nicht konkurrenzfähig. So wurde in der Scholven Chemie AG, die seit 1956 die Nachfolge der Scholven Hydrierwerke antrat, bereits im selben Jahr eine Ölraffinerie mit einer Jahreskapazität von 1,5 Millionen Tonnen aufgebaut. Schon drei Jahre später raffinierte Scholven 8,5 Prozent des Rohöldurchsatzes der Bundesrepublik. In dieser Zeit investierte Scholven große Summen in den Aufbau einer eigenen Stickstoffproduktion. Der Grundstoff wurde für die wiederaufblühende deutsche chemische Industrie und die Weiterverarbeitung ihrer Erzeugnisse gebraucht. Scholven Chemie war ein zunehmend profitabler Teil der Hibernia.

1969 wurde die Scholven Chemie AG in VEBA Chemie AG umbenannt, während die Hibernia zur Jahreswende ihren Bergbaubereich in die Ruhrkohle AG überführte: darunter acht Bergwerke, zwei Kokereien, zwei Brikettfabriken sowie eine Zechen- und Hafenbahn.

Glück auf!

Durch seine Verbindung mit Renata hatte Anton mit knapp fünfzig endlich seine private Erfüllung gefunden. Dass sie zehn Jahre älter war als er, störte die Liebenden nicht. Renata hatte sich damit abgefunden, dass eine gemeinsame berufliche Zukunft für Anton unannehmbar war. „Erst nachdem i eine Schicht im Berg lang g'scheit geschuftet habe, erst dann macht's mir wieder an rechten Spaß, das Leben am Licht zu genießen. Den ganzen Tag Sonne is nix für mi", hatte Anton ihr eingestanden. Er wollte ständig seine Kräfte mit dem Berg messen, um ihm dessen Gold in schweißtreibender Arbeit zu entreißen. Als Heilgymnast wildfremde Leute anzufassen, kam für ihn nicht in Frage. Den einzigen Menschen, dessen Nähe er suchte, dessen Blick, dessen Atem, dessen Körper er spüren und riechen wollte, war Renata.

Die Entscheidung, weiterhin und ausschließlich als Bergmann zu arbeiten, gab Anton Kraus neue Kraft. Ein Mensch und erst recht ein Ruhrkumpel darf die Hoffnung nicht aufgeben. Anton verschickte zahlreiche Bewerbungsschreiben, die jedoch ohne Antwort blieben. Daraufhin zog der leidenschaftliche Bergmann erneut „in meinen privaten Krieg um Arbeit". Bei einem Besuch der Hibernia-Zechenverwaltung begegnete Kraus einem Mann, der ihm bekannt vorkam. Doch der Done erinnerte sich weder an dessen Namen noch an seine Tätigkeit. Der andere aber erkannte ihn sofort. „Wir kennen uns doch von Ihrem Einstellungsgespräch auf Shamrock, Herr Kraus." – „Sie haben ein Gedächtnis. Sakrament!" – „Ich bin katholisch." Beide Männer kicherten. „Ich kann mir schon denken, was Sie heute wieder zu uns führt. Sie suchen Arbeit als Bergmann!" – „So ist es." – „Haben Sie nach all den Zechenschließungen nicht den Mut verloren, Herr Kraus?" – „Na! I bin Bergmann, und i bleib es! Immer. Aus dem Beruf kann man net aussteign wia aus aner schmutzigen Hos'n."

Max Zunk war gerührt. Auf solche Menschen baute das Revier. Man durfte sie nicht alleine lassen. „Ich kann Ihnen nichts zusagen, Herr Kraus. Aber eines verspreche ich Ihnen. Ich werde so lange nicht ruhen, bis wir für Sie wieder eine ordentliche Arbeit unter Tage finden." Die Männer reichten sich die Hand.

Zwei Wochen später fuhr Anton Kraus wieder ein. Max Zunk hatte ihm eine Stelle als Hauer auf der Zeche General Blumenthal vermittelt. Der unermüdliche Einsatz Max Zunks für die Bergleute und die Kohle wurde belohnt. Jahre später sollte Zunk Vorstandsvorsitzender der deutschen Steinkohle AG werden.

Als Kraus sich nach getaner Arbeit abends wieder bei Renata einfand, strahlte er von einem Ohr zum anderen. „Jetzt kann i wieada schnaufen …", bekannte der Kumpel. „Gib Obacht, dass du dabei nicht zu viel Kohlestaub einschnaufst." – „Passt scho!", grinste Done.

Renata respektierte Antons Bedürfnis, seinen Lebensweg zu gehen. Ihr zurückhaltendes Verhalten war Renata neu. Bislang war sie stets der Vernunft und den eigenen Bedürfnissen und Empfindungen gefolgt. Mitzuhelfen, Leben zur Welt zu bringen, war ihre Berufung. Als Hebamme war sie für ihre Schutzbefohlenen da. Doch privat gestaltete sie ihr Tun nach eigenen Vorstellungen. Wer ihre Werte nicht teilte, den hatte sie bislang immer hinter sich gelassen. Auch damals ihren Verlobten Karl-Wilhelm. Anton gegenüber aber verhielt sich Renata anders. In den Jahren zuvor hatte sie sich gelegentlich verliebt. Doch die erotischen Gefühle hatten sich rasch abgekühlt, und stattdessen waren egoistische Interessen aufeinandergeprallt – und Renata war nicht bereit, ihren Beruf, ihre Familie, ihre Anschauungen aufzugeben für ein bürgerliches Glück, das Geborgenheit versprach, doch, wie sie aus ihrem Bekanntenkreis und Gesprächen mit werdenden Müttern wusste, nur selten hielt. Ihre Zuwendung und Zärtlichkeit hatte Renata bislang Menschen geschenkt, die zu ihrer Familie gehörten, und später solchen, die ihr aufgrund ihres Berufes nahestanden. Oder Menschen, die auf ihre Unterstützung und ihren Zuspruch angewiesen waren. Ihr alternder, knorriger Vater, ihr Freund Samuel Rubinstein, als dieser verfolgt wurde und sich nicht mehr zu helfen wusste. Später war Heiner gebrochen aus Russland zurückgekehrt, und sie hatte sich seiner angenommen. Doch vor allem hatte sie sich um „ihre Kinder" gekümmert. Die Hebamme fühlte sich den Kindern verpflichtet, denen sie auf die Welt geholfen hatte. Renata scherzte gerne, sie habe ein „ganzes Dorf" geboren. Zu vielen seiner „Bewohner" hielt Renata Kontakt, nahm an ihren großen und kleinen Freuden Anteil, wenn nötig, half sie ihnen mit Rat und Tat. So waren sie Teil ihres Lebens geworden.

In ihrer Beziehung zu Anton lernte Renata erstmals die dauerhafte Kraft der Liebe kennen. Beide waren oft verschiedener Meinung, gelegentlich kam es zu harmlosen Auseinandersetzungen. Doch nie zum ernsthaften Konflikt, den Unverständige gerne als Kampf der Geschlechter stilisieren. Die Zuneigung zum Partner war bei Renata und Anton stets stärker als das Bedürfnis, den eigenen Willen durchzusetzen. Am wichtigsten war ihnen die Nähe des anderen. Das Zusammensein. „Wenn i di nachts schnaufen hör, wenn du mi anlangst, dann fühl i mi wohl", drückte Done aus, was beide empfanden.

Nachdem Anton wieder eine feste Beschäftigung und ein gesichertes Einkommen hatte, drängte er darauf, miteinander einen Hausstand zu gründen. Für Renata hätte dies den Abschied von einer Unabhängigkeit bedeutet, die sie sich hart erkämpft hatte. Doch auch sie verspürte das Bedürfnis, mit ihrem Gefährten zusammenzuleben. Sie verstand, dass jeder gemeinsame Moment kostbar war. Diese Gewissheit überwog die Furcht, durch die Aufgabe der eigenen Bleibe die letzte private Rückzugsmöglichkeit zu verlieren. So willigte Renata ein, eine gemeinsame Wohnung zu beziehen, die ihnen nach kurzer Suche von der Ruhrkohle AG günstig überlassen wurde. Nun wollte Anton Kraus sich nicht mit einem „ g'schlamperten Verhältnis" zufriedengeben. „Als a guata Katholik möcht i di heiratn. Es soll für die Ewigkeit sein." Als Antwort drückte Renata Anton einen Kuss auf die Stirn.

Anton und Renata bemühten sich, ihre standesamtliche Trauung möglichst diskret hinter sich zu bringen. Lediglich die Trauzeugen, Antons Freund und Kollege Luis Pereira und Renatas Neffe Heinrich, waren neben dem Brautpaar sowie dem Standesbeamten im Trauungsraum des Herner Rathauses anwesend. Renata und Anton beantworteten die obligate Frage bestimmt mit „Ja" und leisteten ebenso wie die Zeugen ihre Unterschrift. Danach wollte man gemeinsam in Giuseppes und Heiners „Napoli" zu Mittag essen und die Neuigkeit bekannt geben. Doch es kam anders.

Als Renata im neuen selbstgeschneiderten Seidenkostüm und Anton in obligater Lederhose mit Kragenzierband und Trachtenjanker auf die Straße traten und die laue Frühlingsluft einatmeten, rollte ein schwarzer Mercedes 600 vor die frisch Getrauten und hielt an. Ein livrierter Chauffeur mit weißen Handschuhen riss den Wagenschlag auf und rief: „Gratuliere Herrn und Frau Bialo – Entschuldigung: Herrn und Frau Kraus." – „Was wolln's denn von uns? Und woher wissen's, wie a mir heißn?", fuhr Anton auf. „Wir haben den Wagen nicht bestellt, und zahlen tun wir auch nicht", beschied Renata. Der Fahrer lächelte das Ehepaar an und erwiderte gewollt freundlich: „Herr Generaldirektor Bialo hat mich beauftragt, Sie und Ihre Trauzeugen zu einer Feier in seine Villa zu bringen." Anton sah Renata an und fragte vernehmbar: „Is des dei Bruder, der wo früher a Brauner woar?" Renata war es peinlich, in Gegenwart des Fahrers zu antworten. Doch schließlich meinte sie: „Ja. Aber jetzt hat Kurt der Politik vollkommen abgeschworen und konzentriert sich auf seine Geschäfte. So heißt es." – „Recht erfolgreich, wie ma sieht." Anton zeigte auf die schwere Limousine. „Sein Auto ist noch größer als das vom Adolf." Renatas Lachen löste die verkrampfte Situation. Sie bugsierte ihren Toni in den Fond des Wagens, die Begleitung nahm ebenfalls Platz.

Kurt Bialo empfing das frischgebackene Ehepaar an der Zufahrt zu seinem Haus. Ein Diener eilte mit einem Silbertablett herbei, auf dem fünf Champagnerkelche standen. Kurt Bialo, im Smoking, ließ es sich nicht nehmen, seine Schwester herzhaft zu umarmen und zu küssen. Erst danach wurden die Gläser gereicht. Kurt brachte den Toast aus. „Hoch und lang sollt ihr leben!"

Sie stießen an.

Kurt wandte sich an Anton. „Und du, lieber Schwager aus Bayern, behandle meine Schwester anständig, sonst werde ich ungemütlich." Ehe Toni antworten konnte, erwiderte seine Frau: „Kurti, du wirst überhaupt nicht ungemütlich! Und schon gar nicht gegenüber meinem Anton." Sie schmiegte sich kurz an ihren Ehemann, ehe sie sich vor dem Bruder aufbaute, „… sonst werde ich ungemütlich. Und dann gnade dir Gott! Du suchst doch heute ausnahmsweise keinen Streit, oder?" – „Nein, nein! Schwesterherz, das hast du vollkommen missverstanden. Ich wollte lediglich deinen Mann ermutigen, dich pfleglich zu behandeln." – „Dazu braucht er nicht deine Ermutigung!" Renata stieß nochmals mit Anton und Kurt an. Nun stellte sie ihr Glas ab, nahm ihren Mann bei der Hand und forderte ihren Bruder auf: „So, und jetzt führ uns ins Haus, oder sollen wir in der Zufahrt anwachsen?" – „Keineswegs, junges Eheweib. Ich habe für euch eine Überraschung vorbereitet, die euch unvergesslich bleiben wird."

Die Hochzeitsgesellschaft begab sich in die Villa. Sobald das Brautpaar den mit Rosen und Nelken reich geschmückten Salon betrat, erschollen vom Flügel die ersten Takte des Hochzeitsmarsches. Er wurde gesungen von zwei Dutzend Müttern und deren Kindern, denen Renata ins Leben geholfen hatte. Alle waren festlich gekleidet. Die Jungen und Mädchen trugen weiße Hemden und schwarze Hosen oder Röcke. In der Hand hielten sie Textblätter. Renata traten Tränen in die Augen. Unterdessen sangen die Kinder ihr Lied:

Treulich geführt ziehet dahin,
wo euch der Segen der Liebe bewahr'!
Siegreicher Mut, Minnegewinn
Eint euch in Treue zum seligsten Paar.
Streiter der Jugend, schreite voran!

„Wagner. Göttlich!", jubelte Kurt. Da löste sich Anton Kraus von seiner Frau. Er trat in die Mitte des Raumes und meinte mit fester, unaufgeregter Stimme: „Jetzt langt's mir mit dem Wagner! Hier wird nimmer geführt ..." Die Kinder und Mütter verstummten und folgten verunsichert und fasziniert den Worten des Bayern.

„Nur die Brautleute", warf Kurt Bialo ein. „Net amal die", parierte Kraus. „Und Streiter der Jugend ham wir a schon g'nug g'habt in Deutschland ..."

Mit eindeutiger Geste seiner kräftigen Bergmannsfaust gab Kraus dem befrackten Pianisten ein Zeichen, seinen Platz am Flügel zu räumen. Statt seiner setzte er sich auf den Klavierhocker. Anton griff kurz in die Tasten, um sich mit dem Instrument vertraut zu machen, dann wandte er sich an die Anwesenden:

„Eigentlich bin i a Zitherspieler. Aber des Lied, des ihr jetzt hört, kann i auch aufm schönen Flügel spuiln, und ihr könnt's alle mitsingen." Anton schlug einige Akkorde an, ehe er mit warmem Bariton anhob:

Glück auf, Glück auf!
Der Steiger kommt!
Und er hat sein helles Licht bei der Nacht
Schon angezündt.

Einer nach dem anderen fiel in die vertraute Melodie ein, Mütter, Kinder, Renata, Heinrich, Luis Pereira und am Ende auch Kurt Bialo. Anton gab den Takt des munteren Liedes vor:

Und kehr ich heim
Zum Schätzelein,
So erschallt des Bergmanns Ruf
Bei der Nacht
Glück auf! Glück auf!

Renata lief zu ihrem Anton und umarmte ihn heftig. Alle klatschten.
Glück auf!